Diese Symbole zeigen an, ob ihr in **Einzelarbeit, mit einem Lernpartner** oder **in Kleingruppen** von drei oder vier Schülerinnen und Schülern an einer Aufgabe arbeiten solltet. Aufgaben ohne Symbole könnt ihr auf verschiedene Weise bearbeiten (z. B. im Klassengespräch, schriftlich, allein oder mit anderen Mitschülern).

Wenn ihr dieses Symbol bei einer Aufgabe findet, könnt ihr **arbeitsteilig vorgehen**. Verständigt euch darüber, wer welchen in der Aufgabe aufgeführten Arbeitsauftrag übernimmt.

TIPP: Verständigt euch vor einer Partner- oder Kleingruppenarbeit immer darüber, ob und inwieweit ihr euch erst allein mit den Arbeitsaufträgen auseinandersetzt.

In den **„So gehst du vor"-Lernboxen** werden euch bestimmte **Methoden**, die besonders wichtig sind, genau erklärt. Mithilfe dieser Lernboxen lernt ihr z. B., wie ihr Sachtexte erschließen oder ein Gedicht untersuchen könnt und was ihr beim Schreiben einer Inhaltsangabe beachten müsst.

Die **„Das musst du wissen"-Lernboxen** bieten euch eine **Zusammenfassung der Inhalte**, die ihr im Zusammenhang mit einem Thema oder Text gelernt habt.

TIPP: Bei vielen Aufgaben wird auf diese Lernboxen verwiesen. Seht sie euch bei der Bearbeitung der Aufgaben an. So lernt ihr, diese Methoden und Fachinhalte immer sicherer in verschiedenen Lernsituationen anzuwenden.

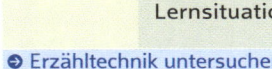

Diese Hinweise zeigen euch, wo ihr im **Schulbuch** (= SB) oder im **Arbeitsheft** (= AH) noch **weiter zu einem Thema** arbeiten könnt.

Am Ende eines jeden Kapitels findet ihr Aufgaben, mit denen ihr das Wichtigste, das ihr in einem Kapitel gelernt habt, **üben und wiederholen** könnt. Zu den Übungen dieser **„Alles klar?"-Seiten** findet ihr die Lösungen auf den Seiten 347 ff. So könnt ihr euren **Lernfortschritt** überprüfen.

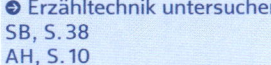

Diesen Hinweis findet ihr am Ende eines jeden Teilkapitels. Er sagt euch, welche der **Aufgaben auf den „Alles klar?"-Seiten** ihr auswählen müsst, um **das in dem jeweiligen Teilkapitel Gelernte** zu üben und zu wiederholen.

Bei den Aufgaben zur Rechtschreibung (S. 264 ff.) findet ihr solche Symbole. Sie sagen euch, welche **Rechtschreibstrategien** ihr anwenden könnt, um Fehler zu vermeiden (z. B. „Wörter in Silben sprechen" oder „Wörter verlängern").

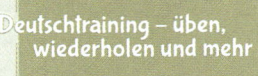

Am Ende des Schulbuches gibt es ein **Trainingskapitel** zu den Bereichen Rechtschreibung, Zeichensetzung und Grammatik. Die Aufgaben dieses Kapitels haben keine verschiedenen Farben. Auf der **Seite 291** findet ihr dafür **Lerntipps**, um erfolgreich mit den einzelnen Kapiteln des Deutschtrainings zu arbeiten.
Am **Anfang der Kapitel** stehen in einer **Lernbox** die **wichtigsten Regeln und Hinweise** zu dem jeweiligen Thema.
Am **Ende der Kapitel** könnt ihr jeweils einen **Selbsttest** durchführen.

NOCH EIN WICHTIGER HINWEIS ZUM SCHLUSS: Bei vielen Aufgaben (z. B. zum Markieren oder bei Übungen mit Lückentexten o. Ä.) müsst ihr mit einer Folie oder Kopie arbeiten, wenn euch das Schulbuch nicht gehört.

Viel Spaß beim Lernen, Lesen, Arbeiten und Üben wünscht euch euer P.A.U.L. D.-Team!

westermann

10

Differenzierende
Ausgabe **B**

P.A.U.L. D.

Persönliches Arbeits- und Lesebuch *Deutsch*
für die Jahrgangsstufe 10

Herausgegeben von: Frank Radke

Erarbeitet von: Patricia Drewes
Anne Gasch-Sigge
Tanja Heinemann
Frank Radke
Manuel Rahmann
Elisabeth Roth-Rings
Sebastian Schulz
Kim Seifert
Wolfgang Sprink
Juliane Tacke
Katja Wiertz
Martin Zurwehme
u. a.

westermann GRUPPE

© 2020 Bildungshaus Schulbuchverlage Westermann Schroedel Diesterweg Schöningh Winklers GmbH,
Georg-Westermann-Allee 66, 38104 Braunschweig
www.westermann.de

Das Werk und seine Teile sind urheberrechtlich geschützt. Jede Nutzung in anderen als den gesetzlich zugelassenen bzw. vertraglich zugestandenen Fällen bedarf der vorherigen schriftlichen Einwilligung des Verlages. Nähere Informationen zur vertraglich gestatteten Anzahl von Kopien finden Sie auf www.schulbuchkopie.de.

Für Verweise (Links) auf Internet-Adressen gilt folgender Haftungshinweis: Trotz sorgfältiger inhaltlicher Kontrolle wird die Haftung für die Inhalte der externen Seiten ausgeschlossen. Für den Inhalt dieser externen Seiten sind ausschließlich deren Betreiber verantwortlich. Sollten Sie daher auf kostenpflichtige, illegale oder anstößige Inhalte treffen, so bedauern wir dies ausdrücklich und bitten Sie, uns umgehend per E-Mail davon in Kenntnis zu setzen, damit beim Nachdruck der Verweis gelöscht wird.

Druck A^2 / Jahr 2022
Alle Drucke der Serie A sind im Unterricht parallel verwendbar.

Illustrationen: Reinhild Kassing, Kassel
Umschlaggestaltung: Alexandra Brand, Paderborn
Fotos: U1: alamy images/GOODLUZ (l.), iStockphoto.com/crashtackle (r.),
U4: Shutterstock.com/Beddoe, Lincoln
Druck und Bindung: Westermann Druck GmbH, Georg-Westermann-Allee 66, 38104 Braunschweig

ISBN 978-3-14-**028145**-4

Inhaltsverzeichnis

Die verschiedenen Kompetenzbereiche werden im Inhaltsverzeichnis mit folgenden Farben ausgewiesen:

- Sprechen und Zuhören
- Schreiben
- Lesen
- Literarische Texte
- Sach- und Gebrauchstexte
- Medien
- Sprachgebrauch und Sprachreflexion

Vom Festhalten und Loslassen – Kurzgeschichten erschließen   20

„Streuselschnecke" – eine Kurzgeschichte erschließen   22

Julia Franck: Streuselschnecke	• Kurzgeschichten untersuchen und erschließen • Lesestrategien und Texterschließungsmethoden anwenden • Figuren charakterisieren und ihre Beziehungen untersuchen • Einleitungssätze verfassen • Textanalysen schreiben • produktionsorientierte Verfahren anwenden

„Augenblicke" – eine Kurzgeschichte untersuchen und eine Textanalyse dazu überarbeiten   26

• Eine schwierige Beziehung – eine Kurzgeschichte erschließen *Walter Helmut Fritz: Augenblicke* • Satzbau, Erzähltechnik, Wortwahl … – die Gestaltung einer Kurzgeschichte untersuchen • In der Kurzgeschichte geht es um … – eine Textanalyse überarbeiten	• Kurzgeschichten untersuchen und erschließen • Lesestrategien und Texterschließungsmethoden anwenden • Figuren sowie ihre Konflikte und Beziehungen charakterisieren • sprachliche Gestaltungsmittel bestimmen und ihre Wirkung deuten • die Erzähltechnik beschreiben und ihre Wirkung untersuchen • Textanalysen überarbeiten und verfassen • produktionsorientierte Verfahren anwenden

„Die Brücke" – eine Kurzgeschichte erschließen und die Merkmale von Kurzgeschichten nachweisen   34

• „Normalerweise hasste es Jan …" – Figurenbeziehungen und ihre Entwicklung untersuchen *Reinhold Ziegler: Die Brücke* • „Alltäglichkeit", „offenes Ende"… -Merkmale einer Kurzgeschichte nachweisen	• Kurzgeschichten untersuchen • Lesestrategien und Texterschließungsmethoden anwenden • Figuren und ihre Beziehungen sowie deren Entwicklungen charakterisieren • die Merkmale einer Kurzgeschichte kennen und nachweisen • sprachliche Gestaltung beschreiben und deuten • Textanalysen und Inhaltsangaben verfassen • produktionsorientierte Verfahren anwenden

„Wahnsinnstyp" – eine Textanalyse verfassen 40

Katja Reider: Wahnsinnstyp oder Während sie schläft

- Kurzgeschichten untersuchen
- Lesestrategien und Texterschließungsmethoden anwenden
- Figuren und ihre Beziehungen sowie deren Entwicklungen charakterisieren
- die Merkmale einer Kurzgeschichte kennen und nachweisen
- sprachliche Gestaltung beschreiben und deuten
- Textanalysen verfassen
- produktionsorientierte Verfahren anwenden

Alles klar? – Wiederholen und üben 45

Familiengeschichte(n) – mithilfe von verschiedenen Materialien informieren 46

Prince Boateng – mithilfe verschiedener Materialien informieren 48

- Fremde Brüder – einem Sachtext Informationen entnehmen
Michael Horeni: Die Brüder Boateng
- „Er verließ Ghana mit 27 Jahren" – Informationen aus verschiedenen Materialien entnehmen
Michael Horeni: Der Vater der Brüder Boateng

- Sachtexte erschließen und auswerten
- Sachtexten Informationen entnehmen und diese wiedergeben
- Lesetechniken und Texterschließungsmethoden anwenden
- kontinuierliche und diskontinuierliche Sachtexte erschließen und auswerten
- kontinuierlichen und diskontinuierlichen Sachtexten Informationen entnehmen und diese zusammenfassen
- Lesetechniken und Texterschließungsmethoden anwenden
- informierende Texte auf der Grundlage verschiedener Materialien planen und verfassen

Alles klar? – Wiederholen und üben 54

„Das habe ich so doch gar nicht gemeint" – Kommunikation verstehen 56

Die vier Ebenen der Kommunikation – Kommunikationsstörungen verstehen 58

Eine Äußerung – viele Botschaften

- Kommunikationssituationen und -störungen untersuchen
- das Kommunikationsmodell von Schulz von Thun kennen und zur Untersuchung von Kommunikationssituationen heranziehen

Der Körper meldet sich zu Wort – Körpersprache untersuchen 62

Zur Bedeutung der Körpersprache

- verbale und nonverbale Kommunikation unterscheiden
- die Bedeutung der nonverbalen Kommunikation für die menschliche Kommunikation verstehen
- nonverbale Kommunikation in Gesprächs- und Kommunikationssituationen beschreiben, deuten und anwenden

Kommunikation 2.0 – sich mit Auswirkungen der digitalen Kommunikation auseinandersetzen 64

Michael Moorstedt: Wie uns die Technik entmenschlicht
Informationszentrum Mobilfunk.de: Wie beeinflusst die digitale Kommunikation unser Sozialverhalten

- Merkmale, Besonderheiten, Formen und Ursachen der Sprachveränderungen durch die modernen Kommunikationsmedien kennen
- den Einfluss der „Internetsprache" auf die deutsche Sprache und die Sprachfähigkeit Jugendlicher beurteilen
- Sachtexten Informationen entnehmen

Alles klar? – Wiederholen und üben 68

Endspurt Berufswahl – Vorstellungsgespräche vorbereiten und simulieren 70

Der erste Eindruck – das eigene Auftreten bei einem Vorstellungsgespräch üben 72

Salka Schwarz: Der erste Eindruck zählt

- Bedingungen für gelingende und misslingende Kommunikation erkennen
- Anforderungen an Bewerber bei Vorstellungsgesprächen kennen und beachten
- das eigene Auftreten und Kommunikationsverhalten beobachten, bewerten und reflektieren
- privates und berufliches Kommunikationsverhalten unterscheiden
- einem Sachtext Informationen entnehmen

„Also, ich kann so ein bisschen ..." – ein Vorstellungsgespräch beurteilen 75

- Bedingungen für gelingende und misslingende Kommunikation erkennen
- ein Vorstellungsgespräch untersuchen und dabei Kommunikation beobachten und bewerten
- Anforderungen an Bewerber bei Vorstellungsgesprächen kennen und beachten
- privates und berufliches Kommunikationsverhalten unterscheiden

„Warum haben Sie gerade diesen Beruf gewählt?" – Sich auf die wichtigste Frage vorbereiten 77

- Anforderungen an Bewerber bei Vorstellungsgesprächen kennen und beachten
- sich auf ein Vorstellungsgespräch vorbereiten
- schwierigere Kommunikationssituationen bewerten und erfolgreich gestalten

Auf die Antwort kommt es an! – Sich auf typische Fragen bei einem Vorstellungsgespräch vorbereiten 79

Elke Faßmann: Vorstellungsgespräche

- Anforderungen an Bewerber bei Vorstellungsgesprächen kennen und beachten
- sich auf ein Vorstellungsgespräch vorbereiten
- schwierigere Kommunikationssituationen bewerten und erfolgreich gestalten
- das eigene Auftreten und Kommunikationsverhalten beobachten, bewerten und reflektieren

„Warum haben Sie in Englisch eine Fünf?" – Sich auf schwierige Situationen in einem Vorstellungsgespräch einstellen   81

- ein Vorstellungsgespräch untersuchen
- Bedingungen für gelingende und misslingende Kommunikation erkennen
- Anforderungen an Bewerber bei Vorstellungsgesprächen kennen und beachten
- sich auf ein Vorstellungsgespräch vorbereiten
- schwierigere Kommunikationssituationen bewerten und erfolgreich bewältigen

Alles klar? – Wiederholen und üben   83

„Türkisch Gold" – ein Theaterstück erschließen   84

Jonas und Luiza – die Expositon eines Theaterstücks erschließen   86

Tina Müller: Türkisch Gold (Szenen 1 und 2)
- die Exposition eines Theaterstückes untersuchen
- den Inhalt und die Handlung einer Theaterszene erschließen
- Elemente einer Exposition kennen und nachweisen
- produktionsorientierte Methoden anwenden
- Fachbegriffe zur Beschreibung dramatischer Texte kennen
- Charakter, Beziehungen und Konflikte von Dramenfiguren sowie deren Entwicklung untersuchen

„Sie ist nicht weggerannt" – die Zuspitzung der Konflikte untersuchen   91

Tina Müller: Türkisch Gold (Szenen 6 und 7)
- Dramenszenen erschließen
- dramatische Figuren und ihre Beziehungen sowie Konflikte charakterisieren
- aus der Sicht von dramatischen Figuren schreiben
- die Entwicklung und Steigerung eines dramatischen Konflikts analysieren

„... ich hab einfach keinen Bock auf den Stress" – eine Szenenanalyse mithilfe eines Schreibplans verfasssen   95

Tina Müller: Türkisch Gold (Szene 13)
- Dramenszenen erschließen
- dramatische Figuren und ihre Beziehungen sowie Konflikte charakterisieren
- Höhe- und Wendepunkte einer Theaterhandlung untersuchen
- produktions- und handlungsorientierte sowie szenische Methoden anwenden
- Aufbau, Inhalte und Anforderungen einer Szenenanalyse kennen
- schriftliche Szenenanalysen planen und verfassen

„Die bist du los" – eine Theaterszene analysieren   99

Tina Müller: Türkisch Gold (Szene 14)
- Dramenszenen analysieren
- dramatische Figuren und ihre Beziehungen sowie Konflikte charakterisieren
- produktions- und handlungsorientierte sowie szenische Methoden anwenden
- einen Schreibplan für eine Szenenanalyse erstellen
- schriftliche Szenenanalysen verfassen und überarbeiten

„Sag schon" – das Ende einer Dramenhandlung untersuchen und ein Theaterstück beurteilen 103	
Tina Müller: Türkisch Gold (Szene 22)	• einen Dramenschluss analysieren • dramatische Figuren und ihre Beziehungen sowie Konflikte charakterisieren • ein Theaterstück beurteilen • eine Rezension schreiben • produktions- und handlungsorientierte sowie szenische Methoden anwenden
Alles klar? – Wiederholen und üben 106	

Von einem ungewöhnlichen Ereignis – Novellen kennenlernen und lesen 108

Giovanni Boccaccio: Die Falkennovelle – eine Novelle verstehen 110	
• „So hört denn …" – den Anfang einer Novelle erschließen *Giovanni Boccaccio: Falkennovelle* • „So habe ich den Falken …" – den Hauptteil einer Novelle erschließen *Giovanni Boccaccio: Falkennovelle* • „Ich möchte, wenn es euch recht ist …" – den Schluss einer Novelle erschließen *Giovanni Boccaccio: Falkennovelle*	• Aufbau und Rahmenhandlung einer Novellensammlung kennen • Inhalt sowie Handlungsaufbau einer Novelle erschließen • produktionsorientierte Methoden anwenden • Fachbegriffe zur Beschreibung dramatischer Texte kennen • Charakter, Beziehungen und Konflikte von Novellenfiguren analysieren und deuten • Mittelalterliche Literatur lesen • Besonderheiten der Textsorte Novelle erkennen
„… was ist eine Novelle anders als …" – Merkmale einer Novelle kennen und nachweisen 118	
Die Novelle	• eine Novellendefinition kennen und verstehen • Merkmale und Besonderheiten der Textsorte Novelle kennen und an literarischen Beispielen nachweisen • einem Sachtext Informationen entnehmen • Textsorten miteinander vergleichen
Rund um Novellen – Novellen lesen und vorstellen 119	
	• Inhalt und Thema von Novellen kennen • Bücher lesen und vorstellen • Im Internet recherchieren • Kurzvorträge planen, vorbereiten und durchführen
Alles klar? – Wiederholen und üben 122	

Dieses Buch soll über eine Generation berichten, die vom Krieg zerstört wurde. – Romane, Kurzgeschichten und Parabeln erschließen 124

Erich Maria Remarque: Im Westen nichts Neues – sich mit einem Roman über den Ersten Weltkrieg auseinandersetzen 126

- Der Erste Weltkrieg – den Hintergrund eines Romans kennenlernen
  Patricia Drewes: Der Erste Weltkrieg (1914–1918)
- „Wir sind gefühllose Tote ..." – die Darstellung des Krieges beschreiben und deuten
  Erich Maria Remarque: Im Westen nichts Neues (Kapitel 6)
- „Ich verspreche es dir, Kamerad." – Eine Schlüsselstelle eines Romans analysieren
  Erich Maria Remarque: Im Westen nichts Neues (Kapitel 9)

- Romanauszüge analysieren
- literarische Texte unter Einbezug ihres historischen Kontextes erschließen und im Zusammenhang mit ihrer Entstehungszeit deuten
- Erzähltechnik und ihre Wirkung untersuchen
- Textanalysen planen und verfassen
- Romanauszüge analysieren und vergleichen
- eine Literaturverfilmung mit ihrer Vorlage vergleichen

„Nein. Innerlich ist sie kaputt ..." – eine Kurzgeschichte der Nachkriegszeit erschließen 138

Wolfgang Borchert: Die Küchenuhr

- Kurzgeschichten erschließen und analysieren
- literarische Texte vor dem Hintergrund ihres historischen Kontextes und ihrer Entstehungszeit erschließen und deuten
- Textanalysen planen und verfassen
- die Merkmale von Textsorten kennen und nachweisen
- eine literarische Vorlage medial umformen

„Sie sieht, wie einer den anderen ..." – eine Parabel beschreiben und deuten 143

Jenny Aloni: Sie sitzt auf einer Mauer

- Parabeln erschließen und analysieren
- die Merkmale von Textsorten kennen und nachweisen
- Besonderheiten von parabelhaften Texten kennenlernen
- Methoden der Analyse und Interpretation von parabelhaften Texten kennen und anwenden

Alles klar? – Wiederholen und üben 146

Aber der Fernseher ist doch kaputt! – Satire verstehen und erschließen 148

Leben ohne Fernsehen? – Eine Karikatur beschreiben und deuten 150

Peter Gaymann: Der Fernseher geht wieder"

- Karikaturen beschreiben und deuten
- Merkmale von Karikaturen kennen und nachweisen
- Intentionen und Darstellungsmittel der Satire kennenlernen

„Fernsehabend" – satirische Darstellungsmittel erkennen und deuten   152

Loriot: Fernsehabend	• Satiren beschreiben und deuten
	• Dialoge erschließen
	• Kommunikation untersuchen
	• satirische Darstellungsmittel und ihre Wirkung untersuchen
	• satirische Paralleltexte verfassen

„Mögen Sie nie ..." – einen satirischen Text fortsetzen   155

| Art Buchwald: Der Himmel gebe, was der Fernseher verspricht! | • Satiren erschließen und verfassen |
| | • satirische Darstellungsmittel in eigenen Texten anwenden |

Alles klar? – Wiederholen und üben   156

Jugendzeit ist Medienzeit – mit Diagrammen und Sachtexten umgehen   158

Mediennutzung Jugendlicher – Diagramme beschreiben und deuten   160

Zum Begriff „Massenmedien"	• Fachbegriffe der Medientheorie wie „Massenmedien" kennen
JIM-Studie: Medienbeschäftigung in der Freizeit	• nichtlineare Sachtexte wie Diagramme erschließen und auswerten
	• Diagrammen Informationen entnehmen und diese wiedergeben
	• Entwicklungen der Mediennutzung kennen und beschreiben
	• sich mit der eigenen Mediennutzung und dem Umgang mit Medien auseinandersetzen und diese reflektieren

Auch im Netz gibt es Grenzen ...!? – Sich mit Gefahren des Internets auseinandersetzen   164

• Nur wegen eines Häkchens – sich mit Auswirkungen des Mediums Internet auseinandersetzen	• sich mit den durch die digitalen Medien und die Internetkommunikation gegebenen Herausforderungen auseinandersetzen
Deutsche Welle: Cyber-Mobbing	• mit der Digitalisierung verbundenen Chancen und Gefahren kennen und bewerten
Die Zeit: Besser feiern mit Facebook	• Zeitungsartikel und Sachtexte auswerten und ihnen Informationen entnehmen
Süddeutsche Zeitung: Jugendliche im Internet	• sich mit der eigenen Mediennutzung und dem Umgang mit Medien auseinandersetzen und diese reflektieren
• Mobbing, Cybermobbing, Bullying: Was ist das eigentlich? – Sich mithilfe eines Sachtextes informieren	• das Verhältnis von Virtualität/digitaler Welt und Realität reflektieren
Mobbing, Cybermobbing, Bullying	• Fachbegriffe wie Cybermobbing und Bullying kennen und anwenden

Was tun? – Einen Flyer zum Thema „Cybermobbing" erstellen   169

	• einen informierenden Text auf der Grundlage verschiedener Materialien planen, verfassen und überarbeiten
	• Internetrecherchen durchführen
	• Textverarbeitungs- und Präsentationsprogramme nutzen
	• Schreibprozesse planen und durchführen
	• sich mit Problemen der digitalen Kommunikation auseinandersetzen
	• Präventionen im Umgang mit Gefahren durch die digitalen Medien und die digitale Kommunikation kennenlernen und anwenden

Öffentlich-rechtlich oder privat? – Sich mit dem Angebot des Fernsehens auseinandersetzen 171

Auszug aus einer Programmzeitschrift
Themenstruktur in TV-Nachrichten (Diagramm)

- nichtlinearen Texten Informationen entnehmen
- sich mit der eigenen Mediennutzung kritisch auseinandersetzen
- das Angebot von Fernsehanstalten und Nachrichtensendungen kennen, vergleichen und bewerten
- grundlegende Merkmale des Angebotes öffentlich-rechtlicher und privater Fernseh- und Rundfunkanstalten kennen

Alles klar? – Wiederholen und üben 174

Facebook und Web 2.0: Fluch oder Segen? – Argumentieren 176

Soll ich soziale Netzwerke nutzen oder nicht? – Pro- und Kontra-Argumente sammeln 178

Katrin Scheib: Gutes Facebook? Böses Facebook?

- Sachtexten Argumente entnehmen
- Pro- und Kontra-Argumente sammeln und einander gegenüberstellen
- eine Diskussion durchführen
- sich mit digitalen Medien und Kommunikationstechnologien kritisch auseinandersetzen

Das Internet ist das Gegenteil von privat – Argumente aus einem Text herausarbeiten 181

Frank Schmiechen: Fürchtet euch nicht – Facebook macht Spaß!

- argumentative Texte analysieren
- Pro- und Kontra-Argumente sammeln und einander gegenüberstellen
- eine Diskussion durchführen
- sich mit digitalen Medien und Kommunikationstechnologien kritisch auseinandersetzen

Es sind Schlagzeilen wie diese ... – die Einleitung einer Argumentation verfassen 184

- argumentative Texte verfassen
- Einleitungen zu Argumentationen planen und schreiben
- Kriterien für gelungene Einleitungen zu Argumentationen kennen und anwenden
- Texte beurteilen und überarbeiten

Ein wichtiger Grund ist, dass ... – Argumente ausbauen 186

- Argumente ausbauen
- Merkmale des Aufbaus und der Ausgestaltung von überzeugenden Argumenten kennen und anwenden

Vom schwächsten zum stärksten Argument – den Hauptteil einer linearen Argumentation planen und verfassen 188

- Argumentationen linear aufbauen
- Schreibpläne und Gliederungen anfertigen
- argumentative Texte verfassen

Deshalb bin ich der Meinung, dass ... – den Schluss einer linearen Argumentation verfassen 190

- Stellungnahmen begründet entwickeln
- Möglichkeiten und Kriterien für den Schlussteil einer Argumentation kennen und anwenden
- argumentative Texte planen und verfassen

Ein Thema, zwei Meinungen – eine antithetische Argumentation planen und verfassen 192

- Untersuche M1 bis M5! – Verschiedenen Materialien Argumente entnehmen
- Beide Seite sehen – eine antithetische Argumentation planen und verfassen

- verschiedenen Materialien Pro- und Kontra-Argumente entnehmen
- Argumentationen auf der Grundlage von verschiedenen Materialien planen und schreiben
- Argumentationen antithetisch aufbauen
- Gliederungen und Schreibpläne anlegen
- argumentative Texte verfassen
- die Gegenseite beim Argumentieren einbeziehen und berücksichtigen

Alles klar? – Wiederholen und üben 198

Mitleid unerwünscht – den Kinofilm „Ziemlich beste Freunde" erschließen 200

Gegensätzliche Lebenswelten – den Anfang eines Films erschließen 202

- die Exposition eines Films untersuchen und erschließen
- Filmfiguren charakterisieren
- Szenenbilder beschreiben und deuten

„Ich mag Behinderte, wirklich" – Montage als filmsprachliches Gestaltungsmittel in Dialogen untersuchen 204

- Gesellschaftskritik in einem Film erschließen
- Filmfiguren charakterisieren und deren Haltungen vergleichen
- Szenenbilder beschreiben und deuten
- filmsprachliche Mittel und ihre Wirkung untersuchen
- handlungs- und produktionsorientierte Methoden anwenden

Gemeinsam sieht man mehr – Methoden zur Filmerschließung kennenlernen 207

- die Handlung eines Films erschließen und wiedergeben
- Filme aspektorientiert untersuchen
- Beziehungskonstellationen und -entwicklungen in Filmen analysieren
- ein Schreibgespräch über einen Film durchführen

„Schwarzer Humor" – Kameraeinstellungen untersuchen 209

- eine Filmszene analysieren
- Filmfiguren und -beziehungen sowie deren Entwicklung charakterisieren
- Szenenbilder beschreiben und deuten
- filmsprachliche Mittel und ihre Wirkung untersuchen
- handlungs- und produktionsorientierte Methoden anwenden

„Helft einander, das ist lustig!" – Eine Filmkritik untersuchen und verfassen 211

Lena Bopp: „Helft einander, das ist lustig!"

- eine Filmkritik analysieren
- Merkmale, Aufbau und Besonderheiten der Textsorte Filmkritik kennen und nachweisen
- eine Filmkritik verfassen
- einen Film bewerten

Alles klar? – Wiederholen und üben 214

„Es schlug mein Herz ..." – Liebesgeschichte beschreiben und deuten   216

„Balde bald umarm ich sie" – Stimmungen in einem Liebesgedicht beschreiben   218

Johann Wolfgang Goethe: Balde seh ich Rickchen wieder	• Gedichte untersuchen und erschließen • sprachliche Mittel und ihre Wirkung untersuchen • Stimmungen in Gedichten erschließen und benennen • Textanalysen planen und verfassen • produktionsorientierte Methoden anwenden

„Willkommen und Abschied" – die sprachliche Gestaltung eines Gedichts untersuchen   221

Johann Wolfgang Goethe: Willkommen und Abschied	• Gedichte untersuchen und erschließen • Sprachliche Mittel und ihre Wirkung untersuchen • das Thema literarischer Texte erfassen und formulieren • Textanalysen planen und verfassen • produktionsorientierte Methoden anwenden

Goethe in Straßburg – ein Gedicht biografisch verstehen   225

Andreas Venzke: Student in Straßburg	• Sachtexten Informationen entnehmen • Texte verschiedener Textsorten vergleichen • literarische Texte unter Einbezug ihres biographischen Hintergrundes deuten • Textanalysen planen und verfassen • Im Internet recherchieren • Kurzvorträge vorbereiten und halten

„Neue Liebe" – eine Gedichtanalyse vervollständigen   228

Joseph von Eichendorff: Neue Liebe	• Gedichte untersuchen und erschließen • Sprachliche Mittel und ihre Wirkung untersuchen • das Thema literarischer Texte erschließen • Textanalysen planen und verfassen

Vanitas und carpe diem – ein Liebesgedicht des Barocks erschließen   230

Martin Opitz: Ach Liebste, lass uns eilen	• Gedichte analysieren und interpretieren • Epochenmerkmale des Barocks kennen • literarische Texte unter Einbezug ihrer Epochenzugehörigkeit deuten • lyrische Texte vergleichen • im Internet recherchieren und Kurzvorträge halten

Alles klar? – Wiederholen und üben   232

„Unsere Schule steht für Vertrauen, Verantwortung und Veränderung" – Reden rund um die Schule analysieren und halten   234

„Bücher sind wie Flügel ..." – Aufbau, Inhalt und Sprache in einer Rede untersuchen   236

Sylvia Löhrmann: Rede am 23. April anlässlich des „Welttages des Buches"	• Aufbau, Gliederung und den Inhalt einer Rede erschließen und untersuchen • die rhetorisch-sprachliche Gestaltung einer Rede und ihre Wirkung untersuchen • Redenanalysen planen und verfassen

Liebe Schülerinnen und Schüler, liebe Eltern ... – eine Abschlussrede untersuchen 241

Schulleiterin Sonia Cohen: Rede anlässlich der Schulentlassung der zehnten Klassen im Jahr 2011	• Aufbau, Gliederung, Inhalt sowie die sprachliche Gestaltung und ihre Wirkung einer Rede erschließen und untersuchen • Redeanalysen planen und verfassen • eigene Reden konzipieren und verfassen

Liebe Mitschülerinnen und Mitschüler ... – eine eigene Abschlussrede verfassen 246

Rede des Schülersprechers anlässlich der Entlassung der des zehnten Jahrgangs der Städtischen Realschule Übach-Palenberg	• Aufbau, Gliederung, Inhalt sowie die sprachliche Gestaltung und ihre Wirkung einer Rede erschließen und untersuchen • Redeanalysen planen und verfassen • eigene Reden konzipieren und verfassen

Alles klar? – Wiederholen und üben 248

Auch Sprachen haben eine Herkunft und Verwandte ... – sich mit Geschichte, Wandel und Dialekten des Deutschen auseinandersetzen 250

Ist Keks ein Fremdwort? – Die Herkunft von Wörtern untersuchen 252

Lehnwörter und Fremdwörter *Schülerduden „Wortgeschichte"*	• die Übernahme von Wörtern in eine Sprache kennenlernen und Formen dieser Übernahmen unterscheiden (z. B.: Lehn- und Fremdwörter) • sprachgeschichtliche Zusammenhänge und Phänomene des Sprachwandels erkennen • Fachbegriffe zur Sprachreflexion kennen und benutzen • etymologische Wörterbücher kennen und benutzen • Herkunft und Geschichte von Wörtern untersuchen • Mehrsprachigkeit zur Entwicklung von Sprachbewusstsein und zum Sprachvergleich nutzen • Informationen aus Sachtexten entnehmen

Die indoeuropäische Sprachfamilie und die deutsche Sprache – Ursprünge von Sprachen kennenlernen 255

Die Suche nach der Ursprache der indoeuropäischen Sprachen	• die indoeuropäische Sprachfamilie und ihre Bedeutung für die deutsche Sprache kennen • die Übernahme von Wörtern als Prozess der Sprachgeschichte verstehen • Fachbegriffe zur Sprachreflexion kennen • sich mit sprachgeschichtlichen Modellen auseinandersetzen • sprachgeschichtliche Zusammenhänge und Phänomene des Sprachwandels kennen • Informationen aus Sachtexten entnehmen und visualisieren

Sprachen in der Sprache – sich mit Dialekten auseinandersetzen 258

Schwäbische Zeitung: Forscher entwickeln interaktive Dialekt-Landkarte	• sprachgeschichtliche Zusammenhänge und Phänomene des Sprachwandels erkennen • Fachbegriffe zur Sprachreflexion kennen und benutzen • die Bedeutung von Dialekten für die Identität des Einzelnen und die Vielfalt der Kultur erkennen und bewerten • Sachtexte erschließen

Alles klar? – Wiederholen und üben 261

Tipps für die Rechtschreibung – Richtig zu schreiben kann man lernen! 264

Wo kann ich noch besser werden? – Fehlerschwerpunkte erkennen 266

- elementare Anforderungen des Schreibens bezüglich der Rechtschreibung erfüllen
- Rechtschreibbereiche und Fehlerschwerpunkte erkennen
- Rechtschreibstrategien selbstständig anwenden
- Texte orthografisch überarbeiten

Merksätze anwenden, Ableiten und Verlängern ... – Rechtschreibprobleme durch einfache Verfahren lösen 269

- elementare Anforderungen des Schreibens bezüglich der Rechtschreibung erfüllen
- Rechtschreibbereiche und Fehlerschwerpunkte erkennen
- Rechtschreibstrategien selbstständig anwenden
- Texte orthografisch überarbeiten

Der wichtigste Tipp – mit dem Wörterbuch arbeiten 273

- elementare Anforderungen des Schreibens bezüglich der Rechtschreibung erfüllen
- Informationsangebot und Angaben von Wörterbüchern kennen
- mithilfe von Wörterbüchern die Schreibweise von Wörtern klären
- Rechtschreibstrategien selbstständig anwenden
- Wortfamilien kennen, untersuchen und zusammenstellen

Das Interessante ... Im Allgemeinen ... – Nominalisierungen/Substantivierungen erkennen und großschreiben 275

- elementare Anforderungen des Schreibens bezüglich der Rechtschreibung erfüllen
- Rechtschreibstrategien und -regeln selbstständig anwenden
- Groß- und Kleinschreibung auch in schwierigen Fällen sicher verwenden und erläutern
- Wortarten bestimmen sowie ihre Nominalisierungen/ Substantivierungen erkennen
- grammatisches Wissen bei der Rechtschreibung einsetzen
- Rechtschreibhilfe von Textverarbeitungsprogrammen verwenden und ihre Grenzen beachten

Data wünscht sich, dass er das Lachen ... die Wörter „das" und „dass" richtig schreiben 278

- elementare Anforderungen des Schreibens bezüglich der Rechtschreibung erfüllen
- die Rechtschreibung der Wörter „dass" und „das" sicher beherrschen
- Rechtschreibstrategien, insbesondere die Ersatzprobe, anwenden und nutzen
- Wortarten bestimmen und unterscheiden
- grammatisches Wissen bei der Rechtschreibung einsetzen
- Rechtschreibhilfe von Textverarbeitungsprogrammen verwenden und ihre Grenzen beachten

Auf die Bedeutung achten! – Wortbausteine richtig schreiben   281

- Wiederholung … widerspiegeln … – „Wieder-/wieder-" und „Wider-/wider-" richtig schreiben
- Entlassung … Endspiel … – die Vorsilben „Ent-/ent-" und „End-/end-" richtig schreiben

- elementare Anforderungen des Schreibens bezüglich der Rechtschreibung erfüllen
- Rechtschreibstrategien selbstständig anwenden
- die Bedeutung von Wörtern klären und dieses Wissen bei der Rechtschreibung einsetzen
- Wörter mit den Präfixen „W/wieder-"/„W/wider-" und „E/ent-"/„E/end-" richtig schreiben
- Möglichkeiten der Wortbildung untersuchen

These, Argument, Methode … – sich die Schreibweise von Fremdwörtern einprägen   284

- elementare Anforderungen des Schreibens bezüglich der Rechtschreibung erfüllen
- Rechtschreibstrategien selbstständig anwenden
- die Rechtschreibung von Fremdwörtern systematisch einüben
- Wortbedeutungen auch mithilfe von Nachschlagewerken klären
- Informationsangebot und Angaben von Wörterbüchern kennen und bei der Rechtschreibung nutzen

Alles klar? – Wiederholen und üben   288

Deutschtraining – üben, wiederholen und mehr   290

Rechtschreibtraining – Groß- und Kleinschreibung   292

Das musst du großschreiben! – Nominalisierungen/Substantivierungen   292

- Rechtschreibregeln zur Groß- und Kleinschreibung kennen und anwenden
- grammatisches Wissen zur richtigen Groß- und Kleinschreibung anwenden
- Wortarten bestimmen sowie Nominalisierungen/Substantivierungen von Wortarten erkennen und großschreiben

Ein Text zum Üben – die Rechtschreibung von Nominalisierungen/Substantivierungen trainieren   293

- Rechtschreibregeln zur Groß- und Kleinschreibung kennen und selbstständig anwenden
- grammatisches Wissen zur richtigen Groß- und Kleinschreibung anwenden
- eigene Fehlerschwerpunkte erkennen
- mithilfe von Texten zum Üben die eigene Rechtschreibung sichern und verbessern

Es war am Donnerstag – Zeitangaben   294

- Zeitangaben klein- und großschreiben
- Rechtschreibregeln zur Groß- und Kleinschreibung kennen und anwenden
- grammatisches Wissen zur richtigen Groß- und Kleinschreibung anwenden
- Zeitadverbien erkennen und kleinschreiben

Italien, Brandenburger Tor ... – Herkunfts- und Ortsnamen 295

- Groß- und Kleinschreibung von Orts- und Herkunftsbezeichnungen beherrschen
- Eigennamen erkennen und großschreiben
- Rechtschreibregeln zur Groß- und Kleinschreibung kennen und anwenden
- grammatisches Wissen zur richtigen Groß- und Kleinschreibung anwenden

Teste dich selbst! – Groß- und Kleinschreibung 296

Rechtschreibtraining – Getrennt- und Zusammenschreibung 297

Die Grundregeln – Wortgruppen getrennt schreiben und Zusammensetzungen zusammenschreiben 297

- Rechtschreibregeln zur Getrennt- und Zusammenschreibung kennen und anwenden
- die Bedeutung von Wörtern erkennen und diese Kenntnis zur Rechtschreibung nutzen
- Komposita erkennen und zusammenschreiben
- Wortgruppen erkennen und getrennt schreiben
- Möglichkeiten der Wortbildung kennenlernen und untersuchen

Weitere Tipps – Getrennt- und Zusammenschreibung üben 298

- Rechtschreibstrategien zur Getrennt- und Kleinschreibung kennen und selbstständig anwenden
- Wissen zur Wortbedeutung und -bildung zur richtigen Getrennt- und Zusammenschreibung anwenden
- die eigene Rechtschreibung mithilfe der Durchführung von Diktatformen verbessern

Teste dich selbst! – Getrennt- und Zusammenschreibung 300

Rechtschreibtraining – s-Laute richtig schreiben 301

„s", „ss" oder „ß"? – Wörter mit s-Lauten richtig schreiben 301

- Rechtschreibregeln zu den s-Lauten kennen und anwenden

Das glaube ich dir! ... Ich meine, dass ... – „das"/„dass" richtig schreiben 304

- die Wörter „das"/„dass" richtig schreiben
- Rechtschreibstrategien kennen und anwenden
- Wortarten der Wörter „das" und „dass" bestimmen und unterscheiden
- grammatisches Wissen zur Rechtschreibung anwenden
- die eigene Rechtschreibung mithilfe der Durchführung von Diktatformen verbessern

Teste dich selbst! – s-Laute richtig schreiben 306

Zeichensetzungstraining – Kommas richtig setzen 307

Neben-/Gliedsatz + Hauptsatz – Kommasetzung in einfachen Satzgefügen 307

- Regeln der Kommasetzung bei Satzreihen kennen und beachten
- Satzgefüge erkennen

Die Mumie, die ... – Kommasetzung bei Relativ-/Attributsätzen 309

- Regeln der Kommasetzung bei Relativsätzen/Attributsätzen kennen und beachten
- Satzgefüge erkennen

Dass es schneit, ... – Kommasetzung bei Subjekt- und Objektsätzen 311

- Regeln der Kommasetzung in einfachen Satzgefügen anwenden
- Kommas bei Subjekt- und Objektsätzen richtig setzen
- grammatische Funktionen von Subjekt- und Objektsätzen kennen

Ein Hauptsatz und mehrere Neben-/Gliedsätze ... – Kommasetzung in komplexen Satzgefügen 312

- Regeln der Kommasetzung bei Satzgefügen kennen und beachten
- Haupt- und Nebensätze erkennen und unterscheiden
- Merkmale von Nebensätzen kennen
- komplexe Satzgefüge untersuchen und in Form eines Satzbauschemas darstellen
- Gleich- und Unterordnung von Sätzen erkennen und unterscheiden

Teste dich selbst! – Kommas richtig setzen 313

Zeichensetzungstraining – Zitieren 314

Wie zitiere ich richtig? – Die Grundregeln 314

- wörtliche Übernahmen aus fremden Texten als Zitate kennzeichnen und in den eigenen Text integrieren
- die Regeln und die Zeichensetzung des Zitierens kennen und anwenden
- Deutungen am Text belegen

Teste dich selbst! – Zitieren 316

Grammatiktraining – Wortarten   317

Nomen/Substantive, Verben, Pronomen ... – Wortarten im Überblick   317
- Wortarten bestimmen und wiederholen

Unterschiedliche Verbarten – Vollverb, Hilfsverb, Modalverb   320
- Verbarten bestimmen, unterscheiden und verwenden
- die Funktion verschiedener Verbarten kennen

Störend, gehend, gegangen, gelaufen ... – Partizip Präsens (Partizip I) und Partizip Perfekt (Partizip II)   322
- Tempusformen und -bildung kennen und beherrschen
- Partizipien und deren Bildung sowie Funktionen kennen und anwenden

Für Grammatikexperten – Vorgangs- und Zustandspassiv   324
- Aktiv- und Passivsätze erkennen und bilden
- Vorgangs- und Zustandspassiv unterscheiden
- die Wirkung von Aktiv- und Passivformen beschreiben und reflektieren

Teste dich selbst! – Wortarten   326

Grammatiktraining – Satzglieder   327

Bekannte Satzglieder – Subjekt, Prädikat, Objekt   327
- Satzglieder bestimmen und wiederholen
- Funktion von Satzgliedern erkennen

Ein Satzglied unter der Lupe – die adverbiale Bestimmung   329
- adverbiale Bestimmungen und ihre Funktion erkennen

Kein Satzglied, sondern ein Satzgliedteil – das Attribut   331
- Attribute und ihre Funktion erkennen
- verschiedene Arten von Attributen unterscheiden

Linke und rechte Satzklammer ... – Sätze in Felder einteilen   333
- Satzstrukturen mithilfe des Feldermodels untersuchen und beschreiben
- die zentrale Bedeutung des Prädikats für den Satz erkennen und reflektieren

Teste dich selbst! – Satzglieder   335

Grammatiktraining – Konjunktiv in der indirekten Rede   336

Er geht ... Er gehe ... Geh jetzt! – Modi des Verbs unterscheiden   336

- Modi des Verbs sowie ihre Funktionen kennen und unterscheiden
- alle Formen der Konjugation sicher beherrschen

Er ist ... Er sei ... Er wäre ... – Konjunktivformen bilden   337

- Konjunktiv I und II – Formen bilden
- Ersatzformen bilden
- alle Formen der Konjugation beherrschen

Wie sage ich, was jemand sagt? – Die direkte Rede in der indirekten Rede wiedergeben   339

- direkte Rede in der indirekten Rede wiedergeben
- Konjunktivformen sowie Ersatzformen zur Wiedergabe der indirekten Rede verwenden
- alle Formen der Konjugation beherrschen

Teste dich selbst! – Konjunktiv in der indirekten Rede   341

Anhang   342

Hilfekarten   342

Alles klar? – Wiederholen und üben – Lösungen   347

Teste dich selbst! – Lösungen   366

Verzeichnis der Lernboxen   373

Verzeichnis der Textarten   376

Stichwortverzeichnis   379

Textquellenverzeichnis   384

Bildquellenverzeichnis   389

Vom Festhalten und Loslassen – Kurzgeschichten erschließen

Welche Menschen werden mich auf meinem Lebensweg begleiten? Welche Menschen, mit denen ich heute zusammen bin, werde ich vielleicht aus den Augen verlieren? Wie werden sich wichtige Beziehungen in meinem Leben entwickeln?

Um diese Fragen geht es in den modernen Kurzgeschichten, die du auf den nächsten Seiten kennenlernen wirst.

In diesem Kapitel wiederholst und lernst du,
- moderne Kurzgeschichten mithilfe von Fragen zu erschließen,
- Einleitungssätze zu einer Textanalyse zu formulieren,
- das Geschehen und die Handlung von Kurzgeschichten mithilfe von Inhaltsangaben zusammenzufassen,
- die Erzähltechnik und die sprachliche Gestaltung von Kurzgeschichten zu untersuchen,
- typische Merkmale von Kurzgeschichten zu erkennen und diese am Text nachzuweisen,
- eine Textanalyse zu einer Kurzgeschichte zu verfassen,
- dich in die Situation von Figuren hineinzuversetzen und zu ihrer Situation oder aus ihrer Perspektive Texte zu verfassen.

1 Mit Kurzgeschichten habt ihr euch bereits im vergangenen Schuljahr befasst. Berichtet von den Texten, an die ihr euch noch erinnern könnt. Was ist das Besondere an Kurzgeschichten?

2 Stellt auch typische Merkmale der Textsorte Kurzgeschichte zusammen.

3 Betrachtet die Fotos genau und beschreibt sie:
- Stellt Vermutungen darüber an, in welchen wichtigen Lebenssituationen sich die jungen Menschen auf den Fotos befinden könnten.
- „Vom Festhalten und Loslassen": Erklärt, inwiefern die Fotos zum Titel des Kapitels passen.

„Streuselschnecke" – eine Kurzgeschichte erschließen

Julia Franck (geb. 1970)
Streuselschnecke

Der Anruf kam, als ich vierzehn war. Ich wohnte seit einem Jahr nicht mehr bei meiner Mutter und meinen Schwestern, sondern bei Freunden in Berlin. Eine fremde Stimme meldete sich, der Mann nannte seinen Namen, sagte mir, er lebe in Berlin, und fragte, ob ich ihn kennenlernen wolle. Ich zögerte, ich war mir nicht
5 sicher. Zwar hatte ich schon viel über solche Treffen gehört und mir oft vorgestellt, wie so etwas wäre, aber als es so weit war, empfand ich eher Unbehagen. Wir verabredeten uns. Er trug Jeans, Jacke und Hose. Ich hatte mich geschminkt. Er führte mich ins Café Richter am Hindemithplatz und wir gingen ins Kino, ein Film von Rohmer. Unsympathisch war er nicht, eher schüchtern. Er nahm mich
10 mit ins Restaurant und stellte mich seinen Freunden vor. Ein feines, ironisches Lächeln zog er zwischen sich und die anderen Menschen. Ich ahnte, was dieses Lächeln verriet. Einige Male durfte ich ihn bei seiner Arbeit besuchen. Er schrieb Drehbücher und führte Regie bei Filmen. Ich fragte mich, ob er mir Geld geben würde, wenn wir uns treffen, aber er gab mir keins, und ich traute mich nicht,
15 danach zu fragen. Schlimm war das nicht, schließlich kannte ich ihn kaum, was sollte ich da schon verlangen. Außerdem konnte ich für mich selbst sorgen, ich ging in die Schule und putzen und arbeitete als Kindermädchen. Bald würde ich alt genug sein, um als Kellnerin zu arbeiten, und vielleicht würde ja auch eines

Tages etwas Richtiges aus mir. Zwei Jahre später, der Mann und ich waren uns
noch immer etwas fremd, sagte er mir, er sei krank. Er starb ein Jahr lang, ich
besuchte ihn im Krankenhaus und fragte, was er sich wünsche. Er sagte mir, er
habe Angst vor dem Tod und wolle es so schnell wie möglich hinter sich bringen.
Er fragte mich, ob ich ihm Morphium besorgen könne. Ich dachte nach, ich hatte
einige Freunde, die Drogen nahmen, aber keinen, der sich mit Morphium auskannte. Auch war ich mir nicht sicher, ob die im Krankenhaus herausfinden wollten und würden, woher es kam. Ich vergaß seine Bitte. Manchmal brachte ich ihm
Blumen. Er fragte nach dem Morphium und ich fragte ihn, ob er sich Kuchen
wünsche, schließlich wusste ich, wie gerne er Torte aß. Er sagte, die einfachen
Dinge seien ihm jetzt die liebsten – er wolle nur Streuselschnecken, nichts sonst.
Ich ging nach Hause und buk Streuselschnecken, zwei Bleche voll. Sie waren noch
warm, als ich sie ins Krankenhaus brachte. Er sagte, er hätte gerne mit mir gelebt,
es zumindest gern versucht, er habe immer gedacht, dafür sei noch Zeit, eines
Tages – aber jetzt sei es zu spät. Kurz nach meinem siebzehnten Geburtstag war
er tot. Meine kleine Schwester kam nach Berlin, wir gingen gemeinsam zur Beerdigung. Meine Mutter kam nicht. Ich nehme an, sie war mit anderem beschäftigt,
außerdem hatte sie meinen Vater zu wenig gekannt und nicht geliebt.

(2002)

1 Suche den Satz aus dem Text heraus, der dir persönlich am wichtigsten ist. Stelle ihn den anderen vor und erkläre, warum du dich für ihn entschieden hast.

2 Ordne die Angaben aus dem Wortspeicher der Ich-Erzählerin und ihrem Vater zu.
- Lege dir dazu eine entsprechende Tabelle an.
- Ergänze die passende Zeilenangabe.

> trägt Jeans (Z. xxx) • schminkt sich (Z. xxx) • geht zur Schule (Z. xxx) • ironisch (Z. xxx) • schreibt Drehbücher (Z. xxx) • lebt bei Freunden in Berlin (Z. xxx) • putzt (Z. xxx) • ist krank (Z. xxx) • hat Freunde, die Drogen nehmen (Z. xxx) • lebt in Berlin (Z. xxx) • kann für sich selbst sorgen (Z. xxx) • traut sich nicht zu fragen (Z. xxx) • hat Angst (Z. xxx) • isst gerne Torte (Z. xxx) • liebt die einfachen Dinge (Z. xxx) • fragt nach den Wünschen des anderen (Z. xxx)

3 Untersuche den Beginn der Kurzgeschichte (Z. 1 – Z. 15). Erkläre, was der Leser am Beginn der Kurzgeschichte über die beiden Hauptfiguren denken könnte.

4 Suche die Textstelle heraus, bei der klar wird, dass es sich hier bei den beiden Hauptfiguren um Vater und Tochter handelt.
Erkläre, warum die Ich-Erzählerin den Leser wohl so lange über die wahre Beziehung zu dem Mann im Unklaren lässt.

5 Beschreibt, wie sich die Beziehung zwischen der Ich-Erzählerin und dem Vater entwickelt. Übertragt dazu die folgende Tabelle in euer Heft und füllt die leeren Spalten stichwortartig aus.

Zeilen	äußere Situation und Handlung	Entwicklung der Beziehung zwischen der Ich-Erzählerin und dem Vater
Z. 1–7	…	…
Z. 7–9	…	…
Z. 10–19	…	…
Z. 19–33	…	…
Z. 33–36	…	…

 6 Vergleicht eure Ergebnisse:
- Überarbeitet sie eventuell.
- Stellt eure Ergebnisse der Klasse vor.

7 Die Streuselschnecken haben eine besondere Bedeutung in der Erzählung. Erkläre, wofür sie ein Symbol sein könnten. Begründe deine Deutung.

 8 Vervollständige den folgenden Einleitungssatz für eine schriftliche Textanalyse zu der Kurzgeschichte:

S. 342

> Bei dem Text handelt es sich um eine _____
> von _____, die im Jahr _____ veröffentlicht
> wurde. Sie trägt den Titel _____. In der Kurzgeschichte
> geht es um _____.

Eine Hilfekarte findest du auf der Seite 342.

9 Lege deine Untersuchungsergebnisse zu dem Text schriftlich dar.
- Formuliere einen Einleitungssatz zu deiner Textanalyse.
- Gib den Inhalt der Kurzgeschichte in eigenen Worten in Form einer Inhaltsangabe wieder. Hilfen hierzu erhältst du in der Lernbox auf S. 44.
- Erläutere, was du über die Hauptfiguren erfährst. Stelle dabei anhand von Textbeispielen die Entwicklung der Beziehung zwischen den beiden Hauptfiguren dar.
- Erkläre die Bedeutung der „Streuselschnecken" in dem Text. Lege dabei die symbolische Bedeutung der „Streuselschnecken" dar.

◆ Kurzgeschichten erschließen
SB, S. 26 ff., 32 ff., 40 ff.
AH, S. 6 ff., 101 ff.

Weitere Hilfen und Hinweise findest du in der Lernbox auf S. 44.

10 Durchstarten! So könnt ihr weiterarbeiten:

a ⬤○ Die jüngere Schwester der Ich-Erzählerin will nach der Beerdigung des Vaters von ihrer älteren Schwester etwas über den unbekannten Verstorbenen erfahren.
- Formuliere mögliche Fragen, die sie stellen könnte.
- Formuliere danach die Antworten der Ich-Erzählerin. Beziehe dich dabei auf den Text.
- Schreibe das Gespräch zwischen den beiden Schwestern auf. Du kannst es auch mit einem Lernpartner als Dialog einüben.

b ⬤○ Am Abend nach der Beerdigung schreibt die Tochter in ihr Tagebuch, welche Bedeutung ihr Vater in ihrem Leben gehabt hat. Verfasse diesen Tagebucheintrag.

c ○○
- Bei welchen Gedanken könnte die Ich-Erzählerin mit dem Gebäck Streuselschnecken konfrontiert werden? Notiere diese Situationen.
- Welche Gedanken und Gefühle könnten diese Situationen bei ihr auslösen? Zeichne mindestens drei Gedankenblasen und schreibe mögliche Gedanken der Ich-Erzählerin hinein.

Beispiel:

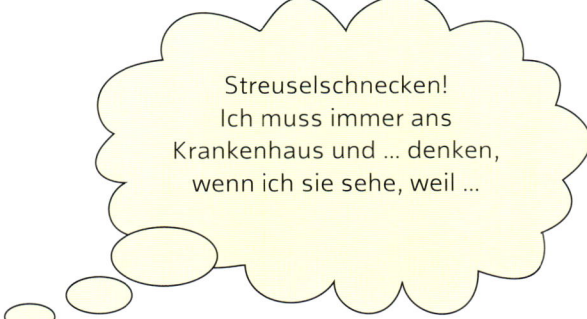

d ○○ Welchen Gegenstand würdest du als Symbol für dein bisheriges Leben auswählen? Beschreibe ihn und erkläre, warum du ihn als Symbol für dein bisheriges Leben ausgewählt hast.

e ⬤⬤ Ergänzt Angaben, die eurer Meinung nach in dem Kasten von Aufgabe 2 zu den beiden Figuren fehlen. Gebt jeweils auch die Zeilenangabe zu euren Ergänzungen an.

25

„Augenblicke" – eine Kurzgeschichte untersuchen und eine Textanalyse dazu überarbeiten

Eine schwierige Beziehung – eine Kurzgeschichte erschließen

Walter Helmut Fritz (1929 – 2010)
Augenblicke

Kaum stand sie vor dem Spiegel im Badezimmer, um sich herzurichten, als ihre Mutter aus dem Zimmer nebenan zu ihr hereinkam, unter dem Vorwand, sie wolle sich nur die Hände waschen. Also doch! Wie immer, wie *fast* immer.
Elsas Mund krampfte sich zusammen. Ihre Finger spannten sich. Ihre Augen wurden schmal. Ruhig bleiben!
Sie hatte darauf gewartet, dass ihre Mutter auch dieses Mal hereinkommen würde, voller Behutsamkeit: mit jener scheinbaren Zurückhaltung, die durch ihre

Aufdringlichkeit die Nerven freilegt. Sie hatte – behext, entsetzt, gepeinigt – darauf gewartet, weil sie sich davor fürchtete.

Komm, ich mach dir Platz, sagte sie zur ihrer Mutter und lächelte ihr zu. Nein, bleib nur, ich bin gleich so weit, antwortete die Mutter und lächelte.

Aber es ist doch so eng, sagte Elsa, und ging rasch hinaus über den Flur, in ihr Zimmer. Sie behielt einige Augenblicke länger als nötig die Klinke in der Hand, wie um die Tür mit Gewalt zuzuhalten. Sie ging auf und ab, von der Tür zum Fenster, vom Fenster zur Tür. Vorsichtig öffnete ihre Mutter. Ich bin schon fertig, sagte sie.

Elsa tat, als ob ihr inzwischen etwas anderes eingefallen wäre, und machte sich an ihrem Tisch zu schaffen.

Du kannst weitermachen, sagte die Mutter.

Ja, gleich.

Die Mutter nahm die Verzweiflung ihrer Tochter nicht einmal als Ungeduld wahr. Wenig später allerdings verließ Elsa das Haus, ohne ihrer Mutter Adieu zu sagen. Mit der Tram[1] fuhr sie in die Stadt, in die Gegend der Post. Dort sollte es eine Wohnungsvermittlung geben, hatte sie einmal gehört. Sie hätte zu Hause im Telefonbuch die Adresse nachsehen können. Sie hatte nicht daran gedacht, als sie die Treppen hinuntergeeilt war.

In einem Geschäft für Haushaltsgegenstände fragte sie, ob es in der Nähe nicht eine Wohnungsvermittlung gebe. Man bedauerte. Sie fragte in der Apotheke, bekam eine ungenaue Auskunft. Vielleicht im nächsten Haus. Dort läutete sie. Schilder einer Abendzeitung, einer Reisegesellschaft, einer Kohlenfirma. Sie läutete umsonst.

Es war später Nachmittag, Samstag, zweiundzwanzigster Dezember.

Sie sah in eine Bar hinein. Sie sah den Menschen nach, die vorbeigingen. Sie trieb mit. Sie betrachtete die Kinoreklamen. Sie ging Stunden umher. Sie würde erst spät zurückkehren. Ihre Mutter würde zu Bett gegangen sein. Sie würde ihr nicht mehr Gute Nacht zu sagen brauchen.

Sie würde sich, gleich nach Weihnachten, eine Wohnung nehmen. Sie war zwanzig Jahre alt und verdiente. Kein einziges Mal würde sie sich mehr beherrschen können, wenn ihre Mutter zu ihr ins Bad kommen würde, wenn sie sich schminkte. Kein einziges Mal.

Ihre Mutter lebte seit dem Tod ihres Mannes allein. Oft empfand sie Langeweile. Sie wollte mit ihrer Tochter sprechen. Weil sich die Gelegenheit selten ergab (Elsa schützte Arbeit vor), suchte sie sie auf dem Flur zu erreichen oder wenn sie im Bad zu tun hatte. Sie liebte Elsa. Sie verwöhnte sie. Aber sie, Elsa, würde kein einziges Mal mehr ruhig bleiben können, wenn sie wieder zu ihr ins Bad käme. Elsa floh.

Über der Straße künstliche, blau, rot, gelb erleuchtete Sterne. Sie spürte Zuneigung zu den vielen Leuten, zwischen denen sie ging.

Als sie kurz vor Mitternacht zurückkehrte, war es still in der Wohnung. Sie ging in ihr Zimmer, und es blieb still. Sie dachte daran, dass ihre Mutter alt und oft krank war. Sie kauerte sich in ihren Sessel, und sie hätte unartikuliert schreien mögen, in die Nacht mit ihrer entsetzlichen Gelassenheit.

(1964)

---

[1] Tram: Straßenbahn

1 Beschreibe die Illustration auf S. 26 und erläutere, welche Situation aus dem Text dargestellt wird. Was zeigt diese über Elsa und ihre Mutter am Anfang der Erzählung?

 2 Verschafft euch einen Überblick über das erzählte Geschehen, die Situation Elsas und die Beziehung zwischen Elsa und ihrer Mutter.
Übertragt dazu folgende Übersicht in euer Heft und vervollständigt sie.

Textab-schnitt	Ort/Zeit	äußere Handlung	Elsas Gedanken und Gefühle
Z. 1–12	Badezimmer/ Wohnung	– Elsa will sich umziehen und zurechtmachen. – Die Mutter kommt ungefragt ins Badezimmer. – Elsa …	– Ablehnung der Mutter – …
Z. 12–22	Elsas Zimmer/ Wohnung	– Elsa wartet, bis die Mutter im Badezimmer fertig ist. – Die Mutter öffnet …	– Wunsch, allein zu sein, und von der Mutter … – …
Z. 23–32	Stadt/Gegend der Post	– Elsa fährt mit der Straßenbahn in die Stadt. – Elsa sucht erfolglos …	– …
Z. 33–…	Stadt	– Elsa geht …	– …
Z. …–…			

S. 342 Eine Hilfekarte findet ihr auf S. 342.

 3 Vergleicht eure Ergebnisse und einigt euch auf eine Fassung. Fasst eure Ergebnisse zusammen und stellt sie der Klasse vor:
- Geht dabei besonders auf die Beziehung zwischen Elsa und ihrer Mutter ein.
- Stellt in diesem Zusammenhang insbesondere dar, wie sich im Verlauf der Kurzgeschichte die Einstellung Elsas verändert. Erklärt auch die Gründe für diese Veränderung.

Dies sind zwei Äußerungen von Schülern nach der ersten Lektüre der Geschichte:

„Ich kann Elsa gut verstehen." (Cen)
„Sie reagiert total überzogen." (Luiza)

4 Welcher Meinung würdest du dich anschließen? Nimm Stellung zu diesen Aussagen und begründe deine Meinung.

Um Elsas Gefühle und ihre spezielle Situation anschaulich deutlich zu machen, benutzt der Autor besondere sprachliche Mittel und Besonderheiten des Satzbaus.

Satzbau, Erzähltechnik, Wortwahl … – die Gestaltung einer Kurzgeschichte untersuchen

5 Suche die Textstellen heraus, in denen die Zitate vorkommen, und gib die Zeilen an. Erkläre, welche Handlungen, Gedanken oder Gefühle Elsas mit diesen Zitaten ausgedrückt werden.

Anapher (Wiederholung desselben Satzanfangs)

Parataxe (Reihung von oft kurzen Hauptsätzen)

Ellipse (verkürzter Satz)

6 In den Pfeilen befinden sich die Bezeichnungen für einige besondere sprachliche Mittel bzw. Besonderheiten des Satzbaus.
- Ordnet die Pfeile den Zitaten aus der Aufgabe 5 zu. Manchmal könnt ihr mehrere sprachliche Mittel finden, mit denen der Satzbau gestaltet wird.
- Versucht auch, jeweils zu erklären, auf welche Weise die Besonderheiten des Satzbaus die Handlungen, Gedanken oder Gefühle Elsas verdeutlichen.

7 Untersucht auch die folgenden Zitate:
- „Also doch! Wie immer, wie *fast* immer." (S. 26, Z. 3)
- „Ihre Finger spannten sich. Ihre Augen wurden schmal." (S. 26, Z. 4 f.)
- „Sie betrachtete die Kinoreklame. Sie ging Stunden umher. Sie würde erst spät zurückkehren. Ihre Mutter würde zu Bett gegangen sein. Sie würde ihr nicht mehr Gute Nacht zu sagen brauchen." (S. 27, Z. 34 – 36)
- Benennt die dort benutzten sprachlichen Mittel bzw. die Besonderheit des Satzbaus.
- Arbeitet dabei mit den Abbildungen oben.
- Erklärt, was dem Leser mithilfe des Satzbaus besonders verdeutlicht wird.

8 Die Situation Elsas wird dem Leser auch über die Erzähltechnik verdeutlicht. Untersucht die Erzähltechnik der Kurzgeschichte. Arbeitet dabei mit der Lernbox auf dieser Seite.
- Bestimmt die *Erzählform* und das *Erzählverhalten*. Gebt weiter an, welche *Erzählperspektive* überwiegend benutzt wird.
- Erläutert zusammenfassend die Wirkung der Erzähltechnik.

⊙ Erzähltechnik untersuchen
SB, S. 38
AH, S. 10

⊙ Wiederholen und üben:
Gestaltung einer Kurzgeschichte untersuchen
S. 45, Aufgaben 1 und 2

Das brauchst du immer wieder – Das musst du wissen

Erzähltechnik

In epischen Texten (= Erzähltexten) gibt es einen Erzähler oder eine Erzählerin, der oder die nicht mit dem Autor gleichgesetzt werden darf.

Der Erzähler kann zwei verschiedene **Erzählformen** benutzen.

- **Er-/Sie-Form:** Der Erzähler erzählt von anderen. Er nimmt selbst als Figur nicht am erzählten Geschehen teil.

- **Ich-Form:** Der Erzähler erzählt von sich und nimmt selbst am erzählten Geschehen teil.

Der Erzähler kann aus verschiedenen **Erzählperspektiven** (Sichtweisen) erzählen.

- Erzählt der Erzähler nur, was er als Betrachter von außen wahrnehmen kann, verwendet er die **Außensicht**.

- Wenn der Erzähler dem Leser die Gedanken und Gefühle der Figuren offenlegt, benutzt er die **Innensicht**. In Erzähltexten wechselt der Erzähler oft zwischen Außen- und Innensicht beim Erzählen.

Der Erzähler kann unterschiedliches **Erzählverhalten** annehmen.

- Ein **auktoriales Erzählverhalten** liegt dann vor, wenn der Erzähler alles über die Handlung und die Figuren weiß. Er kennt ihre Gedanken, Gefühle und Absichten sowie ihre Lebenssituation. Oft erzählt er dem Leser mehr, als die Figuren wissen (z. B. indem er den Leser über Hintergründe informiert, Vorausdeutungen macht oder das Geschehen kommentiert). Auf der anderen Seite verrät er dem Leser häufig auch nicht alles, was er über die Geschichte und die Figuren weiß.

- Ein **personales Erzählverhalten** lässt sich daran erkennen, dass der Erzähler aus der Perspektive **einer** Figur erzählt. Dabei teilt er dem Leser ihre Wahrnehmungen, Gedanken und Gefühle mit und kommentiert sie nicht. Er beschränkt sich dabei auch auf das Wissen und die Erfahrungen der Figur, aus deren Sicht er erzählt.

9 Durchstarten! So könnt ihr weiterarbeiten:

a ○○ Elsa möchte einer Freundin/einem Freund ihre Situation und Gefühle schildern. Versetze dich in Elsa und schreibe einen Brief an diese Freundin/diesen Freund.

b ●● Eine Freundin/ein Freund schreibt Elsa eine E-Mail, in der sie/er Elsa sagt, was sie/er von ihrer Situation hält und was sie/er an ihrer Stelle tun würde. Schreibe diese E-Mail.

c ●● Elsa möchte mit der Mutter über ihre Situation sprechen. Entwickelt einen entsprechenden Dialog und übt ihn ein. Geht dabei so vor:
– Verteilt die Rollen für Elsa und Elsas Mutter.
– Derjenige, der die Rolle von Elsa übernommen hat, notiert sich zur Vorbereitung des Gesprächs die Situationen, in denen Elsa sich besonders unwohl gefühlt hat.
– Zur Vorbereitung auf die Rolle der Mutter notiert sich derjenige, der die Rolle der Mutter übernommen hat, Gedanken dazu, warum sie die Nähe ihrer Tochter sucht.
– Entwickelt nun auf der Grundlage eurer Vorbereitungen das Gespräch zwischen Elsa und ihrer Mutter.
– Übt es ein und spielt es den anderen vor.
– Diskutiert anschließend, welche Lösungsmöglichkeiten es für den Konflikt zwischen Elsa und ihrer Mutter geben könnte.

d ●○ Versetze dich in die Figur der Mutter und schreibe den ersten Teil (Z. 1 – 22) der Kurzgeschichte aus ihrer Perspektive um. Beginne so:
Kaum stand Elsa vor dem Spiegel im Badezimmer, um sich herzurichten, als ihre Mutter aus dem Zimmer nebenan zu ihr hereinkam. Die Mutter wollte sich die Hände waschen und betrachtete dabei liebevoll ihr einziges Kind. ...

e ●● Sucht Beispiele für Anaphern, Parataxen und Ellipsen in der Kurzgeschichte „Streuselschnecke" von Julia Franck (S. 22 f.). Erklärt wieder, was diese Besonderheiten des Satzbaus besonders verdeutlichen.

f ●○ Untersucht die Erzähltechnik der Kurzgeschichte „Streuselschnecke". Arbeitet dabei mit der Lernbox auf S. 30. Erklärt auch, welche Wirkung die Erzähltechnik hat.

In der Kurzgeschichte geht es um ... – eine Textanalyse überarbeiten

Die Schüler der 10a sollen als Hausaufgabe die Kurzgeschichte „Augenblicke" von Walter Helmut Fritz analysieren. Folgende Aufgabenstellung haben sie dazu erhalten:

> **1.** Analysiere die Kurzgeschichte „Augenblicke" von Walter Helmut Fritz. Gehe dabei so vor:
> a) Formuliere eine Einleitung.
> b) Fasse den Inhalt mit eigenen Worten zusammen.
> c) Erläutere Elsas Lebenssituation und ihr Verhältnis zu ihrer Mutter am Anfang der Kurzgeschichte (Z. 1 – 22).
> d) Stelle dann dar, was der Leser im Laufe der Kurzgeschichte noch über die Beziehung von Elsa zu ihrer Mutter erfährt. Gehe dabei besonders darauf ein, wie sich Elsas Einstellung verändert.
> e) Erkläre an einzelnen Beispielen, wie Elsas Gefühlslage und ihre Situation dem Leser durch die sprachliche Gestaltung verdeutlicht werden.
> Vergiss nicht, deine Aussagen durch Zitate und Textverweise zu belegen. Achte darauf, dass du sachlich und im Präsens formulierst.
>
> **2.** „Ich kann Elsa gut verstehen." – „Sie reagiert total überzogen." Beziehe selbst Stellung zu diesen Aussagen und begründe deine Meinung.

Henning hat seine Analyse wie folgt begonnen:

Aufgabe 1:

a) In dem Text „Augenblicke" von Walter Helmut Fritz, , geht es um eine problematische Mutter-Tochter-Beziehung.

b) Elsa steht im Badezimmer vor dem Spiegel, als ihre Mutter eintritt, um sich die Hände zu waschen. Die junge Frau, die mit dieser Situation gerechnet hat, er-
5 mahnt sich, ruhig zu bleiben, und verlässt den Raum, um in ihr Zimmer zu gehen. Das Verhalten der Mutter nervte sie entsetzlich. Die Mutter kommt auch in Elsas Zimmer. „Du kannst weitermachen" (Z. 19), sagt sie. Sie nimmt nicht wahr, dass ihre Tochter erschöpft ist. Kurz darauf verlässt Elsa die Wohnung und fährt in die Stadt, um eine Wohnungsvermittlung zu suchen. Da sie damit aber keinen Erfolg
10 hat, irrt sie in der Stadt umher. Dabei denkt sie über ihre Wohnsituation mit der Mutter nach. Erst kurz vor Mitternacht kehrte sie in die Wohnung zurück. Sie setzt sich und ist so verzweifelt, dass sie schreien könnte.

c) Am Anfang der Kurzgeschichte wird deutlich, wie schwierig die Beziehung Elsas ist. Elsa ist eine zwanzig Jahre alte junge Frau. Sie lebt bei ihrer Mutter,
15 fühlt sich dort aber nicht mehr wohl, obwohl diese sie liebt und verwöhnt (vgl. Z.). Ständig erlebt Elsa, dass ihr die Mutter nur wenig Privatsphäre lässt. Die Mutter kommt ins Bad, wenn sie dort ist, oder auch in ihr Zimmer. Weil , empfindet sie oft Langeweile und sucht das Gespräch mit der Tochter. Diese ist für sie aber selten da, „Elsa schützte Arbeit vor" (Z. 42 f.), und so versuchte die Mutter, sie im
20 Flur oder im zu treffen. Elsa ist aber erwachsen und verdient ihr eigenes Geld

(vgl. Z. *). Sie möchte unabhängig sein. Deshalb stört sie das sie einengende Verhalten der Mutter immer mehr. Sie leidet unter der „Aufdringlichkeit" (Z. 8) ihrer Mutter und hält es nicht mehr aus, dass die Mutter ständig ihre Nähe sucht. Die Mutter ahnt allerdings nichts von den Gefühlen und der „*" (Z. 21).

d) Das Zusammentreffen mit ihrer Mutter im Badezimmer hat Elsa so gestört, dass sie *, und beschließt, *. Dabei handelt sie aber überstürzt und hat kurzfristig keinen Erfolg damit. * Als sie am Abend in die Wohnung zurückkehrt, geht sie in ihr Zimmer und denkt über ihre Situation nach. Sie erkennt, dass sie ihre Mutter nicht so einfach allein lassen kann (Z. 50 f.: „*"). Auch sieht sie, dass sie ihre Mutter nicht verlassen kann, weil *. Sie versteht auch, dass ihre Mutter sich so aufdringlich verhält, *. Am Ende ist Elsa *.

e) Am Anfang des Textes wird deutlich, dass Elsa regelrecht darauf wartet, dass die Mutter hereinkommt. Elsas Wut auf ihre Mutter wird durch drei Adjektive, die eine Steigerung bilden, verdeutlicht: „Sie hatte – behext, entsetzt, gepeinigt – darauf gewartet, weil sie sich davor fürchtete." (Z. *). Dennoch traut sich Elsa nicht, ihrer Mutter offen zu sagen, dass sie sie in Ruhe lassen soll. Nach außen versucht sie vielmehr, gelassen und freundlich zu erscheinen. Im Gegensatz zu ihrem äußeren Verhalten gegenüber ihrer Mutter steht die innere Gereiztheit Elsas. Der Autor benutzt hier mehrere Parataxen, um diese zu verdeutlichen: „Elsas Mund krampfte sich zusammen. Ihre Finger spannten sich. Ihre Augen wurden schmal" (Z. 4 f.).

Henning hat seinen Text mit seiner Mitschülerin Bianca durchgesprochen. Die Ergebnisse ihrer Besprechung hat er mit folgenden Markierungen festgehalten:
- Die gelb markierten Wörter sind ungenau und müssten durch passendere ersetzt werden.
- An den Stellen mit den grünen Sternchen * fehlen wichtige Aussagen. Diese müssen noch ergänzt werden.
- Die blau markierten Verben stehen in der falschen Zeitform.
- Der Satz mit der rosa Markierung steht in der direkten (wörtlichen) Rede. Sie muss in die indirekte Rede gesetzt werden.

1 Besprecht, was Henning im Einzelnen noch verbessern müsste. Klärt dabei Folgendes:
- Welche Formulierungen sollte Henning bei den gelb und blau markierten Stellen verwenden?
- Wie müsste der rosa markierte Satz umformuliert werden?
- Um welche Angaben und inhaltlichen Aussagen müsste Hennings Textanalyse noch bei den grünen Sternchen ergänzt werden?

Haltet eure Verbesserungsvorschläge in Stichworten fest. Ihr könnt dabei eure Ergebnisse zu den Aufgaben 2 (S. 28) und 5 (S. 29) heranziehen.

◆ Zitieren zu dieser Kurzgeschichte üben
SB, S. 314–316

2 Übernimm Hennings Textanalyse in dein Heft. Überarbeite und vervollständige sie.

3 Bearbeite auch die Aufgabe 2, die Henning in dem Kasten auf S. 32 zu der Kurzgeschichte bekommen hat. Dabei helfen dir die Ergebnisse von Aufgabe 4 auf S. 28.

„Die Brücke" – eine Kurzgeschichte erschließen und die Merkmale von Kurzgeschichten nachweisen

„Normalerweise hasste es Jan ..." – Figurenbeziehungen und ihre Entwicklung untersuchen

Reinhold Ziegler (geb. 1955)
Die Brücke

Sie hatten nicht erwartet, dass es über eine solch gigantische Brücke auch einen Fußweg geben könnte. Schon aus mehreren Kilometern Entfernung sah man die Pfeiler in den Himmel stechen, die baumdicken Kabel bildeten ein Netz, als wollte die Brücke nicht nur im hohen Bogen die Seinemündung überqueren, sondern
5 auch noch die Luft sieben, die von Paris aus übers Meer entlassen wurde. Doch Jans Mutter litt unter solcher Höhenangst, dass selbst ein Kaffeetrinken auf dem häuslichen Balkon für sie mehr Stress als Erholung bedeutete, für sie kam die Brücke nicht infrage. Susan, Jans Schwester, schmollte seit Paris, wo sie gerne noch ein paar Tage länger geblieben wäre, pubertierend vor sich hin und zog be-
10 leidigt eine Stunde auf dem brütend heißen Parkplatz der kleinen Wanderung zum Scheitel der Riesenbrücke vor. Jan hatte nichts übrig für solche Kindereien. Mit frischem Abitur in der Tasche hatte er dem letzten gemeinsamen Urlaub mit den Eltern zugestimmt, nun wollte er auch zeigen, dass es ihm Ernst war mit „gemeinsam".

Pont de Normandie

„Ich bin dabei!", sagte er deswegen, als ihn der Vater fragte, ob wenigstens er mitkäme, denn er ließ nur ungern eine Gelegenheit aus, technische Großtaten im Detail zu besichtigen. Der Weg neben den Fahrspuren war zu schmal, um nebeneinander laufen zu können. Jan folgte dem Rücken seines Vaters, bemerkte, wie zum ersten Mal, auch bei ihm dieses merkwürdige Schlenkern der Arme, für das er selbst so oft gehänselt wurde. Er versuchte, seine Arme unter Kontrolle zu bringen, aber es war nur möglich, wenn er bewusst daran dachte. Sobald seine Gedanken sich mit anderen Dingen beschäftigten, mit dem leichten Beben, das jeder Lastwagen verursachte, oder mit dem ohrenbetäubenden Lärm, den die Fahrzeugflut von und nach Le Havre hier oben erzeugte, begannen seine Arme wieder zu pendeln wie die Seile, die sie manchmal in der Turnstunde von der Hallendecke gelassen hatten.

Jan musste lachen beim Gedanken daran, dass es ein Gen geben könnte, das für unkontrolliertes Schlenkern von Unterarmen zuständig war. Es gab mehr in diesen 75 Kilo Körpermasse, als die zwei Jahre Biochemie-Leistungskurs vermitteln konnten, und für einen Augenblick dachte er an das, was er unter Gott verstand oder verstehen wollte. Mit dem da vorne hatte er nie über Gott gesprochen. Merkwürdig, er teilte mit ihm das Schlenkern der Arme, aber jeder hatte seinen eigenen Gott, wenn überhaupt.

Plötzlich drehte sich der Vater um, sah ihn an, lachte. So etwas wie Kleinbubenglück leuchtete für einen Moment in seinen Augen auf.

„Wir sind gleich oben!", schrie er durch den Lärm der Autos, die dicht an dicht die Fahrbahn hinaufdrängten, und zeigte auf einen Punkt, an dem sie die Mitte der Brücke erreichen würden. Jan nickte, vielleicht lachte er auch zurück, obwohl es ihm merkwürdig vorkam, seinen Vater lachen zu sehen. Oben blieb der Vater stehen, stellte sich breitbeinig über die Dehnfuge, die den Scheitel der Brücke markierte, und schaute aufs Meer hinaus. „Hättest du gedacht, dass es so schaukelt?", schrie er.

Jan schüttelte den Kopf. Jeder Lastwagen brachte die Brücke zum Schwingen und wenn er abwärts schaute, auf diese eine Ewigkeit tief unter ihm liegende Wasserfläche, konnte er die genetischen Bestandteile der mütterlichen Höhenangst im Bauch spüren.

„Ob man heil bleibt, wenn man runterjumpt?", fragte er.

„Ich würde es dich nicht probieren lassen!", rief der Vater zurück.

„Manchmal meine ich, ich müsste so etwas probieren!" Jan wollte ihm Angst machen, aber der Vater nickte.

„Manchmal meine ich, ich könnte keine Sekunde mehr weiterleben, wenn ich nicht sofort so was probiere – kannst du dir das vorstellen?"

Der Vater sah ihn an, zog die Unterlippe zwischen die Zähne, wie er es immer tat, wenn er nicht wusste, ob es klug war, etwas auszusprechen. „Ich war nicht immer dreiundfünfzig, Jan, ich kenne das, ja!"

„Es ist nur die Angst, die einen zurückhält, oder?!"

„Am Anfang, denke ich, ist es nur die Angst zu sterben, später auch die Angst, jemanden im Stich zu lassen, zu versagen, wegzulaufen. Die Angst zu sterben lässt nach, je näher du dem Tod kommst. Du begreifst mit der Zeit, dass du nicht drum herumkommst. Dann gibt es Nächte, in denen du glaubst, verrückt zu werden, weil schon so viel vorbei ist vom Leben, und dann kommt ein Morgen und ein Tag und du verlierst die Angst wieder." Er sah Jan an, zuckte die Schultern. So ist es eben, hieß das, kein Grund sich aufzuregen.

„Ich wusste nicht, dass du solche Gedanken hast", sagte Jan.

Wieder zuckte der Vater die Schultern, dann ging er ganz nach vorne ans Geländer, neigte sich weit drüber, als wollte er sich in den weiten Luftraum zwischen Brücke und Wasser hineingleiten lassen. „Wär doch 'n cooler Abgang, was?", schrie er.

Normalerweise hasste es Jan, wenn sein Vater so zu reden versuchte, wie er dachte, dass Jugendliche es täten. Das klang so nach Pädagogik, so nach trickreichem Einschleusen wohlüberlegter Erziehungskonzepte – in jedem Fall ein Grund, auf Abstand zu gehen. Aber diesmal ging er ohne darüber nachzudenken auf das Spiel ein, schnappte seinen Vater bei der Jacke, zog ihn mit einem Ruck zurück – vielleicht war es auch wirklich Angst um ihn –, umgriff ihn von hinten mit beiden Armen und drückte ihn an sich. Sein Vater war einen Kopf kleiner als er, inzwischen bestimmt auch schwächer, sie hatten schon vor Jahren damit aufgehört, im spielerischen Raufen ihre Kraft zu messen.

„Lass mich, lass mich!", schrie der Vater albern und wand sich hin und her. „Ich muss es tun, ich kann nicht anders!"

Aber Jan hielt ihn hart im Klammergriff, bis der Vater seinen gespielten Widerstand aufgab. Für einen endlosen Augenblick unerwarteten Glücks standen sie bewegungslos, dann drehte der Vater den Kopf zu ihm um, strahlte ihm ins Gesicht. Jan lachte zurück.

„Früher habe ich dich oft so festgehalten, wenn du wütend warst und rumgetobt hast – weißt du noch?"

Jan nickte. „Ich hab es gehasst, glaube ich."

„Schon möglich, aber ich hatte immer den Eindruck, du hast es auch irgendwie gebraucht – ist schon lange her, das letzte Mal, was?"

„Ich wüte nicht mehr."

Jan hatte immer noch die Arme um seinen Vater geschlungen. Auf dessen Kopf, der direkt unter seinem Kinn lag, konnte er die kahlen Stellen der Kopfhaut sehen, fühlte unter seines Vaters Jacke den weichen Bauchansatz.

Jetzt wäre der Moment, loszulassen, dachte er, doch er zog ihn noch fester an sich heran. „Wenn du mal nicht mehr da bist, wird ein Loch in meinem Leben sein", sagte er leise.

„Was ist?", schrie der Vater nach hinten.

Jan wusste nicht, ob er den Satz wiederholen sollte. Wusste nicht, ob es nicht lächerlich war, so etwas zu sagen, zu seinem Vater zu sagen, wenn man schon fast neunzehn war und im Begriff, das Haus zu verlassen.

„Was ist?", rief der Vater wieder.

„Wenn du mal nicht mehr da bist, wird ein riesiges, verdammtes Loch in meinem Leben sein!", schrie er.

Der Vater wand sich aus Jans Armen und drehte sich zu ihm um, wischte sich mit einer Handbewegung die windzerzausten Haare nach hinten. Dann griff er hoch und strich auch seinem großen Sohn eine Strähne aus dem Gesicht.

„Das ist in Ordnung so", sagte er glücklich und nickte dabei, „das muss so sein."

Noch einen Moment blieben sie ganz vorne an der Brüstung stehen, dann zog der Vater Jan weg. „Lass uns zurückgehen, die Mädels warten unten in der Hitze."

Langsam liefen sie den schmalen Fußpfad zurück, der Vater mit schlenkernden Armen vorne, Jan mit seinen schlenkernden Armen hinterher.

Als sie auf dem Weg zum Parkplatz waren, konnten sie wieder nebeneinander gehen.

Die Mutter hatte sich mit Susan hinter dem Auto in den schütteren Schatten eines frisch gepflanzten Bäumchens gesetzt. Als die beiden antrotteten, sprang sie auf.
115 „Was habt ihr da oben denn so lange gemacht?", fragte sie ihren Mann gereizt.
„Runtergeguckt", sagte der Vater.
Sie verdrehte die Augen und schüttelte genervt den Kopf. Dann sah sie Jan fragend an.
„Runtergeguckt!", sagte Jan und grinste.

(2001)

1 Suche Sätze aus dem Text heraus, die zu den Fotos auf der Postkarte passen.

2 Beantwortet die folgenden Fragen zu der Kurzgeschichte:
  a) Aus welchem Grund ist es für die Familie eine besondere Reise?
  b) Was bemerkt Jan auf dem Weg zum Scheitelpunkt der Brücke zum ersten Mal?
  c) Worüber unterhalten sich Jan und sein Vater, als sie auf der Brücke angekommen sind und auf die tief unten liegende Wasserfläche schauen?
  d) Was für eine Art „Spiel" spielt der Vater mit seinem Sohn?
  e) Welchen Satz wiederholt Jan und welche Bedeutung hat dieser Satz in der Kurzgeschichte?
  f) Wie verstehst du den Schluss der Kurzgeschichte?
  g) Warum sagt Jan „[r]untergeguckt" (Z. 119)?

3 Untersucht die Beziehung zwischen Jan und seinem Vater. Geht dabei so vor:
○○
  • Sucht Textstellen heraus, die zeigen, was Jan an seinem Vater auffällt und wie er seinen Vater sowie seine Beziehung zu ihm sieht.
  • Sucht dann Textstellen heraus, die zeigen, wie der Vater Jan und seine Beziehung zu seinem Sohn erlebt.
  • Haltet eure Ergebnisse in Form folgender Übersicht fest. Erläutert mithilfe der Übersicht die Entwicklung der Beziehung der beiden.

Das Verhältnis zwischen Jan und seinem Vater	
Jan	**Jans Vater**
– bemerkt, dass der Vater genauso mit den Armen schlenkert wie er. (vgl. Z. 18–26)	– sieht Jan an und lacht. (vgl. Z. 34)
– ...	– ...
– ...	

4 Sucht aus dem Text zwei Sätze heraus, die zeigen, wie sich die Beziehung von Jan zu seinem Vater entwickelt.
- Erläutert mithilfe dieser Sätze die Entwicklung der Vater-Sohn-Beziehung.
- Sucht aus der Sicht von Jan und seinem Vater besonders die beiden Sätze heraus, die das Verhältnis zwischen Vater und Sohn deutlich machen.

S. 343 Ihr könnt dabei auch mit der Hilfekarte auf S. 343 arbeiten.

5 Deute die Überschrift „Die Brücke". Sie hat zwei mögliche Bedeutungen. Erläutere diese.

 6 Untersucht die Erzähltechnik in dieser Kurzgeschichte. Hilfen erhaltet ihr in der Lernbox auf S. 30. Erklärt dabei auch, welche Wirkung die Erzähltechnik hier besitzt.

„Alltäglichkeit", „offenes Ende"... – Merkmale einer Kurzgeschichte nachweisen

Dieser Text ist das Ergebnis eines Schülers zu der Aufgabenstellung „Weise typische Kurzgeschichtenmerkmale an der Kurzgeschichte ‚Die Brücke' von Reinhold Ziegler nach".

Die Erzählung „Die Brücke" von Reinhold Ziegler ist eine Kurzgeschichte und weist typische Merkmale dieser Textsorte auf.

a) Der Text beginnt ganz plötzlich: „Sie hatten nicht erwartet, dass es über eine solch gigantische Brücke auch einen Fußweg geben könnte." (Z. 1 f.) Auch der Schluss ist offen. Der Leser erfährt nur, was Jan und sein Vater auf der Brücke erlebt haben. ...

b) Die Menschen in dem Text sind ganz normale Menschen – Vater, ... Die Namen der Eltern werden nicht genannt, von den Kindern ... Die Figuren stehen somit für viele Familien, die in ähnliche Situationen geraten. Das Geschehen ist für den Vater und Sohn ...

c) Nur ein kleiner Ausschnitt im Leben der Figuren wird dargestellt. Vom Aufbruch zur Brücke bis ... Man kann auch durchaus von einer besonderen Situation im Leben des Vaters und des Sohnes sprechen, weil ...

d) Der Text ist schlicht und einfach geschrieben. Oft werden kurze Hauptsätze wie die folgenden verwendet: „Sie verdrehte die Augen und schüttelte genervt den Kopf. Dann sah sie Jan fragend an." (Z. 117f.) Derartige Hauptsatzreihen wechseln sich mit einfachen, leicht verständlichen Satzgefügen ab. Die Überschrift „Die Brücke" lässt sich auf zwei Ebenen deuten. Einerseits ist damit ... Andererseits lässt sie sich auch als Symbol interpretieren ...

(Martin)

1 Ordne die Oberbegriffe „Sprache", „Alltäglichkeit", „Kürze" und „Offenheit" den vier Abschnitten des Textes von Martin zu.

2 Übernimm die Abschnitte a) bis d) in dein Heft und ergänze sie. Hilfen hierzu erhältst du in der Lernbox auf dieser Seite.

3 **Durchstarten! So könnt ihr weiterarbeiten:**

a Verfasse einen inneren Monolog für Jan oder seinen Vater, als sie dem
○○ Fußpfad zurückgehen (Z. 109).

b Weise die Merkmale einer Kurzgeschichte an dem Text „Streuselschne-
●○ cke" von Julia Franck nach.

c Analysiere die Kurzgeschichte „Die Brücke" von Reinhold Ziegler. Gehe
●● dabei so vor:
  a) Formuliere eine Einleitung. Hilfen erhältst du in der Lernbox auf S. 44.
  b) Fasse den Inhalt mit eigenen Worten zusammen. Hilfen hierzu erhältst du ebenfalls in der Lernbox auf S. 44.
  c) Erläutere, wie sich das Verhältnis zwischen Vater und Sohn entwickelt, und belege deine Aussagen mit passenden Textstellen.
  d) Deute die Überschrift „Die Brücke".
  e) Weise die Merkmale „Alltäglichkeit" und „Kurze Handlungsdauer" an der Kurzgeschichte nach.

Das brauchst du immer wieder – Das musst du wissen

Die Merkmale von Kurzgeschichten

Kurze Erzähltexte sind zwar schon immer geschrieben worden, aber als eigenständige Textsorte entwickelte sich die Kurzgeschichte erst nach dem Zweiten Weltkrieg, vor allem unter dem Einfluss der amerikanischen „short story". Zu den wichtigsten Merkmalen der Kurzgeschichte gehören:

1. Kurze Handlungsdauer
Die Texte zeigen nur einen kleinen Ausschnitt eines Geschehens. Häufig handelt es sich dabei um eine krisenhafte oder besonders bedeutsame Situation im Leben eines Menschen.

2. Offenheit
Kurzgeschichten beginnen meist unvermittelt, sie haben keine Einleitung. Auch ihr Schluss ist offen, da die Handlung häufig nicht zu Ende erzählt wird. Somit wird der Leser angeregt, über das Erzählte weiter nachzudenken.

3. Alltäglichkeit
Die handelnden Figuren einer Kurzgeschichte sind normale Menschen, keine Helden. Oft müssen sie eine Ausnahmesituation bestehen.

4. Sprache
Auch die Sprache der Kurzgeschichte wirkt häufig alltäglich. Oft ist sie nüchtern und schlicht. Alltägliche Dinge und Vorgänge erhalten manchmal eine symbolische Bedeutung.

Natürlich sind nicht immer alle Kennzeichen in jeder Kurzgeschichte zu finden.

„Wahnsinnstyp" – eine Textanalyse verfassen

Katja Reider (geb. 1960)
Wahnsinnstyp oder Während sie schläft

Verdammt, jetzt ist mein Fuß eingeschlafen! Kein Wunder! Seit über einer Stunde sitze ich hier eingepfercht und bewegungslos wie ein hypnotisiertes Kaninchen auf meinem Fensterplatz in diesem sogenannten Großraumwagen. Rechts von mir ein verfetteter Anzugträger, der die Zeitung mit den großen Buchstaben liest,
5 vor mir ein Tisch, den die Welt nicht braucht. Und gegenüber? ER!
Er ist mir schon von Weitem aufgefallen. Vorhin, als ich mich mit Sack und Pack durch den schmalen Gang des Waggons schob. Selbst auf gute acht Meter Entfernung hat mich sein Blick derartig verwirrt, dass ich prompt meine Platznummer vergaß. Diese blöde Nummer, die ich beim Einsteigen in Hannover mit einem
10 Mantra vor mich hin gemurmelt hatte. Also, noch mal in die Tasche gegriffen und nach meiner Karte gewühlt. Wagen 6, Platznummer 95 ... Ach ja, klar ... Während die Rollkoffer-Karawane in meinem Rücken mich gnadenlos vorwärtsschob, scannten meine Augen die Schildchen über den Sitzplätzen ab. Ah, da: Nummer 95, Fensterplatz mit Tisch. Diesen bescheuerten Platz hätte ich mir selber nie und
15 nimmer reserviert. Den hatte ich natürlich Mama zu verdanken. („Ist doch praktisch, da kannst du schön dein Brot auspacken und dein Buch hinlegen.")

Vor allem, Mama, kann ich mir den Typ gegenüber angucken! Das heißt, ich könnte ihn angucken, wenn ich mich mal trauen würde, endlich von meinem Buch aufzuschauen. Seit über einer Stunde hocke ich hier und bin zur Salzsäule erstarrt. Das heißt, einmal hab ich was gesagt. Gleich zu Anfang, da hab ich meine Platzkarte in die Runde gehalten und „Nummer 95 – ist das hier?" gepiepst, so als könnte ich nicht lesen. Oder als müsste ich meinen Anspruch auf den Platz gegenüber diesem Wahnsinnstypen quasi öffentlich nachweisen. Seitdem bin ich in der Versenkung meines Fensterplatzes verschwunden.

Ach ja, ich glaube, das Schlimmste habe ich noch gar nicht erwähnt. Das Schlimmste ist nämlich nicht, dass ich in Gegenwart von tollen Typen keinen zusammenhängenden Satz mehr rausbringe und mir Charme und Witz schlagartig ferner sind als das Matterhorn – nein, das Schlimmste ist, dass der Wahnsinnstyp nicht alleine ist! Neben ihm sitzt ein Mädchen, seine Freundin, klar, ihr Kopf mit den langen blonden Haaren lehnt an seiner Schulter, ihr Atem geht ganz ruhig, nicht mal ihre Wimpern flattern. Sie schläft tief und fest. Schon die ganze Zeit. Und das bei dem Lärmpegel hier!

Bestimmt sind die beiden schon lange zusammen. Wenn man sich erst kurze Zeit kennt, pennt man doch nicht einfach neben so einem Wahnsinnstypen ein! Dazu ist seine körperliche Nähe doch viel zu aufregend, zu kribbelig! Da will man alles von ihm wissen und alles über sich selbst erzählen, jede kleine geheime Geschichte: Wie der eigene Vater beim Kirschkern-Weitspucken einmal fast erstickt ist, wie die beste Freundin vom Tennislehrer erpresst wurde, wie die kleine Schwester beinahe ertrunken ist. Besonders gern erzählt man natürlich Geschichten, in denen man selber eine positive Rolle spielt. (Dem Vater knallhart auf den Rücken gehauen, dass der Kirschkern nur so rausfluppte, dem miesen Lehrer vor tausend Leuten die Meinung gegeigt. Die Baby-Schwester tapfer den Fluten entrissen.)

So ist das am Anfang, oder etwa nicht?

Jedenfalls schläft frau in dieser Phase neben so einem Wahnsinnstypen ein! Ich zumindest hätte viel zu viel Angst, dass mir der Sabber aus dem Mund läuft oder dass ich schnarche oder dass ich zumindest mit halb offenem Mund einen voll doofen Eindruck mache. All diese Ängste hat die Freundin von dem Wahnsinnstypen offensichtlich nicht. Braucht sie auch nicht. Sie sieht im Schlaf aus wie ein Engel. Leider. Nein, wirklich, ich kann beim besten Willen nichts Hässliches an ihr finden. Die beiden passen super zusammen, ein Paar wie aus dem Werbespot. Der Wahnsinnstyp sitzt ganz ruhig da und liest konzentriert in seinem Buch. Leider kann ich den Titel nicht entziffern. Egal, bestimmt irgendwas Trendiges, oder wenigstens „Harry Potter" im englischen Original. Hin und wieder streicht er scheinbar selbstvergessen seine dunklen Locken nach hinten, um danach nur noch verwuschelter auszusehen. Das weiß er natürlich. Logo. Solche Typen wissen, wie sie wirken. Leider. Ich seufze. Anscheinend zu laut. Er schaut plötzlich von seinem Buch auf, genau in meine Augen. Keine Zeit mehr wegzusehen. Himmel, was hat der Typ für Augen! Grün, mit kleinen braunen Sprengseln drin. Jetzt grinst er leicht. Oh, Grübchen hat er auch! Nicht auszuhalten! Echt, bei Grübchen werde ich schwach. Könnte ich jetzt nicht irgendwas sagen? Ich meine irgendwas Spritziges, wahnsinnig Witziges, das ihm in null Komma nichts deutlich macht, was für eine Ausnahmeerscheinung ihm hier gegenübersitzt, was für eine unwiderstehliche Mischung aus Sex, Hirn und Coolness?

Pustekuchen! Mein Kopf ist hohl wie eine Kokosnuss. Der Moment ist vorbei. Der Wahnsinnstyp senkt den Kopf und blättert wieder in seinem Buch. Er bewegt sich dabei ganz vorsichtig, um das schlafende Mädchen an seiner Schulter nicht zu stören. Rücksichtsvoll ist er also auch noch. Unglaublich. Andere Typen würden sich ihren Walkman auf die Ohren knallen und die Braut mit Eminem beschallen. Ob's ihr nun passt oder nicht.

70 Wohin die beiden wohl fahren? Bestimmt zu einer Mega-Party nach Köln oder Düsseldorf. Und nicht zu einer Tante nach Bonn – Bad Godesberg wie ich.
Das Leben ist ungerecht. Wo sind wir eigentlich? Der Anzugträger ist in Bochum ausgestiegen und der Schaffner – nee, Zugbegleiter heißen die ja inzwischen – hat gerade den nächsten Bahnhof angekündigt. Schon quietschen die Bremsen.

75 Ich seh raus auf den Bahnsteig. Ah ja, das hier muss Wuppertal sein. Der zugbegleitende Schaffner pfeift. Die letzten Leute drängen zur Tür.
„Au Scheiße!" Wie von der Tarantel gestochen, schießt die Blonde von gegenüber urplötzlich von ihrem Sitz hoch, greift ihre Klamotten und stürmt grußlos den Gang runter. Der Wahnsinnstyp blickt kaum von seinem Buch auf.

80 WAS?! Jetzt kapier ich überhaupt nichts mehr! Wieso bleibt denn der Typ hier seelenruhig sitzen? Bin ich im falschen Film, oder was? Anscheinend mache ich ein dämliches Gesicht, dass der Wahnsinnstyp Mitleid mit mir bekommt. Jedenfalls sagt er plötzlich: „Ich kannte sie gar nicht."
„Ha?", krächze ich verständnislos.

85 Lieber Himmel, kann ich bitte, bitte bald einen normalen Satz sprechen?
Seltsam, jetzt wirkt der Typ irgendwie verunsichert. So, als frage er sich plötzlich, ob mich diese Info überhaupt interessiert. „Das Mädchen!", fügt er erklärend hinzu. „Die Blonde, die hier ... äh ... geschlafen hat." Er zeigt auf seine linke Schulter, als gäb es im Zug noch hundert andere schlafende Blondinen, die gemeint sein

90 könnten. „Sie hat mir beim Einsteigen in Berlin nur kurz gesagt, dass sie letzte Nacht durchgemacht hat, und dann war sie auch schon eingepennt."
„Ach so, klar." Ich grinse und nicke dazu wie ein Hund mit Wackelkopf. „Ist ja verrückt ..."
Okay, ganz ruhig bleiben! Das war schon fast ein ganzer Satz. Ich werde besser.

95 Der Wahnsinnstyp klappt sein Buch zu (er klappt sein Buch zu!!! Er will mit mir reden!!!) und lächelt. „Ich fahr nach Bonn, und du?"
„Ich auch. Ich fahr auch nach Bonn."
Wuppertal – Bonn, genaue Fahrzeit mit dem ICE Johannes Brahms: eine Stunde, zwei Minuten. 62 Minuten, um den Wahnsinnstypen zu erobern.

100 62 Minuten.
Das schaffe ich!

(2007)

1 Überprüfe dein Textverständnis, indem du den Buchstaben der richtigen Antwort notierst. Von hinten nach vorne gelesen ergeben sie ein Lösungswort. Suche auch jeweils die entsprechende Textstelle heraus.

1. Welches ist der Platz der Ich-Erzählerin?	
a) Wagen 9, Platznummer 96 (K)	b) Wagen 5, Platznummer 65 (M)
c) Wagen 6, Platznummer 95 (R)	d) Wagen 4, Platznummer 56 (E)

2. Was ist das Schlimmste für die Ich-Erzählerin?	
a) Sie bringt keinen zusammenhängenden Satz heraus. (S)	b) Der Wahnsinnstyp ist nicht alleine. (O)
c) Ein blondes Mädchen sitzt im Abteil. (H)	d) Charme und Witz sind bei ihr ferner als das Matterhorn. (A)

3. Die Ich-Erzählerin hat Gründe dafür, im Zug nicht zu schlafen. Was befürchtet sie dabei nicht?	
a) … dass ihr der Sabber aus dem Mund läuft. (F)	b) … dass sie schnarcht. (E)
c) … dass sie mit halb offenem Mund einen voll doofen Eindruck macht. (N)	d) … dass sie redet. (T)

4. Welches Merkmal erwähnt die Ich-Erzählerin von dem Wahnsinnstypen nicht?	
a) Er hat einen Dreitagebart. (U)	b) Er hat dunkle Locken. (I)
c) Er hat grüne Augen. (D)	d) Er hat Grübchen. (Ü)

5. Der übergewichtige Mann im Anzug steigt aus in …	
a) … Hannover. (T)	b) … Wuppertal. (W)
c) … Bochum. (A)	d) … Bonn. (L)

2 Analysiere den Text „Wahnsinnstyp oder Während sie schläft" von Katja Reider. Tipps hierzu erhältst du in der Lernbox auf S. 44.
  a) Formuliere eine Einleitung. Hilfen hierzu erhältst du in der Lernbox auf S. 44.
  b) Fasse den Inhalt mit eigenen Worten zusammen. Tipps hierzu bekommst du in der Lernbox auf S. 44.
  c) Stelle die Beziehung zwischen der Ich-Erzählerin und dem „Wahnsinnstypen" (Z. 23) und ihre Entwicklung dar. Belege dabei wichtige Aussagen am Text.
  d) Erläutere an einzelnen Beispielen, wie das Verliebt-Sein bei der Ich-Erzählerin durch die sprachliche Gestaltung verdeutlicht wird.
  e) Deute den Titel „Wahnsinnstyp oder Während sie schläft".
  f) Weise die Kurzgeschichtenmerkmale „Offenheit" und „Kurze Handlungsdauer" an dem Text nach.

3 Nimm Stellung zu folgender Aussage:

> „In der Kurzgeschichte ‚Wahnsinnstyp oder Während sie schläft' von Katja Reider wird deutlich, dass nicht immer alles so ist, wie es zu sein scheint."

4 Durchstarten! So könnt ihr weiterarbeiten:

a) Die Ich-Erzählerin schreibt nach ihrer Ankunft in Bonn eine SMS an ihre beste Freundin, in der sie von ihrem Erlebnis im Zug berichtet. Verfasse diese SMS.

b) Erzähle die Kurzgeschichte aus der Perspektive des „Wahnsinnstypen".

c) Recherchiere im Internet den Inhalt des Kinofilms „Während du schliefst" und vergleiche ihn mit der Kurzgeschichte.

d) Baut ein Standbild zu der Situation in der Kurzgeschichte, in der der Wendepunkt eintritt. Stellt es den anderen vor und erklärt, was ihr euch dabei gedacht habt.

→ Erzähltexte analysieren
SB, S. 25, 32 f., 39 u. 43
(Kurzgeschichten)
SB, S. 126 ff. (Roman)
SB, S. 148 ff. (Satire)
AH, S. 10 ff., 101 ff.
(Kurzgeschichten)

→ Zitieren üben
SB, S. 314–316
AH, S. 14–15

→ Wiederholen und üben:
Merkmale einer
Textanalyse kennen,
S. 45, Aufgabe 3

Das brauchst du immer wieder – So gehst du vor

Eine Kurzgeschichte beschreiben und deuten

Die **Beschreibung und Deutung eines Textes** nennt man **Analyse**. Um die Ergebnisse deiner Analyse einer Kurzgeschichte schriftlich darzustellen, gehst du so vor:

- Beginne mit einer **Einleitung**. Nenne hier soweit möglich Textsorte, Titel, Autor und Erscheinungsjahr. Gib dann mit ein oder zwei Sätzen an, worum es in der Kurzgeschichte geht.

- Formuliere anschließend mit deinen eigenen Worten eine **Inhaltsangabe**, in der du nur die wichtigsten Geschehnisse in einer sinnvollen Reihenfolge wiedergibst. Denke daran, im Präsens zu schreiben und statt der wörtlichen die indirekte Rede zu verwenden.

- Stelle dann die Ergebnisse deiner Textuntersuchungen im **Hauptteil** dar. Achte darauf, dass du hier nicht nur den Text wiedergibst, sondern das erzählte Geschehen auch deutest. Meistens bekommst du dazu passende Fragestellungen. Diese beziehen sich in der Regel auf folgende Aspekte:
  – Entwicklung der Figuren und ihrer Beziehungen,
  – Wendepunkte des erzählten Geschehens und der Handlung,
  – sprachliche Mittel und ihre Wirkung und Bedeutung,
  – Merkmale der Kurzgeschichte.

- Nimm zum **Schluss** zu einer konkreten Textstelle oder zu einem Aspekt der Kurzgeschichte Stellung. Formuliere dazu deine eigene Meinung und begründe sie. Häufig erhältst du auch hier eine passende Aufgabenstellung, die sich auf eine zentrale Textstelle, eine wichtige Aussage oder ein grundlegendes Problem bezieht.

- Belege wichtige Aussagen mit entsprechenden **Textverweisen und Zitaten**. Wie du zitierst, kannst du in der Lernbox auf S. 314 nachschlagen.

- Achte darauf, dass du **sachlich** formulierst und im **Präsens** schreibst.

Alles klar? – Wiederholen und üben

Gestaltung einer Kurzgeschichte untersuchen

1 Vervollständige das Schaubild zur Erzähltechnik.

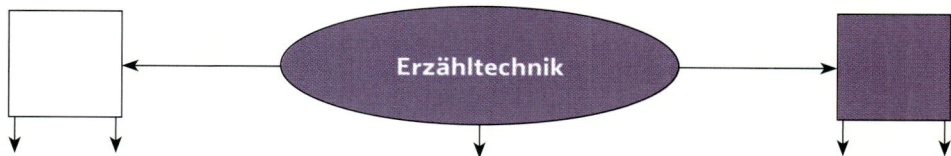

2 Ordne den unterstrichenen Textstellen das passende sprachliche Mittel zu.

a) „Seit über einer Stunde hocke ich hier und <u>bin zur Salzsäule erstarrt</u>."	A Vergleich
b) „<u>Jetzt grinst er leicht. Oh, Grübchen hat er auch. Nicht auszuhalten!</u>"	B Ellipse
c) „Ich grinse und nicke dazu <u>wie ein Hund mit Wackelkopf</u>."	C Anapher
d) „<u>Und gegenüber? ER!</u>"	D Metapher
e) „,<u>Ich</u> fahr nach Bonn, und du?' ,<u>Ich</u> auch. <u>Ich</u> fahr auch nach Bonn.'"	E Parataxe

Merkmale einer Textanalyse kennen

3 Welche Aussagen treffen nicht auf die Analyse einer Kurzgeschichte zu? Notiere die Buchstaben, die in den Klammern stehen. Von hinten nach vorne gelesen ergeben sie ein Lösungswort.
   a) Die Analyse beginnt meistens mit einem Einleitungssatz. (E)
   b) Die anschließende Inhaltsangabe steht im Präteritum. (T)
   c) In der Inhaltsangabe wird die direkte Rede benutzt. (A)
   d) Weitere Aufgabenstellungen beziehen sich oft auf die Entwicklung der Figuren und ihrer Beziehungen. (F)
   e) Sprachliche Bilder sind nur bei der Analyse von Gedichten wichtig, nicht aber bei der Kurzgeschichtenanalyse. (T)
   f) Kurzgeschichten haben keine besonderen Merkmale. (I)
   g) Am Schluss sollte man Vermutungen äußern, wie die Kurzgeschichte ausgeht. (Z)
   h) Am Schluss steht oft eine Stellungnahme zu einer konkreten Textstelle oder zu einem Aspekt des Textes. (P)
   i) Eine wichtige Aussage sollte mit Textverweisen oder Zitaten belegt werden. (O)

Familiengeschichte(n) – mithilfe von verschiedenen Materialien informieren

Immer wieder kommt es im Sport vor, dass Geschwister in derselben Sportart besondere Leistungen erbringen und bei Wettkämpfen oder wichtigen Spielen gemeinsam oder gegeneinander antreten. Hierüber wird oft in den Medien und auf unterschiedliche Weise berichtet.

In diesem Kapitel lernst du zwei bekannte Profifußballer kennen, die Brüder Kevin-Prince und Jérôme Boateng. Du sammelst Informationen über ihre Familiengeschichte und über eine wichtige sportliche Begegnung der beiden Fußballer.

Dabei lernst du,

- einem Sachtext Informationen zu entnehmen,
- Informationen aus verschiedenen Materialien zu entnehmen und darzulegen,
- einen informierenden Text mithilfe von Materialien zu verfassen und
- einen informierenden Text selbstständig zu verfassen.

Sein Bruder Jérôme gilt als Musterschüler, er war der Bad Boy des deutschen Fußballs. Wie kam es dazu? Wie denkt er heute darüber? […]

(2018)

Seit fast drei Jahren haben die Brüder Jérôme und Kevin-Prince Boateng nicht mehr gegeneinander gespielt. Am Samstag kommt
5 es bei der Partie Eintracht Frankfurt gegen den FC Bayern zum Wiedersehen. Am vergangenen Sonntag schoss Kevin-Prince die Eintracht zum 2:1-Sieg in seiner
10 Heimatstadt Berlin. Und nur sieben Tage später kommt es am Samstag zum großen Bruderduell. Eintracht Frankfurt gegen den FC Bayern heißt eben auch
15 Boateng gegen Boateng. Einer der schillerndsten Fußballer dieser Zeit gegen einen der erfolgreichsten.

(2017)

Kerstin Hermes
Boateng vs. Boateng

Jérôme gegen Kevin-Prince – bereits zum zweiten Mal gibt es [...] bei einer WM aller Voraussicht nach ein Boateng-Bruderduell auf dem Platz. Das Kicken haben beide auf einem Bolzplatz in Berlin-Wedding
5 gelernt, doch derzeit ruht die Geschwisterliebe. [...] Jetzt sind beide Fußball-Weltstars und treffen zur großen Freude von Kevin schon zum zweiten Mal bei einer WM aufeinander.

(2014)

1 Seht euch die Fotos und die Textauszüge an. Welche Informationen könnt ihr ihnen über die Brüder Boateng entnehmen? Fasst zusammen, was ihr mithilfe der Materialien herausgefunden habt.

2 Durchstarten! So könnt ihr weiterarbeiten:

a Kennst du andere bekannte Geschwisterpaare aus dem Sport? Berichte davon, was du über sie weißt.

b Sammelt Fragen dazu, was ihr über die Brüder Boateng noch wissen wollt. Ihr könnt diese Fragen untereinander verteilen, dazu recherchieren und die Ergebnisse den anderen vorstellen.

Prince Boateng – mithilfe verschiedener Materialien informieren

Fremde Brüder – einem Sachtext Informationen entnehmen

 Michael Horeni (geb. 1965)
Die Brüder Boateng

■ In seinem Sachbuch „Die Brüder Boateng" beschreibt der Sportjournalist Michael Horeni den bisherigen Lebensweg der beiden Fußballprofis und Halbbrüder Kevin-Prince und Jérôme Boateng. Beide sind Kinder desselben Vaters und haben ihre Kindheit in Berlin verbracht. Allerdings lebten sie dort getrennt voneinander, da sie unterschiedliche Mütter haben. Jérôme spielt für die deutsche Nationalmannschaft, Kevin-Prince für die Nationalmannschaft Ghanas, des Heimatlands ihres Vaters. Außerdem beschäftigt sich Horenis Buch mit George Boateng, dem ältesten der drei Brüder. ■

Es hatte viele Jahre gedauert, bis alle drei Brüder endlich zusammenkamen. Jérôme hat seine beiden Halbbrüder das erste Mal so richtig erlebt, als er acht Jahre alt war. Kevin war neun oder zehn und George vierzehn. So ganz genau wissen sie das nicht mehr. „Ist auch egal", sagt George. „Das Wichtigste war, dass wir endlich
5 zusammen waren."
Irgendwann als sie älter wurden, wollten George und Kevin genauer wissen, wer ihr anderer Bruder ist, von dem ihr Vater ihnen immer wieder mal erzählt hatte, den sie aber nur selten sehen durften, obwohl er doch in derselben Stadt wohnte, nur ein paar U-Bahn-Stationen entfernt. Obwohl sie ihren kleinen Bruder kaum
10 kannten, fehlte Jérôme ihnen irgendwie. George und Kevin hatten das Gefühl, als Familie nicht vollständig ohne ihren Halbbruder zu sein. Das konnten sie damals aber noch nicht sagen, sie hatten noch keine Worte für dieses Gefühl. „Die Trennungen, das war das Problem in den ersten Jahren. Die Eltern verstehen sich nicht und die Kinder leiden", sagt George. „Es hat lange gedauert, bis unsere Eltern so
15 weit klargekommen sind, dass sie gesagt haben: Die Kinder können sich sehen, wann immer sie wollen."
Wenn Prince Boateng dann seine Söhne im Wedding und in Wilmersdorf einsammelt, spielen sie zusammen Fußball, gehen danach zu McDonald's und dann bringt sie ihr Vater wieder zu ihren Müttern. Prince Boateng hatte nicht nur einen
20 Bruder in der ghanaischen Nationalmannschaft, sondern spielte früher selbst nicht schlecht, er war Verteidiger bei den Reinickendorfer Füchsen in der Regionalliga.
Irgendwann nach den ersten Treffen der Jungen reifen Pläne, mit allen Kindern gemeinsam in den Urlaub zu fahren. Sie sollen sich endlich besser kennenlernen.
25 Vier Wochen Amerika, sie wollen den Bruder von Prince Boateng in Los Angeles besuchen. Aber die Reise steht unter keinem guten Stern. Kevin kann nicht mit, deshalb fahren Prince Boateng, George und Jérôme sowie dessen Mutter Nina ohne Kevin. Und kaum sind sie in den Vereinigten Staaten, erreicht sie die Nach-

richt von einem Krankheitsfall in der Familie, deshalb geht die große gemeinsame Reise schon nach zwei Wochen zu Ende. Aber diese zwei Wochen waren für George und Jérôme ein Anfang.

„Wir haben uns gleich super verstanden, obwohl wir aus verschiedenen Schichten kommen. Es war da nicht wie in Berlin, dass am Abend jeder wieder nach Hause geht und dann sein eigenes Leben lebt. Wir waren endlich mal rund um die Uhr zusammen. Jetzt, wenn man älter ist, merkt man, dass diese zwei Wochen ausschlaggebend für uns waren", sagt George. „Ich hatte bei Jérôme gleich dieses Große-Bruder-Gefühl. Für mich ist er sofort mein kleiner Bruder gewesen, auch wenn ich ihn vorher nie gesehen hatte. Da gab es gar nichts."

George und Jérôme verbringen in Amerika jede Minute miteinander, sie spüren schnell, dass sie einander guttun. Aber sie merken auch, dass sie in unterschiedlichen Verhältnissen leben und jeder die Welt mit den Augen seiner Familie betrachtet. George kannte nicht die Fürsorge einer kleinen, bürgerlichen Familie, in der die Mutter die ganz alltäglichen Dinge für die Kinder erledigt, das Zimmer aufräumt, die Wäsche macht, Essen kocht und nach den Hausaufgaben schaut. Vieles, was für Jérôme normal war, kam George fremd vor. Er musste fast alles selbst erledigen, dann waren da noch seine vier Geschwister, und Geld fehlte eigentlich auch immer.

In Amerika spürt George diese Unterschiede, sie schmerzen ihn, aber sie trennen die Brüder nicht. George lässt Jérôme keinen Neid auf das bessere Leben spüren, das seinem kleinen Bruder in Wilmersdorf vergönnt ist, auch wenn er selbst gerne so ein Leben gehabt hätte. Aber das konnte er sich damals noch nicht eingestehen. „Man muss damit umgehen, wie einer ist, und nicht versuchen, ihn zu ändern. Ich habe nie versucht, Jérôme zu ändern", sagt George. Vermutlich erleichtert es der Altersunterschied den beiden Brüdern, einander nicht als Konkurrenten zu betrachten. George ist sechs Jahre älter als Jérôme, damit sind die Rollen klar verteilt. George kann seinen kleinen Bruder so nehmen, wie er ist. Das tut Jérôme gut. Und er selbst muss seinem kleinen Bruder nichts beweisen. Das tut George gut. Sehr gut sogar, denn wenn George sich etwas beweisen will, geht das oft schief. George und Jérôme gestatten sich vom ersten Tag an, die Welt als Brüder zu sehen, wo der Große sich um den Kleinen kümmert. Später sollte das umgekehrt sein, aber das wissen sie damals noch nicht.

(2012)

1 Erstellt ein Schaubild zu den Familienbeziehungen der Familie Boateng.

2 Sammelt in Stichworten die Informationen, die ihr über die Brüder erhaltet. Beantwortet dazu die folgenden Fragen: Wo wachsen die Brüder auf? Warum wachsen sie nicht gemeinsam auf? Wer ist der älteste, wer der jüngste der Brüder? Welches Hobby verbindet die Brüder und den Vater? Wohin führt ihre erste gemeinsame Reise? Warum dauert diese Reise nur zwei Wochen?

3 Beschreibt und vergleicht euren ersten Eindruck von den Brüdern George und Jérôme Boateng.

4 Beschreibt das Verhältnis der Brüder zueinander. Wie verändert es sich durch den gemeinsamen Urlaub?

5 Erklärt, welche Wirkung der letzte Satz hat.

„Er verließ Ghana mit 27 Jahren" – Informationen aus verschiedenen Materialien entnehmen und darlegen

M 2 Michael Horeni (geb. 1965)
Der Vater der Brüder Boateng

George, Kevin und Jérôme Boateng sind in Berlin geboren. Ihr Vater Prince Boateng ist 1953 als fünftes von sieben Kindern in Sunyani zur Welt gekommen, der Hauptstadt der Region Brong-Ahafo im Landesinnern von Ghana, nicht sehr weit von der Grenze zur Elfenbeinküste. Sein Vater war Farmer, die Familie besaß ein paar Schafe und Ziegen, doch das meiste Geld verdiente sein Vater auf den Kakao- und Kaffeeplantagen. [...]
Prince Boateng war ein Prinz des Stammes der Aduana. Deswegen trägt er den Namen Prince. „Die Dinge liegen in Afrika oft ganz einfach", sagt er. Sechs Jahre ging er auf ein Gymnasium. Es war nur für Jungen und glich eher einem Internat. Prince war ein guter Schüler, er hatte das Zeug zu studieren. Auch der Vater wollte, dass Prince auf die Universität geht und mit einem Diplom zurückkehrt. Sein Vater war stolz auf Prince, aber er starb, bevor Prince alt genug war, um auf die Universität zu gehen.
Prince wollte den Wunsch seines Vaters erfüllen, und er wollte raus aus Ghana, um die Welt kennenzulernen. Auch einer seiner Halbbrüder verließ Ghana, er ging vor knapp zwanzig Jahren nach Los Angeles, studierte an der dortigen Universität und arbeitet mittlerweile beim amerikanischen Fernsehsender ABC als Audio- und Videotechniker. Prince Boatengs übrige Geschwister sind in Ghana geblieben, manche führen heute kleine Lebensmittelgeschäfte, einer leitet eine Baufirma, und sein jüngerer Bruder spielte Fußball: Er brachte es bis in die ghanaische Nationalmannschaft.
Prince lernte so gut, dass er sich das Recht auf ein Stipendium[1] erwarb, und er war so clever, dieses Stipendium auch zu bekommen, das ihm ein Studium in Ungarn, Deutschland oder den Vereinigten Staaten ermöglichte. Er verließ Ghana mit 27 Jahren. [...]
Prince Boateng reiste zunächst nach Budapest, aber studie-

Geburtsjahr, Familie
Wo genau liegt das?
Herkunft

Beruf seines Vaters

Welche Bevölkerungsgruppen gibt es in Ghana?
Welche Sprache spricht man dort eigentlich?

---
[1] Stipendium: Geldbeihilfe für Studierende

35 ren wollte er in Deutschland. Nach ein paar Wochen in Ungarn nahm er den Zug nach Berlin, doch als er in Deutschland ankam, war bald alles anders, als er es geplant hatte. Prince ging auf eine Sprachschule, um sich die Deutschkenntnisse anzueignen, die er fürs Studium benötigte.
40 Er wollte Betriebswirtschaft studieren. Währenddessen putschte in Ghana ein Mann namens Jerry Rawlings zum zweiten Mal gegen die Militärregierung, diesmal mit Erfolg. Rawlings führte Ghana zwanzig Jahre als Diktator, und weil das so war, nahm auch das Leben von Prince Boateng in
45 Berlin eine neue Richtung „Der Putsch hat die Regierung gestürzt, die mir das Stipendium gegeben hatte. Mein Stipendium hat dann keiner mehr bezahlt. Ich konnte nicht mehr studieren, ich konnte es nicht bezahlen. Ich konnte auch mit der Sprachschule nicht weitermachen, weil ich
50 das Geld dafür nicht hatte."

(2012)

1 Ein Schüler hat den Text über den Vater der Brüder Boateng bereits mit Unterstreichungen und Randbemerkungen versehen. Beschreibe, wie er vorgegangen ist.

2 Nimm weitere Unterstreichungen vor und ergänze weitere Randbemerkungen. (Wenn dir das Buch nicht gehört, arbeite mit einer Kopie oder einer Folie.)

3 Übernehmt die Tabelle in eure Hefte. Vervollständigt sie mit Informationen zu Prince Boateng aus dem Text.

Name	Prince Boateng
Geburtsjahr und -ort	...
Herkunft	...
Beruf des Vaters	... besaß ... und ... Arbeit auf ...
Familie	... Geschwister
Schulausbildung	6 Jahre ...
Verlassen des Heimatlandes (Wann? Warum?)	...
Schwierigkeiten in Deutschland	...

M 3

Die Regionen Ghanas

○ Wiederholen und üben: Mithilfe von Materialien informieren
S. 54 f., Aufgaben 1–2

4 Beantworte mithilfe der Karte M 3 die Frage nach der genauen Herkunft von Prince Boateng. Beantworte dazu die folgenden Fragen in Stichworten:
- Auf welchem Kontinent liegt Ghana? In welchem Teil dieses Kontinents?
- Welches sind die Nachbarländer Ghanas?
- An welchem Ozean liegt es?
- Wo liegen die Region und die Stadt, aus der Prince Boateng stammt?

5 Beschreibe die Übersicht (M 4) über Ghana und die Stadt Sunyani auf S. 53. Nenne dabei die wichtigsten Informationen, die sie enthält.

6 Ergänzt mithilfe von M 2 und M 3 eure Übersicht aus Aufgabe 3.

M4

Ghana	Sunyani
– Einwohner: ca. 24,7 Millionen – Hauptstadt: Accra (Einwohner ca. 2 Millionen) – Sprachen: Englisch (Amtssprache), über 40 weitere Sprachen und Dialekte – Fläche: ca. 238 000 qkm (Deutschland: ca. 357 000 qkm)	– Stadt in Ghana – Hauptstadt der Brong-Ahafo-Region – Einwohner: ca. 61 000 (1970: ca. 23 000) – Wirtschaft: Anbau von Kakao und Cashew-Nüssen – Flugplatz für Inlandsflüge – zwei Krankenhäuser – Fachhochschule

7 Verfasse mithilfe der Materialien M1 – M4, S. 48 – 53 einen informierenden Text über den Fußballer Prince Boateng. Gehe dabei so vor:
- Übernimm die folgende Gliederung in dein Heft und vervollständige sie.
- Verfasse einen informierenden Text, der sich an deiner Gliederung orientiert. Hinweise findest du in der Lernbox auf dieser Seite.

Gliederung
1. Einleitung: Thema (…), Materialien (Text von …, Text von …, Landkarte von Westafrika, …)
2. Hauptteil:
   a) Herkunft und Heimat (Geburtsort, -jahr …)
   b) Familie
   c) Verlassen des Heimatlandes, Schwierigkeiten in Deutschland, Beziehung zum Bruder und zum Vater
   d) …
   e) …
3. Schlussteil: zentrales Ergebnis

Das brauchst du immer wieder – So gehst du vor

Einen informierenden Text mithilfe von Materialien verfassen

Wenn du dich über ein bestimmtes Thema mithilfe unterschiedlicher Materialien (z. B. Texten, Bildern, Statistiken, Diagrammen, Karten) genauer informiert hast und deine Ergebnisse dann in einem informierenden Text an andere weitergeben willst, kannst du folgendermaßen vorgehen:
- Beginne mit einer **Einleitung**, in der du das **Thema**, über das du informieren willst, und die **Materialien**, die du benutzt hast, nennst.
- Im **Hauptteil** führst du die **einzelnen Sachaspekte**, die für dein Thema wichtig sind, **nacheinander** und **geordnet** auf. Zu jedem Sachaspekt nennst du die **wichtigsten Einzelinformationen** und erläuterst diese ggf. genauer.
- Im **Schlussteil** fasst du die aus deiner Sicht **zentralen Ergebnisse** zusammen.

→ Texte auf der Grundlage mehrerer Materialien verfassen
SB, S. 192 ff.
(argumentieren)

→ Wiederholen und üben: Einen Text auf der Grundlage verschiedener Materialien verfassen
S. 55, Aufgabe 3

Alles klar? – Wiederholen und üben

Mithilfe von Materialien informieren

M1 Doris Henkel
Im Feuer der schwesterlichen Ballwechsel

Venus und Serena Williams in London, 2008

LONDON. Sie sind daran gewöhnt, auf allen Bühnen Stars zu sein: Venus Ebony Starr Williams und die 15 Monate jüngere Schwester Serena Jameka. Aber selbst für die beiden, die schon fast alles gewonnen hatten, was es im Tennis zu gewinnen gibt, war der 5. Juli 2008 kein ganz normaler Tag. Ein paar Stunden, nachdem Venus mit einem imponierenden Auftritt gegen Serena den fünften Wimbledontitel[1] im Einzel gewonnen hatte (7:5, 6:3), kehrten sie auf den Centre Court[2] zurück und schnappten sich durch ein 6:2, 6:2 gegen Lisa Raymond und Samantha Stosur (USA/Australien) mit dem 100. gemeinsamen Sieg den dritten im Doppel. Und nun taucht nach Jahren [...] die Frage auf, ob dieser frische, typisch englische Sommertag womöglich der Anfang einer zweiten großen Ära der ganz und gar ungewöhnlichen Schwestern ist. [...] Die Qualität des Geschwister-Duells war bemerkenswert, auch die Konsequenz, mit der beide die Punkte erzwangen. Den Anfang beider Sätze dominierte Serena, bei der in dieser Phase fast jeder Schuss ein Treffer war. Doch Venus spielte bei schwierigen Bedingungen in stürmischem Wind konstanter und mit mehr Biss. Sie, die von sich sagt, der wichtigste Job ihres Lebens sei der, große Schwester zu sein, kümmerte sich zwei Stunden lang nur um sich selbst. Und selbst der Wind konnte ihre Kracher nicht verhindern. Zu Beginn des zweiten Satzes schlug sie mit sagenhaften 207,5 km/h auf. [...] Als der letzte Ball der Schwester neben der Linie landete, schoss es Venus Williams durch den Kopf: Mein Gott, es sind fünf. Fünf Titel, fünf Trophäen beim wichtigsten Turnier der Welt. Nummer vier vor einem Jahr sei unglaublich gewesen, schwärmte sie später, aber fünf seien monumental.

(2008)

---

[1] Wimbledon: berühmtes Tennisturnier in London
[2] Centre Court: zentrales Spielfeld des Turniers, auf dem auch das Finale stattfindet

1 Sammelt in Stichworten die Informationen, die ihr über die Schwestern erhaltet. Beantwortet dazu die folgenden Fragen:

- Bei welchem Turnier und in welchen Wettbewerben sind die Williams-Schwestern angetreten?
- Welche Erfolge haben sie dabei erreicht?
- Wie wird ihre Spielweise gekennzeichnet?
- Wie wird das Verhältnis der beiden Schwestern zueinander dargestellt?
- Warum ist Venus Williams besonders glücklich?

M 2 Der erschreckende Abschied von Serena Williams

Serena Williams' Abschied von Wimbledon war bizarr. Die Nummer eins der Tennis-Welt, eine der besten Aufschlägerinnen auf der Damen-Tour, servierte – und der Ball tippte schon vor dem Netz auf.
Ihre Beine schienen zu wackeln. Die sonst so viel Energie ausstrahlende Power-
5 frau wirkte benommen. Die US-Amerikanerin konnte den Ball kaum auftippen, die ihr vom Ballkind zugeworfene Filzkugel nicht kontrollieren. Es waren erschreckende Szenen, die sich am Dienstag auf dem Platz abspielten, ehe Serena Williams das Zweitrunden-Doppel an der Seite ihrer Schwester Venus schließlich aufgab. Es war offensichtlich, dass etwas nicht stimmte.
10 [...] Die 32-jährige Williams leide an einer Viruserkrankung, hieß es von offizieller Seite. „Ich bin untröstlich, dass ich in diesem Turnier nicht weitermachen kann", ließ Serena Williams in einem Statement mitteilen. „Ich dachte diesen Morgen, ich könnte mich erholen, denn ich wollte wirklich spielen."

(2014)

2 Vergleicht die Informationen in diesem Bericht mit denen in dem vorhergehenden Artikel. Beantwortet dabei die folgenden Fragen:

- Von welchem Turnier und welchen Wettbewerben berichten die beiden Texte?
- Was wird über die Leistung der beiden Williams-Schwestern deutlich?
- Wie wird ihr Auftreten auf dem Tennisplatz dargestellt?
- Welche Veränderungen werden deutlich?

Stellt die Informationen zu den beiden Williams-Schwestern z. B. in Form einer Tabelle zusammen.

Einen Text auf der Grundlage verschiedener Materialien verfassen

3 Verfasse auf der Grundlage der Materialien M 1 und M 2 einen informierenden Text über Venus und Serena Williams. Gehe dabei so vor, wie es in der Lernbox auf S. 53 und in Aufgabe 7 auf S. 53 beschrieben wird.

„Das habe ich so doch gar nicht gemeint" – Kommunikation verstehen

„Das habe ich doch so gar nicht gemeint." Diesen Satz habt ihr so oder in ähnlicher Form sicherlich alle schon mal gesagt. Vorausgegangen ist eine Äußerung, auf die euer Gesprächspartner ganz anders reagiert hat, als ihr es erwartet habt. Wenn Menschen miteinander kommunizieren, kommt es immer wieder zu solchen Missverständnissen. In diesem Kapitel geht es um solche Schwierigkeiten und Missverständnisse. Um sie zu erklären, lernt ihr,
- unterschiedliche Aspekte und Wirkungen einer Äußerung zu erkennen,
- warum es manchmal in Gesprächen zu Missverständnissen kommt,
- Kommunikationsmodelle kennen, die dabei helfen, Kommunikation zu verstehen,
- Kommunikationsmodelle auf literarische Texte anzuwenden, um sie besser zu verstehen und deuten zu können.

Im letzten Teilkapitel geht es darum, wie die digitalen Medien und Technologien unsere Kommunikation verändern. Ihr
- vergleicht zwei Zeitungsartikel und unterschiedliche Standpunkte,
- formuliert eine eigene Stellungnahme dazu.

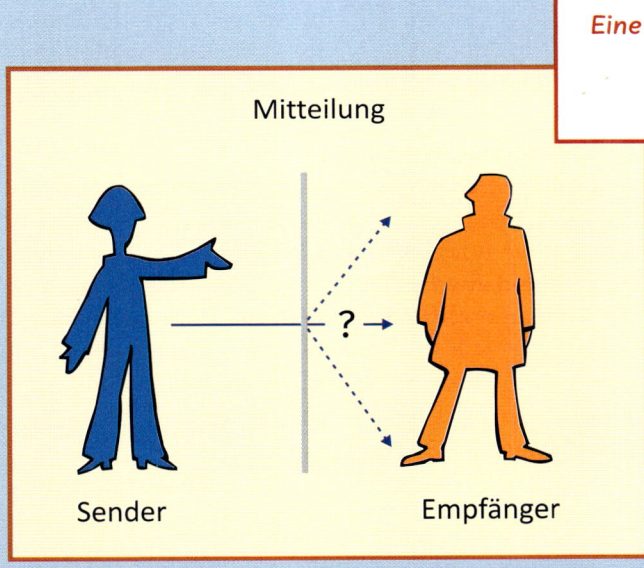

1 | Auf den Fotos auf S. 56 werden verschiedene Gesprächssituationen gezeigt. Überlege, worüber die Personen miteinander sprechen könnten.

2 | Erkläre am Beispiel der Situationen, warum es in Gesprächen oft zu Problemen und Missverständnissen kommen kann.

3 | Erkläre die Aussagen und Grafiken auf dieser Seite zum Thema „Kommunikation".

4 | Bringt die Abbildungen oben in Verbindung zu den auf den Fotos dargestellten Situationen.

Die vier Ebenen der Kommunikation – Kommunikationsstörungen verstehen

Ich bin doch kein kleines Kind mehr!

Hast du für die Arbeit gelernt?

1 Kennt ihr solche Situationen? Tauscht euch in der Klasse über eure Erfahrungen aus.

2 Erklärt, wie es zu der Reaktion der Tochter gekommen sein könnte.

3 Sprecht die Frage des Vaters mit unterschiedlichen Betonungen und erläutert, was sich jeweils verändert. Formuliert zu erwartende Antworten der Tochter.

4 Bildet zwei Gruppen. Eine Gruppe verfasst einen inneren Monolog des Vaters, in dem deutlich wird, was er in dieser Situation denkt. Die andere Gruppe verfasst einen inneren Monolog der Tochter. Stellt euch die Ergebnisse gegenseitig vor. Was zeigen sie darüber, wie Kommunikation funktioniert?

Du bist heute Abend um Punkt zehn zu Hause.

5 Stellt Vermutungen darüber an, was die Tochter ihrer Mutter antworten könnte.
- Was könnte sie als Botschaft verstanden haben?
- Wie könnte sie aus welchen Gründen reagieren?

6 Verfasst einen Dialog, der den weiteren Verlauf des Gesprächs wiedergibt.

Bildet dazu kleine Gruppen, in denen ihr euch gegenseitig eure Dialoge vorstellt. Notiert zu jedem Dialog,
- wie das Gespräch verläuft,
- was über die Beziehung zwischen Mutter und Tochter deutlich wird,
- was die Gesprächspartner jeweils erreichen wollen.

7 Welche Botschaft will die Mutter übermitteln? Formuliert, was sie ihrer Tochter hätte sagen können, damit es zu keiner Auseinandersetzung der beiden kommt.

Eine Äußerung – viele Botschaften

Der deutsche Psychologe und Kommunikationswissenschaftler Friedemann Schulz von Thun hat sich intensiv mit der zwischenmenschlichen Kommunikation beschäftigt. Er hat ein Modell entwickelt, das in vier Ebenen beschreibt, wie die Äußerung eines Senders gemeint sein kann bzw. verstanden werden kann. Man nennt es das „Vier-Ohren-Modell" oder „Nachrichtenquadrat".

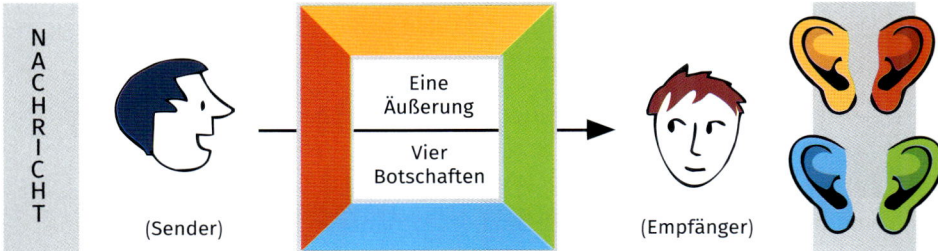

Die Äußerung eines Menschen (Sender) enthält also, ob er es will oder nicht, vier Botschaften gleichzeitig:
- den **Sachinhalt**: Wenn du in einen Klassenraum kommst und sagst: „Es ist kalt hier", gibst du die Information weiter, dass es im Raum kalt ist.
- Gleichzeitig sagst du aber auch etwas über dich selbst aus (**Selbstkundgabe**): Du frierst und machst dir vielleicht sogar Sorgen um deine Gesundheit.
- Zudem enthält deine Aussage eine Aufforderung, einen **Appell** an deine Mitschüler, die sich schon in dem Raum befinden: Das weit aufstehende Fenster soll geschlossen werden.
- Schließlich wird die Beziehung, die du zu deinen Mitschülern hast, deutlich (**Beziehungshinweis**), denn ihr versteht euch und nehmt aufeinander Rücksicht.

Der Zuhörer, also der Empfänger, nimmt die Äußerung ebenfalls auf diesen vier Ebenen wahr. Daher kommt auch die Bezeichnung „Vier-Ohren-Modell". In der Regel steht eine der Botschaften im Vordergrund einer Äußerung.

Probleme treten immer dann auf, wenn bei einer Aussage Sender und Empfänger verschiedene Botschaften wahrnehmen, d. h. wenn eine Äußerung nicht so aufgenommen wird, wie sie gemeint war. Du willst z. B. nur sagen, dass dir kalt ist (Sachinhalt) und ein Mitschüler sagt, „Mach das Fenster doch selbst zu, ich bin doch nicht dein Diener!" (Appell und Beziehungshinweis).

1 Erklärt die Zeichnung mithilfe des Textes.

2 Übernimm die Zeichnung in dein Heft und vervollständige sie, indem du das Quadrat in der Mitte mit den fett gedruckten Begriffen aus dem Text „Eine Äußerung – viele Botschaften" beschriftest.

3 Erklärt mithilfe des Textes auf S. 59 die folgenden Zeichnungen:

- Wie ist die Aussage des Vaters entsprechend der vier Botschaften gemeint?
- Auf welchem Ohr hat der Sohn am Computer jeweils die Frage des Vaters verstanden?

4 Seht euch noch einmal die beiden Fotos auf S. 58 an und erklärt sie mithilfe des Modells von Schulz von Thun:
- Welche Botschaften sendet der Vater bzw. die Mutter?
- Mit welchem Ohr hört jeweils der Empfänger, d. h. die Tochter bzw. der Sohn die Äußerungen?

5 Seht euch auch die folgenden zwei Kommunikationssituationen an. Erklärt sie mithilfe des Kommunikationsmodells von Schulz von Thun.
- Welche Botschaften verwendet der eine Gesprächspartner jeweils und welche Nachrichten empfängt der andere?
- Worin besteht jeweils das Missverständnis, weshalb kommt es zum Streit?

6 Entwickelt selbst Kommunikationssituationen und erklärt sie wie in Aufgabe 4 und 5 mithilfe des Kommunikationsmodells von Schulz von Thun.

7 Durchstarten! So könnt ihr weiterarbeiten:

a Informiere dich im Internet über Friedemann Schulz von Thun.
- Bereite einen Kurzvortrag über seinen Lebenslauf vor.
- Informiere die anderen auch darüber, warum er sich so intensiv mit der zwischenmenschlichen Kommunikation beschäftigt hat.

b Erstellt zu den vier Seiten einer Nachricht jeweils mögliche Fragen, die euch helfen, die Botschaften zu erkennen (z. B. Appell: Was soll ich tun? Wozu werde ich aufgefordert? ...).

c Wende das Kommunikationsmodell von Schulz von Thun auf die folgende Situation an:

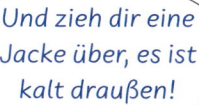
Und zieh dir eine Jacke über, es ist kalt draußen!

d Überlegt euch eigene Kommunikationssituationen. Zeichnet sie auf DIN-A3-Blätter und hängt sie in der Klasse aus. Untersucht dann einzelne Kommunikationssituationen mithilfe der Kommunikationstheorie von Schulz von Thun.

➲ Wiederholen und üben: Kommunikation untersuchen S. 68 f., Aufgaben 1–6

e Fertigt einzelne Fotos oder eine Fotostory mit Sprechblasen an, die Kommunikationssituationen zeigen, in denen es zu Missverständnissen kommt bzw. kommen kann.

Der Körper meldet sich zu Wort – Körpersprache untersuchen

Auf den folgenden Fotos beantwortet eine Schülerin die an sie gestellten Fragen nur mit ihrer Körpersprache.

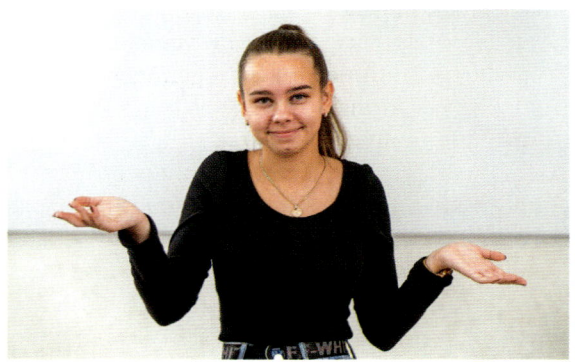

1 Seht euch die Antworten der Schülerin an:
- Was bedeuten ihre Gesten und ihr Gesichtsausdruck jeweils?
- Was könnte sie sagen? Versucht mögliche Antworten zu formulieren.

2 Ordnet die folgenden Fragen den Antworten der Schülerin zu.
- Begründet eure Zuordnungen.

> „Wie waren deine letzten Ferien?"
> „Hast du während einer Klassenarbeit schon einmal einen Spickzettel benutzt?"
> „Wann bekommt ihr eure Deutscharbeit zurück?"
> „Jemand redet schlecht über dich. Was machst du?"

- Notiert nun die Antworten der Schülerin auf die einzelnen Fragen. Vergleicht diese Antworten mit euren Antworten von Aufgabe 1. Erklärt, aufgrund welcher körpersprachlichen Signale ihr die Antwort verstanden habt.

3 Führt in kleinen Gruppen eigene „stumme" Interviews durch. Stellt euch
dazu Fragen zu den Themen Schule, Musik, Freizeit etc.

Zur Bedeutung der Körpersprache

Für uns Menschen gibt es grundsätzlich zwei Möglichkeiten, mit anderen zu kommunizieren: Die eine erfolgt über das Wort (verbale Kommunikation), die andere über die Sprache unseres Körpers (nonverbale
5 Kommunikation). Auch wenn wir nichts zum anderen sagen, treten wir über unseren Gesichtsausdruck (Mimik) und über unsere sonstige Körperhaltung (Gestik) mit dem anderen in eine Kommunikation ein, ob wir wollen oder nicht. Oft geben wir unsere Gefühle nicht mit Worten preis,
10 sondern der andere erfährt durch unsere Körpersprache, wie wir empfinden. Deshalb ist es wichtig, dass man sowohl die verbale als auch die nonverbale Seite der Kommunikation berücksichtigt. Auch sollte man sich klarmachen, dass man selbst immer mit seinem Körper Botschaften an den anderen übermittelt. In dessen Reaktion zeigt sich vielleicht, wie er sie aufgenommen hat. Wenn man in ei-
15 nem Gespräch das Gefühl hat, das Gegenüber verhält sich distanziert, kann es auch daran liegen, dass man selbst eine Haltung der Distanz verkörpert, indem man beispielsweise die Arme verschränkt hält oder einen deutlichen Abstand zwischen sich und seinem Gegenüber wählt. Der andere versteht diese Signale und reagiert darauf.
20 Nicht immer sind die Körpersprache und das gesprochene Wort im Einklang. Dann kommt es zu widersprüchlichen Botschaften, die irritierend sind. Beispiel: Eine Frau sitzt mit verschränkten Armen, abwehrender Gesichtshaltung und leicht hochgezogenen Schultern einer anderen Frau gegenüber und sagt: „Ich find's immer richtig schön, wenn wir uns treffen!" Kann man dieser Frau wirklich
25 glauben? Ihre Körpersprache signalisiert Distanz und Anspannung, also eher, dass sie sich nicht wohlfühlt, die Worte behaupten das Gegenteil. Dann besteht die Schwierigkeit, diese Widersprüche aufzulösen. Oftmals verrät der Körper mehr über die innere Haltung als das Wort. Denn wir haben gelernt, unsere Gefühle sprachlich zu kontrollieren; die Körperkontrolle ist zumeist nicht so perfekt.

1 Arbeitet heraus, welche Informationen der Text über die Bedeutung der
Körpersprache bei der Kommunikation enthält.

Eine Hilfekarte findet ihr auf S. 343.

S. 343

2 Erläutert mithilfe des Textes die Kommunikation zwischen dem Mädchen und dem Jungen auf dem Foto. Was könnten die beiden wohl sagen und welche Bedeutung hat hier die nonverbale Kommunikation?

↪ Wiederholen und üben:
Körpersprache untersuchen
S. 69, Aufgaben 7 und 8

3 Entwickelt eigene Situationen, in denen die Körpersprache nicht zu den
Empfindungen des Senders oder des Empfängers oder zur Situation passt.
Stellt sie euch gegenseitig vor und erklärt sie.

63

Kommunikation 2.0 – sich mit Auswirkungen der digitalen Kommunikation auseinandersetzen

1 Das Internet, soziale Netzwerke, Chats, Blogs oder Nachrichtendienste haben die Kommunikation der Menschen verändert. In welcher Art und Weise ist eure Kommunikation z. B. im Vergleich mit früheren Generationen von den neuen Medien geprägt? Sammelt entsprechende Veränderungen.

2 Diskutiert anschließend darüber, ob die Möglichkeiten der neuen Medien die Kommunikation eher verbessern oder eher verschlechtern.

In dem folgenden Text setzt sich der Autor mit der Frage auseinander, welche Folgen die neuen Medien für die Kommunikation haben.

Michael Moorstedt
Wie uns die Technik entmenschlicht

Es sind zwei Nachrichten aus den letzten Wochen, die mal wieder belegen, dass die menschliche Kommunikation im Netz vor allem eines ist, nämlich fehlbar. Da ist zum einen Facebook, das derzeit eine neue Funktion namens Take a break testet. Sie soll gerade auseinandergegangenen Paaren helfen, die Trennung besser
5 zu verkraften. Dazu verbannt sie Statusmeldungen des ehemaligen Partners von der eigenen Timeline. Außerdem können Foto-Markierungen gelöscht und die Einsicht auf die eigenen Einträge gesperrt werden. Und da ist zum anderen Googles neue E-Mail-Erweiterung namens Smart Reply. Die liest sich die Mails der Nutzer durch und bietet je nach deren Inhalt automatische Antwortmöglich-
10 keiten an. So soll die Informationsflut endlich wirksam bekämpft werden. Einmal wird die Kommunikation der Nutzer also blockiert, und einmal automatisiert. In jedem Fall aber wird sie bevormundet.

Technologie ersetzt das Gespräch von Angesicht zu Angesicht
„Wir werden von unserer Technologie stumm geschaltet", schreibt die Soziologin
15 und Buchautorin Sherry Turkle, „und in gewisser Weise vom Sprechen geheilt." Es gebe zu viele Bildschirme und zu wenig Blickkontakt. Zu viel Elektronik lässt die menschlichste aller Kommunikationsformen, nämlich das Gespräch von Angesicht zu Angesicht, langsam aber sicher erodieren[1]. Und so auch Fähigkeit der Menschen, sich in ihr Gegenüber einzufühlen.
20 In ihrem neuen Buch „Reclaiming Conversation: The Power of Talk in a Digital Age" teilt Turkle in alle Richtungen aus. Gegen Jugendliche, die durch den steten

---
[1] erodieren: hier: verschwinden

Informationsstrom verlernt hätten, allein zu sein, und genauso gegen deren Eltern, die den Kampf gegen Handys am Esstisch längst aufgegeben haben. Es ist gar nicht mal so leicht, ihr zu widersprechen. In manchen Milieus² wird ja nicht
25 mal mehr das Smartphone selbst dazu benutzt, miteinander zu reden. Stattdessen: Textnachrichten, Likes und Tinder-Swipes, kleine paraverbale Signale, die Verbundenheit simulieren und doch vor allem maximal unverbindlich sind.

Die Fähigkeit zur Empathie ist in drei Jahrzehnten um 40 Prozent gesunken
Turkle führt schockierende Belege an [...]. Zum Beispiel [...] eine Untersuchung,
30 die Universitätsstudenten in den letzten 30 Jahren einen Rückgang ihrer Empathie um rund 40 Prozent bescheinigt. Die steilste Talfahrt beginnt um das Jahr 2000, also zu dem Zeitpunkt, an dem digitale Kommunikationstechnik ein Massenphänomen wurde.
Den Vorwurf der Verflachung hat man natürlich schon von vielen Warnern und
35 Mahnern gehört. Bei Turkle ist das ein bisschen anders. Immerhin war sie früher ja eine absolute Verfechterin der Geräte. [...]

3 Arbeitet heraus, welche Folgen die Digitalisierung für die Kommunikation laut dem Zeitungsartikel haben soll.

4 Vergleicht die in dem Zeitungsartikel angeführten Folgen der digitalen Kommunikation für das Kommunikationsverhalten mit den Folgen, die ihr in Aufgabe 1 gesammelt habt.
- Erklärt die Gemeinsamkeiten und Unterschiede mithilfe eigener Erfahrungen und Beispielen aus eurem Alltag.

5 „Technologie ersetzt das Gespräch von Angesicht und Angesichts." (Z. 13) Nehmt begründet Stellung zu dieser Aussage. Sammelt zuvor Argumente, die dafür und dagegen sprechen.

Informationszentrum Mobilfunk.de
Wie beeinflusst die digitale Kommunikation unser Sozialverhalten?

Neue Technologien können die Art, wie wir leben, nachhaltig beeinflussen – das zeigt sich auch beim Mobilfunk. Die vielfältigen Kommunikationsmöglichkeiten, die Smartphones & Co. bieten, wirken sich auch auf unser Sozialverhalten aus. Das gilt vor allem
5 für jüngere Nutzer. Die Befürchtung, dies führe zu einer Verarmung der sozialen Kontakte, sehen Experten dabei nicht bestätigt.
Die Möglichkeit, beinahe jederzeit und an jedem Ort erreichbar zu sein, hat unseren Umgang miteinander verändert. Beruflich und privat machen mobile Technologien unsere Kommunikation direkter und unmittelbarer und erleichtern es uns,
10 mit Menschen in Verbindung zu bleiben. Welchen Einfluss das auf unser Kommunikationsverhalten hat, hat unter anderem die Mannheimer Kommunikations- und Medienwissenschaftlerin Prof. Dr. Angela Keppler in einer Studie untersucht.

² Milieu: Umwelt/Lebensumfeld

Demnach findet Kommunikation heute oft auf mehreren Ebenen gleichzeitig statt: „Die Leute reden immer noch miteinander, aber völlig selbstverständlich schauen sie zwischendurch auch auf ihre Smartphones", so die Forscherin.

Der Einfluss digitaler Kommunikationsmittel auf das Alltagsverhalten zeigt sich besonders deutlich bei Kindern und Jugendlichen, die heute mit Smartphones aufwachsen. Mobilgeräte haben die Art verändert, wie Aktivitäten koordiniert werden, so Prof. Dr. Johannes Fromme, Experte für Erziehungswissenschaftliche Medienforschung und Medienbildung an der Otto-von-Guericke-Universität Magdeburg. Statt längerfristiger Absprachen verabreden sich Jugendliche heute eher spontan, aber auch unverbindlicher: Treffpunkte werden kurzfristig geändert oder Verabredungen in letzter Minute abgesagt. Im Hinblick auf soziale Beziehungen sieht Fromme das Handy bei Jugendlichen als „Schaltzentrale des sozialen Netzwerks". Dabei diene das Mobiltelefon in erster Linie der Aufrechterhaltung und Bestärkung bestehender Kontakte. Andererseits böten Kurznachrichtendienste gerade bei neuen Bekanntschaften eine gute Möglichkeit, den Kontakt zunächst unverbindlich fortzuführen. Zum Aufbau und zur Stärkung von sozialen Kontakten trägt nicht nur die Nutzung von Messaging-Diensten bei: Auch Aktivitäten wie das gemeinsame Anschauen von Fotos und Videos auf dem Handy bzw. das gemeinsame Hören von Musik über das Smartphone fördern laut einer aktuellen Studie der Universität Mannheim Bindung und den Austausch unter Kindern und Jugendlichen.

Kontaktpflege per Smartphone

Das Deutsche Institut für Vertrauen und Sicherheit im Internet (DIVSI) hat in seiner U25-Studie „Kinder, Jugendliche und junge Erwachsene in der digitalen Welt" sowie in der U9-Studie „Kinder in der digitalen Welt" das Verhalten junger und jüngster Nutzer im Hinblick auf digitale Medien untersucht. Die Auswertungen zeigen, dass Kinder und Jugendliche Mobiltechnologien intensiv nutzen, um soziale Kontakte zu pflegen und auszubauen. [...]

Auch bei der Ablösung vom Elternhaus spielen digitale Medien eine wichtige Rolle, da sie Räume bieten, in die Eltern nur zum Teil Einblick erhalten (können). Der Erziehungswissenschaftler Fromme erklärt, Smartphones und Handys unterstützten junge Menschen dabei, außerhalb des familiären Umfelds eigene Beziehungen zu entwickeln und zu pflegen.

Online-Kommunikation ist Ergänzung, kein Ersatz

Die manchmal geäußerte Befürchtung, digitale Medien hätten negative Auswirkungen auf das Sozialverhalten junger Menschen, sieht die DIVSI-U25-Untersuchung nicht bestätigt – im Gegenteil: Die Forscher kommen in ihrer Auswertung zu dem Ergebnis, dass durch die Kombination verschiedener Kommunikationsmittel die soziale Integration in der Familie und im Freundeskreis gefördert werden kann. Zusammen mit der „Offline-Kommunikation" mit Familienmitgliedern und Freunden leisten digitale Medien nach Ansicht der Autoren einen wesentlichen Beitrag zur Identitätsfindung und zum Selbstverständnis von Kindern, Jugendlichen und jungen Erwachsenen.

Auch Fromme kommt zu dem Schluss, dass die „Face-to-Face-Kommunikation" mit dem Freundes- und Bekanntenkreis durch digitale Kommunikationsformen nicht ersetzt, sondern fortgeführt, ergänzt und zum Teil sogar vertieft werden kann. [...]

6 Arbeitet heraus, wie die neuen Technologien laut diesem Internetartikel die Kommunikation und die Art, wie wir leben, verändert haben. Geht dabei insbesondere auf folgende Fragen ein:
- Welche Befürchtungen in Bezug auf die Folgen der neuen Technologien sind nach Meinung der Autoren nicht zutreffend?
- In welcher Art und Weise werden das Leben und die Kommunikation von Jugendlichen durch die neuen Medien bereichert?

7 Vergleicht die beiden Artikel miteinander. Zeigt anhand von entsprechenden Textstellen die unterschiedliche Bewertung der Folgen der digitalen Kommunikation auf. Ihr könnt dafür folgende Tabelle in eure Hefte übernehmen und vervollständigen:

Folgen der digitalen Techniken für die Kommunikation und das Leben der Menschen	
Text 1: Michael Moorstedt: Wie uns die Technik entmenschlicht (Süddeutsche Zeitung)	Text 2: Wie beeinflusst die digitale Kommunikation unser Sozialverhalten? (Informationszentrum Mobilfunk.de)
– …	– …

8 Mit welchen Mitteln versuchen die Autoren jeweils ihren Artikel besonders glaubwürdig und ihren Standpunkt überzeugend wirken zu lassen? Weist diese Mittel bei beiden Artikeln nach.

9 Erläutert, inwiefern die Quellen, aus der die beiden Artikel stammen, für die Bewertung der beiden Standpunkte zu den Folgen der digitalen Kommunikation von Bedeutung sind.

10 Nimm abschließend begründet Stellung dazu, inwieweit deiner Meinung nach die folgende Aussage zutrifft: „Durch digitale Kommunikationsformen wird die Kommunikation nicht ersetzt, sondern fortgeführt und ergänzt."
- Sammle die Argumente, die du in dieser Stellungnahme anführen möchtest. Lege dir dazu z. B. einen Schreibplan mithilfe der folgenden Übersicht an.

Meine Meinung zu dem Zitat
Argument 1:
Argument 2:
…
Schluss:

Alles klar? – Wiederholen und üben

Kommunikation untersuchen

1. Gestalte das Kommunikationsquadrat nach Schulz von Thun, indem du die fehlenden Fachbegriffe ergänzt.

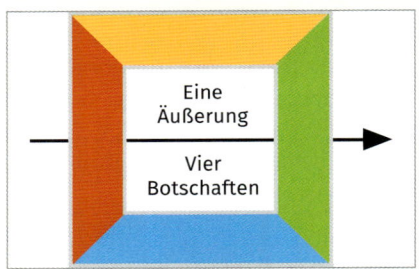

2. Erläutere mithilfe des Kommunikationsquadrats die folgende Zeichnung.

 3. Erklärt die Bedeutung des Kommunikationsquadrats für das Gelingen und Misslingen von Kommunikation an einem eigenen Beispiel.

Loriot (1923 – 2011)
Das Ei

Das Ehepaar sitzt am Frühstückstisch. Der Ehemann hat sein Ei geöffnet und beginnt nach einer längeren Denkpause das Gespräch.

Er   Berta!
Sie Ja ...!
Er   Das Ei ist hart!
Sie (*schweigt*)
Er   Das Ei ist hart!
Sie Ich habe es gehört ...
Er   Wie lange hat das Ei denn gekocht ...
Sie Zu viel Eier sind gar nicht gesund ...
Er   Ich meine, wie lange dieses Ei gekocht hat ...
Sie Du willst es doch immer viereinhalb Minuten haben ...
Er   Das weiß ich ...
Sie Was fragst du denn dann?
Er   Weil dieses Ei nicht viereinhalb Minuten gekocht haben *kann!*

© Loriot

Sie Ich koche es aber jeden Morgen viereinhalb Minuten!
Er   Wieso ist es dann mal zu hart und mal zu weich?
Sie Ich weiß es nicht … ich bin kein Huhn!
Er   Ach! … Und woher weißt du, wann das Ei gut ist?
Sie Ich nehme es nach viereinhalb Minuten heraus, mein Gott!
Er   Nach der Uhr oder wie?
Sie Nach Gefühl … eine Hausfrau hat das im Gefühl …
Er   Im Gefühl? … Was hast du im Gefühl?
Sie Ich habe es im Gefühl, wann das Ei weich ist …
Er   Aber es ist hart … vielleicht stimmt da mit deinem Gefühl was nicht …
[…]

4 Beschreibt, worin das Problem in diesem Gespräch besteht.

5 Untersucht folgende Situation mit dem Kommunikationsquadrat von S. 59:

Er: Das Ei ist hart!!!
Sie: Ich habe es gehört …

Geht dabei so vor:
- Erklärt, welche Botschaften in dem Satz des Mannes enthalten sind.
- Erklärt, welche Botschaften bei der Frau ankommen und bei ihr besonders im Vordergrund stehen.
- Deutet die Kommunikation des Paares in dieser Situation vor dem Hintergrund eurer Untersuchung.

6 Untersuche noch eine andere Situation aus dem Gespräch des Mannes mit seiner Frau Berta mithilfe des Kommunikationsquadrats.

Körpersprache untersuchen

7 Man unterscheidet bei der Kommunikation verbale und nonverbale Kommunikation. Erklärt die beiden Begriffe.

8 Seht euch die Fotos an. Erläutert die Botschaften, die jeweils durch die Mimik, Gestik und Körpersprache verdeutlicht werden.

Endspurt Berufswahl –

In den letzten beiden Schuljahren habt ihr euch bereits mit der Berufswahl und der Bewerbung beschäftigt. Vor allem habt ihr gelernt, eine Bewerbung zu schreiben und einen Lebenslauf zu verfassen.
In diesem Kapitel geht es darum, wie ihr euch auf ein Vorstellungsgespräch vorbereiten könnt. Dazu lernt ihr,
- wie ein Vorstellungsgespräch abläuft und welche typischen Fragen dabei gestellt werden,
- welche Tipps und Strategien es für überzeugende Antworten des Bewerbers auf Fragen des Arbeitgebers gibt und
- wie man sich als Bewerber auf schwierige Fragen und Situationen in einem Vorstellungsgespräch einstellt.

Dabei erhaltet ihr immer wieder Gelegenheiten, Vorstellungsgespräche oder Teile davon im Rollenspiel durchzuführen.

Vorstellungsgespräche vorbereiten und simulieren

1 Sieh dir die auf den Fotos auf S. 70 dargestellten Berufe an. Welcher der Berufe kommt deiner eigenen Wunschvorstellung am ehesten entgegen? Erkläre dies den anderen.

2 Berichte darüber, wie deine Berufswahl und -findung in den letzten Jahren verlaufen ist.
- Was sind die Gründe für deinen jetzigen Berufswunsch gewesen?
- Hast du z. B. besondere Erfahrungen gemacht, die deinen Berufswunsch geprägt haben?

3 Habt ihr schon Erfahrungen mit Bewerbungsverfahren und Vorstellungsgesprächen gemacht? Berichtet in der Klasse darüber.

4 Durchstarten! So könnt ihr weiterarbeiten:

Sammelt, welche Berufswünsche die Schüler eurer Klasse im Moment haben. Recherchiert zu zweit oder zu dritt zu einem dieser Berufe. Besucht dazu die Internetseite www.planet-beruf.de. Stellt mithilfe dieser Internetseite Informationen zu folgenden Fragen zusammen:
– Welche Tätigkeiten und Aufgaben umfasst der jeweilige Beruf?
– Welche Anforderungen sind mit dem Beruf verbunden?
– Welche Voraussetzungen sollte ein Bewerber für den Beruf mitbringen?
– Was könnt ihr sonst noch Wichtiges über den Beruf in Erfahrung bringen (z. B. Höhe der Ausbildungsvergütung und des späteren Verdienstes, Einstellungschancen …)?

Der erste Eindruck – das eigene Auftreten bei einem Vorstellungsgespräch üben

Salka Schwarz
Der erste Eindruck zählt

Alle Menschen haben in einer bestimmten Situation ganz subjektive Erwartungen und interpretieren die Welt auf ihre eigene Weise. Unbewusst macht sich also jeder von allem und jedem sofort ein Bild.

Binnen weniger Sekunden haben die meisten Menschen ihr Gegenüber in eine der
5 Schubladen, die sie im Laufe ihres Lebens angelegt haben, einsortiert und entschieden, ob der andere kompetent[1] erscheint und sympathisch ist oder nicht, ob man ihn glaubwürdig findet oder nicht – und somit, ob Interesse an dem Kontakt besteht oder eben nicht. Denn das ist die zentrale Frage: Lohnt sich der Kontakt?

Aber man nimmt sich für den ersten Eindruck nicht nur wenig Zeit. Hinzu kommt
10 obendrein, dass man vornehmlich anhand äußerlicher Merkmale auf das Wesen eines Menschen schließt. Nach einer viel zitierten und 1971 veröffentlichten Studie des amerikanischen Psychologen Professor Albert Mehrabian ist der Inhalt des Gesagten nur zu sieben Prozent für den ersten Eindruck maßgeblich – die restlichen 93 Prozent entfallen auf die Körpersprache (Körperbau, Bewegungsabläufe,
15 Haltung, Gang, Gestik, Mimik, Distanzverhalten), die Kleidung (Qualität, Stilrichtung, Passform, Farbe), die Sprache (Stimmlage, Klang, Modulation[2], Lautstärke, Dialekt, Wortwahl) und den Geruch (Parfüm, Körpergeruch).

All das erfassen Menschen beim ersten Kontakt innerhalb von Bruchteilen von Sekunden und gleichen es mit ihren Erwartungen in der konkreten Situation aus
20 ihrer eigenen Rolle heraus ab. Parallel dazu fließen Werte, Erfahrungen und unser Vorwissen sowie vorgefertigte Meinungen und Vorurteile in die Bewertung ein und vervollständigen das nun entstandene Bild mit dem, was die Person, etwa zur Begrüßung, sagt.

Danach wird – bereits nach drei bis fünf Sekunden – die Informationssuche zu-
25 nächst eingestellt. Das Urteil steht erst einmal fest, und die Person wird entweder als authentisch[3] und sympathisch eingeschätzt oder sie hat schlechte Karten, etwa wegen unpassender Kleidung, eines zu laschen Händedrucks, fehlenden Blickkontakts bei der Begrüßung, oder was immer es auch sei. Denn immer dann, wenn das Aussehen oder das Verhalten nicht den Erwartungen entspricht, ist die
30 Chance für einen guten ersten Eindruck vertan. Und um die positiven Eigenschaften eines Menschen auf den zweiten Blick doch noch erkennen zu können, fehlt es leider oft an Gelegenheit.

[...]

Die Kenntnis um die Entstehung des ersten Eindrucks hilft, sich bewusst auf eine
35 bestimmte Situation vorzubereiten und einzustimmen. Denn nur, wenn Verhalten

---
[1] kompetent: fähig, fachkundig
[2] Modulation: Gestaltung des Sprechens, z.B. durch Wechsel der Lautstärke oder Heben oder Senken der Stimme
[3] authentisch: glaubwürdig

und Aussehen stimmig und der Situation angemessen sind, wird man positiv bewertet.

„Kleider machen Leute": Diese Erfahrung hat nahezu jeder Mensch in seinem beruflichen und privaten Leben gemacht. Die Kleidung ist in bedeutendem Maße mitentscheidend über den ersten Eindruck eines Menschen.

[...]

Ist die gewählte Kleidung beispielsweise angemessen und stimmig zum Anlass, zur Situation und zur Rolle? Welche Signalwirkung hat sie? Die meisten Menschen empfinden unangemessene Kleidung nicht nur als Missachtung eines Anlasses, sondern auch als Missachtung, Provokation oder gar Beleidigung ihrer Person, und das hat möglicherweise Konsequenzen.

1 Erschließt den Text so, wie ihr es gelernt habt. Beantwortet dazu folgende Fragen, um euer Textverständnis zu überprüfen:
   a) Wie lange dauert es, bis wir einen ersten Eindruck von einer anderen Person haben?
   b) Welche Faktoren prägen den ersten Eindruck vor allem und was spielt dabei keine große Rolle?
   c) Was könnte zu einem ungünstigen ersten Eindruck führen?
   d) Welchen Anforderungen sollte die Kleidung entsprechen?
   e) Welche Wirkung hat eine unangemessene Kleidung auf den Gesprächspartner?

2 Erläutert, welche Folgen sich aus den Informationen des Sachtextes für euch bei der Vorbereitung eines Vorstellungsgesprächs ergeben. Formuliert entsprechende Tipps.

3 Ihr seht auf den Fotos unten einen Firmenchef, der drei verschiedene Bewerber auf einen Ausbildungsplatz für den Beruf der Tourismuskauffrau/ des Tourismuskaufmanns begrüßt.
- Beschreibt, wie die drei Bewerber jeweils wirken.
- Wer wird wohl auf den Firmenchef einen guten ersten Eindruck machen und wer eher einen ungünstigen? Erklärt jeweils auch, woran dies eurer Meinung nach liegt.

4 Stellt zusammen, welche Informationen aus dem Text von Salka Schwarz ihr bereits kanntet und welche für euch neu sind.

5 Durchstarten! So könnt ihr weiterarbeiten:

a Übt im Rollenspiel euer Auftreten bei der Begrüßung und zu Beginn eines Vorstellungsgesprächs:
- Einigt euch darauf, um welchen Beruf es gehen soll. Derjenige, der den Bewerber/die Bewerberin spielt, sollte dabei seinen/ihren Berufswunsch nennen. Wenn möglich, sollte sich der Bewerber so kleiden, wie er sich bei einem Vorstellungsgespräch auch anziehen würde.
- Ein Schüler spielt den Firmenchef/die Firmenchefin. Überlegt vorher, was dieser/diese zur Begrüßung und Einleitung des eigentlichen Vorstellungsgesprächs sagen soll und wie er oder sie auftreten soll.
- Derjenige, der den Firmenchef/die Firmenchefin spielt, und derjenige, der den Bewerber/die Bewerberin spielt, führen jetzt die Begrüßung und den Beginn des Vorstellungsgesprächs vor. Die anderen sind Beobachter.
- Gebt dem Bewerber nach dem Rollenspiel Rückmeldung, welchen Eindruck dieser gemacht hat. Formuliert auch Tipps, was der Bewerber beibehalten sollte und was er noch verbessern könnte.

b Das Kommunikationsverhalten und die Sprache spielen bei Vorstellungsgesprächen eine große Rolle:
- Spielt den Beginn eines Vorstellungsgesprächs.
- Der Bewerber/die Bewerberin sollte mit dem Chef/der Chefin so reden, wie er mit Jugendlichen seines Alters spricht.
- Besprecht anschließend, welchen Eindruck der Bewerber/die Bewerberin hinterlässt und was ihr aus dem Rollenspiel für euer eigenes Verhalten bei Vorstellungsgesprächen ableiten könnt.

„Also, ich kann so ein bisschen ..." – ein Vorstellungsgespräch beurteilen

Ein Vorstellungsgespräch

AUSBILDER: Guten Tag. Nehmen Sie doch bitte Platz. Möchten Sie einen Kaffee?
SONJA: Ach ja, da sag ich nicht Nein. Kaffee trinke ich auch viel lieber als Tee.
AUSBILDER: Sie möchten also Anwaltsgehilfin werden. Warum haben Sie sich für diesen Beruf entschieden?
5 SONJA: Eigentlich wollte ich ja noch die Schule weitermachen und dann mal Jura studieren, mit Mandanten zu tun haben, Termine machen usw. Ich stell mir das ganz interessant vor. Vor allem, weil ich ja immer mit juristischer Materie zu tun habe. So komm ich doch noch zur Juristerei.
AUSBILDER *unterbricht sie und fragt*: Wie sieht es denn mit Ihren Computerkennt-
10 nissen aus?
SONJA: Also, ich kann so ein bisschen am Computer arbeiten. In der Schule war ich ja ganz gut. Ich habe da so einige Arbeitsgemeinschaften mitgemacht. Aber ich wäre eigentlich noch viel besser, wenn wir nicht diese Lehrerin gehabt hätten. Die hatte mich auf dem Kieker. Es verging kaum eine Stunde, ohne dass die
15 nicht an etwas herumkritisiert hätte. Dies passte ihr nicht und das nicht. Und beim Diktieren von Texten hat sie regelmäßig zu schnell diktiert; die hat einfach keine Rücksicht genommen. Und leiden konnte sie mich auch nicht.

AUSBILDER: Wie sieht es denn mit Mathematik aus?
20 SONJA: Na ja, es geht so.
AUSBILDER *unterbricht sie wieder*: Aber Sie wissen, dass zur Ausbildung einer Anwaltsgehilfin auch Kostenrecht dazugehört?
SONJA: Ja, ja schon, aber ich dachte, dass ich in erster Linie mit Mandanten zu tun habe ...

1 Welche Fehler macht Sonja in dem Vorstellungsgespräch? Erklärt diese mithilfe entsprechender Textstellen.

2 Lest euch die Lernbox auf dieser Seite durch. Welche Teile eines Vorstellungsgesprächs findet ihr in dem Ausschnitt des Vorstellungsgesprächs von Sonja wieder?

3 Formuliert Sonjas Antworten und Redebeiträge so um, dass sie angemessener sind. Vermeidet dabei besonders umgangssprachliche Äußerungen.
- Übt dann dieses Vorstellungsgespräch als Rollenspiel oder Dialog ein und stellt es der Klasse vor.
- Besprecht nach den einzelnen Rollenspielen, an welchen Stellen das Vorstellungsgespräch besonders überzeugend verbessert worden ist.

➔ Wiederholen und üben: Vorstellungsgespräche simulieren S. 83

Das brauchst du immer wieder – Das musst du wissen

Das Vorstellungsgespräch

Das **Vorstellungsgespräch** ist auch eine **mündliche Testsituation**, auf die du dich vorbereiten kannst. Das **Ziel des Firmenvertreters** besteht darin, sich ein Bild zu machen, ob der Bewerber für die offene Stelle oder den angebotenen Ausbildungsplatz geeignet ist und ob der Bewerber dem Unternehmen Vorteile bringt. Der **Bewerber** möchte in einem Vorstellungsgespräch seine Eignung und seine Fähigkeiten deutlich machen.

Ein Vorstellungsgespräch enthält oft folgende Punkte:

- Begrüßung und Einleitung des Gesprächs,
- Hintergründe für die Berufs- und Firmenwahl,
- Fragen zur Schulausbildung sowie zu Vorerfahrungen und Praktika,
- persönlicher und familiärer Hintergrund,
- evtl. Test- und Fachfragen,
- Informationen für den Bewerber,
- Fragen des Bewerbers,
- Abschluss des Gesprächs.

„Warum haben Sie gerade diesen Beruf gewählt?" – Sich auf die wichtigste Frage vorbereiten

Eine Frage wird euch in einem Vorstellungsgespräch auf jeden Fall gestellt:

Warum haben Sie gerade diesen Beruf gewählt?

1 Sammelt, welche Erwartungen die Firmenchefin an eine Antwort auf diese Frage haben wird. Was folgt daraus für eure eigene Vorbereitung eines Vorstellungsgesprächs?

2 Seht euch noch einmal die Antwort an, die Sonja auf diese Frage auf S. 75 (Z. 5 – 8) gibt. Was ist an ihrer Antwort ungünstig?

3 Beurteilt die folgenden möglichen Antworten auf die Frage, warum man gerade diesen Beruf gewählt hat.
- Welche Antworten sind eurer Meinung nach überzeugend, welche nicht?
- Begründet eure Meinung.

a) Ich habe immer schon besondere Fertigkeiten in … gehabt. Das möchte ich jetzt einsetzen. Mein Hobby ist …

b) Ich habe mich länger mit einem Fachmann Ihrer Branche unterhalten und bin jetzt ganz sicher, dass dieser Beruf mein „Wunschberuf" ist.

c) Ich glaube, dass ich Beruf und Hobby miteinander verknüpfen kann. Denn ich möchte, dass mir mein Beruf ein Leben lang Freude macht.

d) Weil ich mich ganz besonders in den letzten Jahren für … interessiert habe.

e) Ich habe in letzter Zeit viel über … gelesen.

f) Wir haben in der Schule mit unserem Klassenlehrer viel über Berufe diskutiert. Auch er ist der Meinung, dass ich mich für diesen Beruf besonders gut eigne.

g) Ich habe intensiv mit dem Berufsberater gesprochen und auch einen Eignungstest der Bundesagentur für Arbeit absolviert. Für diesen Beruf werde ich mich mit Sicherheit gut eignen.

h) Ich habe mich im Berufsinformationszentrum der Bundesagentur für Arbeit intensiv mit vielen Berufen beschäftigt. Dieser sagt mir von meinen Neigungen her am meisten zu.

i) Mir ist nichts anderes eingefallen.

j) Ich wollte eigentlich noch weiter zur Schule gehen; aber ich mache jetzt erst mal dies, sozusagen als Verlegenheitslösung.

k) Ich habe mein Praktikum bereits in diesem Berufsfeld gemacht. Außerdem habe ich in der Firma als Ferienaushilfe gearbeitet. Ich habe dabei gemerkt, dass mir der Beruf zusagt. Er entspricht sowohl meinen Neigungen als auch meinen Fähigkeiten.

4 Durchstarten! So könnt ihr weiterarbeiten:

a ○○ Entnehmt den Antworten, wo man sich nähere Informationen über den Beruf, die Branche und den Betrieb verschaffen kann. Überlegt gemeinsam weitere Möglichkeiten, wie man an entsprechende Informationen kommt.

b ●● Erstellt eine Liste mit Tipps, wie man sich auf die Frage „Warum haben Sie gerade diesen Beruf gewählt?" vorbereiten kann. Sammelt auch Tipps dazu, wie man diese Frage überzeugend beantwortet.

c ●○ Beantworte die Frage „Warum haben Sie gerade diesen Beruf gewählt?" für deinen momentanen Berufswunsch. Recherchiere im Internet (z. B. auf den Seiten des Arbeitsamtes), wenn du dazu noch Informationen benötigst.

d ●● Spielt diesen Teil eines Vorstellungsgesprächs im Rollenspiel:
- Lasst mehrere Bewerber und Bewerberinnen nacheinander das Vorstellungsgespräch durchführen und die Frage nach der Wahl des Berufs beantworten.
- Ein Schüler/eine Schülerin übernimmt die Rolle des Firmenchefs/der Firmenchefin und fragt die Bewerber, welchen Berufswunsch sie haben und warum.
- Besprecht anschließend, was den einzelnen Bewerbern und Bewerberinnen schon gut gelungen ist und was sie vielleicht noch beachten sollten.

Auf die Antwort kommt es an! – Sich auf typische Fragen bei einem Vorstellungsgespräch vorbereiten

Du kannst ein Vorstellungsgespräch erfolgreicher führen, wenn du dich auf die Erwartungen und Antworten des künftigen Arbeitgebers vorbereitest. Dazu können dir folgende Hinweise aus einem Ratgeber für Bewerbungen und Vorstellungsgespräche helfen:

Elke Faßmann
Vorstellungsgespräche

Einleitende Fragen

Haben Sie gut hergefunden?
Ist das nicht ein besonders gutes/schlechtes Wetter heute?

Absichten und Ziele des Arbeitgebers: Der Gesprächspartner möchte mit diesen
5 Fragen zu Beginn die Atmosphäre lockern und dem Bewerber Anspannung und Nervosität nehmen. Gleichzeitig nutzt er die Gelegenheit, sich einen ersten Eindruck von dem Kandidaten zu verschaffen: Wie wirkt er? Ist er natürlich-gelassen oder verkrampft-nervös, selbstsicher oder verschreckt, ehrlich interessiert oder cool-arrogant – all das wird das Gegenüber in den ersten Minuten registrieren.
10 Macht der Bewerber auf Anhieb einen sympathischen Eindruck oder nicht? In dieser Gesprächsphase stellen sich die Weichen für den Erfolg!
Tipps für die Antwort: Es kommt bei den Antworten vor allem darauf an, dass man freundlich ist und sympathisch wirkt. Es gibt keine zweite Chance, einen guten ersten Eindruck zu machen! Dazu gehört, dass man den Gesprächspartner
15 offen und freundlich ansieht und nicht verlegen die Muster auf dem Teppich studiert. Gehen Sie auf die Gesprächsangebote ein und antworten Sie positiv, dabei aber kurz und präzise. „Vielen Dank, mithilfe eines Stadtplans war das kein Problem." oder „Ja, das Wetter ist heute wirklich ganz besonders schön." Keinesfalls (selbst wenn es so war!) sollte man jetzt schildern, dass man verschlafen hat, um
20 ein Haar den Zug verpasst hätte und auch noch in einen Regenschauer gekommen ist. (Das wäre die beste Methode, sich selbst eine Chance zu vermasseln!)

1 Fasst in euren Worten zusammen, welche Absichten und Ziele der zukünftige Arbeitgeber mit derartigen Fragen zur Einleitung eines Vorstellungsgesprächs hat. Was möchte er erfahren und worauf könnte er achten?

2 Entnehmt den Tipps für die Antwort, was bei diesen Fragen für den Bewerber sinnvoll ist und was nicht.

3 Erklärt auch für die folgenden Teile eines Bewerbungsgesprächs die Absichten und Ziele des Arbeitgebers. Entwickelt dazu auch Tipps für die Antworten, die zeigen, was jeweils sinnvoll vonseiten des Bewerbers ist und was nicht.

Fragen zum Lebenslauf

Bitte stellen Sie sich kurz vor. Erläutern Sie Ihren Lebenslauf.

Fragen zum Berufswunsch und zur Schulbildung

Was waren Ihre Lieblingsfächer in der Schule? Bei welchen Fächern hatten Sie
5 *Schwierigkeiten?*
Welches Verhältnis hatten Sie zu Ihren Mitschülern? Wie kamen Sie mit Ihren Lehrern klar?
Warum haben Sie sich für eine Lehre in unserem Betrieb entschieden und warum besuchen Sie keine weiterführende Schule?
10 *Warum haben Sie sich gerade für diesen Beruf entschieden? Welche Fähigkeiten und Voraussetzungen bringen Sie für diesen Beruf mit? Was interessiert Sie besonders an diesem Beruf?*
Wieso bewerben Sie sich gerade in unserem Betrieb? Wie stellen Sie sich Ihre Zukunft vor? Was möchten Sie in fünf Jahren erreicht haben?

15 ### Fragen zu Interessen und Hobbys

Was machen Sie in Ihrer Freizeit?
Was lesen Sie am liebsten? Was sehen Sie am liebsten im Fernsehen?

Fragen zur Persönlichkeit und zum Elternhaus

Was machen Ihre Eltern und Geschwister beruflich?
20 *[…]*
Haben Sie Vorbilder? Welche Menschen bewundern Sie?
Wie würden Sie sich selbst charakterisieren?

Abschlussfrage

Sagen Sie uns zusammenfassend, warum wir gerade Sie einstellen sollten.

4 Durchstarten! So könnt ihr weiterarbeiten:

○ Sich auf Einstellungstests vorbereiten
AH, S. 92 – 100

Entwickelt noch weitere mögliche Fragen eines zukünftigen Arbeitgebers, z. B.:
– Wie gut sind Ihre Sprach-/Computerkenntnisse?
– Was wünschen Sie sich von Ihrem Ausbilder?
– Was ist wichtig, damit Sie bei uns zufrieden sind?
– …
Erklärt auch hier wieder die Absichten und Ziele des Arbeitgebers und entwickelt Tipps für den Bewerber, wie er auf die Fragen antworten und wie er nicht auf sie antworten sollte.

„Warum haben Sie in Englisch eine Fünf?" – Sich auf schwierige Situationen in einem Vorstellungsgespräch einstellen

1 Erläutert, was sich eurer Ansicht nach hinter der Frage eines Arbeitgebers nach schlechten Noten verbergen könnte:
- Warum wird diese Frage gestellt?
- Was könnte er erwarten?
- Auf welche Reaktionen wird er möglicherweise achten?
- Welche Tipps für die Antwort könnt ihr geben?

2 Beurteilt in dem folgenden Gespräch die Antworten der Bewerberin. Was ist an ihren einzelnen Antworten besonders überzeugend?

FRAGE: Warum haben Sie in Englisch eine Fünf?
ANTWORT: Meine Stärken liegen eindeutig im naturwissenschaftlich-mathematischen Bereich, das können Sie an den Noten in diesen Fächern sehen.
FRAGE: Warum sind Sie in der 6. Klasse nicht versetzt worden?
⁵ ANTWORT: In dieser Zeit hatte ich noch kein bestimmtes Ziel vor Augen. Ich habe erst allmählich herausgefunden, was ich eigentlich wollte. Danach erschien mir auch die Schule wieder sinnvoll. Ich hatte später dann keine Schwierigkeiten mehr, wie Sie an meinen Leistungen erkennen können.
FRAGE: Warum haben Sie bereits eine Lehre abgebrochen?
¹⁰ ANTWORT: Ich habe den Fehler gemacht, eine Ausbildung zu beginnen, ohne zu wissen, wofür ich mich wirklich eigne. Jetzt habe ich mithilfe der Berufsberatung und eigenen Überlegungen meine Stärken herausgefunden und mich für diesen Beruf entschieden. Ich bin mir heute sicher, die richtige Wahl getroffen zu haben.

3 Formuliert in dem folgenden Auszug eines Vorstellungsgesprächs die Antworten der Bewerberin aus. Stellt euch eure Antworten anschließend vor und besprecht, welche besonders überzeugend sind.

FRAGE: Sie haben sich doch sicher noch bei anderen Firmen beworben?
ANTWORT: Das stimmt, ■■■■■■
FRAGE: Gibt es einen oder mehrere Aspekte dieses Berufs, die Ihnen nicht zusagen?
5 ANTWORT: ■■■■■■
FRAGE: Was sagen Sie zu Ihren Beurteilungen in den Zeugnissen?
ANTWORT: Ich weiß, sie hätten besser ausfallen können, ■■■■■■
FRAGE: Haben Sie sich bereits mit unserem Informationsmaterial befasst? Gibt es Fragen dazu?
10 ANTWORT: Ich habe Ihre Broschüre ■■■■■■
FRAGE: Womit werden Sie Ihrer Meinung nach am meisten Schwierigkeiten haben?
ANTWORT: ■■■■■■

4 Oft wird der Bewerber oder die Bewerberin in einem Vorstellungsgespräch gegen Ende gebeten, selbst ein paar Fragen zu stellen. Deshalb solltet ihr bei einem Vorstellungsgespräch etwa drei bis vier Fragen parat haben, die ihr nach entsprechender Aufforderung stellen könnt.

Sammelt möglichst viele solcher Fragen und stellt sie euch gegenseitig vor. Mögliche Fragen wären z. B.:
- Welche Chancen hätte ich in dem Betrieb, nach der Ausbildung übernommen zu werden?
- Wie ist meine Ausbildung geplant?
- …

◉ Sich auf Einstellungstests vorbereiten
AH, S. 92 – 100

Sie haben sicher auch noch einige Fragen an uns.

Alles klar? – Wiederholen und üben

Vorstellungsgespräche simulieren

Führt Vorstellungsgespräche im Rollenspiel durch. Geht dazu so vor:
- Bildet je nach euren Berufswünschen kleine Gruppen und verteilt zunächst die Rollen des Arbeitgebers/der Arbeitgeberin und des Bewerbers/der Bewerberin.
- Bereitet euch mithilfe der Lernbox auf S. 76 und den S. 75–82 auf eure Rollen vor. Dabei sollten die anderen Gruppenmitglieder die beiden Spielenden unterstützen.
- Führt dann das Vorstellungsgespräch im Rollenspiel durch. Besprecht danach, was dem jeweiligen Bewerber schon überzeugend gelungen ist und was er noch besser machen könnte.
- Benutzt für eure Rückmeldungen die Tipps, die ihr in diesem Kapitel erarbeitet habt (vgl. S. 73–82) sowie die Checkliste auf dieser Seite.
- Stellt besonders gelungene Vorstellungsgespräche der ganzen Klasse vor.

Wenn ihr besondere Schwerpunkte bei der Vorbereitung eines Vorstellungsgesprächs setzen wollt, könnt ihr auch nur einzelne der in der Lernbox auf S. 76 aufgeführten Teile eines Vorstellungsgesprächs im Rollenspiel üben.

Checkliste für das Verhalten des Bewerbers in einem Vorstellungsgespräch

1. Blickkontakt mit dem Gesprächspartner halten
2. Konzentriert zuhören, in entspannter und ruhiger Haltung sitzen
3. Fragen verbindlich und klar beantworten; nicht nur mit „Ja" und „Nein" antworten, aber auch nicht zu viel reden, sondern die Führung des Gesprächs dem Gesprächspartner überlassen
4. Nachfragen, wenn etwas nicht verstanden worden ist (in sachlichem, freundlichem Ton, ohne unterwürfig zu wirken)
5. Auf unangenehme Fragen nicht negativ reagieren, nicht schroff oder verlegen antworten; keine Fragen stellen, die den Gesprächspartner provozieren
6. Das eigene Verhalten (auch die Körpersprache) kontrollieren; auffällige Körperbewegungen und -haltungen vermeiden, z. B. nicht mit dem Kugelschreiber spielen oder mit den Füßen wippen
7. Den Redepartner ausreden lassen
8. Allzu persönliche und emotionale Äußerungen vermeiden
9. Kritik an anderen Personen oder an der alten Firma unterlassen
10. Den Redepartner das Gespräch beenden lassen; den richtigen Zeitpunkt zur Verabschiedung finden

„Türkisch Gold" – ein Theaterstück erschließen

In diesem Kapitel lernst du ein Theaterstück kennen, das für Jugendliche geschrieben wurde. Dabei beschäftigst du dich mit verschiedenen Auszügen aus dem Jugendtheaterstück „Türkisch Gold" von Tina Müller.
Es handelt von Luiza und Jonas. Luiza ist Brasilianerin und die beste Freundin von Jonas. Die beiden treffen sich nach den Ferien, die Jonas mit seinem Vater in der Türkei verbracht hat. Jonas erzählt Luiza, dass er sich während seines Urlaubs in die Türkin Aynur verliebt hat. Luiza kennt Aynur auch, da sie ihre Parallelklasse besucht.
Du erfährst in diesem Kapitel, welche besonderen Schwierigkeiten eine Beziehung zu Aynur für Jonas mit sich bringt und ob sie überhaupt möglich ist. Es geht aber auch darum, was die Liebe von Jonas zu Aynur für die Beziehung von Jonas und Luiza bedeutet.

Weiter lernst du in diesem Kapitel, wie man
- den Anfang bzw. die Exposition eines Theaterstücks erschließt,
- Wende- bzw. Höhepunkte und den Schluss einer Dramenhandlung untersucht,
- Dramenszenen genau beschreibt und deutet,
- eine Szenenanalyse verfasst und deutet,
- sich in die Figuren des Theaterstücks hineinversetzt und aus ihrer Perspektive oder zu ihrer Situation Texte verfasst.

1 Lest die beiden Texte über das Theaterstück „Türkisch Gold" auf S. 85. Was erfahrt ihr über:
- die Figuren,
- die Handlung und
- die in dem Theaterstück behandelten Themen und Probleme?

Ihr könnt eure Ergebnisse in Form einer Mindmap festhalten.

2 In dem zweiten Text erfahrt ihr auch einiges über die Haltung von Luiza.
- Sucht heraus, was Luiza über die Liebe von Jonas zu Aynur denkt und welche Gründe sie dafür hat.
- Nehmt Stellung dazu, inwieweit ihr sie verstehen könnt. Was würdet ihr an ihrer Stelle genauso sehen und was nicht?

3 Würdest du eine Aufführung des Stücks gerne besuchen? Begründe deine Entscheidung.

Liebe zwischen zwei Kulturen

Ausstellung „Heimat" mit Begleitprogramm/Szenische Lesung am 14. März

Kreis Paderborn (NW). Das Theaterstück „Türkisch Gold" ist Teil des Begleitprogramms der aktuellen Sonderausstellung „Heimat" des Kreismuseums Wewelsburg. Es erzählt die Geschichte von Jonas und Aynur: Mit ihr kann er für den gleichen Fußballklub schwärmen, super reden und sie hat die unübertroffen schönsten Augen.

[...]

Eine Liebe zwischen zwei Kulturen – das kann ja nicht gut gehen. Was weiß Jonas eigentlich von Aynur und der türkischen Kultur? Passen deutsche Jungs und türkische Mädels überhaupt zusammen? Wie wird Aynurs Familie reagieren, wenn sie erfährt, dass ihre Tochter mit einem Deutschen zusammen ist?

In dem Stück „Türkisch Gold" von Tina Müller geht es um Klischees und Vorurteile, um die Auseinandersetzung mit der eigenen Identität, mit der eigenen und der vermeintlich fremden Kultur. Ausgangspunkt ist die Liebe zwischen einer Türkin und einem deutschen Jungen [...].

Über das Stück
„Türkisch Gold"
von Tina Müller

[...] Als Jonas aus dem Türkeiurlaub zurückkommt, hat er sich in Aynur verliebt. Schöner Zufall, dass diese nicht in der Türkei, sondern in seiner Nachbarschaft lebt und in Luizas Parallelklasse geht.

Doch Luiza, Jonas' beste Freundin, kann sich darüber gar nicht freuen. Eine Liebe zwischen zwei Kulturen – das kann ja nicht gut gehen. [...] Jeder weiß doch, dass türkische Mädchen zwangsverheiratet werden, und integrieren will sich ihre Familie doch gewiss auch nicht!

Gemeinsam erfinden Jonas und Luiza den ausländischen Anderen und seine Welt mit allerlei Klischees und Vorurteilen und spielen alle möglichen und unmöglichen Reaktionen durch, mit denen Jonas konfrontiert werden könnte. Doch was bedeutet das: Türkisch-Sein und Deutsch-Sein?

„Türkisch Gold" – das ist eine Liebesgeschichte zwischen den Kulturen und ein spielerischer Parcours durch die Auseinandersetzung mit sich und der eigenen Identität – mit der eigenen und der vermeintlich fremden Kultur.

Jonas und Luiza – die Exposition eines Theaterstücks erschließen

Tina Müller wurde 1980 geboren und wuchs in Zürich auf.
Sie veröffentlichte viele Stücke, von denen einige mit Jugendtheaterpreisen ausgezeichnet wurden. „Türkisch Gold" verfasste Tina Müller als Auftragsarbeit für das Theater „Zamt & Zunder" der schweizerischen Stadt Baden.

Tina Müller (geb. 1980)
Türkisch Gold

Jonas und Luiza (Szenen 1 und 2)

Auf der Bühne sind Jonas (15 Jahre) und Luiza (16 Jahre). Sie erfinden und spielen alle Figuren[1].

Szene 1

LUIZA: Und, wie war's? Langweilig?
JONAS: Bei dir?
LUIZA: Langweilig.
　Jedes Jahr dasselbe. Tanten, Onkel, Cousinen, Küsschen hier, Küsschen da und
5　jeden Abend irgendwo 'n riesen Gelage.
JONAS: Klingt doch super.
LUIZA: Weißt du, hier denke ich oft an Brasilien. Ans Meer. Manchmal hab ich so ne Sehnsucht, für immer dort zu leben. Aber wenn ich dort bin, will ich immer sofort wieder zurück.
10 JONAS: Luiza, ich hab dir was mitgebracht.
　Kitschige Ohrringe.
LUIZA: Türkisch Gold?
JONAS: Das sind Monde. Türkische Monde.
　Sie zieht sie an, schickt ihm einen Luftkuss.
15 LUIZA: War bestimmt total langweilig mit Thomas.
JONAS: Meistens.
LUIZA: Allein mit dem Vater in den Ferien, das stell ich mir öde vor.
　–
　Und, hat er ne Frau aufgegabelt?

---

[1] Zu der Besonderheit des Theaterstücks „Türkisch Gold" vgl. S. 91.

JONAS: Nee. Erstaunlich. Aber mit seiner Taktik reißt man in der Türkei nicht so
schnell eine auf.
LUIZA: Stell dir mal vor, Thomas mit so einer Kopftuchfrau. Er grapscht und
grapscht und plötzlich kommen die Brüder.
Luiza spielt Maschinengewehr.
LUIZA: Die Türkei ist echt das ödeste Ferienziel für deinen Vater.
JONAS: Die Ohrringe stehen dir gut. Du bist halt auch so ein dunkler Typ, das
passt.
LUIZA: Und du bist erst braun geworden. Für deine Verhältnisse …
Bist wohl die ganze Zeit nur am Strand rumgelegen.
JONAS: Ich find's gar nicht so langweilig, am Strand rumliegen.
LUIZA: Sonst hast du immer gesagt …
JONAS: Diesmal war's eben anders.
   –
LUIZA: Was jetzt?
JONAS: Nichts.
LUIZA: Was jetzt?
JONAS: *bisschen verlegen* Ich hab halt jemanden kennengelernt.
LUIZA: Jonas, was denn jetzt?
JONAS: Besser gesagt, richtig kennengelernt, anders, besser, eigentlich kannte ich
sie ja schon.
LUIZA: Sie?
Und jetzt schreibt ihr euch?
JONAS: Das ist es ja, sie wohnt hier.
LUIZA: Hier?
JONAS: Hier.
Rat mal.
LUIZA: Ich kenn sie auch?
JONAS: Aus deiner Schule.
Denk an Anatolien.
LUIZA: Wir sind so viele Ausländerinnen. Da weiß man gar nicht mehr, wer jetzt
eigentlich wo herkommt.
JONAS: Sie ist keine Ausländerin.
Sie ist hier geboren.
LUIZA: Die? *Zeigt Locken.*
JONAS: Na ja, eher glatt.
LUIZA: Die Kleine, Ernste?
JONAS: So ernst ist die gar nicht.
LUIZA: Aynur?
Jonas lächelt verlegen.
LUIZA: Natürlich ist die Ausländerin. Was denn sonst?

Szene 2

LUIZA: Sie hat aber kein glattes Haar.
JONAS: Aynur hat schwarzes langes Haar.
LUIZA: Sie ist dunkelblond.
Wenn eine nicht strohblond ist, sagen die Jungs immer gleich schwarzhaarig.
JONAS: Schöne Lippen, schöne Augen, schöne Wimpern.

Jonas und Luiza (alle Szenenfotos aus einer Aufführung des Theaters Paderborn)

Luiza: Ich finde, dass sie ziemlich schmale Lippen hat.
Sie ist auch ganz schön ehrgeizig.
Und sie trägt immer diese engen T-Shirts. Aber ohne Aufdruck. Sonst schauen die Jungs auf ihre Brüste.
Jonas: Aynur hat ein schönes Gesicht.
Luiza: Wenn du auf Pickel stehst.
Jonas: Schöne Füße, schöne Beine, schöne Hände. Alles schön.
Aynur kann super tanzen.
Luiza: Man kann nicht mit ihr diskutieren. Sie hält immer an ihrem Standpunkt fest.
Und sie benutzt ein bisschen zu viel von diesem Vanille-Parfüm […].
Ich habe mal ein lustiges Erlebnis mit ihr gehabt.
Es war Ramadan und Aynur hat einen Kaugummi gekaut und dann kamen ihre Kopftuch-Freundinnen und haben gesagt, es ist doch Ramadan, das darfst du nicht. Vor Schreck hat sie den Kaugummi verschluckt.
Jonas: Du kennst sie nicht richtig.
Luiza: Hallo. Ich gehe seit drei Jahren in ihre Parallelklasse.
Jonas: Und ich bin mit ihr zusammen.
Luiza: Du bist mit ihr zusammen?
—
Luiza: Das bildest du dir ein.
—
Luiza: Woher willst du wissen, dass ihr beide jetzt zusammen seid? Habt ihr geküsst?
Jonas: Nein.
Ja und nein.

LUIZA: Habt ihr geküsst?
JONAS: Nein. Geredet.
LUIZA: Die hat doch ihren Mund nicht aufgebracht.
JONAS: Stundenlang.
Ihr war halt auch langweilig.
Sie fährt jeden Sommer in dieses Kaff. Da kommt sie nämlich her, ihr Vater. Und als wir gemerkt haben, dass wir beide, dass wir uns von irgendwo irgendwie kennen, haben wir uns halt unterhalten. Sie steht auch auf Hip-Hop.
LUIZA: Du und dein Hip-Hop.
JONAS: Hip-Hop gibt es auf der ganzen Welt. In allen Sprachen. Du musst dir mal die türkischen Rapper anhören. Das gefällt sogar dir. Und Aynur kann beatboxen. Die ist richtig gut.
LUIZA: Aynur kann nie im Leben beatboxen.
JONAS: Du musst es ja wissen.
LUIZA: Jonas.
Aynur ist in der Bez als „the Iceblock" bekannt.
Die redet nicht mit Jungs. Außer mit ihrem Bruder. Und vielleicht mal mit einem seiner türkischen Kumpels.
JONAS: Sie hat einen Bruder?

1 Was geht deiner Meinung nach Jonas durch den Kopf, als er Luiza fragt, ob Aynur einen Bruder hat?

2 Was erfahrt ihr über Aynur von Jonas und was erfahrt ihr über Aynur von Luiza?
- Stellt ihre Aussagen mithilfe entsprechender Textstellen gegenüber.
- Erklärt, was Luiza und Jonas jeweils von Aynur halten.
- Stellt Vermutungen an, warum die beiden sich so unterschiedlich über Aynur äußern.

3 Beschreibt die Beziehung von Jonas und Luiza.

4 Seht euch noch einmal eure Ergebnisse zu Aufgabe 1 auf S. 84 an.
- Welche in den Zeitungsartikeln angesprochenen Aspekte der Handlung sowie Themen des Stücks findet ihr in den ersten beiden Szenen wieder?
- Inwieweit entspricht der Anfang des Theaterstücks euren Erwartungen?

5 Weist nach, dass es sich bei diesem Auszug um die Exposition des Theaterstücks handelt.
Stellt dann zusammen, was der Zuschauer im Sinne einer Exposition in den ersten beiden Szenen erfährt. Arbeitet dabei mit der Lernbox auf S. 90.

6 Stellt aufgrund der ersten beiden Szenen begründete Vermutungen über den weiteren Verlauf der Handlung an:
- Wie wird sich die Beziehung von Luiza und Jonas entwickeln?
- Wie wird es mit Jonas und Aynur weitergehen?
- Welche Konflikte und Probleme werden die weitere Handlung des Theaterstücks bestimmen?

7 Weist am Text nach, dass es sich um einen Auszug aus einem Theaterstück handelt. An welchen Merkmalen lässt sich das zeigen und was unterscheidet diese Art von dramatischen Texten von erzählenden Texten, wie z. B. einer Kurzgeschichte oder einem Roman?

8 Durchstarten! So könnt ihr weiterarbeiten:

a Gib die Handlung der ersten beiden Szenen in Form einer Inhaltsangabe wieder.

b Was geht Luiza deiner Meinung nach in den ersten beiden Szenen durch den Kopf? Schreibe einen inneren Monolog aus der Sicht Luizas.

c Stell dir vor, Luiza verlässt die Bühne und Jonas erklärt dem Publikum, in welcher Situation er sich befindet und was er darüber denkt und fühlt. Schreibe diesen Monolog. Du kannst ihn auch einüben und den anderen vorspielen.

d In einer Exposition erhält der Zuschauer erste Andeutungen auf die Konflikte, die die weitere Handlung des Theaterstücks bestimmen. Lege dar, auf welche möglichen Konflikte der Zuschauer in den ersten beiden Szenen des Theaterstücks „Türkisch Gold" Hinweise erhält.

e Wie könnte die Handlung des Theaterstücks weitergehen? Skizziere einen möglichen Handlungsverlauf.

f Erstelle ein Glossar mit Fachbegriffen zur Beschreibung und Deutung von Theaterstücken bzw. dramatischen Texten. Recherchiere dazu die Bedeutung der folgenden Fachbegriffe.

> Akt • Szene • Exposition • Höhe- und Wendepunkt einer Dramenhandlung • Lösung • Katastrophe • Monolog • Dialog • Regieanweisung • Tragödie • Komödie

➲ Wiederholen und üben: Merkmale einer Exposition kennen S. 106, Aufgabe 1

Das brauchst du immer wieder – Das musst du wissen

Die Exposition

Die **Exposition** ist der erste Teil eines Theaterstücks. Der Zuschauer wird durch die Exposition in
- die **Zeit**,
- den **Ort** und
- die **Anfangssituation** des Stücks eingeführt.

Weiterhin erfolgen hier
- die **Vorstellung der Hauptfiguren** sowie
- erste **Hinweise auf den dramatischen Konflikt**, der die weitere Handlung bestimmt.

„Sie ist nicht weggerannt" – die Zuspitzung der Konflikte untersuchen

Eine Besonderheit des Theaterstücks „Türkisch Gold" von Tina Müller besteht darin, dass es nur von zwei Schauspielern gespielt wird. Diese schlüpfen als Jonas und Luiza in alle anderen Rollen, z. B. in die von Aynur, von Jonas' Vater oder von Aynurs Bruder, Vater oder Mutter. Dabei spielen Jonas und Luiza ganz verschiedene Möglichkeiten durch, wie es mit Jonas und Aynur weitergehen könnte, z. B. dass Aynurs Bruder Jonas bedroht oder dass Jonas' Vater Angst davor hat, Jonas müsse Aynur heiraten.

In den folgenden Szenen sind die Figuren, die von Jonas gespielt werden, mit (J) gekennzeichnet. Bei den Figuren, die Luiza spielt, steht neben dem Namen der Figur (L).

Aynurs Eltern (Szenen 6 und 7)

[...]

Szene 6

LUIZA: Also gut, ihr wart zusammen. Einen Nachmittag. Zwei Stunden. Wow. Aber das war's dann auch schon. Sei mal realistisch. Warum ist sie wohl weggerannt?
5 JONAS: Sie ist nicht weggerannt.
LUIZA: Du nimmst das nicht ernst. Ihre Eltern verbieten ihr vielleicht, sich mit Jungs zu treffen.
Türkische Mädchen müssen sich mit Jungs
10 immer an geheimen Treffpunkten verabreden. Nachts. Sie schleichen sich aus dem Fenster.
JONAS: Ach was, Aynur hat bestimmt eine super nette Familie. Ganz viele Verwandte und
15 Nachbarn sitzen bei denen am Tisch. Eine kugelrunde Mutter, der Vater, der arbeitet im Straßenbau oder als Lastwagenchauffeur, Onkel Ahmet und Tante Nermin und Üzgül und Ozgül und Ozgöl. Und das ist Aynur.

(Jonas schlüpft in die Rolle von Aynur und Luiza spielt sich selbst.)

20 AYNUR (J): Irgendwas gibt es immer zu feiern. Meine Mutter kocht Kuru Fasulye, das Lieblingsessen meines Vaters. Manchmal, wenn er

Luiza in der Rolle von Aynurs Bruder

müde nach Hause kommt und meine Mutter ihm eine Freude machen will, kocht sie Kuru Fasulye. Kennst du das, Jonas?

25 Ich muss meine Mutter nicht fragen, ob ich jemanden mitbringen darf. Sie kocht Fasulye für jeden, der mitessen will.

LUIZA: Jonas, du kannst nicht einfach bei denen zu Hause reinspazieren.

AYNUR (J): Türkische Leute sind großzügig. Es ist eine Ehre, seinen Nachbarn einzuladen.

30 Jeden Tag gibt es irgendwo eine Hochzeit oder eine Beschneidung. Die Menschen kommen und bringen bunte Geschenke.

(Jonas ist geschockt, fällt aus seiner Rolle und spielt sich selbst.)

JONAS: *geschockt* Luiza … Was bringt man denn so einer türkischen Familie mit?
LUIZA: Vielleicht ein Kochbuch mit den 100 besten Döner-Rezepten.
Oder Ganzkörperbadeanzüge.
35 JONAS: Ganzkörperbadeanzüge?
LUIZA: Dem Bruder eine Vespa.
JONAS: Oder super bequeme Gebetshosen für den Vater.
Sie lachen.
JONAS: Hat Aynur wirklich einen Bruder?
40 LUIZA: Klar. Einen Zwillingsbruder.
Kerim.
Kennt doch jeder.

Szene 7

(Luiza spielt Aynur, die über ihren Büchern sitzt, und Jonas spielt sich selbst.)

AYNUR (L): Ein Kalender mit den schönsten Moscheen der Welt?
JONAS: Für deine Mutter.
45 AYNUR (L): Sorry, ich glaub, die steht nicht so auf Moscheen.
JONAS: Und dein Vater?
AYNUR (L): Hab ich keinen. Abgehauen.
JONAS: Geschieden?
AYNUR (L): Na, kennst du doch.
50 JONAS: Aynurs Eltern sind doch nicht geschieden!
Türkische Eltern lassen sich nicht scheiden. Das ist bei denen verboten!
AYNUR (L): Meine Mutter und ich sind ganz ähnlich. Ich möchte wie sie Anwältin werden.
JONAS: *erstaunt* Anwältin?
55 AYNUR (L): Sie putzt zwar seit 10 Jahren bei dir in der Schule die Klos, aber eigentlich ist sie, gut zugehört, Anwältin. Ich sag dir jetzt mal was, Jonas, so ne Scheiße passiert <u>mir</u> nicht. Ich werde die beste Anwältin Deutschlands. Ich helf meinen ganzen Leuten hier endlich aus dem Dreck. Schau dir mal meinen Bruder an. Kein Job, kein Geld, null Perspektiven, nichts. In diesem Land wirst du
60 zum Fremdländer gemacht. Man behandelt dich wie Scheiße, also bist du auch so.
JONAS: Sag mal, wollen wir mal zusammen was …
AYNUR (L): Ich muss mich extrem auf die Schule konzentrieren. In drei Wochen habe ich eine wichtige Prüfung.

JONAS: Wir könnten ja trotzdem ...
AYNUR (L): Zusammen lernen?
JONAS: Oder wir könnten ...
AYNUR (L): [...] Komisch, du wirkst eigentlich nicht so, als wärst du auf den Kopf gefallen. Hast du n Sprachproblem? Oder kümmern sich deine Eltern nicht um dich, weil sie bis tief in die Nacht an einem Fließband stehen müssen? Na ja, versuch doch einfach, diesen Kalender noch mal umzutauschen. Das wäre echt nett von dir.

–

JONAS: Sind jetzt Aynurs Eltern geschieden oder nicht?
LUIZA: Keine Ahnung. Ich kenn die doch nicht.
JONAS: Aber ihre Mutter ist Anwältin?
LUIZA: Vielleicht auch Kickbox-Weltmeisterin.
JONAS: Aber Aynur ist wirklich so eingebildet?
LUIZA: Ich find schon.

–

JONAS: Und ich dachte, die ist richtig cool.
Ich dachte echt, das ist jetzt mal ein Mädchen, die ist richtig cool.
LUIZA: Die andern sind ja alle langweilige Schminkmäuse.
JONAS: Eigentlich schon.
Luiza dreht sich beleidigt ab.
JONAS: Du nicht. Aber du bist ja kein richtiges Mädchen.
Luiza schaut entsetzt.
JONAS: Schon, aber du bist halt anders. Für mich. Wir kennen uns schon so lange.

1 Am Ende der Szene heißt es in der Regieanweisung: *Luiza schaut entsetzt* (Z. 87).
- Erklärt, warum Luisa so reagiert und was in dieser Situation in ihr vorgeht.
- Was zeigt das Ende der Szene über die Beziehung von Luiza und Jonas? Erklärt auch dies.

2 Luiza sagt am Anfang der Szene zu Jonas: „Du nimmst das nicht ernst." (Z. 6)
- Erklärt, was sie damit meint und was sie Jonas damit mitteilen will.
- Nehmt anschließend Stellung dazu, ob sie eurer Meinung nach mit ihrer Warnung recht hat.

3 Jonas und Luiza zeigen dem Zuschauer ganz verschiedene Vorstellungen vom Leben der Familie Aynurs. Arbeitet zu diesem Punkt so:
- Untersucht die Szene 6. Welche Vorstellungen entwickelt Jonas über Aynurs Familie und ihr Leben? Sucht diese mithilfe entsprechender Textstellen heraus.
- Luiza zeichnet ein ganz anderes Bild von der Familie Aynurs und ihrem Leben. Arbeitet dieses heraus, indem ihr die 7. Szene untersucht.
- Vergleicht Jonas' und Luizas Vorstellungen miteinander.

4 In der Überschrift des Kapitels heißt es: „die Zuspitzung der Konflikte".
Erläutert, wie sich die Konflikte aus der 1. und 2. Szene weiterentwickelt und „zugespitzt" haben.

5 Fasst abschließend die wichtigsten Aussagen und Wirkungsabsichten der Szene zusammen. Was soll sie eurer Meinung nach dem Zuschauer zeigen und verdeutlichen?

6 In dieser Szene spielt einmal Jonas Aynur und einmal schlüpft Luiza in die Rolle von Aynur.
- Entwickelt verschiedene Möglichkeiten, wie auf der Bühne gezeigt werden kann, wer sich gerade in welcher Rolle befindet.
- Ihr könnt die Szene mit den Rollenwechseln auch in kleinen Gruppen einüben und euch dann verschiedene Möglichkeiten des Rollenwechsels gegenseitig vorstellen.

7 Durchstarten! So könnt ihr weiterarbeiten:

a) Schreibe Jonas eine E-Mail. Teile ihm darin mit, was du von seiner Situation bzw. seiner Beziehung zu Aynur hältst und was er deiner Meinung nach tun sollte.

b) Schreibe einen Brief an Luiza. Teile ihr mit, in welcher Situation sie sich deiner Meinung nach befindet und was sie tun sollte.

c) „Du nicht. Aber du bist ja kein richtiges Mädchen" (Z. 86), sagt Jonas zu Luiza. Entwickelt eine eigene Szene. Lasst Jonas und Luiza offen über diese Aussage reden. Macht dabei deutlich, was Jonas damit meint und wie Luiza seine Aussage versteht. Führt das Gespräch der beiden dann fort. Ihr könnt eure Szene einüben und den anderen vorspielen.

d) Fasse zusammen, was du bisher über die Beziehung von Jonas und Luiza erfahren hast. Lege anschließend dar, welche Entwicklungen dieser Beziehung du im Laufe des Stückes erwartest.

e) Stell dir vor, einer von beiden (Luiza oder Jonas) verlässt die Bühne am Ende der Szene 7 und wendet sich an das Publikum. Verfasse für eine der beiden Dramenfiguren einen Monolog, in dem sie dem Publikum darlegt, wie sie ihre Situation wahrnimmt und einschätzt.

„… ich hab einfach keinen Bock auf den Stress" – eine Szenenanalyse mithilfe eines Schreibplans verfassen

In den Szenen vor dieser Szene sprechen Jonas und Luiza in der Rolle von Aynur darüber, inwieweit eine Beziehung zwischen einem deutschen Jungen und einem türkischen Mädchen gut gehen kann. Während ihrer Unterhaltungen und des Durchspielens der verschiedenen Möglichkeiten kommen Jonas immer mehr Zweifel daran, ob er mit Aynur zusammen sein kann.

Jonas und Aynur (Szene 13)

(Luiza spielt Aynur.)

Aynur (L) kommt und schleppt einen großen Teppich hinter sich her.
AYNUR (L): *fröhlich* Hey Jonas!
JONAS: *erschrocken* Aynur?
5 AYNUR (L): Ich hab's mir überlegt. Ich würd jetzt doch eigentlich ganz gern, also, mit dir, also, zusammen sein, sagen wir mal, willst du mit mir gehen?
–
10 AYNUR (L): Ja oder nein?
JONAS: *leise* Eigentlich lieber nicht.
AYNUR (L): Was?
JONAS: *etwas lauter* Eigentlich lieber nicht.
15 AYNUR (L): Und uneigentlich?
–
JONAS: Eigentlich auch nicht.
AYNUR (L): Aber Luiza hat mir ausrichten lassen …
20 JONAS: Das war mal.
AYNUR (L): Aber …
–
AYNUR (L): Wir haben uns doch echt gut verstanden. Fand ich. In den Ferien.
25 Habe ich eigentlich gedacht.
JONAS: Ich versteh mich mit vielen gut.
AYNUR (L): In der Türkei warst du irgendwie netter.
–
30 AYNUR (L): Ich hab echt gedacht, du stehst auf mich. Voll blöd. Voll eingebildet.

Jonas mit Luiza in der Rolle von Aynur

95

Dann war's das jetzt wohl.
Weißt du, ich rede nicht einfach mit jedem mal stundenlang am Strand.
Aynur (L) will gehen.
35 JONAS: Und morgen heißt es dann wieder Moslemmädchen hier, Moslemmädchen
da. Verstehst du denn nicht, ich hab einfach keinen Bock auf den ganzen Stress.
AYNUR (L): Ach so ist das also?
Jonas rührt sich nicht.
AYNUR (L): Mister Superdeutsch!
40 Ich hätt's wissen müssen.
Aynur (L) schaut Jonas kurz traurig an und geht dann.

1 Fasse in deinen Worten zusammen, worum es in der Szene geht.

2 Jonas sagt: „[...] ich hab einfach keinen Bock auf den ganzen Stress" (Z. 36). Erkläre, was er damit meint und warum er dies sagt.

3 Am Ende der Szene sagt Aynur (Luiza): „Ich hätt's wissen müssen" (Z. 40). Erkläre, was sie Jonas damit mitteilen will und warum sie das sagt.

4 Vergleicht die Beziehung von Jonas und Aynur am Anfang des Theaterstücks mit ihrer Beziehung in dieser Szene. Wie hat sie sich im Laufe der Handlung entwickelt und warum?

5 Luiza spielt in dieser Szene Aynur. Was wird Luiza selbst vom Ausgang der
○○ Szene halten? Begründe deine Meinung.

6 Weist mithilfe der Lernbox (S. 98) nach, dass diese Szene einen Wende-
●○ bzw. Höhepunkt der Handlung darstellt.

7 Beantwortet folgende Fragen, um die Szene zusammenfassend zu deuten:
●○ • Welche Bedeutung hat diese Szene für die Entwicklung der Konflikte des Stücks und für die Figuren und ihre Beziehungen?
• In welcher Situation befinden sich Jonas, Aynur und Luiza am Ende der Szene jeweils?

8 Was erwartet ihr, wie das Stück nach dieser Szene weitergehen und enden
●● wird?

9 Bereitet eine schriftliche Analyse der Szene vor, in der ihr darlegt, welche Bedeutung diese Szene für Jonas und seine Beziehung zu Aynur und Luiza hat. Arbeitet dabei mit dem folgenden Schreibplan:
• Untersucht die Szene in Bezug auf die in der mittleren Spalte aufgeführten Untersuchungsaspekte.
• Haltet eure Ergebnisse zu den einzelnen Punkten einer Szenenanalyse in Stichworten fest.

Teile einer Szenenanalyse	Mögliche Untersuchungsaspekte	So kannst du beginnen:
Einleitung	– Textsorte, Titel, Autorin, Thema des Theaterstücks – Einordnung der Szene in den bisherigen Handlungsverlauf des Theaterstücks – bisherige Entwicklung der in der Szene vorkommenden Konflikte	*Die zu analysierende Szene stammt aus dem Jugendtheaterstück „Türkisch Gold" von Tina Müller. Das Stück handelt von zwei Jugendlichen, dem 15-jährigen Jonas und der 16-jährigen Luiza. Luiza ist die beste Freundin von Jonas. Jonas verliebt sich im Urlaub in die Türkin Aynur.* … …
Hauptteil	– Aufbau der Szene und Inhaltsangabe – Ausgangssituation für die Figuren am Anfang der Szene – Verlauf des Gesprächs im Laufe der Szene – Entwicklung der Konflikte und der Figuren sowie ihrer Beziehung – Ergebnis der Szene in Bezug auf die in der Szene vorkommenden Konflikte und die Situation der Figuren sowie ihre Beziehungen	*Die Szene lässt sich in zwei Teile gliedern. Im ersten Teil bis Z. 34 (Aynur (L) will gehen) signalisiert Aynur, gespielt von Luiza, dass sie gerne mit Jonas zusammen sein würde.* … … …
Schluss	– Bedeutung der Szene für den Verlauf der Handlung des Theaterstücks – besondere Aussage- und Wirkungsabsichten der Szene – eigene Meinung zu der Szene, z. B. Beurteilung des Verhaltens und der Einstellung der Figuren, ihrer Beziehungen, Probleme und/oder ihrer Konflikte	*Die Szene ist ein Höhe- und Wendepunkt der Handlung, weil …* *Vor allem wird dem Zuschauer durch die Szene verdeutlicht, dass …* *Ich denke, dass Jonas …*

10 Verfasse mithilfe des Schreibplans oben und deiner Ergebnisse von Aufgabe 9 auf S. 96 eine schriftliche Analyse zu der 13. Szene des Theaterstücks „Türkisch Gold" von Tina Müller.
Erläutere insbesondere, welche Bedeutung diese Szene für Jonas und seine Beziehung zu Aynur und Luiza hat.

11 Stellt euch eure Szenenanalyse in kleinen Gruppen gegenseitig vor und überarbeitet sie gemeinsam. So könnt ihr dabei vorgehen:
- Jeder liest seinen Entwurf vor. Die anderen machen Vorschläge, an welchen Stellen etwas ergänzt, gestrichen oder umformuliert werden soll. Diese Vorschläge notiert derjenige, der vorgelesen hat, in seinem Text und arbeitet sie später ein.
- Eine andere Möglichkeit ist, dass ihr die Textentwürfe in den Gruppen im Kreis weiterreicht. Die Verbesserungsvorschläge werden dann von jedem Schüler direkt in den Text geschrieben. Wenn man das eigene Heft zurückerhält, kann man seinen Entwurf mithilfe der Notizen der anderen überarbeiten.
- Nachdem ihr eure Entwürfe überarbeitet habt, könnt ihr sie euch wieder in neu zusammengestellten Gruppen gegenseitig vorstellen. Stellt besonders gelungene Texte der Klasse vor und erklärt genau, was an diesen Szenenanalysen besonders gut ist.

12 Durchstarten! So könnt ihr weiterarbeiten:

a ○○ Schreibe einen inneren Monolog aus der Sicht von Jonas zu seinem Gespräch mit Aynur.

b ●○ Was könnte deiner Meinung nach Luiza durch den Kopf gehen? Verfasse dazu einen Monolog, mit dem sie sich an die Zuschauer wendet.

c ●● Schreibt eine Szene, in der Aynur, Luiza und Jonas offen über sich und ihre Situation und Beziehung reden. Übt diese Szene ein und spielt sie den anderen vor.

d ●● Wie hätte dieses Gespräch zwischen Aynur und Jonas noch verlaufen können?
– Entwickelt eigene Szenen dazu und übt sie ein.
– Stellt euch die Szenen gegenseitig vor. Erklärt den anderen, warum ihr euch entschieden habt, dass sich die Figuren so verhalten.

Das brauchst du immer wieder – Das musst du wissen

Wende- und Höhepunkte einer Dramenhandlung

- An den Höhepunkten der Dramenhandlung scheinen sich die zuvor zuspitzenden **Konflikte** entscheidend zu wenden: Die Handlung nimmt in der Regel eine unerwartete und **plötzliche Wendung**.

- Oft deutet sich mit dieser entscheidenden Wendung ein katastrophales Ende des Theaterstücks an.

„Die bist du los" – eine Theaterszene analysieren

Jonas und Luiza

Noch einmal Jonas und Luiza (Szene 14)

Szene 14 – Teil 1

JONAS: *ruft* Luiza!!!
   Luiza kommt von hinten.
LUIZA: Die bist du los.
JONAS: Es ist mir lieber so.
5 –
JONAS: Weißt du, es hätte sowieso nicht geklappt.
 –
JONAS: Früher oder später.
   Oder?
10   War wirklich blöd, zu denken …
   Was soll's.
 –
LUIZA: Jetzt musst du dich halt wieder mit einer Brasilianerin abgeben. Tanzen können die auch. Und haben Augen, die strahlen wie die Sonne.
15   Guck mal.
   Wie die Sonne.
   Das haben schon ein paar Leute gesagt.
 –

99

LUIZA: Findest du das auch?

20 –

LUIZA: Findest du eigentlich, ich hab schöne Augen?
JONAS: Aynur hatte die schönsten Augen der Welt.
Jonas starrt lange vor sich hin.

1 Erschließt den Anfang der Szene, indem ihr Luizas und Jonas' Gefühle und Gedanken eine Stimme verleiht. Geht dabei so vor:
- Arbeitet zu viert. Schreibt jeweils nach jeder Äußerung von Jonas und Luiza auf, was sie eurer Meinung nach denken und fühlen.
- Stellt euch eure Ergebnisse gegenseitig vor. Zwei Schüler sprechen jeweils den Theatertext der Figuren und zwei die inneren Stimmen von Jonas und Luiza.
- Besprecht eure Ergebnisse. Welche inneren Stimmen passen besonders gut zu Jonas und Luiza? Begründet eure Meinung auf der Grundlage eurer Kenntnisse des Theaterstücks.

2 Fasst zusammen, was eure inneren Stimmen über die Ausgangssituation der Szene verdeutlichen. In welcher Situation befinden sich Jonas und Luiza jeweils am Anfang der Szene und was erfährt man über ihre Beziehung zueinander?

Szene 14 – Teil 2

LUIZA: Hey.

–

Mensch, Jonas!

–

5   Jetzt vergisst du sie einfach.

–

An meiner Schule gibt es noch viele tolle Mädchen.

–

Auf der ganzen Welt gibt es noch sehr, sehr viele sehr tolle Mädchen. Du wirst
10 schon sehen.

–

Jonas?

–

JONAS: Eins verstehe ich nicht. Aynur und ich wohnen in der gleichen Stadt, wir
15 mögen die gleiche Musik, sie trägt die gleichen Klamotten wie du, alles ist haargenau gleich, aber irgendwas ist zwischen uns, wie ne Mauer.
LUIZA: Du hast Schiss, was?
JONAS: Ich?
LUIZA: Doch, du hast Schiss.

20 –

JONAS: Und wenn schon?

LUIZA: Weißt du, Jonas, ich habe mir mal so Gedanken gemacht. Von den Brasilianern sagt man ja auch, gefährlich, die schießen alle überall sofort rein, haben halt heißes Blut und so. Und es stimmt, es ist krass, was da so abläuft, ziemlich harte Nummern. Aber weißt du, was mich so fertigmacht? Die meisten Brasilianer sind komplett anders. Nur, an die denkt natürlich keiner.
JONAS: Und?
Was willst du mir damit sagen?
Ich habe kein Problem mit Brasilianern. Wenn ich jetzt in dich verliebt wäre ...
LUIZA: Weil du mich so gut kennst. Aber die Türken hier, was haben wir mit denen schon zu tun? Sie machen ihr Ding und wir unsers.
So ist es doch!
–
Luiza schaut Jonas von der Seite an.
LUIZA: Versprichst du mir, dass du immer mein bester Freund bleibst?
JONAS: Wozu?
LUIZA: Versprich es!
JONAS: Das bin ich doch sowieso! Sag mir erst, wozu!
LUIZA: Versprich es!
JONAS: *Freundschaftszeichen* Versprochen!

1 Jonas spricht davon, dass zwischen ihm und Aynur etwas ist, das „wie ne Mauer" (Z. 16) ist. Welche Probleme meint er damit?

2 Was antwortet Luiza darauf? Erklärt mit euren Worten, was sie Jonas klarmachen will, und beurteilt, ob sie recht hat.

3 Jonas und Luiza versprechen sich am Ende, dass sie Freunde bleiben. Was erwarten Jonas und Luiza jeweils vom anderen?

4 Beurteile, ob sich Jonas deiner Meinung nach gegenüber Luiza richtig verhält.

5 Was sollte Jonas nun tun? Sammelt verschiedene Vorschläge und diskutiert sie.

6 Bereitet das Verfassen einer Szenenanalyse vor.
- Untersucht dazu die Szene anhand der in der mittleren Spalte der Tabelle auf S. 97 aufgeführten Aspekte.
- Erstellt dabei einen Schreibplan, indem ihr eure Ergebnisse zu den einzelnen Punkten in Stichworten festhaltet.

7 Verfasse auf der Grundlage deines Schreibplans mithilfe der Lernbox auf S. 102 und der Übersicht auf S. 97 eine Analyse der Szene.

8 Besprecht und überarbeitet eure Szenenanalyse gemeinsam. Geht dabei so vor, wie es in Aufgabe 11 auf S. 98 beschrieben wird.

9 Durchstarten! So könnt ihr weiterarbeiten:

a ●○ Was bezweckt deiner Meinung nach Luiza mit der Aussage „Jetzt musst du dich halt wieder mit einer Brasilianerin abgeben. Tanzen können die auch. Und haben Augen, die strahlen wie die Sonne" (S. 99, Z. 13 f.)? Schreibe dazu einen Tagebucheintrag Luizas.

b ○○ Was sollte Luiza deiner Meinung nach tun? Schreibe ihr einen Brief, indem du ihr rätst, was sie tun soll.

c ●● In Z. 36 – 41 auf S. 101 will Luiza, dass Jonas ihr verspricht, dass sie immer beste Freunde bleiben. Warum verhält sich Luiza deiner Meinung nach so? Erkläre dies schriftlich.

➔ Wiederholen und üben:
Szenenanalysen verfassen
S. 106, Aufgaben 2 und 3

Das brauchst du immer wieder – So gehst du vor

Eine Dramenszene beschreiben und deuten

Bei der Analyse einer Szene eines Theaterstücks arbeitest du die **Bedeutung der Szene** für den **Handlungsverlauf**, für die **Entwicklung der zentralen Konflikte** des Stücks sowie für die Entwicklung der **Hauptfiguren und deren Beziehungen** heraus.
Dabei kannst du bei den einzelnen Teilen deiner Analyse auf folgende Punkte eingehen:

Einleitung:
- Textsorte, Titel und Autor des Theaterstücks sowie Angabe, um was es in dem Stück geht
- Einordnung der Szene in den Handlungsverlauf
- Bisherige Entwicklung der in der Szene vorkommenden Konflikte

Hauptteil:
- Aufbau der Szene und Inhaltsangabe
- Situation der Figuren am Anfang der Szene (z. B. Lebenslage, Konflikte oder Beziehungen)
- Gesprächsverlauf während der Szene
- Entwicklungen von Figuren (z. B. in Bezug auf ihre Einstellungen), Entwicklung von Beziehungen und Konflikten
- Situation der Figuren am Ende der Szene (Lebenslage, Einstellungen, Beziehungen, Konflikte ...)

Schluss:
- Bedeutung der Szene in Bezug auf den Handlungsverlauf
- Herausstellen von besonderen Aussagen oder Wirkungsabsichten der Szene
- Beurteilung der Szene (z. B. persönliche Stellungnahme zum Verhalten oder zu den Einstellungen der Figuren)

Achte darauf, dass du deine Aussagen und Deutungen durch **Textverweise und Zitate** belegst. Formuliere **sachlich** und im **Präsens**.

„Sag schon" – das Ende einer Dramenhandlung untersuchen und ein Theaterstück beurteilen

Jonas „fliegt" mit Aynur, die von Luiza gespielt wird, auf einem Teppich.

Luiza und Jonas stellen sich vor, wie es wäre, wenn Jonas und Aynur in die Türkei fliehen würden. Sie spielen diese Möglichkeit auf der Bühne durch. Die beiden stellen sich vor, wie Jonas und Aynur mit einem fliegenden Teppich zum Mittelmeer reisen und dort am Strand übernachten. Nach einiger Zeit bekommt Aynur aber Heimweh. Deshalb kehrt Aynur, die von Luiza gespielt wird, wieder mit Jonas nach Deutschland zurück. Die Handlung der folgenden Szene zeigt, was am Ende dieser Reise in Deutschland passiert.

Die Schlussszene (Szene 22)

JONAS: Aynur.
  Ich muss dir noch was sagen.
  –
  Ist nicht so leicht.
5 AYNUR (L): Sag schon.
JONAS: Also gut.
  Dass Aynur Mondstrahl heißt, das hab ich vor Ewigkeiten mal gegoogelt. Ich fand dich nämlich schon lange gut. Du bist mir immer aufgefallen, wenn ich Luiza von der Schule abgeholt ...
10 *Sie küsst ihn.*
  Jonas und Luiza schauen sich kurz irritiert an.
  Luiza bleibt verwirrt.

JONAS: Siehst du, Luiza, hab ich's nicht von Anfang an gesagt: Aynur und ich gehören einfach zusammen.
15 Ich weiß gar nicht mehr, was dein Problem war.
LUIZA: Keine Ahnung.
War mehr so ein Gefühl.
20 Wo gehst du hin?
JONAS: Ja wohin wohl?
Zu Aynur.
Ich lad sie auf ne Cola ein.
Jonas geht.
25 LUIZA: Und wann kommst du mal wieder bei mir vorbei?
Keine Antwort.
Freundschaftszeichen.
Luiza bleibt allein auf der Bühne zurück

Aynur, die von Luiza gespielt wird, küsst Jonas.

 1 In den Zeilen 10–12 gibt die Autorin Tina Müller genaue Regieanweisungen. Erklärt, wer hier wen küsst und welche Bedeutung dieser Kuss für die Handlung und die Beziehungen von Jonas, Aynur und Luiza hat.

 2 Erläutert, wie die Geschichte für Jonas endet und wie für Luiza.

 3 Luiza bleibt am Ende alleine auf der Bühne zurück. Was geht ihr wohl durch den Kopf? Entwickle einen Monolog, in dem sie den Zuschauern ihre Gedanken und Gefühle zu dieser Situation darlegt.

 4 Um welche Form eines Dramenendes handelt es sich bei diesem Schluss des Theaterstücks?
- Bestimmt die Form des Schlusses mithilfe der Lernbox auf S. 105.
- Begründet eure Entscheidung mithilfe der Schlussszene.

➔ Wiederholen und üben:
Den Inhalt eines
Theaterstücks kennen
S. 106 f., Aufgaben 4 und 5

5 Was hältst du von dem Ende des Stücks? Beurteile, was deiner Meinung nach daran gelungen bzw. nicht gelungen ist.

6 Schreibe eine Rezension (= Kritik / Beurteilung) zu diesem Theaterstück. Gehe dabei so vor:
- Nenne die Autorin, den Titel des Theaterstücks und gib kurz an, worum es in dem Stück geht.
- Gib deinem Leser einen Einblick in die Handlung und Themen des Theaterstücks.
- Erläutere dabei auch die Besonderheiten der Darstellungsform.
- Lege dar, was für dich die wichtigsten Aussagen des Theaterstücks sind.
- Nimm am Ende Stellung dazu, ob es sich lohnt, sich mit dem Theaterstück zu beschäftigen.

Du kannst diese Rezension am PC in Form eines Blogbeitrags oder als Artikel für eine Internetschülerzeitung gestalten.

7 Durchstarten! So könnt ihr weiterarbeiten:

a Entwickelt einen anderen Schluss zu diesem Theaterstück. Übt eure Schlussszene ein und spielt sie den anderen vor.

b Wenn ihr erfahren wollt, wie verschieden das Theaterstück mit seinem Rollenwechsel umgesetzt werden kann, könnt ihr euch im Internet (z. B. auf www.youtube.de) Aufführungsausschnitte oder Trailer von verschiedenen Theatern ansehen (z. B. vom Deutschen Theater Berlin, Landestheater Kassel, Theater Paderborn oder Theater Heilbronn).

Das brauchst du immer wieder – Das musst du wissen

Das Ende einer Dramenhandlung

Am **Schluss der Dramenhandlung** wird über die Konflikte, Probleme und Beziehungen der Hauptfiguren entschieden. Dabei kommen in der Regel drei Möglichkeiten infrage:
- Der Verlauf der Konflikte mündet in einer **Katastrophe**. In diesem Fall verstricken sich die Figuren in ihre Fehler, gehen unter oder befinden sich in einer aussichtslosen Situation.
- Die entgegengesetzte Möglichkeit ist ein nicht tragisches Ende des Theaterstücks. In diesem Fall kommt es zu einer positiven **Lösung der Konflikte und Probleme**.
- Im modernen Theater kommen auch **Mischformen dieser beiden Möglichkeiten** vor. Dann enthält der Schluss der Dramenhandlung sowohl
  - tragische Elemente: die Figuren geraten in eine belastende und schwierige Situation, als auch
  - versöhnliche Elemente: die Figuren werden in eine positive und hoffnungsvolle Lage gebracht.

➔ Wiederholen und üben:
Ein Theaterstücks beurteilen
S. 107, Aufgaben 6 und 7

Alles klar? – Wiederholen und üben

Merkmale einer Exposition kennen

1 Ergänze die Lücken in dem Text mit den Wörtern aus dem Wortspeicher.

Die Exposition ist der erste ▇▇▇▇▇▇ eines Theaterstücks. Der Zuschauer wird dadurch in die ▇▇▇▇▇▇, den ▇▇▇▇▇▇ und in die ▇▇▇▇▇▇ des Stücks eingeführt. An einem Höhepunkt einer Dramenhandlung scheinen sich die zuvor zuspitzenden ▇▇▇▇▇▇ entscheidend zu wenden: Dadurch nimmt die Handlung oft eine unerwartete und plötzliche ▇▇▇▇▇▇.

> Anfangssituation • Teil • Wendung • Ort • Konflikte • Zeit

Szenenanalysen verfassen

2 Nennt die zentralen Punkte für den Schreibplan einer schriftlichen Analyse für ein Theaterstück. Versucht zunächst, möglichst viele Punkte aus dem Gedächtnis anzugeben. Vergleicht eure Ergebnisse dann mit der Lernbox auf S. 102 und vervollständigt sie gegebenenfalls.
So kannst du beginnen:

Einleitung: Textsorte, Titel, ...
...

3 Verfasse eine Analyse zu Szene 1 (S. 86 – 87) oder Szene 2 (S. 87 – 89). Arbeite dabei mit der Übersicht auf S. 97 und der Lernbox auf S. 102.

Den Inhalt eines Theaterstücks kennen

4 Die folgende Inhaltsangabe von Alexander enthält mehrere Fehler. Sucht sie heraus. Besprecht, was Alexander hätte schreiben müssen, um die Handlung des Theaterstückes richtig wiederzugeben.

Inhaltsangabe zu dem Jugendtheaterstück „Türkisch Gold" von Tina Müller

Jonas, die Hauptfigur des Theaterstücks „Türkisch Gold" von Tina Müller, ist ein 15 Jahre alter Junge. Seine Familie stammt aus Brasilien. In den Sommerferien hat er mit seinem Vater in der Türkei Urlaub gemacht. Dort lernt er Aynur, die auch auf seine Schule geht, kennen.
5 Sie verbringen während Jonas' Zeit in der Türkei viel Zeit miteinander und küssen sich auch.
Als er wieder zu Hause ist, überlegt Jonas, wie er Aynur noch näher kennenlernen und mit ihr zusammenkommen kann. Er trifft sich mit Luiza, seiner besten Freundin. Beide beraten, was Jonas tun sollte.
10 Luiza will ihm helfen, da sie Aynur auch kennt und sehr mag.
Im Laufe des Gesprächs spielen sie mehrere Möglichkeiten durch, wie die Geschichte mit Aynur und Jonas weitergehen könnte. Sie nehmen dabei die verschiedensten Rollen, z. B. Aynurs Vater oder Bruder sowie Jonas' Vater, an und spielen mehrere Situationen durch, z. B. Aynur
15 und Jonas fliehen zusammen in die Türkei oder die beiden heiraten und leben in Deutschland.
Nachdem sie viele Möglichkeiten durchgespielt haben, weiß Jonas gar nicht mehr, wie er mit dem türkischen Mädchen zusammenkommen kann. Er bekommt während des Gespräches mit Luiza auch Angst
20 davor, dass Aynurs Familie gegen eine Beziehung von Aynur und ihm sein könnte. Vor allem wird Jonas während des Gesprächs und des Durchspielens der verschiedenen Szenen mit Luiza klar, dass er im tiefsten Inneren eigentlich seine Freundin Luiza liebt.
Das Stück endet damit, dass Jonas und Luiza sich küssen. Sie verab-
25 schieden sich danach und gehen auseinander. Bevor sie die Bühne verlassen, geben sie sich noch als Zeichen ihrer Verbundenheit ihr gemeinsames Freundschaftszeichen.   (Alexander)

5 Überarbeite die Inhaltsangabe von Alexander. Verbessere dabei die falschen Aussagen über das Theaterstück „Türkisch Gold".

Ein Theaterstück beurteilen

6 Das Theaterstück „Türkisch Gold" von Tina Müller wurde und wird an vielen Theatern gespielt. Stellt mögliche Gründe zusammen, warum das Stück wohl so erfolgreich ist.

7 Wenn du über den Spielplan eines Theaters entscheiden dürftest, würdest du das Theaterstück aufführen lassen? Begründe deine Entscheidung.

Von einem ungewöhnliche Ereignis – Novellen kennenlernen und lesen

Novellen sind Erzählungen, in denen ein ungewöhnliches Ereignis im Mittelpunkt steht und die meistens eine dramatische Handlung besitzen. So geht es z. B. in der Novelle „Die Judenbuche" von Annette von Droste-Hülshoff um den jungen Friedrich Mergel, der verdächtigt wird, den Juden Aaron umgebracht zu haben.
In diesem Kapitel beschäftigt ihr euch mit der Textsorte Novelle. Dazu:
- lest ihr zunächst die berühmte „Falkennovelle" des italienischen Schriftstellers Giovanni Boccaccio und erschließt sie.
- lernt ihr die Merkmale einer Novelle kennen und weist sie an der Falkennovelle nach.
- beschäftigt ihr euch mit weiteren bekannten Novellen. Anhand verschiedener Titelcover und Klappentexte könnt ihr einen Überblick darüber gewinnen, worum es in diesen Novellen geht.

Wenn ihr wollt, könnt ihr zu diesen Novellen noch weiter recherchieren oder eine der Novellen lesen und den anderen vorstellen.

Illustration zum Dekameron von Sandro Botticelli (1483)

Das Dekameron

Das Dekameron ist eine Sammlung von 100 Novellen des italienischen Schriftstellers Giovanni Boccaccio (1313–1375). Dieser hat das Werk
⁵ wahrscheinlich um das Jahr 1350 herum verfasst. Die Sammlung ist deshalb so berühmt geworden, weil sie späteren Schriftstellern zum Vorbild für deren Novellensamm-
¹⁰ lungen geworden ist. Besonders berühmt ist die sogenannte Falkenno-

John William Waterhouse: Dekameron (1916)

velle aus dem Dekameron. Dies liegt unter anderem daran, dass im 19. Jahrhundert die Novelle als Textart sehr beliebt war und vielen die Falkennovelle als besonders gelungenes Muster dieser Textsorte galt.
¹⁵ Der italienische Titel des Dekameron lautet „Il Decamerone", der sich wiederum aus zwei griechischen Wörtern ableitet: deka = zehn und hemera = Tag. Die Bedeutung des Titels erklärt sich aus dem Aufbau der Novellensammlung. Sie besteht aus einer Rahmenhandlung, in deren Verlauf die 100 Novellen erzählt werden. Die Rahmenhandlung des De-
²⁰ kameron spielt im Jahre 1348, als die Pest in Florenz wütete. In der Kirche di Santa Maria Novelli treffen sich zufällig sieben Edelfrauen. Sie beschließen, gemeinsam Florenz zu verlassen und vor der Pest auf ein Landgut zu fliehen. Während die Mädchen über ihr Vorhaben beraten, kommen drei junge Männer in die Kirche. Jeder von ihnen verliebt sich in eine
²⁵ der Edelfrauen. So begeben sich alle zehn schließlich mit ihrer Dienerschaft zu einem vor Florenz gelegenen Landgut, um dort einige Zeit gemeinsam zu verbringen und auf das Ende der Pest zu warten. Um sich die Zeit zu vertreiben, wählen sie für jeden Tag eine „Königin" oder einen „König", die für die unterhaltsame Gestaltung des Tagesverlaufs zu sorgen haben. Dazu gehört auch, dass jede Königin bzw. jeder König ein Thema für den Tag festlegt, zu dem jeder aus dem Kreis eine Geschichte erzählt. Da von der Gruppe der jungen Leute auf dem Landgut im Dekameron jeden Tag zehn Geschichten erzählt werden, entsteht so eine Sammlung von 100 Erzählungen. Die berühmte Falkennovelle ist die neunte Geschichte des fünften Tages. Sie wird von Fiammenta erzählt, die an diesem Tag selbst die „Königin" ist.

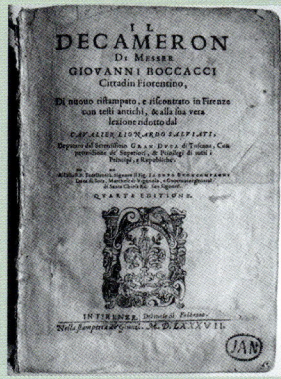

1 Das Dekameron ist ein Buch mit Novellen des italienischen Schriftstellers Giovanni Boccacio. Seht euch die Abbildungen an. Was erfahrt ihr anhand der Abbildungen über das Buch?

2 Lest den Informationstext „Das Dekameron". Entnehmt ihm die wichtigsten Informationen dazu:
– wofür das Dekameron berühmt ist und
– wie sich der Titel erklärt.
Bezieht dann die Informationen aus dem Sachtext auf die Abbildungen.

Giovanni Boccaccio: Die Falkennovelle – eine Novelle verstehen

„So hört denn ..." – den Anfang einer Novelle erschließen

Giovanni Boccaccio (1313 – 1375)
Falkennovelle

So ist die Reihe jetzt an mir, meine lieben Freundinnen, und ich möchte euch gerne eine Geschichte erzählen, die in manchen Zügen der vorangegangenen ähnelt. [...]
So hört denn: Als ein vornehmer und hochgeschätzter Mann lebte einst Coppo di
5 Borghese Domenichi in unserer Stadt und lebt vielleicht noch heute dort. Mehr noch seines Anstands und seiner Tugend als seiner vornehmen Herkunft wegen war er überall wohlbeachtet und verdient ein stetes Gedenken. Noch im hohen Alter fand er häufig Vergnügen daran, sich mit Nachbarn und Freunden über vergangene Geschehnisse zu unterhalten, und verstand es besser als jeder andere,
10 solche Begebenheiten getreulich zu berichten, wobei ihm sein ausgezeichnetes Gedächtnis und seine hinreißende Vortragsweise gar wohl zustatten kamen.
Neben anderen schönen Geschichten pflegte er zu erzählen, dass einmal in Florenz ein Sohn des Messer[1] Filippo Alberighi, namens Federigo, lebte, dessen Tapferkeit und adelige Sitten höher gerühmt wurden als die aller übrigen jungen Edel-
15 leute[2] der Toscana. Wie es oftmals der Jugend geschieht, verliebte sich dieser Federigo in eine vornehme, edle Dame, Monna[3] Giovanna, die zu ihrer Zeit als die schönste und anmutigste Frau von Florenz galt. Um ihre Liebe zu gewinnen, fehlte Federigo auf keinem Turnier und nahm an allen Waffenspielen teil, gab glänzende Feste und freigebige Geschenke und vergeudete in maßloser Weise sein großes
20 Vermögen. Sie aber war ebenso tugendsam wie schön und kümmerte sich weder um die Dinge, die ihretwegen geschahen, noch um den, der sie veranlasste.
Während Federigo auf solche Art gewissenlos sein Vermögen verschwendete und doch nichts dafür gewann, kam es gar bald, wie es kommen musste: Die Reichtümer schwanden dahin, und er wurde ein armer Mann. Von seinem großen Vermö-
25 gen verblieb ihm nichts als ein kleines Gütchen[4], von dessen schmalen Erträgen[5] er kümmerlich leben konnte, und sein Falke, der als einer der besten Falken der Welt galt. Obwohl seine Liebe heißer denn je glühte, sah Federigo bald ein, dass er nicht länger in der Stadt leben konnte, wie er es gewünscht hätte. Er zog sich daher nach Campi auf seinen kleinen Besitz zurück, ging dort, sooft es möglich

---

[1] Messer: ital. respektvolle Anrede, wie z. B. „Herr"
[2] Edelleute: Mitglieder des Adels (z. B. auch Ritter)
[3] Monna: Ableitung von ital. Madonna = Frau; respektvolle Anrede
[4] Gut: landwirtschaftlicher Betrieb (z. B. für Weinanbau) und Landsitz der hohen Gesellschaftsschicht
[5] Ertrag: Gewinn/Einnahmen

war, auf die Vogelbeize[1] und ertrug seine Armut, ohne irgendeinen Menschen um Beistand[2] zu bitten. Als Federigo bis aufs Letzte heruntergekommen war, erkrankte eines Tages der Gatte Monna Giovannas und machte, da er seinen Tod herannahen fühlte, sein Testament. Er setzte seinen schon ziemlich herangewachsenen Sohn zum Erben seiner unermesslichen Reichtümer ein, doch sollte, falls dieser ohne rechtmäßige Nachkommen stürbe, alles an Monna Giovanna fallen, die er innig liebte. Darauf starb er und ließ Monna Giovanna als Witwe zurück. Diese ging nun, wie es bei unsern Edeldamen üblich ist, mit ihrem Sohn den Sommer über auf eine ihrer Besitzungen, die ganz in der Nähe von Federigos Gütchen lag. So kam es, dass der heranwachsende Knabe sich mit Federigo anfreundete und sich mit ihm auf Vogelbeize und Jagd vergnügte. Dabei hatte er oft Gelegenheit, Federigos Falken stoßen zu sehen, der ihm so über die Maßen gefiel, dass er nichts heißer begehrte, als ihn zu besitzen. Doch wagte er nicht, Federigo um ihn zu bitten, weil er sah, wie teuer jenem sein Falke war.

1 Was erfahrt ihr über den Charakter und das Leben der Hauptfigur Federigo Alberighi? Arbeitet dazu zu folgenden Punkten. Erklärt:
- wie es dazu kommt, dass Federigo verarmt und „nicht mehr länger in der Stadt leben konnte" (Z. 28).
- welche Bedeutung der Falke im Leben Federigos besitzt.
- wie es zu der Freundschaft zwischen Federigo und dem Sohn von Giovanna kommt?

2 Was erwartet ihr aufgrund des Anfangs der Novelle, was im weiteren Verlauf der Handlung geschieht? Sammelt Ideen, wie die Geschichte von Federigo weitergehen könnte.

3 Lest die Informationen über das Buch „Il Decamerone". Erklärt, wie sich an dem Erzählanfang zeigt, dass die Novelle aus diesem Buch stammt.
- Gliedert dazu den Novellenanfangs genauer. Bestimmt, wo die Einleitung endet und die Novelle beginnt.
- Erklärt dann, wer die Geschichte wem erzählt.

4 Stellt die Beziehungen der verschiedenen Erzähler und Hörer bzw. Leser zusammenfassend in einem Schaubild dar.

5 Erläutert die Wirkung der Einleitung vor der eigentlichen Geschichte von Federigo. Mit welchen Mitteln wird diese Wirkung erreicht? (Eine Hilfekarte mit Hinweisen, welche Wirkung die Einleitung besitzt, findet ihr auf S. 343)

6 Sucht die Wörter heraus, die ihr heute nicht mehr benutzt und die zeigen, dass die Sprache bei der Novelle nicht die heutige ist. Klärt die Bedeutung der Wörter, die ihr nicht kennt.

---

[1] Vogelbeize: Jagd mit Falken
[2] Beistand: Hilfe

„So habe ich den Falken ..." – den Hauptteil einer Novelle erschließen

Giovanni Boccaccio (1313 – 1375)
Falkennovelle

Bald darauf erkrankte der Jüngling zur großen Betrübnis seiner Mutter, deren Ein und Alles er war und die ihn so zärtlich liebte, wie nur eine Mutter lieben kann. Während sie die Tage mit seiner Pflege ausfüllte, versuchte sie, ihn aufzuheitern, und fragte ihn oft, ob es irgendetwas gäbe, was er sich wünsche. Wenn es irgend-
5 wie möglich sei, werde sie es zu beschaffen trachten. Der Jüngling, der diese Versprechungen immer wieder hörte, sagte schließlich: „Ach, Mutter, wenn Ihr es fertigbrächtet, dass ich den Falken Federigos bekäme ... ich glaube, dann würde ich gleich gesund."
Als die Dame diese Worte hörte, schwieg sie verwirrt und überlegte lange, was sie
10 nun beginnen solle. Sie wusste wohl, dass Federigo sie lange Jahre geliebt, von ihr aber niemals auch nur die geringste Gunst[1] erlangt hatte, und dachte deshalb bei sich: „Wie könnte ich zu ihm schicken oder gehen und ihn um den Vogel bitten, der – nach allem, was ich gehört habe – der beste Falke der Welt ist und ihm außerdem hilft, seinen Lebensunterhalt zu erwerben? Wie könnte ich so taktlos
15 sein, einem Edelmann, dem nichts anderes mehr geblieben ist, diese letzte Freude zu rauben?" Von solchen Gedanken gequält, gab sie ihrem Sohn keine Antwort, sondern schwieg, obwohl sie überzeugt war, dass sie den Falken bekäme, sobald sie um ihn bäte. Schließlich aber siegte die Liebe zu ihrem Sohn, und um ihn zu beruhigen, entschloss sie sich, niemand anders zu schicken, sondern, was auch
20 geschehen möge, selber zu gehen, Federigo zu bitten und dann ihrem Sohn den Falken zu bringen. Sie sagte daher: „Sei ruhig, mein Junge, und setze alles daran, wieder gesund zu werden. Ich verspreche dir, morgen früh soll es mein Erstes sein, nach dem Falken zu gehen, und sicher werde ich ihn für dich
25 erbitten." Darüber freute sich der Knabe so sehr, dass sein Befinden tatsächlich noch am gleichen Tage eine Besserung zeigte.
Am folgenden Morgen nahm Mon-
30 na Giovanna eine andre Dame als Begleitung mit und ging, als sei sie auf einem Spaziergang, nach dem kleinen Anwesen Federigos, wo sie nach ihm fragen ließ. Federigo be-
35 fand sich, da es weder Wetter noch Zeit für die Vogelbeize war, in seinem Garten, wo er allerlei kleine Arbeiten ausführen ließ. Als er hörte, dass Monna Giovanna an der
40 Tür nach ihm gefragt habe, ver-

Buchmalerei aus dem „Dekameron" (Florenz, um 1370)

[1] Gunst: Entgegenkommen/Erwiderung

wunderte er sich sehr und lief ihr freudig überrascht entgegen. Sie sah ihn kommen, schritt mit fraulicher Anmut auf ihn zu und sagte, nachdem Federigo sie ehrerbietig begrüßt hatte: „Guten Morgen, Federigo! Ich bin hergekommen, um dich für jene Leiden zu entschädigen, die du meinetwegen ausgestanden hast, weil du mich mehr liebtest, als es dir gut war. Ich möchte sie dir damit vergelten[1], dass ich mich mit meiner Begleiterin heute Mittag bei dir zu Gast lade." Bescheiden erwiderte Federigo: „Madonna, ich erinnere mich nicht, dass mir je ein Leid durch Euch widerfahren wäre, wohl aber so viel Gutes, dass, wenn je etwas Rechtes

Holzschnitt aus der italienischen Ausgabe von 1492

an mir war, ich es nur Eurer Tugend und der Liebe, die ich für Euch empfand, verdanke. Und ganz sicherlich ist mir Euer hochherziger Besuch viel teurer[2], als wenn ich wieder in die Lage zurückversetzt worden wäre, ebenso viel Geld zu verschwenden, wie ich es schon einmal tat. Doch arm ist der Wirt, zu dem Ihr gekommen seid." Nachdem er diese Worte gesprochen hatte, geleitete er sie schüchtern in sein Haus und führte sie von dort in den Garten. Da er sonst niemand hatte, der ihr Gesellschaft hätte leisten können, sprach er zu ihr: „Madonna, es ist niemand weiter hier als diese brave Frau, das Weib meines Arbeiters, sie wird Euch daher ein wenig Gesellschaft leisten, während ich hineingehe und das Essen richten lasse." So groß seine Armut auch war, hatte er es bis zur Stunde durchaus nicht bitter empfunden, dass er nicht mehr in der Lage war, Reichtümer zu verschwenden; an diesem Vormittag jedoch fühlte er heiße Reue, weil er gar nichts fand, womit er die Dame hätte ehren[3] können, um deretwillen er einst unzähligen Menschen Ehren erwiesen hatte. Verzweifelt, sich und sein Schicksal verwünschend, lief er umher, als habe er den Verstand verloren, doch fand er weder Geld noch irgendetwas Versetzbares[4]. Darüber war es schon spät geworden, aber wenn er auch die Dame herzlich gerne mit irgendeiner Gabe[5] bewirtet hätte, brachte er es nicht über sich, Fremde oder seinen eigenen Arbeiter um Hilfe zu bitten.

Da fiel sein Auge auf seinen guten Falken, der in dem kleinen Zimmer auf der Stange saß, und weil ihm keine Zeit mehr verblieb, weiter zu suchen, ergriff er den Vogel, fand ihn wohlgenährt und hielt ihn für würdig, der Dame als Leckerbissen vorgesetzt zu werden. Ohne lange nachzudenken, drehte er ihm den Hals um, ließ ihn schnell von einer Magd rupfen, zurechtmachen und am Spieß sorglich braten. Dann breitete er schneeweißes Linnen[6], von dem er noch einiges be-

---

[1] vergelten: hier: durch Freundlichkeit erkenntlich zeigen/darauf freundlich reagieren
[2] viel teurer: mehr wert
[3] ehren: ihrem Ansehen gemäß behandeln
[4] Versetzbares: Verkaufbares
[5] Gabe: hier: etwas Besonderes
[6] Linnen: Leinen, hier: Tischtuch

saß, über den Tisch und eilte mit heiterer Miene zu seiner Dame in den Garten, um ihr zu melden, dass das Essen, so gut es in seiner Macht stehe, angerichtet sei.
85 Darauf erhoben sich die Dame und ihre Begleiterin und setzten sich zu Tisch, und ohne zu wissen, was sie aßen, verspeisten sie zusammen mit Federigo, der sie aufmerksam bediente, den kostbaren Falken.

Als sie von der Tafel[1] aufgestanden und in reizvollem Gespräch noch eine Weile zusammen gewesen waren, schien es der Dame an der Zeit zu sagen, warum sie
90 hergekommen war. Liebenswürdig wandte sie sich an Federigo und sprach: „Federigo, wenn du dich an dein früheres Leben und an meine Standhaftigkeit[2] erinnerst, die du vielleicht irrtümlich für Härte und Grausamkeit gehalten hast, so zweifle ich nicht, dass du über meine Anmaßung[3] sehr verwundert sein wirst, wenn du den Grund meines Besuches erfährst. Wenn du aber Kinder besäßest
95 oder gehabt hättest und wüsstest, wie stark und groß die Kraft der Liebe ist, die man für sie empfindet, so wäre ich sicher, dass du mich wenigstens zum Teil entschuldigen würdest. Doch wenn du auch keine Kinder hast, so habe doch ich einen Sohn und kann mich daher dem Gebote[4] der Mutterliebe nicht entziehen. Und diese zwingt mich, gegen meinen Wunsch und gegen Sitte und Anstand von
100 dir ein Geschenk zu erbitten, von dem ich weiß, das es dir über alles teuer ist. Und das mit gutem Grunde, weil dir keine andere Freude, kein anderes Vergnügen und kein anderer Trost in deiner Armut verblieben sind.

Dieses Geschenk ist dein Falke, nach dem mein Sohn ein so heißes Verlangen trägt, dass ich fürchten muss, wenn ich ihm den Falken nicht bringe, wird sich die
105 Krankheit, an der er leidet, so verschlimmern, dass ich ihn verliere. Und darum bitte ich dich, nicht bei deiner Liebe zu mir, die dir keine Verpflichtung auferlegen kann, sondern bei deiner Großmut, die du in ritterlichem Anstand freigebiger als jeder andere bewiesen hast, dass du so gütig sein möchtest, mir den Falken zu schenken, damit ich später sagen kann, dass du meinem Sohn das Leben gerettet
110 und ihn dir für immer verpflichtet hast."

Als Federigo hörte, worum die Dame ihn bat, und erkannte, dass er ihrem Wunsch nicht willfahren[5] konnte, weil er ihr den Falken zu Tisch vorgesetzt hatte, stürzten ihm in ihrer Gegenwart die Tränen aus den Augen, bevor er noch ein Wort hervorbringen konnte. Als sie seine Tränen sah, glaubte sie, dass er vor Schmerz
115 weine, weil er seinen geliebten Falken hergeben sollte, und wollte schon hinzufügen, dass sie das Tier nicht nehmen möchte. Sie hielt sich jedoch zurück, damit Federigo, nachdem seine Tränen versiegt seien, ihr antworten könne. Schließlich sagte er: „Madonna[6], seitdem es Gott gefiel, dass meine Liebe Euch gehört, hat mir das Schicksal manchen bösen Streich[7] gespielt, der mich geschmerzt hat. Doch
120 alles ist nichts gewesen gegenüber dem Schlag, den es mir heute versetzt und den ich ihm nie mehr vergeben werde. Wenn ich bedenke, dass Ihr in mein armseliges Haus gekommen seid – welcher Gnade Ihr mich, als ich reich war, nie für würdig erachtet habt –, um von mir ein kleines Geschenk zu erbitten, so hat mein Unglück es gewollt, dass ich Euch diese Gabe nicht mehr reichen kann. Warum ich

---

[1] Tafel: Tisch
[2] Standhaftigkeit: Giovannas Weigerung, dem Werben Federigos nachzugeben
[3] Anmaßung: Anliegen/Wunsch
[4] Gebote: Pflicht
[5] willfahren: entsprechen
[6] Madonna: Anrede, Frau/hohe Dame
[7] Streich: Schicksalsschlag

es nicht kann, sollt Ihr sogleich erfahren. Als ich hörte, dass Ihr in Eurer Güte bei mir speisen wolltet, gedachte ich Eures Adels und Eurer Trefflichkeit und hielt es für angebracht, Euch – so gut es mir möglich war – mit einer köstlicheren Speise zu ehren, als man sie gewöhnlich anderen Personen vorsetzt. So habe ich den Falken, um den Ihr mich bittet, für angemessen erachtet, dass er Euch zum Mahle gereicht werde. Ihr habt ihn heute gebraten verzehrt, und ich glaubte, ihn auf die beste Art verwendet zu haben. Nun aber sehe ich, dass Ihr ihn auf andere Weise gewünscht hättet. Dass ich Eurer Bitte nicht willfahren kann, schmerzt mich heftig; ich glaube nicht, mich jemals darüber trösten zu können."

Nachdem er diese Worte gesprochen hatte, ließ er ihr zum Beweis die Federn, die Fänge und den Schnabel des Falken vorlegen. Als die Dame das sah und hörte, tadelte sie ihn zuerst, dass er, um einem Frauenzimmer ein Mahl vorzusetzen, einen so kostbaren Falken getötet hatte. Dann aber lobte sie bei sich seine Großzügigkeit, die durch seine Armut weder verringert war noch jemals verringert werden würde. Da ihr jedoch keine Hoffnung mehr verblieb, den Falken zu bekommen, und sie daher die Genesung ihres Sohnes zu bezweifeln begann, dankte sie Federigo für seine Bewirtung und seinen guten Willen und entfernte sich niedergeschlagen, um zu ihrem Sohn zurückzukehren, der wenige Tage später – sei es aus Trauer, weil er den Falken nicht bekommen konnte, oder sei es, weil seine Krankheit ohnehin zu diesem Ende geführt hätte – zum größten Schmerz seiner Mutter aus dem Leben schied.

1 Was denkt und fühlt Federigo wohl, als Giovanna ihn bittet, ihr den Falken zu schenken?
- Schreibt einen Gedanken Federigos in dieser Situation auf und stellt euch diese Gedanken Federigos gegenseitig vor.
- Erklärt anschließend, was sie über die Situation Federigos zeigen.

2 Erschließt den Hauptteil der Novelle inhaltlich genau. Arbeitet dabei zu folgenden Punkten, in dem folgende Fragen mit entsprechenden Textstellen beantwortet:
- Welche Umstände führen dazu, dass Giovanna Federigo auf seinem Landgut besucht?
- Aus welchen Gründen tötet Federigo seinen Falken?
- Welche Folgen hat die Tötung des Falken durch Federigo?

3 Wodurch entsteht in dem Novellenauszug Spannung und wann löst sie sich wieder auf?
- Ermittelt dazu Höhe- und Wendepunkte des erzählten Geschehens.
- Bestimmt, an welchen Stellen die Handlung einen neuen, vom Leser vielleicht nicht erwarteten Verlauf nimmt.

Belegt eure Entscheidungen am Text und begründet sie.

4 Giovanna ist mehrfach innerlich hin und her gerissen, z. B. ob sie Federigo besuchen soll und ob sie ihn nach dem Falken fragen soll. Arbeitet die inneren Konflikte Giovannas heraus.

5 Im 14. Jahrhundert gab es die Vorstellung, dass Adlige bzw. Edelleute ihre besondere Stellung dadurch zeigen sollten, dass sie in jeder Lebenslage die Anstandsregeln befolgen und Haltung bewahren. Am Anfang der Novelle heißt es in diesem Sinne über Federigo, dass „dessen […] adelige Sitten höher gerühmt wurden als die aller übrigen jungen Edelleute aus der Toscana" (S. 110, Z. 13 ff.).
- Sucht Textstellen heraus, die zeigen, dass das Verhalten, die Reaktionen und die Überlegungen von Federigo bei dem Besuch von Giovanna besonders von „dessen […] adelige[n] Sitten" geprägt sind.

6 Durchstarten: So könnt ihr weiterarbeiten:

a) Verfasst einen inneren Monolog von Federigo in der Situation, in der Giovanna ihn um den Falken für ihren Sohn bittet.

b) Stellt euch vor, Giovanna erzählt nach Jahren einer Freundin von dem Besuch bei Federigo. Verfasst ein mögliches Gespräch der beiden.

c) Die Novelle ist noch nicht zu Ende. Entwickelt einen möglichen Schluss für die Novelle und schreibt ihn auf.

„Ich möchte, wenn es euch recht ist ..." – den Schluss einer Novelle erschließen

Giovanni Boccaccio
Falkennovelle

Nachdem sie einige Zeit in Tränen und Verbitterung verbracht hatte, wurde sie, reich und jung wie sie war, häufig von ihren Brüdern aufgefordert, sich wieder zu vermählen[1]. Obwohl sie selber dies eigentlich nicht wünschte, erinnerte sie sich, wieder und wieder gedrängt, Federigos und seiner letzten großherzigen Tat, dass
5 er ihr zu Ehren seinen kostbaren Falken geopfert hatte. Sie sprach daher zu ihren Brüdern: „Ich möchte, wenn es euch recht wäre, am liebsten nicht wieder heiraten. Wenn ihr jedoch darauf besteht, dass ich mich wieder vermähle, so werde ich sicherlich keinen anderen Mann nehmen als Federigo degli Alberighi."
Spöttisch erwiderten die Brüder: „Närrin, was sagst du da? Warum willst du ge-
10 rade ihn haben, der nichts auf der Welt sein Eigen[2] nennt?" Sie antwortete: „Meine Brüder, ich weiß wohl, dass es so ist, wie ihr sagt, und so ziehe ich denn einen Mann ohne Reichtum dem Reichtum ohne Mann vor!" Als die Brüder, die Federigo als einen vortrefflichen Mann kannten, ihren festen Entschluss vernahmen, gaben sie ihm, so arm er auch war, die Schwester mit all ihren Reichtümern zur
15 Frau, wie sie es gewünscht hatte. Und Federigo, der diese vortreffliche, heiß geliebte Frau, die noch dazu überaus reich war, zur Gattin bekam, hielt fortan seinen Besitz in sorgsamer Verwaltung und beschloss in Freude und Fröhlichkeit mit Giovanna seine Tage.

[1] vermählen: heiraten
[2] Eigen: Eigentum/Besitz

1 Wodurch erlangt Federigo am Ende doch die Zuneigung Giovannas? Erklärt dies in euren Worten.

2 Erläutert die Haltung von Giovannas Brüdern zu der Entscheidung ihrer Schwester, Federigo zu heiraten. Wie und aus welchen Gründen verändert sich diese?

3 Erklärt Giovannas Erklärung gegenüber ihren Brüdern: „[…] so ziehe ich denn einen Mann ohne Reichtum dem Reichtum ohne Mann vor!" (Z. 11 f.)

4 In dieser Novelle spielt der Falke eine besondere Rolle.
- Ermittelt zunächst alle Stellen, an denen von dem Falken erzählt wird.
- Macht euch klar, welche Bedeutung er jeweils für die verschiedenen Figuren hat (Frederigo, Giovanna, Giovannas Sohn).
- Stellt eure Ergebnisse zur Bedeutung des Falken in der Novelle z. B. in Form eines Schaubildes oder einer Tabelle dar.

5 Durchstarten: So könnt ihr weiterarbeiten!

> ❯ Wiederholen und üben:
> Eine Novelle kennen
> S. 122, Aufgaben 1 – 4

a In dem Buch „Il Decamorone" sagt die Erzählerin Fiammenta, bevor sie die Geschichte erzählt, dass ihre Hörer aus der Geschichte etwas erkennen sollten. Schreibe auf, was die Hörer wohl aus der Novelle lernen können.

b Sollte die Novelle von Boccaccio heute noch von Schülern im Deutschunterricht gelesen werden? Erörtere diese Frage und nimm Stellung dazu.

c Boccaccio hat seine Novelle vor über 600 Jahren geschrieben:
- Sucht einen Abschnitt aus der Novelle heraus, der euch besonders fremdartig erscheint, und „übertragt" ihn in moderne Sprache.
- Wenn ihr alle Abschnitte der Novelle verteilt, könnt ihr so gemeinsam eine moderne „Klassen-Version" der Novelle Boccaccios schreiben.

d Verfasse eine Leseempfehlung zu der Novelle.
Gehe dabei so vor:
- Nenne zunächst den Autor und den Titel der Novelle und gib kurz an, worum es geht.
Gib deinen Leserinnen und Lesern einen Einblick in die Handlung der Novelle. Verrate aber nicht zu viel.
- Erläutere am Ende, wem du die Novelle als Lektüre empfiehlst und warum du sie interessant fandest oder nicht so gerne gelesen hast.

e Stelle die Handlung der Novelle als Bilderfolge oder Comic dar.

f Schreibe zehn Sätze dazu, was dir an der Novelle gefällt und was dir eher nicht gefällt.

„Was ist eine Novelle anders als ..." – Merkmale von Novellen kennen und nachweisen

> [...] was ist eine Novelle anders als eine sich ereignete unerhörte Begebenheit? Das ist der eigentliche Begriff [...].
>
> Johann Wolfgang von Goethe (1749–1832)

1 Johann Wolfgang Goethe sagt, dass das Besondere einer Novelle sei, dass es bei ihr eine „unerhörte Begebenheit" gebe.
- Erklärt in euren Worten, was Goethe damit meint.
- Erläutert, inwiefern die Novelle von Boccaccio von einer solchen „unerhörten Begebenheit" handelt.

Die Novelle

Die Novelle ist eine Erzählung mittleren Umfangs. Ihr Name leitet sich von dem italienischen *„novella", die Neuigkeit,* ab. Eine Novelle erzählt ihrem Namen gemäß von einem bestimmten, herausgehobenen oder ungewöhnlichen Ereignis, welches man nach Goethes berühmter Definition der Novelle auch als „eine sich
5 ereignete unerhörte Begebenheit" bezeichnet. Die eigentliche Erzählung über dieses ungewöhnliche Ereignis ist dabei oft in eine Rahmenhandlung eingebettet. In einem Roman holt der Erzähler oft weit aus. Oftmals werden z. B. viele verschiedene Charaktere eingeführt oder mehrere Handlungsstränge verfolgt. In Novellen sind Anzahl der Figuren, die Handlung, Schauplätze und Zeiträume überschaubar.
10 Sie besitzt meistens eine geschlossene Form. Damit ist gemeint, dass die Novelle in der Regel nur eine kurze Einleitung besitzt, eine beschränkte Anzahl von Figuren aufweist, kaum Nebenhandlungen hat und lange Zeiträume häufig gerafft bzw. zusammengefasst erzählt werden. Wichtig ist, dass die Handlung einer Novelle z. B. im Gegensatz zum Märchen trotz des außergewöhnlichen Ereignisses, um das
15 es geht, immer glaubwürdig erscheint. Das Erzählte wird in einer Novelle als prinzipiell in der realen Welt mögliches und nachvollziehbares Geschehen dargestellt. Durch die Konzentration auf eine Haupthandlung und ein Hauptereignis ähnelt der Aufbau einer Novelle oft dem Drama. Oft besitzt sie einen dramenähnlichen Spannungs- und Handlungsaufbau mit Einführung in die Ausgangssituation, Steigerung,
25 Höhepunkt, fallender Handlung mit einem verzögernden Moment und Schluss.
In vielen Novellen findets sich auch ein Leitmotiv, ein sogenanntes Dingsymbol. Dies ist z. B. ein Gegenstand oder ein Element, das durch die gesamte Novelle immer wieder vorkommt und aufgegriffen wird und so die einzelnen Teile der Handlung oder Figurenschicksale in einer Novelle miteinander verknüpft.

> ● Wiederholen und üben: Merkmale von Novellen kennen S. 123, Aufgaben 5 und 6

2 Entnehmt dem Sachtext die Merkmale und Besonderheiten der Textsorte Novelle.

3 Weist nach, inwiefern die Novelle von Boccaccio die typischen Merkmale einer Novelle besitzt. Übernehmt dazu folgende Übersicht und ergänzt sie:

Merkmale einer Novelle	Boccaccio: Falkennovelle
Erzählung mittleren Umfangs	...
„unerhörte Begebenheit" (Goethe)	...

S.343 Eine Hilfekarte findet ihr auf S. 343.

Rund um Novellen – Novellen lesen und vorstellen

1 | Ordnet die Abbildungen der Cover und die Klappentexte einander zu. Klärt mithilfe des jeweiligen Covers und Klappentextes, worum es in den einzelnen Novellen geht. Welche der Novellen interessiert euch am meisten? Begründet eure Meinung.

A Sali und Vrenchen, die Kinder zerstrittener Bauern, entdecken ihre Liebe zueinander und entfliehen der hoffnungslosen Situation für die Dauer eines Tages. Als der Morgen graut, wählen sie den gemeinsamen Freitod. Die tragische Geschichte um einen aussichtslosen Rechtsstreit, der die Eltern des Liebespaares ruiniert und ins Unglück stürzt, entscheidet so auch das Schicksal der nachfolgenden Generation. Anregung für Kellers berühmte Novelle war nicht hauptsächlich die Tragödie „Romeo und Julia" von Shakespeare, sondern eine Meldung in der Züricher ‚Freitagszeitung' vom 3. September 1847 über den gemeinsamen Selbstmord eines Liebespaares bei Leipzig.

B Hauke Haien ist ein Mann des Fortschritts und baut einen modernen Deich. Das ehrgeizige Projekt weckt jedoch den Aberglauben der Dorfbewohner, die hinter dem neuartigen Damm Unglück wittern. Schon bald sehen sie in Hauke und seinem weißen Pferd einen gespenstischen Schimmelreiter, die Verkörperung des Dämonischen, der Unglück über das Dorf bringen wird ...

C Kellers Novelle erzählt die Geschichte des arbeitslosen Schneidergesellen Wenzel Strapinski, der aufgrund eines Missverständnisses für einen Grafen gehalten wird. Der sprichwörtlich gewordene Titel ‚Kleider machen Leute' nimmt die Oberflächlichkeit der Gesellschaft kritisch unter die Lupe. Es sind nicht die inneren Werte, welche als Bewertungsgrundlage dienen, sondern die äußeren Zeichen des Wohlstandes. Doch die Gestaltung eines harmonischen Endes stimmt dennoch versöhnlich.

D Ein Jäger kauft einem Betrunkenen für zwölf Flaschen „Krambambuli"-Schnaps einen edlen Jagdhund ab und bleut dem Tier gewaltsam ein, dass es von nun an nur noch ihm zu gehorchen habe. Als er den früheren Besitzer des Hundes beim Wildern ertappt, rennt der Hund irritiert zwischen den beiden Männern hin und her, bis er sich für den Wilderer entscheidet – der im nächsten Augenblick vom Jäger erschossen wird ...
Marie von Ebner-Eschenbachs Novelle gilt als eine der populärsten deutschen Tiergeschichten. Es geht um den Konflikt zwischen einem Jäger und einem Wilderer, also zwischen einem Vertreter des Gesetzes und einem Outlaw.

E Unter einer Buche im Wald wird der jüdische Händler Aaron tot aufgefunden. Verdächtig verhält sich der labile und sozial auffällige Friedrich Mergel ...
Die Kriminalgeschichte um den jungen Friedrich, seinen geheimnisvollen Doppelgänger und rätselhafte Verbrechen ist eine der berühmtesten Erzählungen der deutschen Literatur. Mit psychologischem Spürsinn und der Kraft hoher Poesie beleuchtet Annette von Droste-Hülshoff die Abgründe der menschlichen Natur.

F Ein paar Gesten, Blicke, eine unabsichtliche Berührung – das genügt, um den Funken zwischen Stella Petersen und ihrem Schüler Christian zu entzünden. Ihre heimliche Liebe dauert nur einen Sommer lang: Die junge Lehrerin kommt bei einem Segelunfall ums Leben. Während bei der Trauerfeier in der Aula ehrende Worte gesprochen werden, starrt Christian auf ihr Foto und erinnert sich.

G Der Schweizer Fabrikerbe Preising wird in einem tunesischen Oasenresort zur Hochzeit reicher, junger Engländer aus der Londoner Finanzwelt eingeladen. Während die Festgesellschaft sich in ihren Betten noch von den Strapazen des ausschweifenden Festes erholt, verkündet England den Staatsbankrott. Und mit gesperrten Kreditkarten, in der Wüste gestrandet, plötzlich überschuldet und arbeitslos geworden, scheint es nur ein kurzer Schritt zurück in die Barbarei. Spannend, klug konstruiert, durchaus auch komisch, mit unvergesslichen Bildern und einer reichen, beweglichen Sprache erzählt, seziert dieses Buch menschliche Schwächen und zielt dabei mitten ins Herz der Gegenwart.

H Auf einer Schiffsreise von New York nach Buenos Aires werden die Passagiere Zeugen eines unglaublichen Ereignisses: Der unbekannte und zurückhaltende Dr. B. schlägt den bislang unbesiegten Weltmeister Mirko Czentovic in einer Schachpartie. Doch zu aller Überraschung weigert sich Dr. B., noch einmal gegen Czentovic anzutreten. Erinnerungen an seine Vergangenheit werden in ihm wach, an seine Inhaftierung durch die Gestapo. Damals rettete ihm Schach das Leben …

2 Durchstarten: So könnt ihr weiterarbeiten:

a Recherchiert im Internet zu einer Novelle. Stellt den anderen weitere interessante Einzelheiten vor, die ihr zu eurer Novelle gefunden habt.

b Lest alleine oder zu zweit eine der Novellen. Ihr könnt auch nach einer anderen Novelle recherchieren, die ihr vorstellen wollt. Stellt den anderen eure Novelle vor, indem ihr z. B. Schaubilder entwickelt und bei eurer Novellenvorstellung einsetzt. Ihr solltet die anderen insbesondere über die folgenden Punkte eurer Novelle informieren:
- Wie ist die Handlung der Novelle aufgebaut? Gibt es eine Rahmenhandlung sowie besondere Höhe- und Wendepunkte?
- Wie ist die Hauptfigur in eurer Novelle charakterisiert und welche besonderen Ereignisse erlebt sie?
- Mit welchen Figuren steht sie in besonderen Beziehungen und wie entwickeln sich diese?
- Um welches „unerhörte Ereignis" geht es in der Novelle?
- Welche besonderen Leitsymbole bzw. -motive besitzt die Novelle und welche Bedeutung haben diese?

Alles klar? – Wiederholen und üben

Eine Novelle kennen

1 Entscheide, ob die folgenden Aussagen zu der Falkennovelle von Giovanni Boccaccio richtig oder falsch sind. Korrigiere die falschen Aussagen:
a) Federigo stammt aus einfachen Verhältnissen.
b) Die Liebe zu Giovanna kostet Federigo sein Vermögen und lässt ihn verarmen.
c) Er zieht auf ein kleines Landgut nach Venedig.
d) Giovannas Sohn lernt Federigo kennen und hat dabei oft die Gelegenheit, ihn bei der Jagd im Wald zu begleiten.
e) Giovanna hört davon, dass Fedrigo in der Nähe lebt, und will ihn deshalb auf seinem Anwesen besuchen.
f) Federigo freut sich sehr über den Besuch Giovannas und bedauert sehr, sie nicht angemessen bewirten zu können.
g) Federigo kommt der Bitte Giovannas, ihr den Falken zu schenken, nicht nach, weil er seinen Falken zu sehr liebt und sich nicht von ihm trennen kann.
h) Der Sohn Giovannas stirbt, weil er den Falken nicht bekommen hat.
i) Giovanna wundert sich noch lange, warum Federigo ihr den Falken nicht gegeben hat.
j) Auf Drängen ihrer Brüder heiratet Giovanna am Ende Federigo doch noch, damit sie nicht ohne Mann leben muss.

2 Vergleicht eure Lösungen der Aussagen von Aufgabe 1 und korrigiert sie eventuell.

3 Zeichne ein Bild, in dem du darstellst, um welche „unerhörte Begebenheit" (Goethe) es in der Falkennovelle geht. Erläutere anschließend dein Bild mithilfe eines Textes.

4 Entwickle mögliche Aussageabsichten der Falkennovelle. So kannst du dabei vorgehen:
• Wähle zwischen den folgenden Deutungen von Schülerinnen und Schülern die aus, die deiner Meinung nach am ehesten zutrifft oder die deiner Meinung nach am ehesten nicht zutrifft. Begründe deine Meinung.

„Meiner Meinung nach zeigt die Novelle, wie schwer es ist, trotz aller guten Vorsätze wirklich das Richtige zu tun."

„Vielleicht soll die Novelle dem Leser auch zeigen, dass sich solche edlen Motive wie das Festhalten an der eigenen Tugend und Opferbereitschaft, wie Federigo sie zeigt, letztlich im Leben immer auszahlen."

> „Die Novelle führt dem Leser auch vor Augen, dass man nicht weiß, was aus dem eigenen Handeln entsteht, auch wenn man die besten Absichten hat."

> „Für mich ist das Wichtigste an der Novelle, dass es sich immer lohnt, ohne Wenn und Aber an seinen Träumen festzuhalten."

Merkmale von Novellen kennen

5 Sucht die Aussagen heraus, die auf die Textsorte Novelle zutreffen. Korrigiert die Aussagen, die nicht zutreffen.
a) Eine Novelle ist eine durchaus umfangreiche Erzählung.
b) In einer Novelle kommen in der Regel keine Hexen und Zauberer vor.
c) Im Mittelpunkt der Novelle steht immer eine ungewöhnliche Begebenheit.
d) Meistens treten in Novellen eine Vielzahl von Haupt- und Nebenfiguren auf.
e) Durch die straffe Handlung und die Konzentration auf ein Hauptgeschehen ähnelt die Novelle auch dem Drama.
f) Die Novelle gehört wie die Kurzgeschichte zur Epik.
g) Die Bezeichnung Novelle bedeutet so viel wie kurze Geschichte.
h) In vielen Novellen findet sich ein Leitmotiv, ein sogenanntes Dingsymbol.
i) Im Gegensatz zu Märchen könnte sich das erzählte Geschehen einer Novelle prinzipiell in der Wirklichkeit ereignen.
j) Typisch für eine Novelle ist der unvermittelte Anfang, ohne Einleitung.

6 Ergänze die folgende Lernbox mithilfe der Begriffe in dem Wortspeicher und übernimm sie in dein Heft:

> Falkennovelle • Erzählung • Leitmotiv • mittleren Umfangs • Dingsymbol • gesamte Novelle • Dingsymbol • Novelle • Falke • geradlinig • Rahmenhandlung • ungewöhnlichen • kurze • geschlossene

Das brauchst du immer wieder – Das musst du wissen

Die Novelle

Boccaccios ■■ ist – wie der Titel schon sagt – eine ■■. Als Novelle (lat.: novus = neu) bezeichnet man eine Erzählung ■■, die von einem ■■ Ereignis berichtet. Die Novelle konzentriert sich auf die Darstellung dieses Ereignisses; sie besitzt eine meist ■■ Form; d. h., sie weist oft eine ■■ Einleitung auf und führt dann ■■ zum Ende. Häufig ist die eigentliche Geschichte in eine ■■ eingebettet.
In vielen Novellen findet sich ein ■■, ein sogenanntes ■■, das sich durch die ■■ zieht und die Handlungsteile oder Schicksale der Figuren miteinander verknüpft. Ein berühmtes Beispiel für ein solches ■■ ist der ■■ in Boccaccios ■■.

Dieses Buch soll über eine Generation berichten, die vom Krieg zerstört wurde. – Romane, Kurzgeschichten und Parabeln erschließen

Die Geschichte der letzten Jahrhunderte und insbesondere des 20. Jahrhunderts mit seinen Weltkriegen, dem Nahostkonflikt und den Kriegen in Syrien und dem Irak ist geprägt von vielen Konflikten und Auseinandersetzungen. In vielen Texten haben sich deshalb auch Schriftsteller damit beschäftigt, was der Krieg für die Menschen bedeutet und was er aus ihnen macht.

Einige dieser Texte könnt ihr in diesem Kapitel lesen und kennenlernen. Weiter lernt ihr in diesem Kapitel:

- Erzähltexte inhaltlich und sprachlich zu untersuchen und sie im Zusammenhang mit ihrer Entstehungszeit zu deuten,
- Schlüsselstellen eines Romans zu analysieren,
- eine Kurzgeschichte zu erschließen,
- die Textsorte Parabel sowie ihre Merkmale kennen,
- Parabeln zu deuten sowie
- Textanalysen zu planen und zu verfassen.

Deutscher Soldat während des Ersten Weltkrieges (1914 – 1918)

Deutschland nach dem Zweiten Weltkrieg (1939 – 1945)

Kriege 2018

Im Jahr 2018 zählte das Heidelberger Institut für Internationale Konfliktforschung **372 Konflikte weltweit**, 213 davon wurden gewaltsam ausgetragen. Folgende erreichten die höchste Intensitätsstufe eines Krieges:

❶ Mexiko	Drogenkartelle - Armee	❽ Äthiopien	interethnische Konflikte
❷ Nigeria	Bauern - Nomaden	❾ Türkei	Regierung - PKK/TAK
❸ Kamerun, Tschad, Niger, Nigeria	islamistische Sekte Boko Haram	❿ Somalia, Kenia	Islamistische Miliz Al-Shabaab - Regierung
❹ Libyen	Opposition - Regierung	⓫ Syrien, Irak	Terrormiliz Islamischer Staat - Regierung
❺ Zentralafrik. Republik	Rebellenallianz Ex-Séléka - christliche Anti-Balaka-Gruppen	⓬ Syrien	Opposition - Regierung
		⓭	Konflikte innerhalb der Opposition
❻ Sudan	Darfur: Rebellen - Milizen - Armee	⓮	Afrin: Regierung, türk. Truppen - Kurden
❼ Ägypten	Sinai: Regierung - militante sunnitische Gruppen	⓯ Jemen, Saudi-Arabien	Huthi-Milizen - Regierung
		⓰ Afghanistan	Taliban, andere militante Gruppen - Regierung

Quelle: Heidelberger Institut für Internationale Konfliktforschung

© Globus 13069

Syrische Kriegsflüchtlinge (2015)

Ostermarsch in Hamburg

1 | Der Krieg hat viele Gesichter. Was verdeutlichen die einzelnen Bilder jeweils darüber, was Krieg bedeutet und welche Folgen er für die Menschen hat?

Erich Maria Remarque: Im Westen nichts Neues – sich mit einem Roman über den Ersten Weltkrieg auseinandersetzen

Der Erste Weltkrieg – den Hintergrund eines Romans kennenlernen

Erich Maria Remarque 1931 in Davos (Schweiz)

Erich Maria Remarque wurde 1898 geboren und starb 1970. Er erlebte den Ausbruch des Ersten Weltkriegs im Jahre 1914 als Sechzehnjähriger mit. Im Sommer 1916 wurde Remarque als Soldat eingezogen. Dort kämpfte er im Schützengraben in dem Stellungskrieg. Nach wenigen Wochen wurde er durch Granatsplitter schwer verletzt und musste für lange Zeit ins Lazarett.

Seine Erfahrungen mit dem Ersten Weltkrieg verarbeitete er in seinem berühmten Roman „Im Westen nicht Neues", der 1928 zunächst in einer Zeitung als Fortsetzungsroman abgedruckt wurde und 1929 in Buchform erschien. Der Roman Remarques gilt bis heute als einer der bedeutendsten Antikriegsromane. Mit der Machtergreifung der Nationalsozialisten im Jahre 1933 floh Remarque zunächst ins Exil in die Schweiz und siedelte später zu Beginn des Zweiten Weltkriegs (1939 – 1945) in die USA über.

In seinem Roman „Im Westen nichts Neues" erzählt Remarque, was die Generation des jugendlichen Ich-Erzählers Paul Bäumer als Soldaten im Ersten Weltkrieg an der Westfront erlebt hat. In der sogenannten „Vorrede" sagt Remarque über die Aussageabsichten seines Romans: „Dieses Buch [...] soll nur den Versuch machen,/über eine Generation zu berichten,/die vom Krieg zerstört wurde –/auch wenn sie seinen Granaten entkam."

1 Lest die Informationen zu Erich Maria Remarques Leben und zu seinem Roman „Im Westen nichts Neues". Was erfahrt ihr über den Hintergrund des Romans und darüber, worum es in dem Roman geht?

2 Beschreibt die Fotos. Was zeigen Sie über den Ersten Weltkrieg und das Leben der damaligen Soldaten?

3 Bezieht die Fotos auf den Informationstext über Remarque und seinen Roman.

4 Zeigt an den einzelnen Fotos, mit welchen Erwartungen die Generation Remarques wohl in den Ersten Weltkrieg gezogen ist und was sie dann als Soldaten erlebt hat.

5 Erläutert aufgrund der Fotos und den Informationen zu Remarques Leben sowie zu seinem Roman die Aussage Remarques zu seinem Roman:

„Dieses Buch [...] soll nur den Versuch machen,/über eine Generation zu berichten,/die vom Krieg zerstört wurde –/auch wenn sie seinen Granaten entkam."

Patricia Drewes (geb. 1972)
Der Erste Weltkrieg (1914 – 1918)

Für uns ist es heute schwer vorstellbar, dass ein Krieg mit Hurra-Rufen begrüßt wird. Im August 1914 war jedoch genau das der Fall. Fotografien aus dem August 1914 zeigen überall in Europa Menschen, die den Beginn des Krieges feierten. Diese Menschen waren überzeugt davon, in ein paar Wochen oder Monaten wie-
5 der zu Hause zu sein, und glaubten daran, dass ihr Land nach dem Krieg besser dastehen würde als vorher.
Bereits vor 1914 standen sich die Großmächte Deutschland, Österreich-Ungarn, Frankreich, Russland und Großbritannien verfeindet gegenüber. Auslöser für die weltweite Katastrophe war ein Attentat in der bosnischen Hauptstadt Sarajevo.
10 Das Land Bosnien war 1908 von Österreich-Ungarn gewaltsam in seinen Besitz gebracht worden. Als der österreichische Erzherzog Franz Ferdinand und seine Frau Sophie am 28. Juni 1914 die bosnische Hauptstadt Sarajevo besuchten, wurden sie von einem serbischen Studenten erschossen. Dieser Student wollte mit seinem Attentat auf die Unterdrückung der Serben in Österreich-Ungarn auf-
15 merksam machen, das damals ein buntes Sammelsurium an Völkern war, die nach Unabhängigkeit strebten. Das Attentat führte zu gegenseitigen Kriegserklärungen und zu Beginn des Krieges standen Deutschland und Österreich-Ungarn als Bündnispartner Russland, Frankreich und Großbritannien gegenüber.
Bereits Anfang September 1914 wurde der deutsche Vormarsch im Westen an
20 dem Fluss Marne gestoppt und auch an der Ostfront bewegten sich die Truppen nach August 1914 kaum noch. Die Soldaten kämpften in einem sogenannten Stellungskrieg, bei dem sie ihre Front vom Schützengraben aus zu verteidigen versuchten. Es wurde fortwährend mit hohen Verlusten gekämpft und neben Artillerie, Panzern, Flugzeugen und U-Booten wurde auch tödliches Giftgas eingesetzt.
25 Der Erste Weltkrieg war der erste Krieg, bei dem die technische Ausrüstung eine wichtige Rolle spielte.
Mit dem Kriegseintritt der USA im April 1917 auf der Seite der Gegner Deutschlands verschärfte sich die Situation für Deutschland und Österreich-Ungarn. Im Frühjahr 1918 scheiterte ein letzter großer Angriff der Deutschen in Frankreich
30 und im Herbst 1918 gaben die Anführer des deutschen Militärs zu, dass der Krieg nicht mehr zu gewinnen war. Am 11. November 1918 unterzeichneten deutsche Politiker in Frankreich einen Waffenstillstand.
Für viele Deutsche war das schwer nachvollziehbar. Die meisten deutschen Städte waren nicht zerstört, während viele Landstriche in Frankreich und Belgien
35 völlig verwüstet waren. Während des Ersten Weltkriegs kamen weltweit nahezu 9 Millionen Soldaten ums Leben (das sind pro Tag etwa 6 000 Soldaten), doppelt so viele wurden verwundet. Hinzu kommen acht Millionen Menschen, die durch Hunger oder Krankheit ihr Leben verloren.

1 Entnehmt dem Text die wichtigsten Informationen. Eine Hilfekarte findet ihr auf S. 343 f.

2 Ordnet den Fotos auf S. 126 – 127 einzelne Informationen aus dem Text zu.

3 Erklärt zusammenfassend, welche besondere Bedeutung der Erste Weltkrieg hatte.

4 Nehmt Stellung dazu, inwieweit ihr aufgrund der bisherigen Beschäftigung mit dem Hintergrund des Romans den Roman gerne lesen würdet und was ihr von dem Roman erwartet. Ihr könnt eure Meinung auch schriftlich darlegen und begründen.

„Wir sind gefühllose Tote ..." – die Darstellung des Krieges beschreiben und deuten

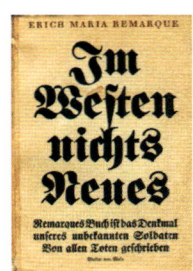

Die Hauptfigur des Romans „Im Westen nichts Neues" von Erich Maria Remarque ist der junge Paul Bäumer. Wie viele seiner Schulkameraden ist Paul direkt von der Schule zum Kriegseinsatz als Soldat an die Westfront einberufen worden. Pauls Kompanie befindet sich im Schützengraben an der Front. Sie harren dort seit drei Tagen unter starkem Artilleriefeuer der französischen Soldaten aus und erwarten den Angriff der Franzosen. Der folgende Romanauszug setzt mit dem Beginn dieses Angriffs der Franzosen auf die Stellungen von Pauls Kompanie ein:

Erich Maria Remarque (1898 – 1970)
Im Westen nichts Neues (Kapitel 6, Auszug)

Mit einem Male hören die nahen Einschläge auf. Das Feuer dauert an, aber es ist zurückverlegt, unser Graben ist frei. Wir greifen nach den Handgranaten, werfen sie vor den Unterstand und springen hinaus. Das Trommelfeuer[1] hat aufgehört, dafür liegt hinter uns ein schweres Sperrfeuer[2]. Der Angriff ist da.

Niemand würde glauben, dass in dieser zerwühlten Wüste noch Menschen sein könnten; aber jetzt tauchen überall aus dem Graben die Stahlhelme auf, und fünfzig Meter von uns entfernt ist schon ein Maschinengewehr in Stellung gebracht, das gleich losbellt.

Die Drahtverhaue[3] sind zerfetzt. Immerhin halten sie noch etwas auf. Wir sehen die Stürmenden kommen. Unsere Artillerie funkt. Maschinengewehre knarren, Gewehre knattern. Von drüben arbeiten sie sich heran. Haie und Kropp[4] beginnen mit den Handgranaten. Sie werfen, so rasch sie können, die Stiele werden ihnen abgezogen zugereicht. Haie wirft sechzig Meter weit,

---
[1] Trommelfeuer: massiver Artilleriebeschuss eines größeren Gebiets
[2] Sperrfeuer: Artilleriebeschuss eines begrenzten Gebiets, um den Gegner von einem bestimmten Gebiet abzusperren (z. B. um den Nachschub des Gegners zu verhindern)
[3] Verhau: Hindernis, das der Verteidigung dient
[4] Haie und Kropp: Freunde des Ich-Erzählers

Kropp fünfzig, das ist ausprobiert und wichtig. Die von drüben können im Laufen nicht viel eher etwas machen, als bis sie auf dreißig Meter heran sind.

Wir erkennen die verzerrten Gesichter, die flachen Helme, es sind Franzosen. Sie erreichen die Reste des Drahtverhaus und haben schon sichtbare Verluste. Eine ganze Reihe wird von dem Maschinengewehr neben uns umgelegt; dann haben wir viele Ladehemmungen, und sie kommen näher.

Ich sehe einen von ihnen in einen spanischen Reiter[1] stürzen, das Gesicht hoch erhoben. Der Körper sackt zusammen, die Hände bleiben hängen, als wollte er beten. Dann fällt der Körper ganz weg, und nur noch die abgeschossenen Hände mit den Armstümpfen hängen im Draht.

Im Augenblick, als wir zurückgehen, heben sich vorn drei Gesichter vom Boden. Unter einem der Helme ein dunkler Spitzbart und zwei Augen, die fest auf mich gerichtet sind. Ich hebe die Hand, aber ich kann nicht werfen in diese sonderbaren Augen, einen verrückten Moment lang rast die ganze Schlacht wie ein Zirkus um mich und diese beiden Augen, die allein bewegungslos sind, dann reckt sich drüben der Kopf auf, eine Hand, eine Bewegung, und meine Handgranate fliegt hinüber, hinein.

Wir laufen zurück, reihen spanische Reiter in den Graben und lassen abgezogene Handgranaten hinter uns fallen, die uns einen feurigen Rückzug sichern. Von der nächsten Stellung aus feuern die Maschinengewehre.

Aus uns sind gefährliche Tiere geworden. Wir kämpfen nicht, wir verteidigen uns vor der Vernichtung. Wir schleudern die Granaten nicht gegen Menschen, was wissen wir im Augenblick davon, dort hetzt mit Händen und Helmen der Tod hinter uns her, wir können ihm seit drei Tagen zum ersten Male ins Gesicht sehen, wir können uns seit drei Tagen zum ersten Male wehren gegen ihn, wir haben eine wahnsinnige Wut, wir liegen nicht mehr ohnmächtig wartend auf dem Schaffott[2], wir können zerstören und töten, um uns zu retten und zu rächen.

Wir hocken hinter jeder Ecke, hinter jedem Stacheldrahtgestell und werfen den Kommenden Bündel von Explosionen vor die Füße, ehe wir forthuschen. Das Krachen der Handgranaten schießt kraftvoll in unsere Arme, in unsere Beine, geduckt wie Katzen laufen wir, überschwemmt von dieser Welle, die uns trägt, die uns grausam macht, zu Wegelagerern, zu Mördern, zu Teufeln meinetwegen, dieser Welle, die unsere Kraft vervielfältigt in Angst und Wut und Lebensgier, die uns Rettung sucht und erkämpft. Käme dein Vater mit denen drüben, du würdest nicht zaudern, ihm die Granate gegen die Brust zu werfen!

Die vorderen Gräben werden aufgegeben. Sind es noch Gräben? Sie sind zerschossen, vernichtet – es sind nur einzelne Grabenstücke, Löcher, verbunden durch Laufgänge, Trichternester, nicht mehr. Aber die Verluste derer von drüben häufen sich. Sie haben nicht mit so viel Widerstand gerechnet.

Es wird Mittag. Die Sonne brennt heiß, uns beißt der Schweiß in die Augen, wir wischen ihn mit dem Ärmel weg, manchmal ist Blut dabei. Der erste etwas besser erhaltene Graben taucht auf. Er ist besetzt und vorbereitet zum Gegenstoß, er nimmt uns auf. Unsere Artillerie setzt mächtig ein und riegelt den Vorstoß ab.

Die Linien hinter uns stocken. Sie können nicht vorwärts. Der Angriff wird zerfetzt durch unsere Artillerie. Wir lauern. Das Feuer springt hundert Meter weiter, und wir brechen wieder vor. Neben mir wird einem Gefreiten der Kopf abgeris-

---

[1] spanische Reiter: spezielle Art der Barriere, die der Verteidigung dient
[2] Schaffott: ein erhöhter Ort für Hinrichtungen

sen. Er läuft noch einige Schritte, während das Blut ihm wie ein Springbrunnen aus dem Halse schießt. Es kommt nicht ganz zum Handgemenge, die andern müssen zurück. Wir erreichen unsere Grabenstücke wieder und gehen darüber hinaus vor.

Oh, dieses Umwenden! Man hat die schützenden Reservestellungen erreicht, man möchte hindurchkriechen, verschwinden; – und muss sich umdrehen und wieder in das Grauen hinein. Wären wir keine Automaten in diesem Augenblick, wir blieben liegen, erschöpft, willenlos. Aber wir werden wieder mit vorwärtsgezogen, willenlos und doch wahnsinnig wild und wütend, wir wollen töten, denn das dort sind unsere Todfeinde jetzt, ihre Gewehre und Granaten sind gegen uns gerichtet, vernichten wir sie nicht, dann vernichten sie uns!

Die braune Erde, die zerrissene, zerborstene braune Erde, fettig unter den Sonnenstrahlen schimmernd, ist der Hintergrund rastlos dumpfen Automatentums, unser Keuchen ist das Abschnarren der Feder, die Lippen sind trocken, der Kopf ist wüster als nach einer durchsoffenen Nacht – so taumeln wir vorwärts, und in unsere durchsiebten, durchlöcherten Seelen bohrt sich quälend eindringlich das Bild der braunen Erde mit der fettigen Sonne und den zuckenden und toten Soldaten, die da liegen, als müsste es so sein, die nach unsern Beinen greifen und schreien, während wir über sie hinwegspringen.

Wir haben alles Gefühl füreinander verloren, wir kennen uns kaum noch, wenn das Bild des andern in unseren gejagten Blick füllt. Wir sind gefühllose Tote, die durch einen Trick, einen gefährlichen Zauber noch laufen und töten können.

[...]

Plötzlich geraten wir in der Verfolgung an die feindlichen Stellungen.

Wir sind so dicht hinter den weichenden Gegnern, dass es uns gelingt, fast gleichzeitig mit ihnen anzulangen. Dadurch haben wir wenig Verluste. Ein Maschinengewehr klafft, wird aber durch eine Handgranate erledigt. Immerhin haben die paar Sekunden für fünf Bauchschüsse bei uns ausgereicht. Kat schlägt einem der unverwundet gebliebenen Maschinengewehrschützen mit dem Kolben das Gesicht zu Brei. Die andern erstechen wir, ehe sie ihre Handgranaten heraus haben. Dann saufen wir durstig das Kühlwasser aus.

Überall knacken Drahtzangen, poltern Bretter über die Verhaue, springen wir durch die schmalen Zugänge in die Gräben. Haie stößt einem riesigen Franzosen seinen Spaten in den Hals und wirft die erste Handgranate; wir ducken uns einige Sekunden hinter einer Brustwehr, dann ist das gerade Stück des Grabens vor uns leer. Schräg über die Ecke zischt der nächste Wurf und schafft freie Bahn, im Vorbeilaufen fliegen geballte Ladungen in die Unterstände, die Erde nickt, es kracht, dampft und stöhnt, wir stolpern über glitschige Fleischfetzen, über weiche Körper, ich falle in einen zerrissenen Bauch, auf dem ein neues, sauberes Offizierskäppi liegt.

Das Gefecht stockt. Die Verbindung mit dem Feinde reißt ab. Da wir uns hier nicht lange halten können, werden wir unter dem Schutze unserer Artillerie zurückgenommen auf unsere Stellung. [...]

Wir kommen gut zurück. Es erfolgt vorläufig kein weiterer Angriff von drüben. Über eine Stunde liegen wir, keuchen und ruhen uns aus, ehe jemand spricht. [...]

Erst allmählich werden wir wieder so etwas wie Menschen.

1 In diesem Abschnitt wird der Verlauf eines Angriffs auf drastische Weise geschildert. Tauscht euch über eure Eindrücke und Gefühle nach dem ersten Lesen aus.

2 Untersucht im ersten Teil des Textauszugs (Z. 1–57) die Darstellung der Kampfhandlungen und den Zustand der Soldaten. Geht dabei so vor:
- Arbeitet heraus, wie der Angriff verläuft (= äußere Handlung).
- Arbeitet heraus, in welchem Zustand sich die Soldaten dabei befinden (= innere Handlung).
- Haltet die Ergebnisse eurer Textuntersuchung übersichtlich fest. Übernehmt dazu die folgende Tabelle und ergänzt sie.

Textabschnitt	Äußere Handlung: Darstellung des Krieges	Innere Handlung: Zustand und Situation der Soldaten
Z. 1–20	– Ende des Trommelfeuers und Beginn des Angriffs – Abwehr durch Werfen von Handgranaten	– Keine Angst – Kriegsroutine
Z. 21–35	– …	– …
Z. 36–57	– …	– …

3 Untersucht in dem zweiten Teil des Textauszugs (ab Z. 58) die sprachlichen Bilder, die verwendet werden, um die Kampfhandlungen zu beschreiben. Geht dabei so vor:
- Wiederholt, welche verschiedenen Arten von sprachlichen Bildern ihr bereits kennt. Lest dazu die Lernboxen auf S. 220 und 240.
- Sucht aus dem Text die sprachlichen Bilder heraus, mit denen das Kampfgeschehen oder die Soldaten beschrieben werden, und deutet sie.
- Haltet eure Ergebnisse in Form einer Tabelle fest.

Zitat (mit Zeilenangabe)	Art des sprachlichen Bildes	Deutung
„Die Sonne brennt heiß, uns beißt der Schweiß in den Augen" (Z. 58)	Personifikation	Verdeutlichung des körperlichen Ausnahmezustands
…	…	…

 Eine Hilfekarte findet ihr auf Seite 344.

4 Erklärt, was der Erzähler meint, wenn er die Soldaten als „Automaten" (Z. 71) bezeichnet. Belegt eure Aussagen mit weiteren Textstellen.

5 Fasse zusammen, wie der Autor den Krieg in diesem Romanauszug darstellt, und erläutere, welche Wirkung damit auf den Leser erzielt wird.

6 Lest die Lernbox auf S. 30:
- Erklärt dann zunächst mit euren Worten, warum man zwischen Autor und Erzähler unterscheiden muss.
- Beschreibt dann die Erzählperspektive, Erzählform und das Erzählverhalten in dem Romanauszug.
- Erläutert anschließend die Wirkung dieser Erzähltechnik auf den Leser und erklärt, welche Aussageabsichten durch diese Erzähltechnik unterstützt werden.

7 Durchstarten! So könnt ihr weiterarbeiten:

a Suche drei sprachliche Bilder aus dem Textauszug heraus und deute sie.

b „Erst allmählich werden wir wieder so etwas wie Menschen." (Z. 110)
Erläutere die Bedeutung des letzten Satzes des Romanauszugs. Belege deine Deutung mit weiteren Textstellen.

c Verfasse eine schriftliche Textanalyse zu dem Romanauszug. Gehe dabei so vor:
- Verfasse eine Einleitung, in der du Titel, Autor und Thema des Romans nennst.
- Gib den Inhalt des Textauszugs in eigenen Worten wieder.
- Erläutere anhand von einzelnen Textstellen, wie sich die Kampfhandlungen auf die jungen Soldaten auswirken. Gehe dabei auch auf einzelne sprachliche Bilder ein, mit denen der Zustand der Soldaten verdeutlicht wird.
- Fasse abschließend zusammen, warum der Krieg so dargestellt wird.

„Ich verspreche es dir, Kamerad." – Eine Schlüsselstelle eines Romans analysieren

Erich Maria Remarque (1898 – 1970)
Im Westen nichts Neues (Kapitel 9, Auszug)

Paul nimmt mit einigen anderen Soldaten an einer Patrouille teil, die feststellen soll, wie weit die feindlichen Stellungen von den eigenen Schützengräben entfernt sind. Dabei werden sie von einem Angriff der Franzosen überrascht. Während dieses Angriffs wird Paul von den anderen Soldaten seiner Patrouille getrennt. Auf sich allein gestellt, versteckt er sich in einem Bombentrichter. Bei der nächsten Angriffswelle plant Paul, sich tot zu stellen. Er hofft so, den Angriff der Franzosen zu überleben, um dann irgendwie zu seiner Kompanie zurückzufinden. In dieser verzweifelten Situation Pauls setzt die Handlung des folgenden Romanauszuges ein:

133

Deutsche Sodaten im Trichter einer 28-cm-Granate

Ich habe nur noch einen zersprengenden Gedanken: Was tust du, wenn jemand in deinen Trichter springt? – Jetzt zerre ich rasch den kleinen Dolch heraus, fasse ihn fest und verberge ihn mit der Hand wieder im Schlamm. Ich werde sofort losstechen, wenn jemand hereinspringt, hämmerte es mir in meiner Stirn, sofort die Kehle durchstoßen, damit er nicht schreien kann, es geht nicht anders, er wird ebenso erschrocken sein wie ich, und schon vor Angst werden wir übereinander herfallen, da muss ich der Erste sein. […]

Es ist noch etwas heller geworden. An mir vorüber hasten Schritte. Die ersten. Vorbei. Wieder andere. Das Knarren der Maschinengewehre wird eine ununterbrochene Kette. Gerade will ich mich etwas umdrehen, da poltert es, und schwer und klatschend fällt ein Körper zu mir in den Trichter, rutscht ab, liegt auf mir – Ich denke nichts, ich fasse keinen Entschluss – ich stoße rasend zu und fühle nur, wie der Körper zuckt und dann weich wird und zusammensackt. Meine Hand ist klebrig und nass, als ich zu mir komme. Der andere röchelt. Es scheint mir, als ob er brüllt, jeder Atemzug ist wie ein Schrei, ein Donnern – aber es sind nur meine Adern, die so klopfen. Ich möchte ihm den Mund zuhalten, Erde hineinstopfen, noch einmal zustechen, er soll still sein, er verrät mich; doch ich bin schon so weit zu mir gekommen und auch so schwach plötzlich, dass ich nicht mehr die Hand gegen ihn heben kann.

So krieche ich in die entfernteste Ecke und bleibe dort, die Augen starr auf ihn gerichtet, das Messer umklammert, bereit, wenn er sich rührt, wieder auf ihn loszugehen – aber er wird nichts mehr tun, das höre ich schon an seinem Röcheln. […]

Diese Stunden. – Das Röcheln setzt wieder ein – wie langsam stirbt doch ein Mensch! Denn das weiß ich: Er ist nicht zu retten. Ich habe zwar versucht, es mir auszureden, aber mittags ist dieser Vorwand vor seinem Stöhnen zerschmolzen, zerschossen. Wenn ich nur meinen Revolver nicht beim Kriechen verloren hätte, ich würde ihn erschießen. Erstechen kann ich ihn nicht.

Mittags dämmere ich an der Grenze des Denkens dahin. Hunger zerwühlt mich, ich muss fast weinen darüber, essen zu wollen, aber ich kann nicht dagegen ankämpfen. Mehrere Male hole ich dem Sterbenden Wasser und trinke auch selbst davon.

Es ist der erste Mensch, den ich mit meinen Händen getötet habe, den ich genau sehen kann, dessen Sterben mein Werk ist. […]

Das Schweigen dehnt sich. Ich spreche und muss sprechen. So rede ich ihn an und sage es ihm. „Kamerad, ich wollte dich nicht töten. Sprängst du noch einmal hier hinein, ich täte es nicht, wenn auch du vernünftig wärest. Aber du warst mir vorher nur ein Gedanke, eine Kombination, die in meinem Gehirn lebte und einen Entschluss hervorrief – diese Kombination habe ich erstochen. Jetzt sehe ich erst, dass du ein Mensch bist wie ich. Ich habe gedacht an deine Handgranaten, an dein Bajonett und deine Waffen – jetzt sehe ich deine Frau und dein Gesicht und das

Gemeinsame. Vergib mir, Kamerad! Wir sehen es immer zu spät. Warum sagt man uns nicht immer wieder, dass ihr ebenso arme Hunde seid wie wir, dass eure Mütter sich ebenso ängstigen wie unsere und dass wir die gleiche Furcht vor dem Tode haben und das gleiche Sterben und den gleichen Schmerz –. Vergib mir, Kamerad, wie konntest du mein Feind sein. Wenn wir diese Waffen und diese Uniform fortwerfen, könntest du ebenso mein Bruder sein wie Kat und Albert. Nimm zwanzig Jahre von mir, Kamerad, und stehe auf – nimm mehr, denn ich weiß nicht, was ich damit beginnen soll."

Es ist still, die Front ist ruhig bis auf das Gewehrgeknatter. Die Kugeln liegen dicht, es wird nicht planlos geschossen, sondern auf allen Seiten scharf gezielt. Ich kann nicht hinaus.

„Ich will deiner Frau schreiben", sage ich hastig zu dem Toten, „ich will ihr schreiben, sie soll es durch mich erfahren, ich will ihr alles sagen, was ich dir sage, sie soll nicht leiden, ich will ihr helfen und deinen Eltern auch und deinem Kinde –"

Seine Uniform steht noch halb offen. Die Brieftasche ist leicht zu finden. Aber ich zögere, sie zu öffnen. In ihr ist das Buch mit seinem Namen. Solange ich seinen Namen nicht weiß, kann ich ihn vielleicht noch vergessen, die Zeit wird es tilgen, dieses Bild. Sein Name aber ist ein Nagel, der in mir eingeschlagen wird und nie mehr herauszubringen ist. Er hat die Kraft, alles immer wieder zurückzurufen, er wird stets wiederkommen und vor mich hintreten können.

Ohne Entschluss halte ich die Brieftasche in der Hand. Sie entfällt mir und öffnet sich. Einige Bilder und Briefe fallen heraus. […]

Es sind Bilder einer Frau und eines kleinen Mädchens, schmale Amateurfotografien vor einer Efeuwand. Neben ihnen stecken Briefe. Ich nehme sie heraus und versuche sie zu lesen. Das meiste verstehe ich nicht, es ist schlecht zu entziffern, und ich kann nur wenig Französisch. Aber jedes Wort, das ich übersetze, dringt mir wie ein Schuss in die Brust – wie ein Stich in die Brust –, mein Kopf ist völlig überreizt. Aber so viel begreife ich noch, dass ich diesen Leuten nie schreiben darf, wie ich es dachte vorhin. Unmöglich. Ich sehe die Bilder noch einmal an; es sind keine reichen Leute. Ich könnte ihnen ohne Namen Geld schicken, wenn ich später etwas verdiene. Daran klammere ich mich, das ist ein kleiner Halt wenigstens. Dieser Tote ist mit meinem Leben verbunden, deshalb muss ich alles tun und versprechen, um mich zu retten; ich gelobe blindlings, dass ich nur für ihn da sein will und seine Familie, mit nassen Lippen rede ich auf ihn ein, und ganz tief in mir sitzt dabei die Hoffnung, dass ich mich dadurch freikaufe und vielleicht hier doch noch herauskomme, eine kleine Hinterlist, dass man nachher immer noch erst einmal sehen könne. Und deshalb schlage ich das Buch auf und lese langsam: Gérard Duval, Typograf[1].

Ich schreibe die Adresse mit dem Bleistift des Toten auf einen Briefumschlag und schiebe dann plötzlich rasch alles in seinen Rock zurück.

Ich habe den Buchdrucker Gérard Duval getötet. Ich muss Buchdrucker werden, denke ich ganz verwirrt, Buchdrucker werden, Buchdrucker –

Nachmittags bin ich ruhiger. Meine Furcht war unbegründet. Der Name verwirrt mich nicht mehr. Der Anfall vergeht. „Kamerad", sage ich zu dem Toten hinüber, aber ich sage es gefasst. „Heute du, morgen ich. Aber wenn ich davonkomme, Kamerad, will ich kämpfen gegen dieses, das uns beide zerschlug: dir das Leben – und mir –? Auch das Leben. Ich verspreche es dir, Kamerad. Es darf nie wieder geschehen."

(1929)

---
[1] Typograf: Buchdrucker

1 Tauscht euch über eure Reaktionen nach dem Lesen des Textauszugs untereinander aus.

2 Beantworte mithilfe des Textes folgende Fragen:
- Wo befindet sich Paul?
- Wie reagiert Paul, als ein menschlicher Körper zu ihm in den Trichter fällt?
- Warum kann Paul den Trichter nicht verlassen?
- Was sieht Paul in den Augen des anderen?
- Wann stirbt der andere Soldat?
- Wie reagiert Paul auf seinen Tod?

3 Beschreibt und deutet, wie sich Pauls Wahrnehmung des Soldaten im Trichter verändert. Geht dabei so vor:
- Sucht entsprechende Textstellen heraus. Ergänzt zunächst die ersten beiden Spalten der folgenden Tabelle.

Textstelle (Zeilenangabe)	Pauls Wahrnehmung des anderen Soldaten	Entwicklung der Einstellung Pauls gegenüber dem anderen Soldaten
Z. 18 – 22	„der Körper"	
…	…	

- Wie verändern sich Pauls Wahrnehmung des anderen Soldaten und seine Einstellung ihm gegenüber im Laufe der Zeit? Notiert eure Deutungen in der dritten Spalte der Tabelle.

4 Paul verspricht am Ende: „Es darf nie wieder geschehen." (Z. 96 f.) Erläutere, warum er dies sagt und was er damit meint.

5 Vergleicht diesen Textauszug mit der Kriegsschilderung in dem Romanauszug auf S. 129 – 131. Geht dabei so vor:
- Arbeitet Unterschiede und Gemeinsamkeiten bei der Darstellung des Krieges und der Soldaten heraus.
- Überlegt euch, was diese unterschiedlichen Darstellungen des Krieges aussagen und wie sie auf die Leser wirken sollen.

Eine Hilfekarte findet ihr auf Seite 344.

6 Diese Episode des Romans wird vielfach als die Schlüsselstelle des Romans bezeichnet. Sammelt Gründe dafür, warum diese Episode für so wichtig gehalten wird.

7 Vergleiche die amerikanische Verfilmung des Romans von 1979 mit der Romanvorlage Remarques. Arbeitet dazu mit dem Filmplakat.
- Beschreibe das Filmplakat und erläutere, welche Erwartungen es bei den Zuschauern weckt.

○ Wiederholen und üben:
Einen Roman kennen und beurteilen
S. 146, Aufgaben 1 und 2

- Beurteile, inwieweit das Filmplakat zu dem Roman „Im Westen nichts Neues" passt. Begründe deine Meinung und beziehe dich dabei sowohl auf das Filmplakat als auch auf die Romanvorlage.

8 Durchstarten! So könnt ihr weiterarbeiten:

a ○○ Nachdem Paul der Lage im Trichter entkommen ist, berichtet er seinem Kameraden Tjaden, der noch nichts Derartiges erlebt hat, davon. Schreibe den Dialog der beiden.

b ●○ Carla aus der 10 b sagt: „Was der Erste Weltkrieg für die Jugendlichen damals bedeutete, erfährt man in dem ersten Romanauszug. Den zweiten Auszug des Romans hätten wir dazu nicht auch lesen müssen." Nimm Stellung zu dieser Aussage.

c ●● Fasse abschließend auf der Grundlage der Romanauszüge, die du kennst, zusammen, welche Aussagen und Wirkungsabsichten der Roman „Im Westen nichts Neues" hat.

d ●● Lest den Roman „Im Westen nichts Neues" ganz und stellt den anderen vor, was Paul Bäumer noch erlebt und wie der Roman endet.

e ●● Recherchiert nach anderen Romanen zum Thema Krieg. Lest sie und stellt sie vor. Ihr könnt z. B. folgende Romane vorstellen:

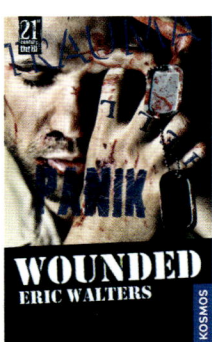   

„Nein. Innerlich ist sie kaputt ..." – eine Kurzgeschichte der Nachkriegszeit erschließen

Deutschland

Im Mai 1945 endete der Zweite Weltkrieg (1939–1945) mit der Kapitulation Deutschlands. Damit endete die Herrschaft der Nationalsozialisten in Deutschland. Die Menschen sahen sich mit den Ereignissen sowie deren Folgen konfrontiert, die in der Zeit des Nationalsozialismus geschehen waren. Fast 40 Millionen Menschen haben im Zweiten Weltkrieg allein in Europa ihr Leben gelassen; fast 6 Millionen Juden aus ganz Europa sind in deutschen Konzentrationslagern umgekommen. Viele Städte waren zerstört und lagen in Trümmern. Familien waren größtenteils zerrissen, Flüchtlinge, Vertriebene und Kriegsheimkehrer strömten ins Land. Vor dem Hintergrund dieser Erfahrungen entstand 1946 die Kurzgeschichte „Die Küchenuhr" von Wolfgang Borchert.

Dresden im Jahr 1946

Spielende Kinder in Hamburg nach dem Ende des Zweiten Weltkrieges

Wolfgang Borchert (1921 – 1947)
Die Küchenuhr

Wolfgang Borchert nimmt als Soldat am Zweiten Weltkrieg teil, erkrankt an der Front schwer an einer Gelbsucht und wird daher aus der Armee zunächst entlassen. Nach dem Krieg arbeitet er als schwer kranker Mann am Hamburger Schauspielhaus und schreibt bis zu seinem frühen Tode Gedichte, Kurzgeschichten und ein Drama mit dem Titel „Draußen vor der Tür".

Sie sahen ihn schon von Weitem auf sich zukommen, denn er fiel auf. Er hatte ein ganz altes Gesicht, aber wie er ging, daran sah man, dass er erst zwanzig war. Er setzte sich mit seinem alten Gesicht zu ihnen auf die Bank. Und dann zeigte er ihnen, was er in der Hand trug.

Das war unsere Küchenuhr, sagte er und sah sie alle der Reihe nach an, die auf der Bank in der Sonne saßen. Ja, ich habe sie noch gefunden. Sie ist übrig geblieben. Er hielt eine runde tellerweiße Küchenuhr vor sich und tupfte mit dem Finger die blau gemalten Zahlen ab.

Sie hat weiter keinen Wert, meinte er entschuldigend, das weiß ich auch. Und sie ist auch nicht so besonders schön. Sie ist nur wie ein Teller, so mit weißem Lack. Aber die blauen Zahlen sehen doch ganz hübsch aus, finde ich. Die Zeiger sind natürlich aus Blech. Und nun gehen sie auch nicht mehr.

Nein. Innerlich ist sie kaputt, das steht fest. Aber sie sieht noch aus wie immer. Auch wenn sie jetzt nicht mehr geht.

Er machte mit der Fingerspitze einen vorsichtigen Kreis auf dem Rand der Telleruhr entlang. Und sagte leise: Und sie ist übrig geblieben.

Die auf der Bank in der Sonne saßen, sahen ihn nicht an. Einer sah auf seine Schuhe, und die Frau sah in ihren Kinderwagen. Dann sagte jemand: Sie haben wohl alles verloren?

Ja, ja, sagte er freudig, denken Sie, aber auch alles! Nur sie hier, sie ist übrig. Und er hob die Uhr wieder hoch, als ob die anderen sie noch nicht kannten.

Aber sie geht doch nicht mehr, sagte die Frau. Nein, nein, das nicht. Kaputt ist sie, das weiß ich wohl. Aber sonst ist sie doch noch ganz wie immer: weiß und blau. Und wieder zeigte er ihnen seine Uhr. Und was das Schönste ist, fuhr er aufgeregt fort, das habe ich Ihnen ja überhaupt noch nicht erzählt. Das Schönste kommt nämlich noch: Denken Sie mal, sie ist um halb drei stehen geblieben. Ausgerechnet um halb drei, denken Sie mal. Dann wurde Ihr Haus sicher um halb drei getroffen, sagte der Mann und schob wichtig die Unterlippe vor. Das habe ich schon oft gehört. Wenn die Bombe runtergeht, bleiben die Uhren stehen. Das kommt von dem Druck.

Er sah seine Uhr an und schüttelte überlegen den Kopf. Nein, lieber Herr, nein, da irren Sie sich. Das hat mit den Bomben nichts zu tun. Sie müssen nicht immer von den Bomben reden. Nein. Um halb drei war etwas ganz anderes, das wissen Sie nur nicht. Das ist nämlich der Witz, dass sie gerade um halb drei stehen geblieben ist. Und nicht um Viertel nach vier oder um sieben. Um halb drei kam ich nämlich immer nach Hause. Nachts, meine ich. Fast immer um halb drei. Das ist ja gerade der Witz.

Er sah die anderen an, aber sie hatten ihre Augen von ihm weggenommen. Er fand sie nicht. Da nickte er seiner Uhr zu: Dann hatte ich natürlich Hunger, nicht wahr? Und ich ging immer gleich in die Küche. Da war es dann fast immer halb

drei. Und dann, dann kam nämlich meine Mutter. Ich konnte noch so leise die Tür
aufmachen, sie hat mich immer gehört. Und wenn ich in der dunklen Küche etwas zu essen suchte, ging plötzlich das Licht an. Dann stand sie da in ihrer Woll-
jacke und mit einem roten Schal um. Und barfuß. Immer barfuß. Und dabei war
45 unsere Küche gekachelt. Und sie machte ihre Augen ganz klein, weil ihr das Licht
so hell war. Denn sie hatte ja schon geschlafen. Es war ja Nacht.
So spät wieder, sagte sie dann. Mehr sagte sie nie. Nur: So spät wieder. Und dann
machte sie mir das Abendbrot warm und sah zu, wie ich aß. Dabei scheuerte sie
immer die Füße aneinander, weil die Kacheln so kalt waren. Schuhe zog sie nachts
50 nie an. Und sie saß so lange bei mir, bis ich satt war. Und dann hörte ich sie noch
die Teller wegsetzen, wenn ich in meinem Zimmer schon das Licht ausgemacht
hatte. Jede Nacht war es so. Und meistens immer um halb drei. Das war ganz
selbstverständlich, fand ich, dass sie mir nachts um halb drei in der Küche das
Essen machte. Ich fand das ganz selbstverständlich. Sie tat das ja immer. Und sie
55 hat nie mehr gesagt als: So spät wieder. Aber das sagte sie jedes Mal. Und ich
dachte, das könnte nie aufhören. Es war mir so selbstverständlich. Das alles. Es
war doch immer so gewesen. Einen Atemzug lang war es ganz still auf der Bank.
Dann sagte er leise: Und jetzt? Er sah die anderen an. Aber er fand sie nicht. Da
sagte er der Uhr leise ins weißblaue runde Gesicht: Jetzt, jetzt weiß ich, dass es das
60 Paradies war. Das richtige Paradies. Auf der Bank war es ganz still. Dann fragte
die Frau: Und Ihre Familie?
Er lächelte sie verlegen an: Ach, Sie meinen meine Eltern? Ja, die sind auch mit
weg. Alles ist weg. Alles, stellen Sie sich vor. Alles weg.
Er lächelte verlegen von einem zum anderen. Aber sie sahen ihn nicht an.
65 Da hob er wieder die Uhr hoch und lachte. Er lachte: Nur sie hier. Sie ist übrig.
Und das Schönste ist ja, dass sie ausgerechnet um halb drei stehen geblieben ist.
Ausgerechnet um halb drei.
Dann sagte er nichts mehr. Aber er hatte ein ganz altes Gesicht. Und der Mann,
der neben ihm saß, sah auf seine Schuhe. Aber er sah seine Schuhe nicht. Er dach-
70 te immerzu an das Wort Paradies. (1946)

1 Stellt die Personengruppe auf der „Bank" (Z. 3) in Form eines Standbildes
dar.
- Klärt zunächst, wie ihr euch die einzelnen Figuren in Bezug auf ihr
  Aussehen, ihre Gestik und Mimik, ihre Körpersprache, ihren Standort
  sowie ihre Beziehungen zueinander auf der Bank vorstellt.
- Bestimmt einen Regisseur, der das Standbild baut. Er stellt die Personengruppe mit den anderen dar. Durch genaue Anweisungen „modelliert" er
  die anderen wie „Puppen", bis die Personengruppe der Kurzgeschichte
  wie auf einen Szenenbild eines Films zu sehen ist.
- Stellt der Klasse euer Standbild vor. Dazu „erstarren" die Figuren für etwa
  30 Sekunden. Die anderen beschreiben und beurteilen das Standbild mit
  Blick auf die Textvorlage. Sie erklären dazu z. B., inwiefern das Standbild
  zu den Figuren und ihren Beziehungen der Kurzgeschichte passt, welche
  Aspekte der Kurzgeschichte besonders gelungen dargestellt werden,
  was man an dem Standbild noch verändern können.

2 Welche Parallelen seht ihr zwischen dem Zustand des jungen Mannes und dem Zustand der Küchenuhr? Sucht entsprechende Textstellen heraus und erläutert, warum sich diese Aussagen über die Küchenuhr auch auf den Mann beziehen lassen.

3 Mehrfach wird in der Geschichte der Zeitpunkt „halb drei" erwähnt. Sucht diese Textstellen heraus und erklärt, welche Bedeutung der Zeitpunkt „halb drei" für den Mann besitzt.

4 Beschreibt das Verhalten der anderen während der Unterhaltung mit dem Mann. Erläutert, warum sie sich jeweils so verhalten.

5 Erklärt die Bedeutung des Wortes „Paradies" in der Kurzgeschichte. Entwickelt auch mögliche Gründe und Deutungen dafür, dass „Paradies" das letzte Wort der Geschichte ist.

6 Erklärt mithilfe der Abbildungen und des Informationstextes auf S. 138, inwieweit die 1946 entstandene Kurzgeschichte von Wolfgang Borchert die Nachkriegszeit in Deutschland widerspiegelt.

7 Erich Maria Remarque (1898 – 1970) hat in seinem Roman „Im Westen nichts Neues" das Schicksal der Generation, die den Ersten Weltkrieg (1914 – 18) erlebt, dargestellt. Remarque sagt in der Vorrede zu seinem Roman, er wolle darin über die Generation „berichten/die vom Krieg zerstört wurde –/auch wenn sie seinen Granaten entkam."
- Erkläre die Bedeutung dieser Aussage und erläutere, inwieweit sich diese auch auf die Kurzgeschichte von Wolfgang Borchert beziehen lässt.

8 Verfasse eine Textanalyse zu der Kurzgeschichte. Bereite diese vor, indem du die Übersicht als Schreibplan vervollständigst. Schreibe dann eine vollständige Textanalyse zu der Kurzgeschichte. Beachte dabei die Hinweise in den Lernboxen auf S. 39 und S. 44

Schreibplan zu einer Textanalyse zu der Kurzgeschichte die „Küchenuhr" von Wolfgang Borchert	
Einleitung (Titel, Autor, Textsorte, Entstehungsjahr)	...
Lebenssituation und Charakterisierung des Mannes	...
Symbol Küchenuhr	...
Bedeutung des Zeitpunktes „halb drei"	...
Deutung des Wortes „Paradies"	...
Erzählform und -verhalten	...
zusammenfassende Deutung der Figur des Mannes/mögliche Wirkungs- und Aussageabsichten der Kurzgeschichte ...	...

→ Kurzgeschichten von Wolfgang Borchert analysieren
AH, S. 101 ff.

9   Durchstarten! So könnt ihr weiterarbeiten:

a ○○ Lest die Hinweise in der Lernbox auf S. 39. Weist nun nach, welche Merkmale einer Kurzgeschichte der Text von Wolfgang Borchert besitzt.

b ○○ Stell dir vor, der Junge mit der Küchenuhr geht weiter und der Mann, mit dem er sich unterhalten hat, bleibt auf der Bank sitzen und denkt über das Gespräch mit dem jungen Mann mit der Küchenuhr nach. Verfasse einen inneren Monolog des Mannes. Verdeutliche darin, was er von dem jungen Mann mit der Küchenuhr und der Begegnung mit ihm hält.

c ●○ Später unterhalten sich die Frau und der Mann über ihr Gespräch mit dem jungen Mann. Verfasse einen Dialog der beiden.

d ●● Wie könnte eine Verfilmung der Kurzgeschichte aussehen? Haltet eure Ideen dazu in Form eines Storyboards fest. Ein Storyboard nennt man die skizzenhafte Darstellung einzelner Filmszenen bzw. -bilder. Es wird zeichnerisch dargestellt bzw. skizziert, wie ein Geschehen bzw. eine Szene im Film zu sehen sein soll. Dabei werden filmtypische Aspekte wie z. B. Kameraperspektive und -einstellung berücksichtigt. Entwickelt zu folgenden Stellen der Kurzgeschichte Ideen, wie diese verfilmt werden könnten, und fertigt dazu ein Storyboard an:
– den Anfang der Geschichte, als die Menschen auf der Bank, den Mann auf sich zukommen sehen (Z. 1 – 4)
– den Beginn des Gespräches, in dem der Mann den anderen die Küchenuhr zeigt (Z. 5 – 14)
– den Schluss der Kurzgeschichte (Z. 64 – Ende)
Arbeitet dabei mit der Lernbox auf S. 210.

e ●● Sollte man die Kurzgeschichte von Wolfgang Borchert heute noch in ein Schulbuch aufnehmen und Jugendliche lesen lassen? Nimm Stellung zu dieser Frage. Wäge dabei möglichst ab, was dafür und dagegen spricht, und begründe deinen eigenen Standpunkt zu dieser Frage.

f ●● Recherchiert nach weiteren Kurzgeschichten, die das Leben in Deutschland in der Nachkriegszeit zeigen. Ihr könnt z. B. folgende Kurzgeschichten lesen und vorstellen:
● Wolfgang Borchert: „Die Kirschen" oder „Das Brot"
● Luise Rinser: „Die rote Katze"
● Heinrich Böll: „Wanderer, kommst du nach Spa."

◯ Wiederholen und üben:
Eine Kurzgeschichte kreativ deuten
S. 146, Aufgabe 3

„Sie sieht, wie einer den anderen ..." – eine Parabel beschreiben und deuten

Die deutsch-israelische Schriftstellerin Jenny Aloni wurde 1917 in Deutschland geboren.
1939 verließ sie ihre Heimat, um der Verfolgung durch die Nationalsozialisten zu entgehen. Sie verfasste ihre Texte auch nach ihrer Auswanderung nach Palästina, wo später der Staat Israel entstand, auf Deutsch.

Jenny Aloni (1917 – 1993)
Sie sitzt auf einer Mauer

Sie sitzt auf der Mauer und schaut hinunter. Sie schaut nach links und schaut nach rechts. Links und rechts führen Straßen die Mauer entlang. Links und rechts gehen Menschen durch die Straßen. Es gibt Tore in der Mauer, Tore, die offen stehen. Auch durch die Tore gehen Menschen. Sie gehen hin und gehen her. Es sind
5 Menschen, die einander gleichen. Nur tragen sie verschiedene Hüte. Die Menschen rechts der Mauer tragen rote Hüte. Auch die Menschen links der Mauer tragen rote Hüte. Doch die Hüte der Menschen links der Mauer sind eckig und die Hüte der Menschen auf der rechten Seite sind rund. Menschen mit runden Hüten gehen durch die Tore und vermengen sich mit Menschen, die eckige Hüte tragen
10 auf der anderen Seite der Mauer. Gemisch von runden und eckigen Hüten.
Plötzlich ein Knall. War es ein Schuss? Ein Signal? Die auf der Mauer sitzt und hinunterschaut sieht, wie eckige sich von runden Hüten trennen und zurückweichen. Eckige Hüte gruppieren sich mit eckigen, runde mit runden Hüten. Zwischenräume entstehen, leere Gassen. Sie sieht Fäuste, die sich heben, eine Gruppe
15 gegen die andere gewandt. Einzelne versuchen, die leeren Gassen zu durchschreiten, die Zwischenräume, die sie voneinander trennen. Es gelingt ihnen nicht. Sie werden zurückgehalten und zurückgestoßen.
Die auf der Mauer sitzt, will rufen, daran erinnern, dass doch alle rote Hüte tragen. Kein Laut dringt aus ihrer Kehle. Doch selbst wenn sie riefe, würde ihre
20 Stimme sie erreichen? Und selbst wenn ihre Stimme sie erreichte, würden sie ihr Verhalten deshalb ändern?
Sie sieht, wie sie einer den anderen erschlagen. Sie sitzt auf der Mauer, schaut hinunter und schweigt.
(1989)

1 Tauscht euch darüber aus, welche Wirkung der Text von Jenny Aloni auf euch hat. Dazu könnt ihr folgende Fragen beantworten:
- Was fällt euch an dem Text besonders auf?
- Was wundert euch daran?
- Was soll er eurer Meinung nach bedeuten und aussagen?

2 Untersucht das Verhalten der Menschen mit den Hüten und der Person, die auf der Mauer sitzt. Arbeitet dabei zu folgenden Punkten:

- Beschreibt den Schauplatz des Geschehens. Wie sehen die Mauer und ihre Umgebung aus?
- Beschreibt die Menschen vor dem „Knall"? (Z. 11). Wie werden sie beschrieben und wie verhalten sie sich?
- Was passiert nach dem „Knall" (Z. 11)? Erläutert, wie sich die Menschen nun verhalten und wie die Person auf der Mauer darauf reagiert.

3 Lest die Hinweise in der Lernbox und erklärt, warum es sich bei dem Text von Jenny Aloni um eine Parabel handelt.

4 Deutet die Parabel. Übertragt dazu einzelne Aussagen der Bildebene auf die Sachebene und entwickelt auf dieser Grundlage mögliche Wirkungs- und Aussageabsichten der gesamten Parabel. Übernehmt dazu folgende Übersicht und ergänzt sie:

Bildebene (= Erzähltes)	Sachebene (= Gemeintes)
Mauer mit Straßen und Toren	...
Menschen, die einander gleichen und unterschiedliche Hüte tragen	...
Vermischung der Menschen mit den unterschiedlichen Hüten	...
Knall: Schuss oder Signal?	...

Zusammenfassung möglicher Wirkungs- und Aussageabsichten der Parabel:
– ...

5 Durchstarten! So könnte ihr weiterarbeiten:

a ○○ Verfasse einen inneren Monolog der Person, die auf der Mauer sitzt. Mache dabei deutlich, wie sie das Verhalten der Menschen mit den Hüten sowie ihre eigene Situation bewertet.

b ○○ Stelle den Verlauf des Geschehens, das die Person auf der Mauer sieht, in einer Bilderfolge dar. Erläutere mithilfe deiner Zeichnungen das erzählte Geschehen auf der Bildebene und seine Bedeutung auf der Sachebene.

c ●○ Lege zusammenfassend dar, was die Parabel von Jenny Aloni dem Leser verdeutlichen soll.

d ●● Verfasse eine vollständige Textbeschreibung und -deutung zu der Parabel. Hinweise dazu findest du in der Lernbox auf S. 145.

e ●● Recherchiere zu weiteren Parabeln, die sich mit dem Thema Gewalt auseinandersetzen, und stelle sie den anderen vor. Mögliche Texte, zu denen du eine Präsentation erstellen kannst, sind z. B. „Maßnahmen gegen die Gewalt" von Bertolt Brecht oder „Der andorranische Jude" von Max Frisch.

f ●● Schreibt die Parabel „Sie sitzt auf einer Mauer" zu einer Parabel über den Frieden um.

→ Wiederholen und üben:
Eine Parabel beschreiben und deuten
S. 147, Aufgaben 4 – 8

Das brauchst du immer wieder – So gehst du vor

Eine Parabel beschreiben und deuten

- Der **Begriff „Parabel"** stammt vom griechischen Wort „parabole", das „Gleichnis", „Nebeneinanderstellen" bedeutet. Eine Parabel ist eine in der Regel kürzere Erzählung, in der anhand einer Geschichte eine menschliche Grunderfahrung, etwas Allgemeines oder eine grundsätzliche Wahrheit über den Menschen dargestellt wird. Die erfundene Geschichte und der damit gemeinte allgemeine Sachverhalt werden sozusagen nebeneinandergestellt.
- Bei einer Parabel unterscheidet man deshalb zwei Ebenen. Die konkrete Geschichte mit ihrer Handlung (z. B. über Menschen mit den roten Hüten) wird **Bildebene (= Erzähltes)** genannt. Den allgemeinen Sachverhalt, über den der Leser aufgrund der Geschichte nachdenken soll, nennt man **Sachebene (= Gemeintes)**.
- Wie bei einer Fabel oder einer Metapher wird das eigentlich Gemeinte dem Leser nicht direkt mitgeteilt. Der Leser muss bei einer Parabel zwischen den Zeilen lesen und die **Geschichte auf das menschliche Leben oder Verhalten übertragen**. Dazu entwickelt und deutet er Ähnlichkeiten zwischen dem Erzählten (= Bildebene) und den damit gemeinten Aussagen (= Sachebene). Ein Beispiel für diesen Übertragungsvorgang ist z. B. die Deutung der Menschen, die einander gleichen, aber unterschiedliche Hüte tragen, als Bild dafür, dass Menschen trotz ihrer unterschiedlichen Vorstellungen bzw. Kulturen gleich sind.
- Für die **Beschreibung und Deutung einer Parabel** solltest du folgendermaßen vorgehen:
  - Zunächst analysierst du den Text auf der inhaltlichen Ebene. Das heißt, du untersuchst ganz genau, was auf der Bildebene erzählt wird (z. B. Schauplätze, Figurenverhalten und -beziehungen, Handlungsverlauf...).
  - In einem zweiten Schritt überträgst du die Aussagen auf der Bildebene auf einen allgemeinen Sachverhalt wie z. B. eine menschliche Grunderfahrung, eine Lebensweisheit oder eine allgemeine Wahrheit über den Menschen und sein Verhalten. Du beziehst dazu die Textsignale der Bildebene auf die Sachebene.

Alles klar? – Wiederholen und üben

Einen Roman kennen und beurteilen

1 Sind die folgenden Aussagen zu dem Roman „Im Westen nichts Neues" richtig oder falsch? Begründet eure Entscheidungen jeweils mit entsprechenden Textbelegen und korrigiert die falschen Aussagen:
a) Erich Maria Remarque hat selbst nie im Ersten Weltkrieg gekämpft.
b) Der Erste Weltkrieg war der erste Weltkrieg, bei dem die technische Ausrüstung eine wichtige Rolle spielte.
c) „Im Westen nichts Neues" beschreibt das Einzelschicksal von Paul Bäumer.
d) Der Angriff der Franzosen erfolgt in der Nacht.
e) Während der Kämpfe an der Front werden die Soldaten zu Tötungsmaschinen.
f) Der französische Soldat, der mit Paul in dem Krater liegt, heißt Francis Weinberg und ist von Beruf Buchhändler.
g) Paul schreibt der Witwe des französischen Soldaten einen Brief.
h) Der Kampf mit dem französischen Soldaten in dem Krater unterscheidet sich nicht von den vorherigen Kämpfen, an denen Paul an der Front teilnehmen musste.
i) In dem Roman erfährt der Leser, wie die jungen Soldaten während des Ersten Weltkrieges gelebt und sich gefühlt haben.

2 In seiner Vorrede zu dem Roman „Im Westen nichts Neues" schreibt Erich Marie Remarque, dass sein Buch keine „Anklage" darstelle. Erläutere diese Aussage und nimm Stellung dazu, inwieweit du ihr zustimmst.

Eine Kurzgeschichte kreativ deuten

Die Küchenuhr	Die Küchenuhr
Alles ist …	Sie ist …
Nur du bist …	Sie ist …
Du erinnerst mich, …	Sie ist …
Du bist, …	Doch sie ist …
Du zeigst mir, …	Und …
Nur du …,	…
…	

3 Verfasse ein passendes Gedicht zu der Kurzgeschichte „Die Küchenuhr" von Wolfgang Borchert des Jungen.
– Das Gedicht sollte deutlich machen, welche Bedeutung die Küchenuhr für den Jungen hat.

- Du kannst dabei die obigen Gedichte ergänzen oder ein eigenes Gedicht schreiben.
- Dein Gedicht muss sich auch nicht reimen.

Eine Parabel beschreiben und deuten

Bertolt Brecht (1898 – 1956)
Der hilflose Knabe

Herr K. sprach über die Unart, erlittenes Unrecht stillschweigend in sich hineinzufressen, und erzählte folgende Geschichte. „Einen vor sich hin weinenden Jungen fragte ein Vorübergehender nach dem Grund seines Kummers. ‚Ich hatte zwei Groschen für das Kino beisammen‘, sagte der Knabe, ‚da kam ein Junge und riß
5 mir einen aus der Hand‘, und er zeigte auf einen Jungen, der in einiger Entfernung zu sehen war. ‚Hast du denn nicht um Hilfe geschrien?‘ fragte der Mann. ‚Doch‘, sagte der Junge und schluchzte ein wenig stärker. ‚Hat dich niemand gehört?‘ fragte ihn der Mann weiter, ihn liebevoll streichelnd. ‚Nein‘, schluchzte der Junge. ‚Kannst du denn nicht lauter schreien?‘ fragte der Mann. ‚Nein‘, sagte der Junge
10 und blickte ihn mit neuer Hoffnung an. Denn der Mann lächelte. ‚Dann gib auch den her‘, sagte er, nahm ihm den letzten Groschen aus der Hand und ging unbekümmert weiter." (1930)

(Aus lizenzrechtlichen Grunden folgt dieser Text nicht der reformierten Rechtschreibung.)

4 Beschreibt das Verhalten des Jungen und des Mannes im Laufe der Geschichte. Achtet dabei besonders auf folgende Punkte:
- welche Erwartungen der Junge an den Mann hat,
- inwiefern der Mann sich diesen Erwartungen entsprechend verhält,
- welche Bedeutung die Fragen des Mannes besitzen,
- wie es am Ende zu dem Diebstahl kommt,
- warum der Mann „lächelte" (Z. 10) und „unbekümmert" (Z. 11 f.) weitergeht.

5 Erklärt die Funktion und Bedeutung des einleitenden Satzes: „Herr K. sprach über die Unart, erlittenes Unrecht stillschweigend in sich hineinzufressen, und erzählte folgende Geschichte." (Z. 1 – 2).

6 Welche Lehre kann der Zuhörer aus der von Herrn K. erzählten Geschichte ziehen? Formuliert mögliche Aussageabsichten der Parabel.

7 Lege die Ergebnisse deiner Beschreibung und Deutung der Parabel in Form einer schriftlichen Textanalyse dar. Weitere Hinweise findest du dazu auf S. 145.

8 Erkläre, warum es sich bei dem Text um eine Parabel handelt.

Aber der Fernseher ist doch kaputt! – Satire verstehen und erschließen

Vielleicht habt ihr Aussagen wie „Das war satirisch gemeint" schon einmal gehört, doch was genau verbirgt sich dahinter? Satirische Darstellungen werden heute z. B. im Fernsehen, im Internet, in Büchern oder in Zeitschriften genutzt. Sie sollen Missstände kritisieren und zum Nachdenken darüber anregen. Dabei kommt es immer wieder zu Diskussionen darüber, wie weit Satire in ihrer Kritik gehen darf.

In diesem Kapitel lernt ihr,
- den Begriff Satire genau zu erklären,
- verschiedene Formen der Satire zu erkennen und zu unterscheiden,
- die Mittel, die in Satiren eingesetzt werden, zu erkennen und zu beschreiben,
- satirische Darstellungen zu deuten,
- zu beurteilen, wie weit Satire gehen darf,
- einen satirischen Text fortzusetzen.

© Loriot

„Hallo, mein kleines Fenster zur Welt. Was gibt's Neues an Schrecken und Katastrophen?"

(Karikatur von H. Martin)

Das Fernsehteam hat sich im Wohnzimmer breitgemacht, und alle meine Nachbarn, Freunde und Kollegen haben in den übrigen Räumen Stellung bezogen. Der hiesige Regionalsender will einen großen Bericht über den berühmtesten Sohn unserer Stadt drehen. [...] Eine große, blonde Frau schüttet mir im Flur zwei Pfund Puder über den Kopf. „Herr Engin, ich kann machen, was ich will", ruft sie verzweifelt. „Ihre Glatze glänzt immer noch wie der Vollmond!" „Soll ich nicht doch meinen Hut aufbehalten?", frage ich. Nachdem sie ihr ganzes Pulver verschossen hat, ist sie damit einverstanden. Der Aufnahmeleiter brüllt in sein Megafon und fordert alle auf, ihre Plätze einzunehmen. Der Regisseur nimmt mich zur Seite und sagt: „Herr Engin, Sie gehen jetzt ganz locker in Ihr Wohnzimmer, setzen sich zu Ihrer Frau aufs Sofa und schauen dann in den Fernsehapparat. Los geht's!" [...]

1 Beschreibt und deutet die beiden Bilder und den Text. Beantwortet dazu folgende Fragen:
- Welche Situation ist jeweils dargestellt?
- Wie verhalten sich die Menschen, die gezeigt werden?
- Welche Rolle spielt das Fernsehen jeweils?
- Was wird jeweils kritisiert?

2 Erklärt den Begriff der Satire mithilfe der Definition in dem Kasten.

> Satire ist eine Kunstform, bei der Personen, Ereignisse oder Zustände durch Übertreibung, Spott, Ironie oder Ähnliches kritisiert, verspottet oder lächerlich gemacht werden.

3 Was ist an den Bildern und dem Text auf dieser Doppelseite eurer Meinung nach satirisch?

Leben ohne Fernsehen? – Eine Karikatur beschreiben und deuten

Peter Gaymann (geb. 1950)

1 | Beschreibe die dargestellte Situation und die Figuren möglichst genau.

2 Satirische Darstellungen arbeiten oft mit dem Mittel der Übertreibung. Worin liegt die Übertreibung in der dargestellten Situation?

3 Erklärt mithilfe der Lernbox auf dieser Seite, warum diese Abbildung eine
○○ Karikatur ist.

4 Erläutere, was der Karikaturist kritisieren will und wie er seine Kritik um-
●○ setzt.

5 Nimm Stellung zu der Kritik des Karikaturisten. Gehe dabei so vor:
●● • Fasse in deinen Worten zusammen, was der Karikaturist kritisieren will.
• Erkläre, ob du seine Kritik nachvollziehen kannst oder nicht.
• Lege Argumente und konkrete Beispiele und Belege für deine Position dar.
• Fasse deinen Standpunkt abschließend kurz zusammen.

6 Durchstarten! So könnt ihr weiterarbeiten:

a Findet andere Karikaturen, die sich mit dem Thema „Fernsehen" be-
○○ schäftigen, und stellt diese in der Klasse vor. Recherchiert dazu z. B. im Internet.

b Findet Karikaturen, die sich kritisch mit der Nutzung von Medien be-
●○ schäftigen, und stellt dar, was jeweils kritisiert wird.

c Erläutert an Beispielen, die ihr recherchiert habt, wie in aktuellen Karika-
●● turen mit dem Mittel der Übertreibung gearbeitet wird. Verschriftlicht eure Ergebnisse und stellt diese in der Klasse vor.

Das brauchst du immer wieder – Das musst du wissen

Karikatur und Übertreibung

Karikaturen sind eine Form der satirischen Darstellung. Eine Karikatur ist eine **Zeichnung**, die Menschen oder Zustände absichtlich **nicht wirklichkeitsgetreu** darstellt. Der Karikaturist will seine Meinung zugespitzt zum Ausdruck bringen. Oft **macht er sich lustig** oder **kritisiert** die dargestellten Personen oder Zustände.
• Karikaturen enthalten **bildliche Elemente**, die eine **übertragene** (symbolische) **Bedeutung** haben können.
• Ein wichtiges Mittel, mit dem Karikaturisten arbeiten, ist die **Übertreibung**. Personen und Situationen werden übertrieben dargestellt. So entsprechen z. B. Aussehen oder Verhalten der Personen nicht genau der Wirklichkeit, sondern einzelne Merkmale werden besonders herausgestellt. Auf diese Weise entsteht ein Zerrbild der Wirklichkeit, das menschliche Schwächen und gesellschaftliche Missstände offenlegen soll.
• Außerdem kann der Karikaturist **Bild und Text kombinieren**, sodass sie z. B. im Gegensatz zueinander stehen oder sich ergänzen.

„Fernsehabend" – satirische Darstellungsmittel erkennen und deuten

© Loriot

Loriot (1923 – 2011)
Fernsehabend

Ein Ehepaar sitzt vor dem Fernsehgerät. Obwohl die Bildröhre[1] ausgefallen ist und die Mattscheibe[2] dunkel bleibt, starrt das Ehepaar zur gewohnten Stunde in die gewohnte Richtung.

SIE Wieso geht der Fernseher denn grade heute kaputt?
ER Die bauen die Geräte absichtlich so, dass sie schnell kaputtgehen … (*Pause*)
SIE Ich muss nicht unbedingt fernsehen …
ER Ich auch nicht … nicht nur, weil heute der Apparat kaputt ist … ich meine sowieso … ich sehe sowieso nicht gern Fernsehen …
SIE Es ist ja auch wirklich nichts im Fernsehen, was man gern sehen möchte … (*Pause*)
ER Heute brauchen wir Gott sei Dank überhaupt nicht erst in den blöden Kasten zu gucken …
SIE Nee … (*Pause*) … Es sieht aber so aus, als ob du hinguckst …
ER Ich?
SIE Ja …
ER Nein … ich sehe nur ganz allgemein in diese Richtung … aber du guckst hin … Du guckst da immer hin!
SIE Ich? Ich gucke dahin? Wie kommst du denn darauf?
ER Es sieht so aus …
SIE Das *kann* gar nicht so aussehen … ich gucke nämlich vorbei … ich gucke *absichtlich* vorbei … und wenn du ein kleines bisschen mehr auf mich achten würdest, hättest du bemerken können, dass ich absichtlich vorbeigucke, aber du interessierst dich ja überhaupt nicht für mich …
ER (*fällt ihr ins Wort*): Jaaa … jaaa … jaaa … jaaa …
SIE Wir können doch einfach mal ganz woandershin gucken …
ER Woanders? … Wohin denn?

[1] Bildröhre: früher ein zentrales Bauteil von Fernsehgeräten
[2] Mattscheibe: umgangssprachlicher Ausdruck für den Bildschirm eines Fernsehgeräts

30 SIE Zur Seite ... oder nach hinten ...
ER Nach hinten? Ich soll nach hinten sehen? ... Nur weil der Fernseher kaputt ist, soll ich nach hinten sehen? Ich lass' mir doch von einem Fernsehgerät nicht vorschreiben, wo ich hinsehen soll! (*Pause*)
SIE Was wäre denn heute für ein Programm gewesen?
35 ER Eine Unterhaltungssendung ...
SIE Ach ...
ER Es ist schon eine Un-ver-schämtheit, was einem so Abend für Abend im Fernsehen geboten wird! Ich weiß gar nicht, warum man sich das überhaupt noch ansieht! ... Lesen könnte man stattdessen, Kartenspielen oder ins Kino gehen ...
40 oder ins Theater ... stattdessen sitzt man da und glotzt auf dieses blöde Fernsehprogramm!
SIE Heute ist der Apparat ja nu kaputt ...
ER Gott sei Dank!
SIE Ja ...
45 ER Da kann man sich wenigstens mal unterhalten ...
SIE Oder früh ins Bett gehen ...
ER Ich gehe nach den Spätnachrichten der Tagesschau ins Bett ...
SIE Aber der Fernseher ist doch kaputt!
ER (*energisch*) Ich lasse mir von einem kaputten Fernseher nicht vorschreiben,
50 wann ich ins Bett zu gehen habe!

1 Bereitet in Partnerarbeit einen Lesevortrag des Dialogs vor. Tragt den Dialog anschließend in der Klasse vor.

2 Beschreibt das Verhalten der Frau und des Mannes. Arbeitet zu folgenden Fragen:
- Welche Bedeutung hat das Fernsehen für ihren Alltag bzw. für ihre Freizeitgestaltung?
- Wie reagieren sie darauf, dass der Fernseher nicht funktioniert?
- Worüber sprechen sie in dieser Situation?
- Welche anderen Freizeitbeschäftigungen erwähnen sie?
- An welchen Stellen tun die beiden das Gegenteil von dem, was sie sagen?

3 Welche der menschlichen Schwächen bzw. gesellschaftlichen Missstände soll der Dialog aufzeigen und kritisieren? Begründet eure Meinung.

Eine Hilfekarte findet ihr auf Seite 344.

4 Erklärt, was an der Darstellung des Paares satirisch ist. Arbeitet dazu mit der Lernbox auf S. 154.

5 Erläutert die Gemeinsamkeiten und Unterschiede zwischen Loriots Dialog und der Karikatur von Peter Gaymann. Berücksichtigt dabei die folgenden Fragen:
- Wie verhält sich das Ehepaar?
- Wie wird die Beziehung zwischen Mann und Frau dargestellt?
- Wie reagieren die Figuren auf den Ausfall des Fernsehgeräts?

- Was ist typisch satirisch an der jeweiligen Darstellung?
- Was kritisieren Gaymann und Loriot?

6 Durchstarten! So könnt ihr weiterarbeiten:

a Fasse schriftlich zusammen, was aus der Sicht von Loriot kritisiert wird,
○○ Begründe dies mit dem Verhalten der Figuren.

b Schreibe einen erfundenen Bericht über einen Tag, den du ganz ohne
●● Fernsehen, Computer und Handy verbringen musstest. Arbeite dabei mit
Mitteln der Satire. Hilfen findest du in der Lernbox auf dieser Seite.

c Schreibt einen ähnlichen Dialog zwischen zwei Menschen zu einer der
●○ folgenden Situationen:
 – Der Computer wurde von einem Virus lahmgelegt und funktioniert nicht mehr.
 – Der Internetanschluss ist ausgefallen.
 – Das Handynetz ist gestört; Telefonate und das Verschicken von Nachrichten sind nicht möglich.

Das brauchst du immer wieder – Das musst du wissen

Satirische Darstellungsmittel

Eine Satire soll **menschliche Schwächen** und **gesellschaftliche Missstände** deutlich machen und **kritisieren**.
Der Satiriker kritisiert die Missstände in der Regel nicht direkt, sondern wählt eine **indirekte Art der Darstellung** seiner Kritik.
Dafür verwendet er unterschiedliche Mittel, z. B.:

- **Übertreibung**, z. B. wenn ein Merkmal stärker herausgestellt wird, als es in Wirklichkeit ist,

- **Verzerrung**, z. B. wenn eine Person oder eine Situation bewusst verfälscht dargestellt wird,

- **Verfremdung**, z. B. wenn eine Situation in einen ungewohnten Zusammenhang verlegt wird,

- **Gegenüberstellung/Kontrast** von zwei sich (eigentlich) widersprechenden Dingen,

- **Ironie** als verdeckter Spott, bei dem man das Gegenteil von dem meint, was man sagt.

➲ Wiederholen und üben:
Satirische Darstellungsmittel erkennen und deuten
S. 156 f., Aufgaben 1 – 6

„Mögen Sie nie ..." – einen satirischen Text fortsetzen

Art Buchwald (1925 – 2007)
Der Himmel gebe, was der Fernseher verspricht!

Jedes Mal, wenn die Urlaubszeit naht, weile ich in Gedanken bei allen jenen, die sich während so vieler Tages- und Nachtstunden Fernsehsendungen ansehen – darunter natürlich auch Werbespots.
Dies sind meine Urlaubswünsche für alle diese Menschen:
5 Mögen Sie nie an eisenarmem Blut, Bandscheibenschäden, Wetterfühligkeit, Alkoholkater oder allgemeinem Unbehagen leiden. Möge Ihr Atem alleweil frisch und rein sein, damit Ihre kleine Schwester nie in Versuchung kommt, Ihnen ihr Mundwasser anzubieten. Mögen Sie niemals in Schweiß ausbrechen, denn das Deodorant könnte ausgegangen sein. Gebe Gott, dass Sie nie von Magenvölle
10 oder Leibschmerzen geplagt werden, dass Ihr Darm sich stets regelmäßig entleert wird und dass Ihre acht Sinuswindungen immer weit offen sind.
Ich bete darum, dass Ihre Kinder nie zu jenen gehören, die Karies haben, und wenn sie sich nicht nach jedem Essen die Zähne putzen können, dann mögen Sie wenigstens die Weisheit besitzen, die Zahnpasta mit der richtigen Fluorverbin-
15 dungen zu wählen. Ich bete zu Gott, dass Ihnen nie Ihr Gebiss aus dem Mund fällt, falls Sie eines haben, und dass Sie [...]

1 Erklärt, woran man erkennen kann, dass dieser Text eine Satire ist. Lest dazu auch noch einmal die Lernbox auf der S. 154.

2 Begründet, inwieweit die folgenden Aussagen die satirische Absicht des Textes wiedergeben. Wählt dann die Aussage aus, die die satirische Absicht des Textes am besten zusammenfasst:
 a) Der Text soll zeigen, dass die Menschen zu viel Werbung im Fernsehen sehen.
 b) Der Text soll die überzogene Vorstellung über Hygiene, Gesundheit und Sauberkeit lächerlich machen.
 c) Der Text kritisiert, dass die Werbung die Ängste der Menschen ausnutzt.
 d) In dem Text werden die Menschen verspottet, die der Werbung glauben.

3 Dies ist nur der Anfang des Textes. Führt ihn fort. Überlegt dazu, welche weiteren Werbungen ihr einbeziehen wollt.

4 Du kannst auch einen eigenen satirischen Text zum Thema Fernsehen schreiben (z. B. zu der Überschrift „Fernsehen der Zukunft", „Urlaub ohne Fernsehen" oder „Fernsehen als Scheidungsgrund").

● Wiederholen und üben:
Einen satirischen Text fortsetzen
S. 157, Aufgaben 7 und 8

Alles klar? – Wiederholen und üben

Satirische Darstellungsmittel erkennen und deuten

1 Die folgenden Aussagen enthalten jeweils einen Fehler. Finde die Fehler und verbessere sie.

- Karikaturisten zeigen ein Bild, das genau der Wirklichkeit entspricht.
- Satiriker sind mit der Welt, wie sie ist, zufrieden.
- Karikaturen enthalten keinen Text.
- Satiren sind immer Texte.
- Ironie ist kein satirisches Darstellungsmittel.
- Satiriker wollen menschliche Stärken deutlich machen.
- In Satiren kommen keine Übertreibungen vor.
- Ein Satiriker arbeitet mit Verfremdung, wenn er eine Situation genau so darstellt, wie man es erwartet.

Ephraim Kishon (1924–2005)
Parkplatz gesucht

Eines Morgens erwachte ich in New York mit Zahnschmerzen. Mit ganz gewöhnlichen, ungemein schmerzhaften Zahnschmerzen. Irgendetwas in meinem linken Unterkiefer war nicht in Ordnung, schwoll an und schmerzte.
Ich fragte Tante Trude, ob es hier in der Gegend einen guten Zahnarzt gäbe. Tan-
5 te Trude kannte ihrer drei, alle in nächster Nähe, was in New York ungefähr so viel bedeutet wie 25 Kilometer Luftlinie.
Ich wollte wissen, welcher von den drei Zahnärzten der beste sei. Tante Trude sann lange vor sich hin:
„Das hängt davon ab. Der erste hat eine Ordination[1] in der Wall Street. Dort wim-
10 melt es von Zeitungsreportern, und wenn jemand einen Parkplatz findet, wird er sofort von ihnen interviewt. Ich weiß nicht, ob du das mit deinen Zahnschmerzen riskieren willst. Der zweite hat eine direkte Autobusverbindung von seinem Haus zum nächsten bewachten Parkplatz, aber er ist kein sehr angenehmer Arzt. Ich würde dir zu Dr. Blumenfeld raten. Er wohnt in einem ähnlichen Cottage-Viertel[2]
15 wie wir und hebt in seinen Annoncen[3] immer hervor, dass man dort manchmal in einer nicht zu weit entfernten Seitenstraße Platz zum Parken findet."

---
[1] Ordination: Arztpraxis
[2] Cottage-Viertel: vornehmere Wohngegend
[3] Annonce: Zeitungsanzeige

Das war entscheidend. Und mein Unterkiefer war um diese Zeit schon so angeschwollen, dass es keine Zeit mehr zu verlieren gab.
Ich nahm Onkel Harrys Wagen und sauste los.
20 Es dauerte nicht lange, bis ich Dr. Blumenfelds Haus gefunden hatte. Auch die im Inserat[4] angekündigten Seitenstraßen waren da, nicht aber der im Inserat angekündigte Platz zum Parken. An beiden Seiten standen die geparkten Wagen so dicht hintereinander, dass nicht einmal die berühmte Stecknadel hätte zu Boden fallen können; sie wäre auf den fugenlos aneinandergereihten Stoßstangen liegen
25 geblieben. [...]

(1965)

---

[4] Inserat: Zeitungsanzeige

2 Benennt die Alltagsprobleme, die den Ausgangspunkt des Textes bilden.

3 Erklärt, worin im zweiten Absatz (Z. 4 – 6) die Übertreibung besteht.

4 Welche Übertreibungen kommen in der wörtlichen Rede von Tante Trude vor (Z. 9 – 16) und warum wirken diese komisch?

5 Worauf will der Erzähler durch die Übertreibungen aufmerksam machen?

6 Fasse abschließend zusammen, welche Merkmale des Großstadtlebens der Text kritisieren soll.

Einen satirischen Text fortsetzen

7 Begründe, welche der folgenden Fortsetzungsideen zu dem Erzählanfang des Textes „Parkplatz gesucht" am besten zu der satirischen Absicht des Textes passt.
- Der Ich-Erzähler findet keinen Parkplatz, ist wegen seiner Zahnschmerzen verzweifelt und kehrt zurück zu Tante Trude.
- Der Ich-Erzähler findet einen Parkplatz, doch die Zahnarztpraxis hat geschlossen, da der Zahnarzt Urlaub hat.
- Der Ich-Erzähler trifft auf immer neue Schwierigkeiten bei der Parkplatzsuche, sodass er am Ende nur nach einem absichtlich herbeigeführten Unfall zum Zahnarzt kommt.

8 Setze den Erzählanfang fort, indem du die Fortsetzungsidee, die du bei Aufgabe 7 gewählt hast, ausgestaltest.

Jugendzeit ist Medienzeit – mit Diagrammen und Sachtexten umgehen

Wenn du den Fernseher oder das Radio anschaltest, ein Buch oder eine Zeitschrift liest, im Internet surfst oder chattest, nutzt du Medien. Medien sind Mittel oder Verfahren, mit deren Hilfe Informationen und Nachrichten verbreitet werden. Manche dieser Medien, wie Bücher und Zeitungen, gibt es schon seit Jahrhunderten. Das Fernsehen dagegen war noch für eure Großeltern ein neues Medium. Mit dem Begriff „Neue Medien" werden heute meist Medien bezeichnet, die Daten in digitaler Form übermitteln, also z. B. Computerprogramme und vor allem Internetdienste. Weil das Fernsehen, Zeitungen und Internet von sehr vielen Menschen genutzt werden, nennt man diese Medien auch „Massenmedien".

In diesem Kapitel lernt ihr
- Auswirkungen der neuen Medien und der digitalen Kommunikation sowie die damit verbundenen Chancen und Schwierigkeiten kennen,
- Diagramme zur Mediennutzung Jugendlicher zu beschreiben und zu deuten,
- die genaue Bedeutung von Fachbegriffen wie „Massenmedien", „Cyberbullying" und „Mobbing" kennen,
- Zeitungsartikel auszuwerten und ihnen Informationen zum Thema „Neue Medien und ihre Auswirkungen auf unser Leben" zu entnehmen.

Weiter erhaltet ihr Anregungen, wie ihr einen Flyer zum Thema Cybermobbing erstellen könnt, wenn ihr euch vertiefend mit diesem Thema beschäftigen wollt.

Am Ende des Kapitels setzt ihr euch mit dem Angebot des Fernsehens auseinander. Dazu vergleicht ihr insbesondere das Programm- und Nachrichtenangebot der öffentlich-rechtlichen Sender mit dem der privaten Sender.

1 Arbeitet mit den Abbildungen auf S. 159 zu folgenden Punkten:
- Beschreibt die einzelnen Fotos.
- Welche Gründe für die Mediennutzung verdeutlichen die Fotos?
- Welche weiteren Gründe für die Nutzung von Medien kennt ihr?
- Welche der abgebildeten Medien nutzt ihr im Alltag?

2 Lest die Zitate zum Internet auf S. 159.
- Erklärt sie mit euren eigenen Worten.
- Welcher Äußerung könnt ihr am ehesten zustimmen? Begründet.

A „Das Internet ist wie eine Welle. Entweder man lernt, darin zu schwimmen, oder man geht unter."
(Bill Gates, Microsoft-Gründer)

B „Das Internet macht doof."
(Henryk M. Broder, deutscher Autor)

C „Das Internet ist wie ein Zombie: Es frisst Gehirne. Sagt die Wissenschaft."
(Patrick Beuth, Journalist)

D „Das Internet ist eine Kulturleistung der Menschheit von historischer Bedeutung."
(Joachim Gauck, Bundespräsident)

E „Wenn Sie heute auf dem Klo sitzen und reißen das letzte Blatt ab, sind Sie doch irgendwie enttäuscht, wenn da nicht eine Internetadresse draufsteht und Sie zum Klopapier vertiefende Informationen anfordern können."
(Friedrich Küppersbusch, Journalist und TV-Moderator)

F „Das Internet ist wie Wasser und wird sich seinen Weg suchen."
(Eric Schmidt, Aufsichtsratsvorsitzender von Google)

3 **Durchstarten!** So könnt ihr weiterarbeiten:

a ○○ Führe ein Interview zum Thema „Mediennutzung" mit deinen Großeltern. Mögliche Fragen können beispielsweise sein:
– Welche Medien gab es in ihrer Jugend?
– Was hat sie an diesen Medien fasziniert?
– Was halten sie von den Neuen Medien und in welchem Ausmaß bzw. wofür nutzen sie sie?

b ●○ Führe begleitend zu dieser Unterrichtseinheit ein „Medientagebuch", in dem du protokollierst, wann und wie lange du täglich einzelne Medien (Radio, TV, soziale Netzwerke, Internet) nutzt.

c ●● Erstelle auf der Basis deines Medientagebuchs ein Tortendiagramm. Zeige daran am Beispiel eines typischen Schultages, wie viel Zeit du für (elektronische) Mediennutzung, Schule, Hausaufgaben, Schlaf, Freunde treffen, Sport, Essen u. Ä. aufwendest. Vergleicht eure Tortendiagramme miteinander.

Mediennutzung Jugendlicher – Diagramme beschreiben und deuten

Zum Begriff „Massenmedien"

Das gemeinsame Merkmal der Massenmedien ist, dass sie sich mit vorwiegend aktuellen Inhalten und mithilfe eins technischen Mittels (zum Beispiel Funkfrequenzen) einseitig an ein unbegrenztes Publikum wenden, das aus einigen Tausend aber auch aus Millionen Einzelpersonen bestehen kann. Massenmedien stellen
5 Massenkommunikation her. Im Gegensatz dazu handelt es sich bei der Individualkommunikation um den Informationsaustausch zwischen einzelnen Personen (zum Beispiel per Handy oder E-Mail). Die Grenzen zwischen Individual- und Massenkommunikation sind in den letzten Jahren durch die technische Entwicklung fließend geworden, z. B. durch die Kommunikation in sozialen Netzwerken.

1 Arbeitet so mit dem Informationstext:
- Erklärt, was man genau unter dem Begriff „Massenmedien" versteht und welche Merkmale sie auszeichnen.
- Erläutert den Unterschied zwischen „Massenkommunikation" (Z. 5) und „Individualkommunikation" (Z. 5 f.)

2 Welche Medien gehören zu den Massenmedien? Macht eine Zusammenstellung und vergleicht sie miteinander.

Seit 1998 wird in der sogenannten JIM-Studie (Jugend, Information, Multimedia) jedes Jahr untersucht, wie die 12- bis 19-Jährigen mit Medien umgehen. Insbeson-

dere wird dabei untersucht, über welche Medien und Quellen sich die Jugendlichen informieren. Anhand der JIM-Studie werden so aktuelle Entwicklungen und Trends bezüglich des Medienverhaltens der Menschen in Deutschland erfasst.

3 Beschreibt, worüber das Diagramm informiert. Erklärt dazu:
- worüber die Überschrift und die Quellenangaben informieren.
- welche Angaben auf der X- und Y-Achse gemacht werden.
- was die Farben sowie Zahlen jeweils bedeuten.

4 Entnehmt dem Diagramm die wichtigsten Aussagen über die Mediennutzung der Jugendlichen:
- Vergleicht dazu die Aussagen des Diagramms über die Mediennutzung der Jugendlichen mit euren eigenen Erfahrungen. Welche Ergebnisse der Studie entsprechen diesen, welche hättet ihr eher nicht erwartet?

5 Welche Trends in Bezug auf die Entwicklung der Mediennutzung lassen sich dem Diagramm entnehmen? Stellt entsprechende Aussagen dazu zusammen und begründet sie.
Eine Hilfekarte findet ihr auf S. 345.

6 Vergleicht das folgende Diagramm mit dem Diagramm auf Seite 160. Worüber informiert dieses Diagramm unten zusätzlich?

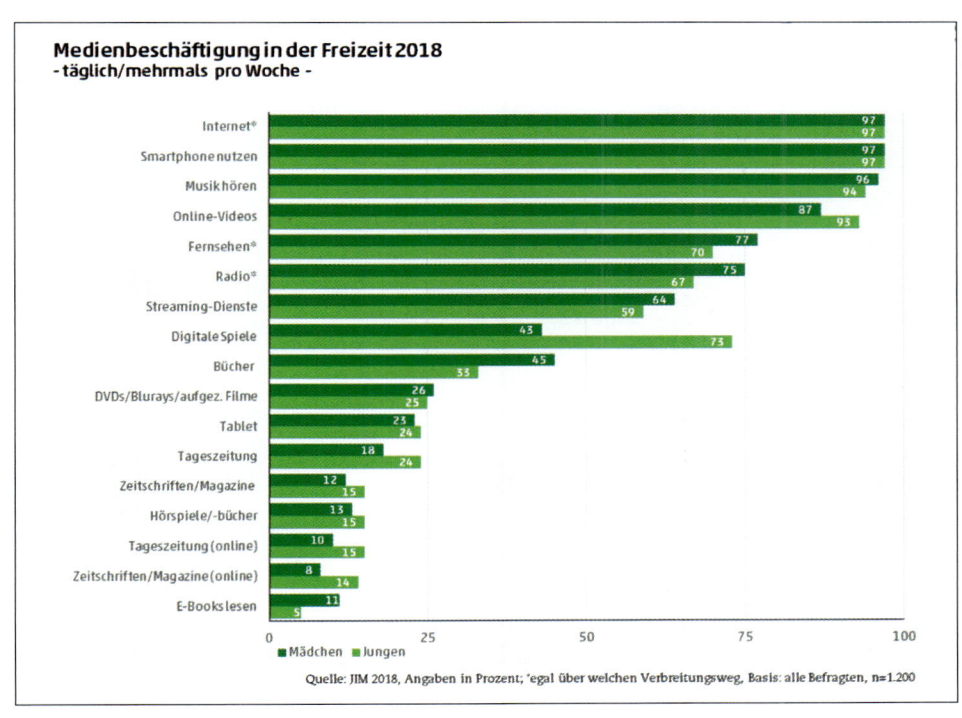

7 Entnehmt dem Diagramm die wichtigsten Aussagen. Folgende Fragen helfen euch dabei:
- Um welche Art von Diagramm (Balken-, Torten-, Säulen- oder Kurvendiagramm) handelt es sich?
- Worüber gibt das Diagramm Auskunft?
- Was geben die Werte auf der waagerechten Achse (X-Achse) an, welche Angaben werden auf der senkrechten Achse (Y-Achse) gemacht?
- Welche Bedeutung haben die beiden Farben und die Werte in den grünen Balken jeweils?
- Welche wichtigen Gemeinsamkeiten der Mediennutzung von Mädchen und Jungen zeigt das Diagramm?
- Wo liegen die wichtigsten Unterschiede bei der Mediennutzung von Mädchen und Jungen?
- Welche Schlussfolgerungen lassen sich eurer Meinung nach zusammenfassend aus dem Diagramm ziehen?

Marcel hat sich zu dem Diagramm auf S. 161 folgenden Stichwortzettel angelegt:

Einleitung:
- Thema des Diagramms

Hauptteil (Beschreibung und Auswertung des Diagramms):
- **X-Achse** (waagerecht): Angaben der Befragten in Prozent
- **Y-Achse** (senkrecht): ...
- **Angaben**: Die verschiedenfarbigen Balken zeigen ...
- Wichtige **Einzelergebnisse**:
- **Gemeinsamkeiten**: 70 % und mehr nutzen ...
- Auffällige unterschiedliche Angaben bei ...

Schlussteil:
- Zusammenfassung der wichtigsten Informationen des Diagramms
- Schlussfolgerungen aufgrund der Informationen

8 Beschreibt, wie Marcel vorgegangen ist. Übertragt dann Marcels Stichwortzettel in euer Heft und vervollständigt ihn.

9 Verfasse auf Grundlage der Ergebnisse von Aufgabe 7 und deines Stichwortzettels eine schriftliche Beschreibung und Deutung des Diagramms. Arbeite dabei mit der Lernbox, S. 163. Formulierungshilfen findest du auf der Hilfekarte auf S. 345.

10 Durchstarten! So könnt ihr weiterarbeiten:

a ○○ Erstelle auch zu dem Diagramm auf S. 160 einen Stichwortzettel, wie ihn Marcel angelegt.

b ○○ Verfasse zu dem Diagramm auf S. 160 eine schriftliche Beschreibung und Deutung. Arbeite dabei wieder mit der Lernbox.

c ●● Stelle die wichtigsten Schlussfolgerungen, die sich aus den beiden Diagramme in Bezug auf die zukünftige Entwicklung der Mediennutzung deiner Meinung nach ergeben, in Form eines Blogbeitrages oder eines Artikels für eine Internetschülerzeitung dar.

d ●○ Recherchiere im Internet nach weiteren Diagrammen zur Mediennutzung. Stelle sie den anderen vor.

e ●● Verfasse zu einem weiteren Diagramm zur Mediennutzung eine schriftliche Beschreibung und Deutung. Recherchiere dazu im Internet.

f ●● Informiert euch darüber, welche Aufgaben die Massenmedien in einer Demokratie haben. Stellt eure Ergebnisse den anderen vor.

Das brauchst du immer wieder – So gehst du vor

Ein Diagramm beschreiben und auswerten

Die Beschreibung eines Diagramms gliedert sich in drei Teile: Einleitung, Hauptteil und Schluss.

- In der **Einleitung** nennst du die **Art des Diagramms** (Kurven-, Säulen-, Balken- oder Tortendiagramm) und das **Thema** des Diagramms. Oft kannst du dies bereits an der Überschrift erkennen. Wichtig ist, dass du dabei kurz erklärst, worüber das Diagramm informiert.

- Im **Hauptteil** beschreibst du den **Aufbau** bzw. den **Verlauf** des Diagramms möglichst genau. Gib z. B. an, welche Angaben die Y-Achse, die X-Achse und die einzelnen Balken, Säulen, Tortenstücke oder Kurven enthalten. Achte auch darauf, ob die Farben eine besondere Bedeutung haben. Beschreibe dann die angegebenen **Werte im Überblick**. Anschließend gehst du auf wichtige oder besondere **Einzelwerte** ein.

- Im **Schlussteil** solltest du die **Ergebnisse deiner Auswertung zusammenfassen**. Danach kannst du deine Diagrammbeschreibung und -auswertung folgendermaßen abschließen:
    - Lege die **Schlussfolgerungen**, die du aus den Informationen des Diagramms ziehen kannst, dar und/oder
    - stelle **Verbindungen zu anderen Informationen** oder Diagrammen her.

➡ Diagramm beschreiben und auswerten
SB, S. 172–173

➡ Sachtext zum Thema „Neue Medien"
SB, S. 178–182

➡ Argumentieren zum Thema „Internet"
AH, S. 25–31

➡ Wiederholen und üben: Diagramme erschließen und auswerten
S. 174, Aufgaben 1–4

Auch im Netz gibt es Grenzen ...!? – Sich mit Gefahren des Internets auseinandersetzen

Nur wegen eines Häkchens ... – sich mit Auswirkungen des Mediums Internet auseinandersetzen

CYBER-MOBBING
„Es gibt im Netz keine Schutzräume mehr"

Hass im Internet kann im Alltag schnell in Gewalt umschlagen. Jüngstes Opfer ist ein 14-jähriges Mädchen in Indonesien. Beim Kampf gegen Cyber-Mobbing setzen Experten deswegen verstärkt auf Prävention. Kinder können grausam sein. Das weiß jeder, der in der Schule gemobbt wurde oder Kinder hat, die das Gleiche durchmachen. Aktuell erschüttert ein Fall in Indonesien
5 die internationale Öffentlichkeit. Eine 14-Jährige wurde nach Informationen lokaler Medien von zwölf älteren Schülerinnen krankenhausreif geschlagen. Anlass sollen Kommentare gewesen sein, die das Opfer bei Facebook gepostet hatte. [...] „Das Ausmaß der Gewalt ist extrem, aber dass ein Konflikt zwischen Jugendlichen online beginnt und dann in die ‚offline Welt' überschwappt, ist nicht ungewöhnlich", sagt Birgit Kimmel, Diplompädagogin und Leiterin der EU-
10 Initiative Klicksafe. Das Projekt, das seit 2004 existiert, wird jeweils zur Hälfte von der EU und den Landesmedienanstalten von Rheinland-Pfalz und Nordrhein-Westfalen getragen. Es ist Teil einer EU-Initiative für mehr Sicherheit im Internet.
„Mobbing kann im Netz beginnen und im normalen Leben weitergehen oder umgekehrt", sagte Kimmel der DW. „In der Regel sind beide Welten betroffen, wie auch in dem Fall in Indonesien."

(Deutsche Welle, 12.04.2019)

Besser feiern mit Facebook

Heute organisieren 16-Jährige ihre Geburtstagspartys mithilfe von Facebook, als sogenannte Veranstaltungen. Ihre Facebook-Freunde können dann per Mausklick Bescheid geben, ob sie kommen: „Zu-/Absagen: Ja, nein, vielleicht."
Die Hamburgerin Thessa hat genau das vor Kurzem getan, die Folgen machten Schlagzeilen: 1600
5 Gäste kamen am vergangenen Wochenende nach Hamburg-Bramfeld zum Feiern [...]. Man konnte in Hamburg-Bramfeld nicht nur erleben, dass hinter Online-Profilen echte, lebendige Menschen stecken. Sondern vor allem, dass virtuelle Veranstaltungen auch zu echten Handlungen führen können. Dass sie die Realität verändern können. Bei Thessa war die Mobilisierung allerdings Zufall. Facebook-Einladungen sind um einiges komplizierter als Papierzettelchen. Man ver-
10 gisst leicht, ein bestimmtes Häkchen wegzunehmen: „Jeder kann die Veranstaltung sehen und für sie zu-/absagen." So lud Thessa aus Versehen Millionen Facebook-Nutzer ein. Ihr Geburtstag geriet zu einem Event: Jeder dachte, er könne dort hingehen wie zu einem Rockkonzert.
Auch das ist eine neue Qualität: Die Grenzen zwischen Thessas Freundeskreis und der öffentlichen Sphäre hatten sich aufgelöst – nur wegen eines Häkchens. [...] Ein Häkchen bedeutet meist
15 irgendwas Kompliziertes bei den Privatsphäre-Einstellungen. Man weiß: Eigentlich sollte ich mich darum kümmern. Aber man lässt es, weil man glaubt, es habe keine Konsequenzen.

(Die Zeit, 09.06.2011)

Jugendliche im Internet
1,4 Millionen Schülerinnen und Schüler von Cybermobbing betroffen

Während früher analoges Mobbing unter Schülern in den meisten Fällen mit dem Verlassen des Schulgeländes endete, sind Opfer von Cybermobbing ihren Peinigern heute permanent ausgesetzt.
- Die gute Nachricht vorweg: Cybermobbing unter Schülern ist in den vergangenen Jahren leicht zurückgegangen. Zu diesem Ergebnis kommt eine aktuelle Studie.
- Die Autoren geben dennoch keine Entwarnung: Noch immer seien etwa 1,4 Millionen Kinder und Jugendliche betroffen.
- Da sich die Internet-Gewohnheiten der Schüler geändert haben, fällt Eltern und Lehrern die Kontrolle zunehmend schwerer.

(Süddeutsche Zeitung, 16.05.2017)

1 Lest die Textauszüge. Über welche negativen Auswirkungen des Mediums Internet wird jeweils berichtet? Stellt diese zusammen.

2 Berichtet davon, inwieweit ihr selbst auch schon negative Erfahrungen mit dem Internet gemacht habt.

3 Stellt Tipps zusammen, deren Beachtung hilft, negative Erfahrungen mit dem Internet zu vermeiden.

4 Erklärt mithilfe der Textauszüge, wie das Internet das Leben heutiger Jugendlicher gegenüber dem Leben früherer Generationen verändert hat.

5 Erläutert, wie das Verhältnis von realer und digitaler Welt in den Textauszügen dargestellt wird. Sucht entsprechende Textstellen heraus und erläutert sie.
- Stellt dann die Chancen und Risiken zusammen, die damit verbunden sind, dass es zwischen diesen beiden Welten eine Durchlässigkeit gibt.

6 Durchstarten! So könnt ihr weiterarbeiten:

a Stellt die positiven und negativen Auswirkungen des Mediums Internet in eurem Leben in Form einer Tabelle einander gegenüber. Nehmt anschließend Stellung zu der Frage, ob ihr das Medium Internet eher positiv oder negativ bewertet. Begründet eure Meinung.

b Recherchiert die Bedeutung des Begriffs „Virtualität". Erläutert den Begriff „Virtualität" anhand einzelner Ereignisse, über die in den Textauszügen berichtet wird.

c Findet weitere Beispiele für die Durchlässigkeit von realer und digitaler Welt.

d „Das ist doch alles viel zu negativ", beurteilt eine Schülerin die Zeitungsartikel. Nimm begründet Stellung zu dieser Aussage.

e Das Internet hat neue Schwierigkeiten und Gefahren mit sich gebracht. Es gibt aber auch neue Chancen und Vorteile. Sammelt Beispiele dafür.

> Wiederholen und üben:
> Über die Folgen des Internets nachdenken
> S. 175, Aufgaben 5–7

Mobbing, Cybermobbing, Bullying: Was ist das eigentlich? – Sich mithilfe eines Sachtextes informieren

Die Begriffe „Mobbing", „Bullying" und „Cybermobbing" werden in der Presse häufig verwendet, um missbräuchliches Verhalten, das im Internet oder mithilfe neuer Kommunikationsmedien stattfindet, zu bezeichnen. Doch was steckt eigentlich dahinter, und worin unterscheiden sich die Begriffe?

1 | Überlegt in Vierergruppen mithilfe eines Schreibgesprächs, wann ein Verhalten als Mobbing bezeichnet werden kann. Beachtet dabei folgende Regeln:
- Das „Gespräch" findet schweigend statt.
- Schreibt das Thema in die Mitte eines DIN-A3-Blattes.
- Legt dieses Blatt in die Mitte des Tisches und denkt eine Weile schweigend über das Thema nach.
- Notiert nacheinander eure Gedanken auf eine Ecke des Blattes. Jeder schreibt nur, wenn er an der Reihe ist.
- Dreht danach das Blatt um 90 Grad.
- Einmal Aussetzen ist erlaubt, ebenso sind Kommentare zu dem erlaubt, was andere geschrieben haben.

2 | Tauscht euch zunächst in der eigenen Gruppe über eure Ergebnisse aus. Stellt danach in der Klasse besonders wichtige Gedanken und Ergebnisse vor. Haltet die wesentlichen Punkte z. B. an der Tafel fest.

Mobbing, Cybermobbing, Bullying

Von **Mobbing** spricht man, wenn eine Person über einen längeren Zeitraum von mehreren anderen immer wieder schikaniert wird. Wer also ein- oder zweimal geärgert oder ge-
5 schubst oder ausgeschlossen wird, wird noch nicht gemobbt. Erst wenn erkennbar wird, dass sich andere auf ihn eingeschossen haben und dass diese Gemeinheiten systematisch passieren, spricht man von Mobbing. In einer
10 Mobbing-Situation herrscht immer ein Ungleichgewicht. Bei einem Konflikt stehen sich zwei gleich starke Parteien gegenüber und versuchen, sich zu überzeugen oder sich durchzusetzen. Wer gemobbt wird, steht allei-
15 ne mehreren anderen gegenüber und hat keine Möglichkeit, allein aus dieser Situation he-

rauszukommen. Mobbing kann verschiedene Formen haben. Es können körperliche Attacken sein (anrempeln, Bein stellen, verprügeln) oder Angriffe auf die Seele (ausgrenzen, lächerlich machen, Lügen verbreiten). Manchmal werden gezielt Dinge zerstört (Schulsachen, Sportzeug) oder es kommt zu Kampagnen im Netz, bei denen peinliche Fotos und Filme oder Gerüchte verbreitet werden. Gemobbt werden kann grundsätzlich jede/r. Es gibt keine typischen Opfer. [...] Mobber mobben, weil ihnen langweilig ist, weil sie gerne andere quälen oder weil ihnen das Mobben hilft, ihre eigenen Ängste oder ihre Wut abzubauen. Neben den Mobbern und dem Gemobbten gibt es in einer Gruppe immer auch die Zuschauer und die schweigende Mehrheit. Die Zuschauer haben meist selbst Angst, ins Interesse der Mobber zu geraten, und klatschen lieber Beifall. Die schweigende Mehrheit hofft, dass das Mobbing aufhört, wenn sie es ignoriert. Beide Haltungen machen es erst möglich, dass die Mobber weitermachen können. [...]

Wer gemobbt wird, hat jeden Tag Angst vor neuen Angriffen und steht ständig unter Stress. Das führt zu körperlichen Beschwerden wie Schlaflosigkeit, Kopfschmerzen oder Bauchschmerzen. Das Selbstvertrauen geht verloren, im schlimmsten Fall werden Mobbing-Opfer depressiv. [...] Mobbing kann beendet werden, wenn es von der Mehrheit der unbeteiligten Mitschüler nicht geduldet wird. Die sogenannten „Unbeteiligten" sind also sehr wohl beteiligt an einer Mobbing-Situation. Sie müssen Stellung beziehen. Wer gemobbt wird, sollte sich an die Neutralen in der Klasse wenden und um Unterstützung bitten. Wer Mobbing beobachtet, sollte sich auf die Seite des auserkorenen Opfers stellen und zeigen: Er/sie gehört zu uns!

Von **Cybermobbing** spricht man, wenn das Mobbing nicht auf dem Schulhof oder im Klassenzimmer stattfindet, sondern im „virtuellen" Leben. Damit meint man die Zeit, die wir – gemeinsam mit anderen – in Räumen erleben, die es gar nicht wirklich gibt, sondern die durch die Medien geschaffen werden, die wir benutzen (das „Cyberspace"). Wenn also jemand mithilfe von Medien und in diesen Medien gemobbt wird, nennt man das Cybermobbing. Zum Einsatz kommen Handys, Internet, E-Mail-Programme oder Messengerprogramme. Cybermobbing kann viele Formen haben: in Chats pöbeln oder Geheimnisse ausplaudern, Gerüchte und Lügen über jemanden in die Welt setzen, peinliche Fotos oder Videos in Umlauf bringen, [...] in sozialen Netzwerken Hassgruppen gründen, gehässige E-Mails verschicken, [...] die Identität eines anderen annehmen und andere so täuschen oder verletzen.

Wissenschaftler [haben] herausgefunden, dass es für die Täter/innen beim Cybermobbing noch leichter als beim direkten Mobbing ist, Grenzen zu überschreiten. Sie fühlen sich sicher, weil sie glauben, dass sie unerkannt bleiben können und für ihre Gemeinheiten nicht einstehen müssen. Außerdem müssen sie dem Opfer nicht von Angesicht zu Angesicht gegenübertreten. Das senkt die Hemmschwelle und verführt auch Leute zum Mobben, die sich das im realen Leben nie trauen würden.

Dazu kommt, dass das Internet nie vergisst. Während sich in der Schule nach den nächsten Ferien kaum noch jemand daran erinnert, dass Britta oder Steffen einmal Mobbing-Opfer waren, tauchen Bilder, beleidigende Kommentare und Ähnliches im Internet noch nach Jahren auf. So können Mitschüler/innen und andere immer wieder darauf aufmerksam werden und sich gemeinsam über das Opfer lustig machen.

Anders als in Deutschland sprechen Experten in England lieber von **Bullying**.

Das Wort kommt von „bully", womit ein brutaler Mensch, Tyrann oder Despot beschrieben wird. Es gibt zwar manchmal Unterscheidungen zwischen Mobbing und Bullying (so gibt es beim Bullying oft einen einzelnen Täter und keine Gruppe), aber meistens werden die Begriffe gleichbedeutend benutzt. [...] Trotzdem ist
70 Bullying das bessere Wort, denn es geht vom Täter aus (dem „Bully") und nicht vom Opfer (das gemobbt wird) und verschiebt ein wenig die Sichtweise.

1 Erstellt mithilfe der Informationen der Sachtextauszüge eine Mindmap zum Thema „Mobbing", „Cybermobbing" und „Bullying".

2 Erläutere mithilfe des Textes, warum Experten die digitale Form des Mobbings als besonders gefährlich einstufen.

3 Erläutere, warum Experten den Begriff „Bullying" für einen besseren Begriff zur Umschreibung von Übergriffen im Internet halten als „Cybermobbing".

4 Erläutere anhand des Diagramms die Aussage einer Cyberbullying-Studie der Universität Bielefeld aus dem Jahr 2012, „dass Cybermobbing keine Lappalie[1] ist, sondern ein ernsthaftes Problem, dem mit vorbeugenden Maßnahmen begegnet werden muss"[2].

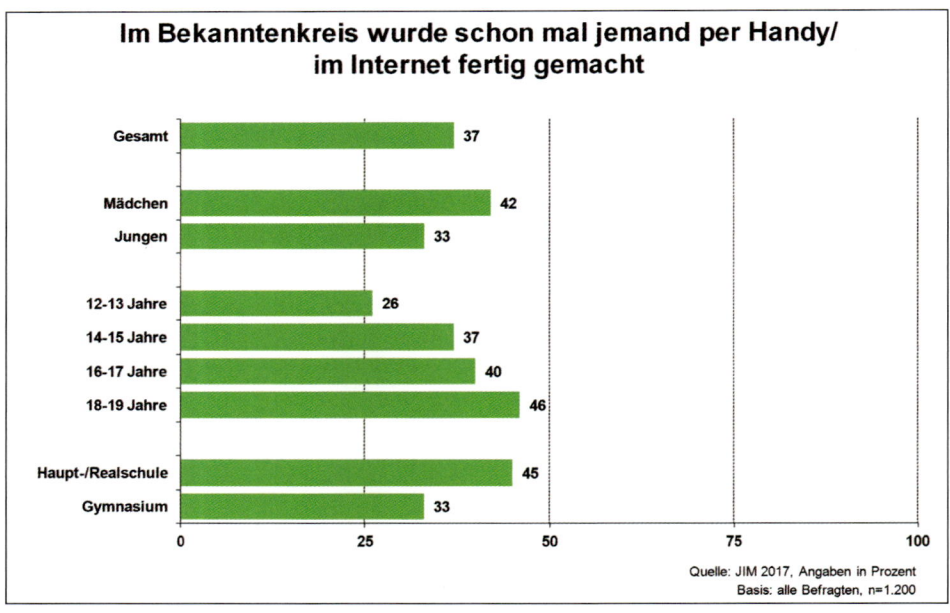

---

[1] Lappalie: Nichtigkeit, Kleinigkeit
[2] Universität Bielefeld: Ergebnisbericht der Online-Studie Cyberbullying, www.uni-bielefeld.de/cyberbullying/

Was tun? – Einen Flyer zum Thema „Cybermobbing" erstellen

Was könnt ihr als Klasse gegen Cybermobbing tun? Und wann ist es Zeit, einzugreifen? Am Ende dieses Kapitels geht es darum, eigene Ideen zur Vorbeugung und Hilfe sowie einen Info-Flyer für eure Schule zu entwickeln.

1 Was würdest du tun, wenn dein Freund/deine Freundin im Internet gemobbt würde? Notiere deine Ideen zunächst allein: Ganz oben sollten wichtige Ideen stehen, unten weniger wichtige.

2 Stelle deine Ideen in der Kleingruppe vor und diskutiert eure Ideen gemeinsam. Erstellt in eurer Gruppe einen Maßnahmenplan gegen Cybermobbing.

3 Fragt an eurer eigenen Schule nach, ob bzw. welche Maßnahmen gegen Cybermobbing bereits existieren. Bezieht diese Informationen in eure weitere Arbeit ein.

4 Recherchiert zusätzlich im Internet (z. B.: www.mobbingberatung.info, www.seitenstark.de/kinder/achtung-gefahr/cybermobbing, www.juuuport.de), welche Vorschläge Experten zur Vorbeugung und Hilfe bei Cybermobbing machen.

5 Erstellt auf der Grundlage eurer Ergebnisse zu den Aufgaben 1 bis 4 in Kleingruppen einen Flyer zum Thema „Cybermobbing". Folgende Schritte helfen euch dabei:
- Nutzt die Tabellenfunktion eines Textverarbeitungs- oder Präsentationsprogramms und bedruckt DIN-A4-Blätter im Querformat dreispaltig beidseitig.
- Wenn ihr Vorder- und Rückseite nutzt, könnt ihr eine Menge Informationen, Bilder und Adressen unterbringen.
- Orientiert euch an der Vorlage auf S. 170 oben. Sie zeigt die Vorder- und Rückseite eines dreispaltigen Flyers und macht Vorschläge zur thematischen Gliederung eures Flyers.
- Beachtet: Wenn der Betrachter den Flyer entfaltet, sieht er die Seiten 2 bis 4, Seite 1 ist die Titelseite, Seite 6 die Rückseite des Flyers.
- Zahlreiche Textverarbeitungsprogramme bieten darüber hinaus Vorlagen zur Erstellung von Broschüren, die euch die Arbeit zusätzlich erleichtern. Du findest sie, wenn du eine neue Datei erstellst, unter dem Menüpunkt „verfügbare Vorlagen".

Seite 5 **[Inhalt]** Was tun? z. B.: • Vorbeugung • Hilfsmöglichkeiten im Ernstfall	Seite 6 **[Rückseite]** z. B.: • Weiterführende Internetseiten • Beratungsstellen vor Ort mit Adressen und Telefonnummern	Seite 1 **[Titelblatt]** Thema/Zielsetzung eures Flyers Möglicherweise auch: • Logo oder Bild der Schule • Foto eurer Gruppe
Seite 2 **[Inhalt]** Einleitung z. B.: Cybermobbing – was ist das eigentlich? • Merkmale • Alltagsbeispiele	Seite 3 **[Inhalt]** Weitere Informationen z. B.: • Funktionen • Anlässe • Auslöser für Cybermobbing	Seite 4 **[Inhalt]** Weitere Informationen z. B.: • Folgen für die Opfer • Motive der Täter • Rechtliche Situation

Geht für die inhaltliche Gestaltung des Flyers folgendermaßen vor:

a) Erledigt wichtige Vorarbeiten:
- Legt die Aussageabsicht fest: Welches Ziel wollt ihr mit eurem Flyer erreichen?
- Wer sind die Adressaten eures Flyers? Schüler, Lehrer, interessierte Eltern?
- Welche Bilder und Grafiken wollt ihr in der Broschüre verwenden? Wie steht es um die Bildrechte?
- Notiert die wichtigsten Inhalte eures Flyers in Form eines vorläufigen Schreibplans. Ihr könnt die Stichpunkte aus der Vorlage für den Flyer als Gliederungshilfen benutzen.
- Überlegt euch, welche Fachbegriffe nötig sind und wie ihr sie erklären könnt.
- Erstellt vorab eine handschriftliche Skizze, die eure Broschüre vorstrukturiert und deutlich macht, wie sich Bild- und Textelemente aufeinander beziehen sollen.

b) Verfasst die Informationsbroschüre mithilfe der folgenden Schritte:
- Formuliert einen Titel, der als Aufhänger der Broschüre bereits auf der ersten Seite die Aufmerksamkeit des Lesers auf sich zieht.
- Formuliert auf der zweiten Seite eine Einleitung, in der ihr den Lesern die Bedeutung eures Themas deutlich macht und ihr Interesse weckt.
- Stellt Merkmale, Täter, Opfer, Zuschauer und Folgen von Cybermobbing in Form von Unterkapiteln kurz und präzise dar und erläutert eure Darstellung mithilfe von Beispielen aus diesem Kapitel oder eurem eigenen Alltag.
- Fasst am Ende der Broschüre auf der Basis des Materials und eigener Recherchen zusammen, welche Hilfsmöglichkeiten sich für Cybermobbing-Opfer anbieten.

Achtet dabei auf Folgendes:
- Gliedert die Broschüre durch passende Absätze.
- Beachtet die Zeitformen (Präsens, bei Vorzeitigkeit Perfekt).
- Kontrolliert Rechtschreibung und Zeichensetzung.

Öffentlich-rechtlich oder privat? – Sich mit dem Angebot des Fernsehens auseinandersetzen

1 | Seht euch den Auszug aus einer Programmzeitschrift genau an. Welche Sendungen würdet ihr an diesem Tag gerne sehen? Begründet eure Entscheidungen.

Auszug aus einer Programmzeitschrift (Donnerstag, 24.10.2019)

2 Wie bauen die einzelnen Fernsehsender ihr Programm auf? Sucht nach Gemeinsamkeiten und Unterschieden.

3 Erklärt in euren Worten mithilfe des folgenden Informationstextes die Merkmale und Unterschiede der öffentlich-rechtlichen und der privaten Fernsehanstalten.

Öffentlich-rechtliche und private Rundfunk- und Fernsehanstalten

Öffentlich-rechtlich heißt, dass diese Anstalten (ARD und ZDF) weder dem Staat noch privaten Eigentümern gehören; sie werden gesellschaftlich durch Gesetze, Staatsverträge und Organe aus allen Gruppen (Kirchen, Parteien, Gewerkschaften usw.) kontrolliert und organisiert. Sie finanzieren sich zum größten Teil durch Gebühren, die alle Rundfunkhörer und Fernsehzuschauer entrichten müssen, und durch Werbeeinnahmen.

Privat heißt, dass die Sender (SAT.1, RTL, ProSieben usw.) wie Industrieunternehmen alles selbst erwirtschaften müssen. Sie erhalten keine Gebühren und finanzieren sich ausschließlich aus Werbeeinnahmen. Die Preise pro Werbespot hängen von der angenommenen Zuschauerzahl ab. Da die privaten Sender ihre Werbezeit möglichst teuer verkaufen wollen, versuchen sie, hohe Einschaltquoten zu erzielen. Daneben gibt es noch das sogenannte Pay-TV, bei dem der Kunde bestimmte Programme abonniert.

---

4 Weist anhand des Programmauszuges auf S. 171 nach, inwieweit sich in den einzelnen Angeboten der Fernsehsender zeigen lässt, ob sie ein öffentlich-rechtliches oder privates Angebot sind.

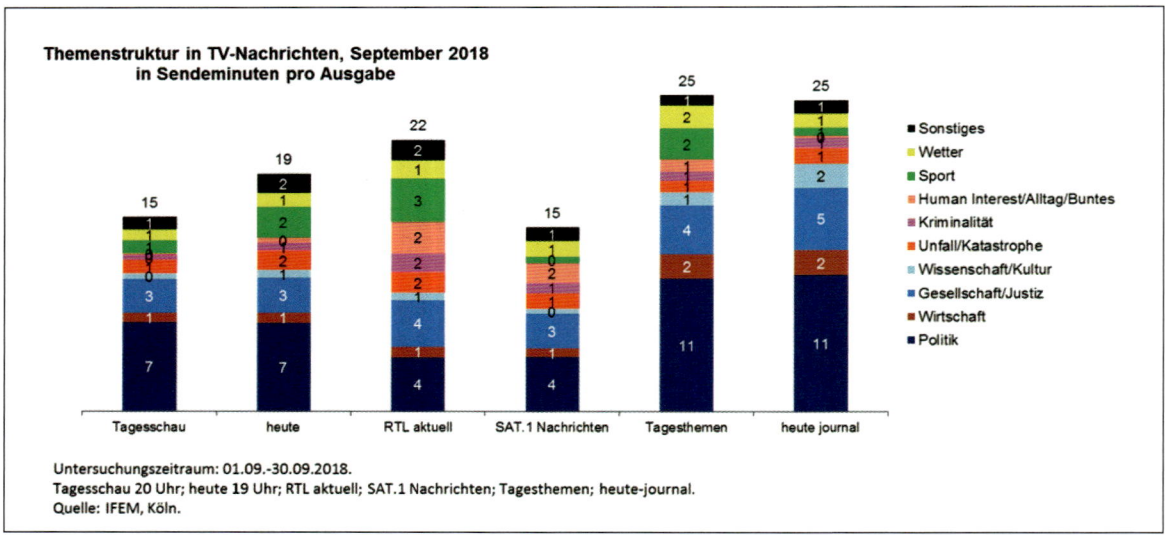

Alle Sender sind verpflichtet, ihren Zuschauern ein Nachrichtenangebot zu bieten. Das Diagramm oben zeigt, welche Themen in welchem Umfang in den Nachrichtensendungen der öffentlich-rechtlichen und der privaten Sender behandelt werden. Die Nachrichtensendungen *Tagesschau, Tagesthemen, heute* und *heute journal* werden von öffentlich-rechtlichen Fernsehanstalten gesendet. *RTL aktuell* und *SAT1 Nachrichten* werden von privaten Sendern angeboten.

5 Worüber informiert das Diagramm im Einzelnen? Erklärt die Bedeutung der einzelnen Balken, Farben, Zahlen und Angaben.

6 Untersucht das Diagramm genauer. Arbeitet dabei zu folgenden Punkten:
- Welche Gemeinsamkeiten zeigen die vier Nachrichtensendungen der öffentlich-rechtlichen Sendern und die zwei Nachrichtensendungen der privaten Sender?
- In welchen Bereichen gibt es zwischen den öffentlich-rechtlichen Sendungen und den privaten die größten Unterschiede? Sucht auch Gründe dafür.

7 Welche Schlussfolgerungen lassen sich aus den Informationen des Diagramms ziehen? Schreibt diese in Form von Aussagen (z. B. auf DIN-A4-Blättern) auf, stellt diese den anderen vor und begründet sie.

8 **Durchstarten! So könnt ihr weiterarbeiten:**

a Vergleicht zwei Abend-Nachrichtensendungen eines privaten und eines öffentlich-rechtlichen Senders. Achtet dabei vor allem darauf:
- welche Beiträge in der einen oder anderen Sendung gar nicht auftauchen.
- wie in den beiden Sendungen über dieselben Ereignisse berichtet wird.

b Entwickle für das folgende Ergebnis aus der JIM-Studie des Jahres 2018, die die Mediennutzung der Jugend untersucht, mögliche Erklärungen:

„Bezogen auf Nachrichtenangebote, die die Jugendlichen im Hinblick auf ihr Vertrauen mit der Note 1 oder 2 benotet haben, stehen die Tagesschau bzw. die Tagesthemen der ARD mit 84 Prozent an erster Stelle."

c Beschreibe und deute das Diagramm zur Themenstruktur der Nachrichtensendungen schriftlich. Arbeite dabei mit der Lernbox auf S. 163.

d Recherchiert zu den Aufgaben und Funktionen der öffentlich-rechtlichen Fernseh- und Rundfunkanstalten. Präsentiert den anderen eure Ergebnisse.

Alles klar? – Wiederholen und üben

Diagramme erschließen und auswerten

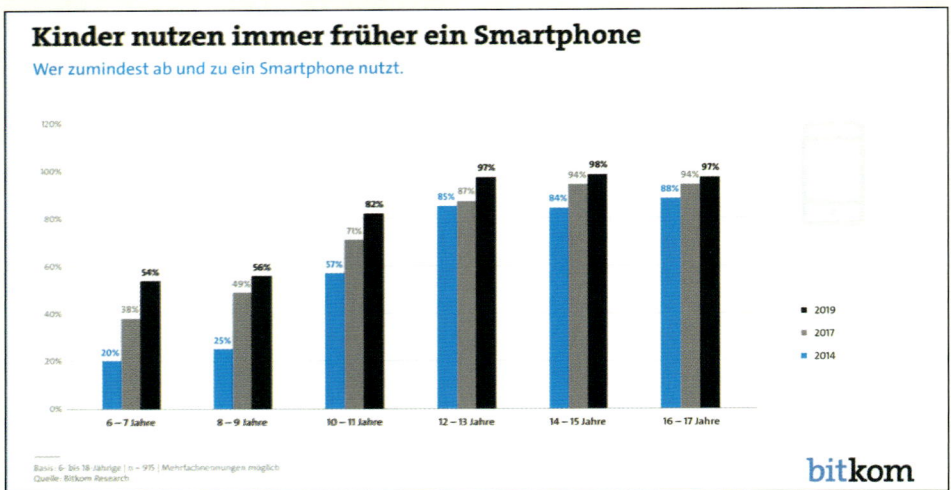

1. Bestimmt, um welche Art von Diagramm es sich handelt und worüber es informiert.

2. Beschreibt und erschließt das Diagramm nun genau. Beantwortet dazu folgende Fragen und haltet eure Ergebnisse in Form eines Stichwortzettels fest:
   - Worüber informiert das Diagramm?
   - Was wird auf der waagerechten Achse (= X-Achse), was auf der senkrechten Achse (= Y-Achse) angegeben?
   - Was geben die drei Farben jeweils an?
   - Welche Entwicklungen mit Blick auf die Nutzung von Smartphones kann man dem Diagramm entnehmen?
   - Welche Schlussfolgerungen lassen sich aus dem Diagramm ziehen?

3. Lege die Ergebnisse deiner Beschreibung und Auswertung des Diagramms schriftlich dar. Gehe dabei so vor, wie es in der Lernbox auf S. 163 beschrieben wird.

4. Stell dir vor, du arbeitest in einer Online-Redaktion einer Zeitung. Du sollst auf der Internetseite der Zeitung eine kurze Meldung zu den Ergebnissen der Studie, die in dem Diagramm dargestellt werden, verfassen. Gestalte eine solche Internetmeldung:
   - Wähle eine passende und wirkungsvolle Überschrift.
   - Verfasse dann einen Text von ungefähr zehn Sätzen für deinen Online-Artikel.

Über die Folgen des Internets nachdenken

Ulrich Reinhardt (geb. 1970)
Anmerkungen zur Generation @

Zur Jahrtausendwende entließ die erste Medienrevolution ihre Kinder. Noch nie hat es eine Genration gegeben, die von Kindheit an mit elektronischen Medien aufgewachsen ist [...]. Sie surft in neunzig Sekunden um die Welt, zappt wie im Fernsehen durch das Leben [...].

5 Die sozialen Folgen sind schon jetzt erkennbar. Die Generation @ macht den Bildschirm zum interaktiven Medium und die Welt zum globalen Dorf [...]. Die sozialen Folgen sind schon jetzt erkennbar. [...] Das Schlüsselwort im neuen Jahrtausend heißt Kommunikation. Aber in Wirklichkeit hastet die junge Generation von Kommunikation zu Kommunikation, knüpft mehr Kontakte, als dass sie
10 wirklich miteinander redet. Die neuen Informationstechnologien sorgen für eine fast inflationäre Verbreitung von Kontakten. [...] Kurzkontakte und Kontaktstress bleiben an der Oberfläche [...]. Der kontaktübersättigte Einzelne leidet am Ende inmitten lauter Kontakte unter Beziehungsarmut.

Die derzeitige Angebotsflut im Konsum- und Medienbereich hat sicher viele Be-
15 schäftigungen attraktiver gemacht, den Konsumenten aber zugleich Stress und Hektik beschert: Die Frage „Was zuerst?" oder „Wie viel wovon?" beantwortet der gestresste Konsument in seiner Zeitnot mit Zeitmanagement: In genauso viel Zeit werden mehr Aktivitäten „hineingepackt" und untergebracht, schnell ausgeübt oder zeitgleich erledigt [...].

20 Der Eindruck entsteht, der moderne Mensch will einen 48-Stunden-Tag haben, abends schon die Zeitung von morgen lesen, möglichst jeden Tag jemand anders sein oder spielen und am liebsten in einer Endlos-Serie leben. [...] Noch nie zuvor waren die Menschen einem solchen Angebotsstress ausgesetzt wie heute.

Ständig müssen wir uns entscheiden, ob wir etwas machen oder haben, nutzen
25 oder ganz darauf verzichten wollen: Was ist eigentlich wichtig für mich? Woher nehme ich den Mut, auch Nein zu sagen? Und wie schaffe ich es, mich zu bescheiden, auch auf die Gefahr hin, etwas zu verpassen? (1999)

5 Arbeitet folgendermaßen mit dem Textauszug:
- Stellt zusammen, welche Folgen das Internet für das Leben der Menschen laut Ulrich Reinhardt hat.
- Erläutert die besonderen, mit der Entwicklung des Internets verbundenen Herausforderungen für die Generation @, die Ulrich Reinhardt im letzten Absatz (Z. 24 – 27) anführt.
- Findet eigene Beispiele für die Einschätzungen des Autors. Stellt auch gegenteilige Thesen, Argumente und Beispiele zusammen, die man gegen seine Position vorbringen könnte.

6 Der Text ist im Jahre 1999 verfasst worden. Haltet ihr ihn noch für aktuell? Begründet eure Meinung.

7 Schreibe Ulrich Reinhardt eine E-Mail, in der du dich mit seinen Aussagen über die Folgen des Internets aus heutiger Sicht auseinandersetzt.

Facebook und das Web 2.0

Soziale Netzwerke wie Facebook oder Twitter spielen eine große Rolle in unserem heutigen Leben. Mit ihnen sind viele Vorzüge, aber auch Risiken verbunden. Um diese geht es in diesem Kapitel. Ihr lernt verschiedene Argumente dazu kennen, mit denen ihr euren Standpunkt zu der Frage, ob ihr soziale Netzwerke nutzen solltet, entwickeln und begründen könnt.
Dazu lernt ihr in diesem Kapitel,
- Argumente aus Texten und anderen Materialien (wie z. B. Diagrammen) zu einer Problemfrage zu entnehmen und zu sammeln,
- eigene Argumente zu einem Thema zu finden,
- Argumente auszubauen,
- eine Diskussion zu führen,
- Argumente gegenüberzustellen und andere Meinungen zu berücksichtigten,
- eine schriftliche Argumentation zu einem Thema zu planen, zu verfassen und zu überarbeiten.

Fluch oder Segen? – Argumentieren

1 Erklärt, worüber die Schüler auf dem Foto auf der linken Seite diskutieren. Welcher Äußerung stimmt ihr am ehesten zu?

2 Berichtet von euren Erfahrungen mit sozialen Netzwerken wie Facebook. Warum nutzt ihr soziale Netzwerke bzw. nutzt ihr sie nicht?

3 Beschreibt das Bild und erklärt, welche Aussagen es beinhaltet.

4 Stellt die Vorteile und die Gefahren, die ihr im Zusammenhang mit der Nutzung von sozialen Netzwerken seht, zusammen:
- Arbeitet dabei in kleinen Gruppen jeweils zu den Vorteilen und Gefahren.
- Haltet anschließend die Pro- und Kontra-Argumente auf Plakaten fest.

5 „Soll ich soziale Netzwerke nutzen oder nicht?" Diskutiert diese Frage abschließend in eurer Klasse.

Soll ich soziale Netzwerke nutzen oder nicht? – Pro- und Kontra-Argumente sammeln

Katrin Scheib
Gutes Facebook? Böses Facebook?

Die Wissenschaft hat festgestellt: Facebook ist gut und nützlich. Viele Studien belegen das – hier die fünf anschaulichsten.
1. Facebook macht risikobewusst. Jugendliche, die soziale Netzwerke nutzen, sind besser informiert über Aids und andere Krankheiten, mit denen man sich
5 beim Sex infizieren kann. Aber sie wissen nicht nur mehr – sie handeln auch danach. Das zeigt eine Studie unter [...] Jugendlichen in den USA.
2. Facebook macht stark. Online-Kommunikation beeinflusst das Offline-Leben. Indem Menschen aus demselben Ort oder derselben Gegend sich im Netz austauschen, stärken sie gleichzeitig den Zusammenhalt ihrer Gemeinde im ech-
10 ten Leben.
3. Facebook macht schlauer. Eine Studie unter 16- bis 18-Jährigen zeigte, dass sie anhand von Facebook und ähnlichen Seiten Medienkompetenz entwickeln. Das reicht vom Erstellen und Bearbeiten von Inhalten bis zu Themen wie Webseiten-Design und -Layout.
15 4. Facebook macht Umsatz. Bei Facebook ist es leicht, viele Menschen zu erreichen, auch wenn man wenig Geld hat. Wer etwas veröffentlichen will, kann das hier kostenlos. Nach Einschätzung von Håkan Selg von der Universität Uppsala macht [die Nutzung von Facebook] es Unternehmensgründern leichter, Kunden für ihr Produkt zu finden.
20 5. Facebook macht selbstbewusst. Weil jeder selbst entscheidet, wie er sich in dem Netzwerk präsentiert, entsteht ein recht positives Bild. Die soziale Kontrolle führt dazu, dass auch die Rückmeldungen der Facebook-Freunde meist positiv sind. Das führt bei den [Menschen], die an diesem Forschungsprojekt teilnahmen, zu einem höheren Selbstwertgefühl. [...]

25 Die Wissenschaft hat festgestellt: Facebook ist böse und gemein. Viele Studien belegen das [...].
1. Facebook macht eifersüchtig. Je mehr Zeit Nutzer dort verbringen, desto wahrscheinlicher ist es, dass sich in ihrer Beziehung Misstrauen und Eifersucht breitmachen. Folge: Sie verbringen noch mehr Zeit bei Facebook, um Beweise
30 zu finden, dass sie mit ihrem Gefühl auch richtigliegen.
2. Facebook macht bulimisch[1]. Bei jungen Mädchen ist die Wahrscheinlichkeit, dass sie eine Essstörung entwickeln, umso höher, je öfter sie bei Facebook eingeloggt sind. Abfangen können das allerdings Eltern, indem sie mit ihren Töchtern darüber reden, wie Frauenkörper medial so inszeniert[2] werden.

---

[1] Bulimie: Störung des Essverhaltens mit Heißhungeranfällen und anschließendem selbst herbeigeführten Erbrechen
[2] medial inszeniert: Vorstellungen durch die Medien prägen

3. Facebook macht schlechte Noten. Okay, ganz so belastbar sind die Forschungsergebnisse hier noch nicht. Studenten mit Facebook-Account hatten zwar einer Studie zufolge auch einen schlechteren Notendurchschnitt. Was da aber Ursache ist und was Wirkung, ist noch offen.

4. Facebook macht traurig. Wir neigen dazu, uns bei Facebook fröhlicher, optimistischer und besser gelaunt zu präsentieren, als wir sind. Unseren Freunden dort tun wir damit keinen Gefallen: Wenn sie Kummer haben und alle anderen nur von Glück schreiben, fühlen sie sich einsam. Das verstärkt den Kummer.

[…]

Und was heißt das nun? Facebook dichtmachen, verbieten oder zumindest abmelden? […]

1 Was spricht nach Katrin Scheib für und was spricht gegen die Nutzung von Facebook?
- Stellt die in dem Artikel angeführten Vor- und Nachteile in Stichworten einander gegenüber.
- Übernehmt dazu die folgende Tabelle und vervollständigt sie.

Vorteile der Nutzung von Facebook	Nachteile der Nutzung von Facebook
…	…

2 Vervollständigt eure Sammlung von Pro- und Kontra-Argumenten zu der Frage: „Sollte ich soziale Netzwerke nutzen oder nicht?" von Aufgabe 5 auf S. 177 mithilfe des Artikels.

3 Erklärt mit euren Worten die Bedeutung der Fragen am Ende des Artikels (Z. 44 f.) und beantworte sie.

4 Ihr könnt zu den Fragen (Z. 44 f.) eine Fishbowl-Diskussion in eurer Klasse durchführen. Wie ihr dabei vorgehen könnt, erfahrt ihr in der Lernbox auf S. 180.

5 Durchstarten! So könnt ihr weiterarbeiten:

a Führt eine Umfrage an eurer Schule durch und findet heraus, wie viele eurer Mitschüler, z. B. in eurem Jahrgang, soziale Netzwerke nutzen. Sammelt, was für eure Mitschüler für oder gegen die Nutzung von sozialen Netzwerken spricht.

b Recherchiert im Internet nach Statistiken zur Nutzung von sozialen Netzwerken. Stellt eure Ergebnisse den anderen vor.

c „Und was heißt das nun? Facebook dichtmachen, verbieten oder zumindest abmelden?" (Z. 44 f.) Beantworte diese Frage schriftlich. Begründe deine Antwort genau.

Das brauchst du immer wieder – So gehst du vor

Eine Fishbowl-Diskussion durchführen

In einer Fishbowl-Diskussion nimmt eine **Gruppe von Schülern** z. B. an einem gut einsehbaren Tisch oder in einem Stuhlkreis in der **Mitte des Klassenraums** Platz und führt eine **Diskussion zu einem zuvor festgelegten Thema**.

- Ein Schüler aus dieser Diskussionsgruppe übernimmt die Rolle des **Moderators**. Er leitet das Gespräch. Weiter achtet er darauf, dass alle zu Wort kommen, jeder den anderen zuhört und sich alle an die Regeln einer Diskussion halten.
- Die **übrigen Schüler beobachten** die Diskussion und machen sich Notizen zu den hervorgebrachten Argumenten.
- Nach einer Diskussionsrunde können die **Teilnehmer wechseln**, sodass die Diskussion über das vereinbarte Thema mit anderen Teilnehmern ein zweites Mal geführt wird. Der Wechsel kann auch mehrfach stattfinden.

Fishbowl heißt die Methode deswegen, weil die Diskutierenden wie Fische in einem Aquarium beobachtet werden. Um eine **Fishbowl-Diskussion vorzubereiten**, könnt ihr so vorgehen:

- Bildet je nach den Standpunkten, die ihr zu dem Thema oder der Problemfrage einnehmt, kleine Gruppen mit drei bis fünf Schülern.
- Die Gruppen sammeln für ihren Standpunkt Argumente und Gründe. Diese bauen sie gemeinsam möglichst überzeugend auf.
- Jede Gruppe bestimmt einen oder zwei Diskussionsteilnehmer, die ihren Standpunkt in der ersten Runde der Fishbowl-Diskussion vertreten.

Das Internet ist das Gegenteil von privat – Argumente aus einem Text herausarbeiten

Der Like-Button wurde von Facebook im Jahre 2010 eingeführt. Jeder Internetnutzer kann seitdem mit einem einfachen Klick ausdrücken, was ihm gerade gefällt oder was er als Nächstes kaufen möchte. Die Verbreitung des Buttons war äußerst rasant, und bis heute gibt es kaum Webseiten, die ihn nicht integriert haben.

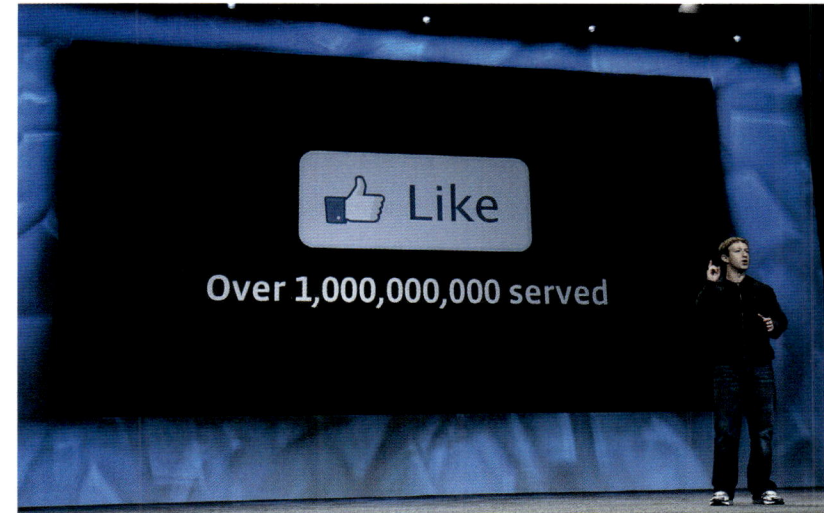

1 Sammelt, was ihr über den Like-Button wisst.

2 Erläutert, welche Vor- und Nachteile mit ihm eurer Meinung nach verbunden sind.

3 Formuliert eine erste Stellungnahme, ob die Einführung des Like-Buttons eurer Meinung nach eher positiv oder negativ zu bewerten ist.

In dem folgenden Text geht es ebenfalls um die Vor- und Nachteile des Like-Buttons.

Frank Schmiechen
Fürchtet euch nicht – Facebook macht Spaß!

Es ist eine böse Befürchtung: Wird Facebook der größte Datensammler aller Zeiten, beherrscht es bald die Welt? Kritiker glauben ja – schließlich verbreitet sich der „Like"-Button des Konzerns gerade über das gesamte Internet. Doch wir sollten uns keine Sorgen machen. Denn Facebook verbessert das Web dramatisch.

5 Es ist ein kleiner Schock. Ein völlig neues Internetgefühl. Von einer bekannten Website, die sich mit Musik beschäftigt, strahlen mir die Gesichter meiner Freunde entgegen. In Form ihrer Facebook-Fotos, die mir so vertraut sind wie CD-Cover meiner Lieblingsbands.

Ich wollte mich eigentlich über die neuen Trends und CDs des Frühjahres infor-
10 mieren und stelle fest, dass einige meiner Facebook-Freunde schon vor mir auf dieser Seite waren. Und sie haben deutliche Spuren hinterlassen.

Nicht nur ihre Fotos, sondern auch Bewertungen und Tipps. Das ist sehr hilfreich. Denn es ist zeitaufwendig, wenn man sich durch die Tiefen des unüberschaubaren Angebots klicken und hören muss, bis man auf die interessanten Dinge stößt.
15 Jetzt folge ich einfach den Spuren meiner Freunde und freue mich über die geschmackssichere Vorauswahl.

[...]
Für den 25-jährigen Facebook-Chef Mark Zuckerberg ist das „die umwälzendste Neuerung, die wir jemals für das Internet gemacht haben". Dabei sind es auf den ersten Blick nur ein kleiner Knopf und ein paar andere Programmschnipsel, die Zuckerberg allen Internetseiten frei zur Verfügung stellt. Aber dieser Knopf besitzt tatsächlich eine große Macht.
Er verbindet jede Webseite mit einer halben Milliarde Menschen, die ein Profil auf Facebook eingerichtet haben. Jede Website kann mit der Integration des „ilike"-Knopfes zu einer Verlängerung von Facebook werden.
Niemand wird gezwungen, diese direkten Links zu Facebook auf seine Seite zu bauen. Aber es ist für die meisten Betreiber von Webseiten verlockend. Der bekannte Blogger Robert Basic gibt zu: „Man kann sich nur sehr schwer dem Reiz entziehen, den die neuen Möglichkeiten für den eigenen Webauftritt verheißen."
Er hat wie viele diese Neuerung in seine Seite eingebaut, spricht zwar kritische Punkte an, freut sich aber generell über „mehr Feedback" und „Transparenz".
[...]
Das Empfehlungsinternet ist nicht mehr zu stoppen, weil es große Vorteile für die Nutzer hat. Dafür sorgen unsere Freunde. Sie machen unsere Facebook-Seite zu einer noch exquisiteren Fundgrube von Verweisen, Tipps und Möglichkeiten. [...]
Kritiker vermuten hinter den Plänen von Zuckerberg einen perfiden[1] Plan: Der junge Mann hat in Wirklichkeit überhaupt kein Interesse, das Internet für uns eingängiger und besser zu machen. In Wirklichkeit will er uns ausforschen und manipulieren. [...]
Fakt ist aber, dass Facebook lediglich das über uns wissen kann, was wir im Internet über uns preisgeben. Oder andere über uns verraten. Es kennt einige unserer Beziehungsgeflechte und Vorlieben. Aber nur die, die im Internet ablesbar sind. Und Facebook macht Geschäfte, indem es die Daten seiner Nutzer Firmen verkauft, die dann mit ihrer Werbung zielgenauer arbeiten können.
[...]
Beim Internet und bei sozialen Netzwerken handelt es sich jedoch nicht um beliebige Konsumprodukte. Sie verlangen Aufmerksamkeit und Verantwortung vom Nutzer. Es ist seine Entscheidung, wohin er surft, welche Daten er hinterlässt und auf welche Links er klickt. Freiheit auf eigene Gefahr. Er kann viele Fehler machen, vor denen ihn niemand bewahren kann. Ein Blogger schreibt zum Beispiel auf Twitter: „Ich fürchte, es wird vielen Leuten gefallen, die gar nicht wissen, was für ein riesiges Profil Facebook von ihnen damit erstellt."
[...]
Das Internet ist das Gegenteil von privat. Es ist eine große Bühne. Wir schauen den anderen zu, und die anderen schauen uns zu. Wir sind das Publikum, und wir sind die Schauspieler. Ich mag das.

---

[1] perfide: gemein

1 Welche Haltung vertritt der Autor Frank Schmiechen gegenüber dem „Empfehlungsinternet" (Z. 33)?
- Suche eine Textstelle heraus, die die Ansicht des Autors deiner Meinung nach besonders gut verdeutlicht.
- Erkläre deinen Mitschülern, was die Textstelle zeigt.

2 In dem Text geht Frank Schmiechen auch auf Vorteile und Nachteile der Nutzung von sozialen Netzwerken wie Facebook ein.
- Sucht die Vorteile, auf die Frank Schmiechen im Zusammenhang mit der Nutzung von Facebook eingeht, heraus. Haltet sie in Stichworten fest.
- Arbeitet auch die in dem Text angeführten Argumente der Kritiker und Gegner der sozialen Netzwerke heraus. Haltet sie ebenfalls in Stichworten fest.

3 Vervollständigt eure Sammlung von Pro- und Kontra-Argumenten zu der Frage „Sollte ich soziale Netzwerke nutzen oder nicht?" mithilfe des Textes von Frank Schmiechen (vgl. Aufgabe 5, S. 177 und Aufgabe 2, S. 179).

4 Welches Wissen und welche Macht haben soziale Netzwerke wie Facebook nach Frank Schmiechen über uns? Erläutere, wie in diesem Zusammenhang die Feststellung „Freiheit auf eigene Gefahr" (Z. 49) zu verstehen ist.

5 „Doch wir sollten uns keine Sorgen machen. Denn Facebook verbessert das Web dramatisch." (Z. 3 f.) Diskutiert abschließend in der Klasse, inwieweit ihr dieser Aussage Frank Schmiechens zustimmt.
Ihr könnt dazu auch eine Fishbowl-Diskussion durchführen. Wie ihr dabei vorgehen könnt, erfahrt ihr in der Lernbox auf S. 180.

➔ Argumente sammeln
AH, S. 25 f.

6 Durchstarten! So könnt ihr weiterarbeiten:

a Nimm abschließend Stellung dazu, ob die Einführung des Like-Buttons deiner Meinung nach eher positiv oder negativ zu bewerten ist.

b Vervollständigt eure Sammlung von Argumenten von Aufgabe 5 noch weiter, indem ihr im Internet nach Pro- und Kontra-Argumenten zu der Frage „Sollte ich soziale Netzwerke nutzen oder nicht?" recherchiert. Ihr könnt dazu in einer Suchmaschine z. B. Suchbegriffe wie „Vorteile soziale Netzwerke", „Facebook pro kontra" oder „soziale Netzwerke nutzen ja oder nein" eingeben.

c Schreibe einen Brief an Frank Schmiechen, in dem du ihm deine Meinung zu seinen Ansichten über das Internet darlegst und begründest.

d „Das Internet ist das Gegenteil von privat" (Z. 54). Erläutere schriftlich, was diese Aussage bedeutet.

e Viele Internetnutzer möchten anderen nicht nur zeigen, was ihnen gefällt, sondern auch, was ihnen nicht gefällt. Deshalb wünschen sie sich die Einführung eines Dislike-Buttons.
- Sammelt in kleinen Gruppen Argumente für und gegen die Einführung eines solchen Dislike-Buttons.
- Nehmt dann schriftlich Stellung zu der Einführung eines Dislike-Buttons oder diskutiert die Frage mit einer anderen Gruppe oder in der Klasse.

Es sind Schlagzeilen wie diese ... – die Einleitung einer Argumentation verfassen

Die Schülerinnen und Schüler der Klasse 10a schreiben im Deutschunterricht eine Argumentation zu der Frage: „Sollte ich soziale Netzwerke nutzen oder nicht?" Folgende Einleitungen haben einige Schüler dazu verfasst:

„Mit Facebook geht es bergab. Facebook – gefällt mir nicht!" Es sind Schlagzeilen wie diese, die täglich in der Presse zu lesen sind. Angeregt durch viele Datenskandale
5 und Gefahren, die mit der Nutzung sozialer Medien verbunden sind, herrscht eine intensive Diskussion darüber, ob man soziale Netzwerke überhaupt noch nutzen sollte. Dieser Frage werde ich in der fol-
10 genden Argumentation nachgehen und meinen eigenen Standpunkt dazu verdeutlichen.

(Cen)

Das Internet ist das Gegenteil von privat, aber gerade Privatsphäre wünschen sich die meisten Internetnutzer, wie aktuelle Berichte in den Medien zeigen. Kommt ein soziales Netzwerk wie Facebook bei
5 Nutzern also überhaupt noch gut an? Vorteile, aber auch Gefahren gibt es genug. Im Folgenden werde ich meinen Standpunkt zu dieser Thematik erläutern.

(Ann-Kristin)

Facebook gefällt mir. Aber viele Menschen, auch meine Freunde, sind nicht mehr bei Facebook angemeldet. Artikel darüber stehen zurzeit oft in der Presse. Ich fand es ja mal ganz gut, jetzt aber nicht mehr. Ich finde, man sollte sich bei Facebook abmelden und gar keine sozialen Netzwerke benutzen. Das werde ich nun
5 begründen.

(Mike)

1 Welche der Einleitungen erscheint dir besonders gelungen und welche eher nicht? Begründe dies.

2 Untersucht die Einleitungen. Achtet dabei auf folgende Punkte:
- Worüber informieren sie und wie sind sie aufgebaut?
- Wie versuchen die Schüler jeweils, den Leser für das Thema zu interessieren?
- Was sollte bei den einzelnen Einleitungen noch verbessert werden?

3 Sammelt zu zweit eigene Ideen, wie ihr eine Einleitung einer Argumentation zum Thema „Sollte ich soziale Netzwerke nutzen oder nicht?" ausgestalten könnt. Arbeitet dabei mit der Lernbox unten.

4 Schreibe selbst eine Einleitung einer Argumentation zum Thema „Sollte ich soziale Netzwerke nutzen oder nicht?".

5 Vergleicht und überarbeitet eure Einleitungen. Arbeitet dabei wieder mit der Lernbox auf dieser Seite.

6 Durchstarten! So könnt ihr weiterarbeiten:

a ○○ Erstellt ein Lernplakat zum Thema „Die Einleitung einer Argumentation verfassen" und hängt es in der Klasse auf.

b ●○ Verfasse eine weitere Einleitung zu einer Argumentation mit dem Thema „Sollte ich soziale Netzwerke nutzen oder nicht?".
- Wähle dazu eine andere in der Lernbox vorgeschlagene Möglichkeit, in das Thema einzuführen und den Leser neugierig zu machen.
- Stelle einem Lernpartner deine beiden Einleitungen vor. Entscheidet dann, welche Einleitung als Beginn der Argumentation geeigneter ist. Verbessert sie gegebenenfalls noch einmal gemeinsam.

Das brauchst du immer wieder – So gehst du vor

Die Einleitung einer Argumentation schreiben

Die Einleitung einer Argumentation dient dazu, den Leser mit wenigen Sätzen **mit dem Thema vertraut zu machen**, ihn **in das Thema einzuführen** und ihn **neugierig zu machen**. Als Hinführung zum Thema kann dabei dienen:

- ein **persönliches Erlebnis** (z. B. mit sozialen Netzwerken),

- eine **aktuelle Diskussion** aus den Nachrichten oder Medien (z. B. Facebook kauft andere Firmen auf, aktuelle Nutzerzahlen etc.),

- eine **Begriffserklärung** (z. B. des Begriffs „Like-Button"),

- eine **Tatsache** (z. B. Umfragen oder Statistiken zu Nutzerzahlen, Meinungsbilder von Nutzern),

- eine beobachtbare **aktuelle Tendenz** (z. B. Veränderungen an der Website, Änderung der Nutzerzahlen, aktuelles Image einer Marke wie Facebook),

- ein **Zitat**, eine **Redewendung**, ein **Sprichwort**, ein **Slogan** oder Ähnliches (z. B. „Facebook verändert die Gesellschaft", „Das Internet ist das Gegenteil von privat"),

- ein **Vergleich zwischen früher und heute**,

- ...

➔ Die Einleitung einer Argumentation verfassen AH, S. 27

Ein wichtiger Grund ist, dass ... – Argumente ausbauen

Marius und Lukas aus der 10a haben in ihren Argumentationen zu der Frage: „Sollte ich soziale Netzwerke nutzen oder nicht?" ihren Standpunkt mit folgenden Argumenten begründet:

Ich finde, man sollte soziale Netzwerke nicht nutzen. Ein wichtiger Grund ist, dass jeder alles über mich erfahren kann, wenn ich soziale Netzwerke nutze. Das finde ich gefährlich, weil ich nicht weiß, was da so alles passieren kann.

(Marius)

Ich denke, man sollte soziale Netzwerke nutzen, aber auch ihre Nachteile sehen. Besonders spricht gegen die Nutzung von sozialen Netzwerken, dass viele Jugendliche nur noch online sind und ständig alles veröffentlichen müssen. Man kann im Alltag kaum noch normal miteinander kommunizieren, wenn der andere
5 gleichzeitig sein Handy nutzt. Das macht meine Freundin neuerdings auch und ich kann mich kaum mit ihr unterhalten, weil sie immer ihren Status aktualisieren muss.

(Lukas)

1 Erkläre, welche Standpunkte zu der Frage „Sollte ich soziale Netzwerke nutzen oder nicht?" Marius und Lukas jeweils vertreten.

2 Welche der beiden Argumentationen überzeugt dich mehr? Begründe deine Meinung.

 3 Untersucht mithilfe des Schaubildes, wie die beiden jeweils für ihren Standpunkt argumentieren. Bestimmt dabei jeweils:
- die These/Behauptung,
- die Argumente/Begründungen dafür sowie
- die Beispiele und Belege, mit denen Marius und Lukas ihre Begründungen absichern.

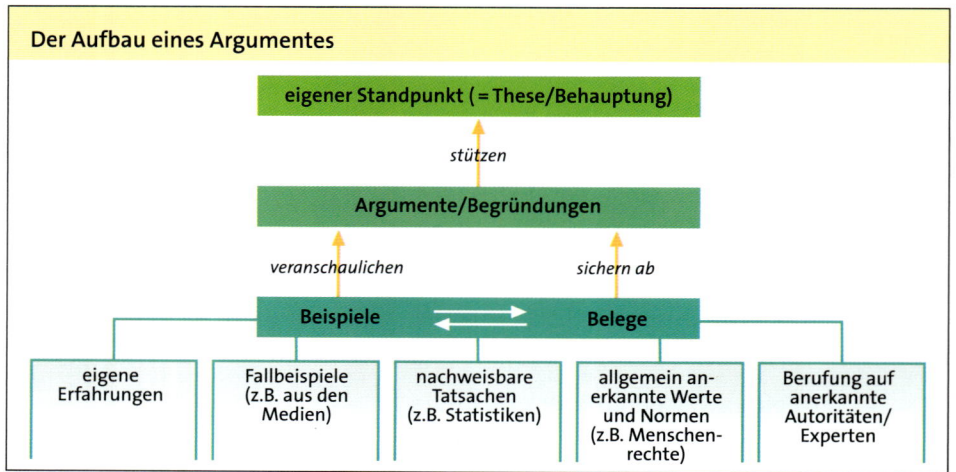

4 Wählt zu zweit eines der Argumente aus eurer Sammlung der Pro- und Kontra-Argumente zu der Frage „Sollte ich soziale Netzwerke nutzen oder nicht?" aus. Baut dieses Argument mithilfe der Lernbox möglichst überzeugend aus.

5 Bildet kleine Gruppen und stellt euch eure ausgebauten Argumente von Aufgabe 4 gegenseitig vor:
- Besprecht, was jeweils daran gelungen ist und was noch verbessert werden sollte.
- Überarbeitet eure Argumente gegebenenfalls.

6 Durchstarten! So könnt ihr weiterarbeiten:

a ●○ Tauscht eure Argumente von Aufgabe 4 untereinander aus. Kennzeichnet mit verschiedenen Farben jeweils die Thesen/Behauptungen, Begründungen sowie Beispiele und Belege in den Argumenten eurer Mitschüler.

b ○○ Übernehmt das Schaubild von S. 186 auf ein Lernplakat und hängt es in eurer Klasse auf.

Das brauchst du immer wieder – So gehst du vor

Argumente ausbauen

Ein **Argument** besteht in der Regel aus der Nennung des eigenen Standpunktes in Form einer **These bzw. Behauptung** (wie z. B. „Man sollte soziale Netzwerke nutzen"), **Argumenten/Begründungen** sowie **Beispielen und Belegen**.

- Du argumentierst überzeugend, wenn du deinen Standpunkt durch **Argumente** und **Begründungen** stützt, mit denen du zeigst, weshalb die von dir vertretene Meinung zutreffend sein soll.

- Noch stärker werden deine Argumente und Begründungen, wenn du sie mit **Beispielen und Belegen** veranschaulichst und absicherst. Solche Belege können z. B. sein:
  - **eigene Erfahrungen**,
  - **Fallbeispiele**, z. B. aus den Medien,
  - **nachweisbare Tatsachen** wie statistische Angaben,
  - **allgemein anerkannte Werte und Normen** wie der Schutz der Privatsphäre oder
  - **Berufung auf anerkannte Autoritäten**, z. B. auf Aussagen von Wissenschaftlern oder Studien.

→ Argumente ausbauen
AH, S. 28 f.

Vom schwächsten zum stärksten Argument – den Hauptteil einer linearen Argumentation planen und verfassen

Die Schüler und Schülerinnen der Klasse 10a verfassen im Deutschunterricht eine lineare Argumentation. Bei einer linearen Argumentation legt man im Hauptteil nur die Argumente dar, die für den eigenen Standpunkt sprechen. Um das Schreiben der linearen Argumentation vorzubereiten und zu planen, haben die Schüler und Schülerinnen die Übersicht links erarbeitet.

Gliederung des Hauptteils einer linearen Argumentation

1   Nennung des eigenen Standpunktes (= These): _____

1.1 Argument 1 (schwächstes Argument): _____
    Begründungen für Argument 1: _____
    Beispiele/Belege für Argument 1: _____

1.2 Argument 2: _____
    Begründungen für Argument 2: _____
    Beispiele/Belege für Argument 2: _____

1.3 Argument 3 (stärkstes Argument): _____
    Begründungen für Argument 3: _____
    Beispiele/Belege für Argument 3: _____

1 Beschreibt mithilfe der Übersicht, wie der Hauptteil einer linearen Argumentation aufgebaut ist und was ihr beim Verfassen des Hauptteils besonders beachten müsst.

 2 Entscheide dich, welchen Standpunkt du zu der Frage „Sollte ich soziale Netzwerke nutzen oder nicht?" einnimmst. Formuliere deinen Standpunkt in einem Satz.

 3 Bereitet das Schreiben des Hauptteils eurer linearen Argumentation zusammen mit einem Lernpartner vor, der sich auch für euren Standpunkt entschieden hat. Arbeitet so weiter:
- Wählt aus der Sammlung von Pro- und Kontra-Argumenten von Aufgabe 3 auf S. 183 die eurer Meinung nach überzeugendsten Argumente für euren Standpunkt aus. Verwendet aber nicht mehr als vier Argumente.
- Ordnet diese Argumente vom schwächsten bis zum stärksten.
- Erstellt mithilfe der Übersicht oben einen Schreibplan für das Verfassen des Hauptteils eurer Argumentation. Weitere Hilfen findet ihr auf den S. 187–189.

 4 Verfasse nun den Hauptteil deiner linearen Argumentation. Weitere Hilfen erhältst du in der Lernbox auf der nächsten Seite und auf S. 187 sowie auf den Seiten 190–191. Formulierungshilfen findest du auf S. 195 und 196.

 5 Besprecht eure Entwürfe in Kleingruppen. Macht euch gegenseitig Vorschläge, wie ihr eure Entwürfe noch verbessern könnt. Haltet die Verbesserungsvorschläge der anderen in dem Text oder am Rand eures Entwurfs fest.

6 Erstelle nun mithilfe der Verbesserungsvorschläge eine endgültige Fassung deines Hauptteils der linearen Argumentation. Kontrolliere deine Ausführungen auch noch einmal mithilfe der Lernboxen auf den Seiten 185, 187 und 189.

7 Durchstarten! So könnt ihr weiterarbeiten:

Übt das Verfassen von linearen Argumentationen. Geht dazu so vor:
- Sucht weitere Problemfragen rund um das Internet und die Neuen Medien. Z. B.: „Sollten Schüler in der Schule verpflichtet werden, einen Führerschein zur richtigen Internetnutzung zu machen?", „Sollten in der Schule Schulbücher durch Tablet-Computer ersetzt werden?" oder „Sollte es verboten werden, dass Lehrer und Schüler über soziale Netzwerke miteinander kommunizieren?"
- Wählt einzelne Problemfragen aus, zu denen ihr euren Standpunkt darlegen wollt. Sammelt dann Pro- und Kontra-Argumente zu eurer Problemfrage. Ihr könnt dazu auch im Internet recherchieren.
- Verfasst eine Einleitung zu einer linearen Argumentation, in der ihr den Leser in das Thema einführt und ihn neugierig macht. Beachtet dabei die Hinweise in der Lernbox auf S. 185.
- Entscheidet euch, welchen Standpunkt ihr zu der Problemfrage habt. Wählt drei bis vier Argumente aus eurer Sammlung von Pro- und Kontra-Argumenten für eure Meinung aus. Erstellt anschließend einen Schreibplan zum Verfassen des Hauptteils eurer linearen Argumentation. Arbeitet dabei mit der Lernbox auf S. 189 und der Gliederung auf S. 188.
- Verfasst nun den Hauptteil eurer linearen Argumentation. Hilfen erhaltet ihr dafür in der Lernbox unten. Schreibt auch einen Schlussteil. Was ihr dabei beachten müsst, erfahrt ihr auf S. 191 – 192.
- Ihr könnt eure Texte wieder gemeinsam besprechen und überarbeiten.

Das brauchst du immer wieder – So gehst du vor

Den Hauptteil einer linearen Argumentation verfassen

Im **Hauptteil einer linearen Argumentation** vertritt man seinen Standpunkt zu einem strittigen Thema und begründet ihn. Dabei werden die **Argumente** für die eigene Meinung möglichst **überzeugend** ausgeführt.
Um den Hauptteil zu verfassen, kannst du folgendermaßen vorgehen:
- Benenne zunächst **deinen Standpunkt** (= These).
- Lege anschließend die **Argumente für deinen Standpunkt** dar und baue sie mit überzeugenden Begründungen und passenden Beispielen und Belegen aus. Dabei solltest du deine Argumente **vom schwächsten zum stärksten hin** geordnet darlegen.
- Achte auf die sprachlich sinnvolle Verknüpfung deiner Argumente, z. B. durch Konjunktionen und entsprechende **Ein- und Überleitungen**. Hilfen dazu erhältst du auf S. 195 – 196.

→ Argumentation verfassen
AH, S. 30 f.

Deshalb bin ich der Meinung, dass ... – den Schluss einer linearen Argumentation verfassen

Einige Schüler der 10a haben folgende Schlüsse für ihre lineare Argumentation verfasst:

Betrachtet man zusammenfassend die von mir ausgeführten Argumente zu der Frage, ob man soziale Netzwerke nutzen sollte oder nicht, lässt sich festhalten, dass man sie eigentlich nicht braucht. Trotz der Vorteile, die diese Netzwerke für den Nutzer bieten, sind
5 die Gefahren einfach zu groß. Man wird durch die Nutzung sozialer Netzwerke von der realen Welt abgelenkt und man macht sich selbst durch die Veröffentlichung seiner Daten zu einem vollkommen gläsernen Menschen. Darüber hinaus ist die Gefahr gerade für Kinder und Jugendliche einfach zu groß, durch einen unsachgemäßen Um-
10 gang mit dem sozialen Netzwerk Opfer von Cybermobbing oder Ähnlichem zu werden. Um zu vermeiden, dass weitere Jugendliche diesen Gefahren, die mit der Benutzung sozialer Netzwerke verbunden sind, ausgeliefert sind, sollte in Zukunft verstärkt Aufklärung über diese
15 Gefahren in den Schulen betrieben werden.

(Marie)

Die einfache Möglichkeit, internationale Kontakte zu pflegen, die neuesten Trends mitzubekommen und immer Bescheid zu wissen, was seine Freunde so machen, ist für jeden Nutzer
5 ein großer Vorteil. Ich denke, man sollte deshalb soziale Netzwerke wie Facebook weiter nutzen, dabei aber immer selbst genau überlegen, was man von sich preisgibt. Bei einem verantwortungsvollen Umgang mit den sozialen Netzwer-
10 ken sind die Gefahren kontrollierbar und man kann die Vorzüge guten Gewissens für sich beanspruchen.

(Serkan)

Soziale Netzwerke sollte jeder nutzen können, wie er es möchte. Schließlich muss jeder selbst wissen, was er veröffentlicht und wie oft er das soziale Netzwerk nutzt. Den Vorteil, jederzeit mit jedem Freund ver-
5 bunden sein zu können, sollte man sich nicht nehmen lassen.

(David)

1 Vergleicht und beurteilt die Schlüsse der Schüler. Achtet dabei auf folgende Punkte:
- Was ist jeweils gelungen und was könnte verbessert werden?
- Mit welchen sprachlichen Mitteln verdeutlichen sie, dass es sich um den Schlussteil einer Argumentation handelt?
- Welche Möglichkeiten, den Schluss einer Argumentation zu gestalten, wählen die einzelnen Schüler? Benennt sie jeweils, indem ihr die entsprechenden Begriffe aus dem Wortspeicher auswählt.

> Fragestellung aufgreifen • wichtige Argumente zusammenfassen • Appell • mögliche Entwicklungen aufzeigen • einen Wunsch formulieren • einen Ausblick geben • auf verwandte Themen verweisen

2 Sammelt anhand der Schülerbeispiele Tipps dafür, worauf man beim Schluss einer Argumentation achten muss.

3 Schreibe einen Schlussteil zu deiner Argumentation zu dem Thema „Sollte ich soziale Netzwerke nutzen oder nicht?" von Aufgabe 4 auf S. 188.

4 Durchstarten! So könnt ihr weiterarbeiten:

Ihr könnt zu den folgenden Fragen in dem Kasten auf dieser Seite zu ganz unterschiedlichen Themen das Verfassen von linearen Argumentationen üben.
- Weitere Fragen zum Argumentieren findet ihr noch auf den Seiten 189 und 199.
- Hilfen, wie ihr vorgehen solltet, erhaltet ihr in den Lernboxen auf den Seiten 185, 187 und 189.
- Seht euch auch die Überschriften auf den Seiten 186 und 188 sowie die Hinweise in Aufgabe 7 auf Seite 189 an.

- Sollten Noten im Fach Sport abgeschafft werden?
- Sollten die Klassenfahrten für Abschlussklassen abgeschafft werden?
- Sollte es acht Wochen Sommerferien und dafür keine Herbstferien mehr geben?
- Sollte man Werbung für Zigaretten ganz verbieten?
- Sollte es zum Geburtstag nur Geldgeschenke statt Sachgeschenke geben?
- Sollte es in der Schulmensa einen Veggietag, an dem nur Gerichte ohne Fleisch angeboten werden, geben?
- Sollte das Sitzenbleiben abgeschafft werden?
- Sollten Schüler ihre Lehrer einmal im Jahr benoten dürfen?
- Sollte das Trinken von Alkohol in der Öffentlichkeit verboten werden?
- Sollte man die Volljährigkeit erst mit 21 Jahren erreichen dürfen?
- Sollte es ein Schulfach „Höflichkeit" geben?
- Sollte die Verpflichtung zum Wehrdienst für alle Jugendlichen eingeführt werden?

→ Wiederholen und üben: Eine lineare Argumentation planen und verfassen S. 198 f., Aufgaben 1 und 2

Ein Thema, zwei Meinungen – eine antithetische Argumentation planen und verfassen

Untersuche M1 bis M5! – Verschiedenen Materialien Argumente entnehmen

Die Schülerinnen und Schüler der Klasse 10a haben sich im Deutschunterricht darauf verständigt, sich mit der Frage „Besitzen Videoplattformen wie YouTube mehr Nachteile als Vorteile?" zu beschäftigen.

1 Besitzen Videoplattformen eurer Meinung nach mehr Vor- oder Nachteile?
- Sammelt zunächst für beide Seiten Argumente.
- Nehmt dann eine erste Stellungnahme vor.

Um Pro- und Kontra-Argumente zu ihrem Thema zu finden, haben die Schülerinnen und Schüler der 10a im Internet recherchiert. Dabei haben sie die folgenden Materialien gefunden:

M1 Raser überführt sich selbst mit Internetvideos

Paris – Seine selbst produzierten Rennfilme kommen einen Franzosen teuer zu stehen: Der 31-Jährige hatte im Internet Videos veröffentlicht, auf denen er in seinem Auto mit 310 Kilometer pro Stunde auf einer Landstraße fährt. Ein Gericht in Niort verurteilte den Mann zu einem Jahr Gefängnis. Auf den
5 auf YouTube publizierten Videos ist die Tacho-Anzeige zu sehen sowie zahlreiche überholte Wagen.

(Spiegel online vom 24.2.2012)

M2 Auf dem Weg zur Schule treffen sich Marco, 16 Jahre, und Marie, 15 Jahre, im Bus und unterhalten sich über das gestrige Bundesligaspiel.

MARCO: Hast du gestern das Fußballspiel gesehen? Super Tor von Müller!
MARIE: Ich musste leider zum Training, genau das habe ich verpasst.
MARCO: Wie ärgerlich, das musst du sehen. Eine richtig gute Schusstechnik hat der. Schau doch mal bei YouTube, da hat es bestimmt schon jemand eingestellt.
5 MARIE: Gute Idee, das mache ich sofort!

M 3

Von Anfang an war YouTube auch eine Plattform zum Austausch von Tipps und Tricks. Ob Reparaturanleitungen, Komplettlösungen für Computerspiele oder Schminktipps – für fast jedes Problem findet sich auf YouTube eine anschauliche Lösung.

M 4

14. Dezember 2013

YouTube-Hetzjagd
Online-Mobbing bleibt kein Einzelfall

(Süddeutsche Zeitung online vom 14.12.2013)

M 5 *Düsseldorf (RPO).* Jeden Tag werden geschätzte 60 000 Videos bei YouTube eingestellt. Doch die Videoplattform dient nicht nur dem Zeitvertreib und verschafft öffentliches Gehör, sie kann auch zum lukrativen Geschäft werden. Mit ihren Privatvideos verdienen manche Internetstars sogar bis zu 250 000 Euro jährlich.
(RP online vom 31.08.2010)

2 Seht euch die einzelnen Materialien genau an. Vervollständigt die folgende Tabelle mit den Vorteilen und Nachteilen von Videoplattformen, die in den Materialien M 1 – M 5 aufgezeigt werden.

Vorteile von Videoplattformen	Nachteile von Videoplattformen
...	...

3 Vervollständigt eure Sammlung von Vor- und Nachteilen, die Videoplattformen besitzen (s. S. 192, Aufgabe 1).

Beide Seiten sehen – eine antithetische Argumentation planen und verfassen

> **INFO**
> Bei der **antithetischen Argumentation** stellst du die Argumente beider Seiten abwägend einander gegenüber. Im Schlussteil erläuterst du dann zusammenfassend, aufgrund welcher Argumente du dich letztlich für deinen Standpunkt entschieden hast.

1 Benenne mithilfe der Infobox, was die besonderen Merkmale einer antithetischen Argumentation sind. Erkläre weiter,
- was eine antithetische Argumentation von einer linearen unterscheidet und
- worauf man beim Schreiben einer antithetischen Argumentation wohl besonders achten muss.

Lea aus der 10a hat im Deutschunterricht folgende zwei Möglichkeiten der Gliederung einer antithetischen Argumentation kennengelernt. Diese beiden Möglichkeiten hat sie in ihrem Heft in der folgenden Übersicht festgehalten:

Besitzen Videoplattformen wie YouTube mehr Nachteile als Vorteile?

Gliederung nach dem Sanduhrprinzip

1   Einleitung

2   Hauptteil
2.1   Standpunkt der Gegenseite
      (= Antithese): …
2.1.1 Kontra-Argument 1: …
2.1.2 Kontra-Argument 2: …
2.1.3 Kontra-Argument 3: …

2.2   Überleitung

2.3   eigener Standpunkt (= These):
2.3.1 Pro-Argument 1: …
2.3.2 Pro-Argument 2: …
2.3.3 Pro-Argument 3: …

3   Schluss:
    Abwägung und eigene Entscheidung

Gliederung nach dem Pingpong-Prinzip:

1   Einleitung

2   Hauptteil
2.1.1 Kontra-Argument 1: …
2.1.2 Entkräftung durch Pro-Argument 1: …

2.2.1 Kontra-Argument 2: …
2.2.2 Entkräftung durch Pro-Argument 2: …

2.3.1 Kontra-Argument 3: …
2.3.2 Entkräftung durch Pro-Argument 2: …

3   Schluss:
    Abwägung und eigene Entscheidung

2 Vergleicht die beiden Möglichkeiten der Gliederung miteinander. Arbeitet dazu zu folgenden Punkten:
- Beschreibt, wie die Gliederung der antithetischen Argumentation jeweils aufgebaut ist.
- Erläutert die Gemeinsamkeiten und Unterschiede zwischen den beiden Möglichkeiten, eine antithetische Argumentation aufzubauen.
- Erklärt die Begriffe „Sanduhrprinzip" und „Pingpong-Prinzip". Lest in der Lernbox auf S. 196 f. nach, wenn ihr euch nicht sicher seid.
- Stellt abschließend zusammen, was man bei den beiden Möglichkeiten beim Schreiben einer antithetischen Argumentation besonders beachten muss.

3 Erläutere, welche Vorzüge und Schwierigkeiten die beiden Formen der antithetischen Argumentation deiner Meinung nach besitzen. Welche der beiden Möglichkeiten würdest du wählen? Begründe deine Meinung.

4 Erstelle eine eigene Gliederung für eine antithetische Argumentation zum Thema „Besitzen Videoplattformen wie YouTube mehr Nachteile als Vorteile?". Gehe dabei so vor:
- Entscheide dich, welchen Standpunkt du zu dieser Frage hast.
- Wähle aus der Sammlung der Vor- und Nachteile von Aufgabe 2 auf S. 193 jeweils drei bis vier Vor- und Nachteile für und gegen deinen Standpunkt aus.
- Erstelle auf der Grundlage dieser Argumente und mithilfe der entsprechenden Gliederung von Leas Übersicht einen stichwortartigen Schreibplan. Beachte dabei insbesondere je nach deiner Wahl das „Sanduhr-" oder „Pingpong-Prinzip".

5 Stellt euch eure Schreibpläne in kleinen Gruppen gegenseitig vor. Nehmt gegebenenfalls noch Änderungen und Verbesserungen vor.

6 Schreibe mithilfe deines Schreibplans eine antithetische Argumentation zu der Frage „Besitzen Videoplattformen wie YouTube mehr Nachteile als Vorteile?". Hilfen erhältst du in der Lernbox auf S. 196 – 197.
Arbeite dabei mit den folgenden Wortspeichern. Du findest hier Formulierungen, mit denen du überzeugende Ein- und Überleitungen sowie gedankliche Verknüpfungen formulieren kannst.

Formulierungen, die anreihend, evtl. auch steigernd wirken:

> Zunächst ist zu bedenken, dass … • Ein weiterer Aspekt ist, … • Auch X zeigt, … • außerdem • ferner • darüber hinaus • des Weiteren • Noch stärker dafür … dagegen spricht … • Aus diesem Grund … • Folglich, letztendlich, also, … • Es ist hervorzuheben, dass … • Man sollte nicht vergessen, dass … • Tatsache ist, … • Umso wichtiger ist, … • Besonders ausschlaggebend ist, … • …

Begründungen ausdrücken:

weil • da • denn • daher • deshalb • deswegen • darum • aus diesem Grund • …

Unterschiedliche Meinungen und Gegensätze ausdrücken:

aber • jedoch • auf der anderen Seite • einerseits, andererseits • nicht nur, sondern auch • sonst • andernfalls • wenn • insofern • Im Gegensatz dazu, … • Dennoch sollte man nicht vergessen, dass … • obwohl • …

Folgen angeben:

also • folglich • demzufolge • demnach • infolgedessen • …

Wendepunkte von den Argumenten der Gegenseite zu den eigenen Argumenten formulieren:

Die angeführten Argumente der Gegenseite zeigen recht deutlich, dass … • Meiner Meinung nach gibt es aber bessere Gründe für die Annahme, dass … • Trotz dieser Gründe gegen … sind viele zu Recht der Meinung, dass … • Nachdem ich die Gründe derjenigen, die …, dargelegt habe, komme ich jetzt zu den Argumenten, die für … sprechen • …

Das brauchst du immer wieder – So gehst du vor

Eine antithetische Argumentation verfassen

Zu einem strittigen Thema oder einer Problemfrage (z. B. „Soll man soziale Netzwerke nutzen?") kann man zwei unterschiedliche Standpunkte einnehmen.
- Behauptungen und Urteile, die den eigenen Standpunkt beschreiben, werden **These** genannt (z. B. „Ich bin dafür, soziale Netzwerke zu nutzen."). Argumente für diesen Standpunkt sind **Pro-Argumente**.
- Dementsprechend werden Behauptungen und Urteile für den Standpunkt der Gegenseite (z. B. „Ich lehne die Nutzung von sozialen Netzwerken ab.") **Antithese** genannt. Die Argumente dafür sind **Kontra-Argumente**.

◯ Argumentation verfassen
AH, S. 30 f.

◯ Wiederholen und üben:
Eine antithetische
Argumentation verfassen
S. 198 f., Aufgaben 1 und 2

Eine antithetische Argumentation besitzt wie eine lineare Argumentation eine Einleitung, einen Hauptteil und einen Schluss. Folgende Punkte solltest du bei diesen Teilen beim Verfassen einer antithetischen Argumentation besonders beachten:

Die Einleitung:
Bei der Einleitung kannst du genauso vorgehen wie bei der Einleitung einer linearen Argumentation. Was du dabei beachten musst, findest du in der Lernbox auf S. 185. Am Schluss der Einleitung musst du allerdings darauf achten, dass du nicht deinen Standpunkt darlegst und nennst. Stattdessen weist du darauf hin, dass du im Hauptteil die Argumente für beide Standpunkte darlegen und ausführen wirst.

Der Hauptteil:
Im Hauptteil legst du die Argumente für die beiden Standpunkte zu dem Thema oder der Problemfrage dar. Dabei kannst du zwischen zwei Möglichkeiten des Aufbaus wählen:
- Wenn du den Hauptteil nach dem **Sanduhr-Prinzip** aufbaust, legst du zuerst die Argumente der Gegenseite dar und führst dann die Argumente für deinen Standpunkt aus. Dabei solltest du mit dem überzeugendsten Gegenargument beginnen und danach immer weniger überzeugende Gegenargumente ausführen. Nach der Überleitung zum eigenen Standpunkt beginnst du dann mit dem schwächsten Pro-Argument für deinen Standpunkt. Den Hauptteil beendest du mit dem überzeugendsten und stärksten Argument für deinen Standpunkt.
- Beim **Pingpong-Prinzip** legst du immer im Wechsel ein Argument der Gegenseite und ein Argument für deinen Standpunkt dar. Dabei entkräftest und widerlegst du die Kontra-Argumente der Gegenseite immer mit dem folgenden Pro-Argument für deinen Standpunkt.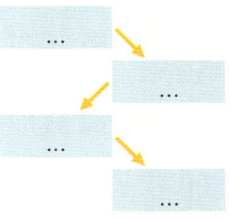

Der Schluss:
Im Schlussteil legst du dar, für welchen Standpunkt du dich weshalb entschieden hast, indem du die zentralen Argumente der beiden Seiten zusammenfassend gegeneinander abwägst. Du kannst dich hier auch für ein „Sowohl-als-auch" zwischen den beiden Standpunkten entscheiden. Eventuell bietet es sich an, die Argumentation mit einem Ausblick, Appell oder Wunsch zu beenden.

Alles klar? – Wiederholen und üben

Eine lineare/antithetische Argumentation verfassen

1 Verfasse eine lineare oder antithetische Argumentation zu der Frage „Sollte in Stillarbeitsphasen und bei Einzelarbeiten das Musikhören im Unterricht erlaubt sein?". Gehe dabei so vor:
- Entnimm den Materialien M 1 bis M 4 alle Argumente, die für oder gegen eine solche Erlaubnis sprechen. Arbeite dabei mit einem Lernpartner zusammen und lege dir eine entsprechende Pro-Kontra-Tabelle an.
- Ergänze deine Pro-Kontra-Tabelle gemeinsam mit einem oder zwei Mitschülern.
- Entscheide, welche Form der Argumentation du schreiben willst, und erstelle eine entsprechende Gliederung. Hilfen findest du in den Lernboxen auf S. 189 und S. 196–197. Siehe dir auch die Übersicht auf S. 188 und 194 an.
- Verfasse dann mithilfe deiner Gliederung eine Argumentation zu der Problemfrage oben.

M 1 Schüler Sascha (16): „Ich würde gern in der Schule Musik hören, aber meine Lehrer verbieten es. Ich bin zwar der Meinung, mich mit meiner Lieblingsmusik im Ohr besser auf eine Unterrichtsarbeit konzentrieren zu können, mein Lehrer sagt aber, wir könnten uns nicht gut konzentrieren, wenn wir Musik hören."

M 2 Wie Musik auf den Menschen wirkt

Musik ist viel mehr als nur ein schöner Zeitvertreib. Musik kann Balsam für die Seele sein, aber auch die geistige und soziale Entwicklung von Kindern fördern. Selbst Erwachsene können vom Musizieren profitieren – es mobilisiert das Gehirn und produziert Glückshormone. Kein Wunder, dass Musik heute von vielen Experten nicht nur als schönes Hobby angesehen, sondern in der Medizin auch als therapeutisches Hilfsmittel einsetzt wird.

M 3 Psychologin Maria Klatte erklärt die Wirkung von Musik auf unsere Gedächtnisleistung:

Sprache, Musik mit Gesang, aber auch bestimmte Arten von instrumentaler Musik hindern uns, Information im Kurzzeitgedächtnis zu behalten. Bei Instrumentalmusik gilt das vor allem dann, wenn Folgen aus voneinander abgesetzten Tönen in schnellem Tempo gespielt werden […]. Die Störwirkung solcher Geräusche kann man nicht willentlich beeinflussen. Interessanterweise merken die Menschen oft gar nicht, dass ihre Leistung bei diesen Geräuschen schlechter wird.

M4

2 Übe das Verfassen von linearen oder antithetischen Argumentationen. Gehe dabei so vor:
- Wähle eine Problemfrage aus dem Kasten unten aus. Sammle zusammen mit einem oder mehreren Lernpartnern jeweils Pro- und Kontra-Argumente zu dieser Problemfrage.
- Entscheide dich für einen Standpunkt zu der Problemfrage und dafür, ob du eine lineare oder antithetische Argumentation verfassen willst.
- Erstelle dann einen Schreibplan für deine Argumentation. Hilfen findest du auf S. 188 und 194.
- Verfasse eine vollständige lineare oder antithetische Argumentation zu deiner Problemfrage. Hilfen findest du dazu in den Lernboxen auf den Seiten 185, 187, 189 und 196 – 197.

- Sollte man mit Laptops statt klassischen Schulheften arbeiten?
- Ist ein Unterricht mit Tablets sinnvoll?
- Sollen Unterrichtsräume nicht Klassen, sondern Lehrern zugeordnet werden?
- Sollen Smartphones in Schulen verboten werden?
- Sollen wie in Schweden Schüler ihre Lehrer im Unterricht duzen dürfen?
- Sollen Jungen und Mädchen in bestimmten Fächern (z. B. in Sport oder Physik) getrennt voneinander unterrichtet werden?
- Sollen alle Schüler in der Schule ein kostenloses Mittagessen bekommen?

Mitleid unerwünscht – den Kinofilm „Ziemlich beste Freunde" erschließen

Im Mittelpunkt dieses Kapitels steht der Spielfilm „Ziemlich beste Freunde". Der Film der Regisseure Éric Toledano und Olivier Nakache erzählt die Geschichte einer Freundschaft zwischen dem reichen und gebildeten, durch einen Unfall beim Paragliding gelähmten Philippe und dem Kleinkriminellen Driss, der mit seiner Familie in einem Armenviertel in Paris lebt. Die beiden begegnen sich, weil Philippe einen neuen Pfleger sucht und den arbeitslosen Driss einstellt. Obwohl Driss zunächst keine gute Wahl zu sein scheint, entwickelt sich die anfänglich schwierige Beziehung zwischen Philippe und seinem neuen Pfleger zu einer Freundschaft, die sowohl Philippe als auch Driss verändert.

In diesem Kapitel lernt ihr,
- die Exposition (Eingangsszene) eines Films mithilfe von Szenenbildern zu beschreiben und zu deuten,
- filmsprachliche Mittel und ihre Wirkung zu untersuchen,
- die Figurenkonstellation eines Spielfilms zu untersuchen,
- die filmische Umsetzung gesellschaftlicher Probleme zu analysieren und
- eine Filmkritik zu schreiben.

1 Arbeitet mit dem Kinoplakat auf Seite 200 zu folgenden Punkten:

- Beschreibt, was auf dem Kinoplakat zu sehen ist.
- Erläutert, was ihr durch das Kinoplakat über die Hauptfiguren erfahrt.
- Bezieht die Informationen des Einführungstextes auf das Kinoplakat.
- Stellt Vermutungen darüber an, was der Filmtitel „Ziemlich beste Freunde" über die Art der Freundschaft zwischen Driss und Philippe aussagt. Überlegt, was das Wort „ziemlich" in diesem Zusammenhang bedeutet.

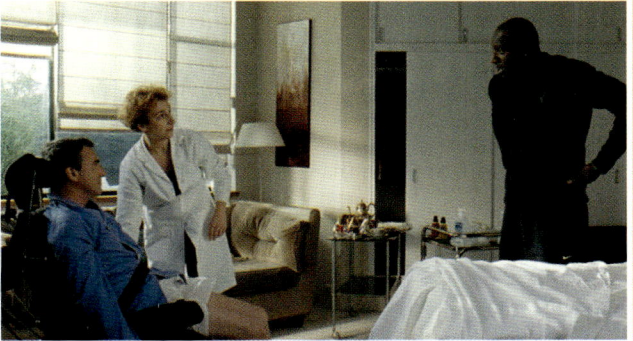 

2 Arbeitet mit den Szenenbildern auf dieser Seite zu folgenden Punkten:
- Beschreibt, was auf den Szenenbildern dargestellt ist. Worum könnte es jeweils gehen?
- Tragt zusammen, was die Abbildungen über die Hauptfiguren Philippe und Driss und ihre Freundschaft zeigen.
- Welche Erwartungen habt ihr aufgrund der Abbildungen auf dieser Doppelseite an den Film?

3 Schaut euch die erste Sequenz des Films an, in der Driss und Philippe beim Autorennen durch Paris zu sehen sind (00:00 – 05:12).
- Überlegt, in welcher Beziehung die beiden Männer in dieser Situation zueinander stehen.
- Stellt Vermutungen darüber an, wie sich die Geschichte der beiden Männer im Laufe des Films entwickeln wird.

Gegensätzliche Lebenswelten – den Anfang eines Films erschließen

Philippe und Driss leben in sehr unterschiedlichen Welten. Philippe wohnt in einem edlen Wohnviertel von Paris. Driss hingegen lebt in einem der Banlieues von Paris. Diese Vorstädte stellen ein Auffangbecken für die sogenannte Problembevölkerung der französischen Städte dar. Ein hoher Anteil schlecht ausgebildeter Zuwanderer, Armut, Arbeitslosigkeit und Kriminalität kennzeichnen diese Bezirke. Im Film „Ziemlich beste Freunde" zeigen bereits die ersten Filmszenen (Exposition), in welch unterschiedlichem Umfeld Philippe und Driss leben.

 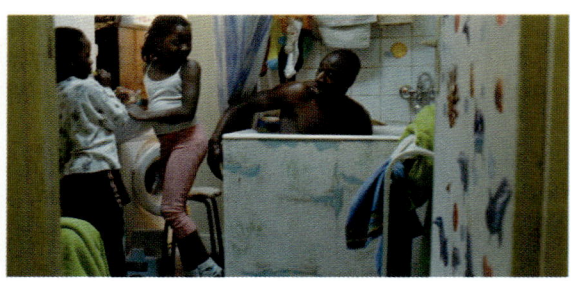

1 Schaut euch die Szenenbilder an. Was fällt euch besonders auf und wie wirken die einzelnen Bilder auf euch?

2 Ordnet die Szenenbilder den unterschiedlichen Lebenswelten von Philippe und Driss zu und begründet eure Zuordnung.

3 Stellt z. B. in einer Tabelle gegenüber, was die Szenenbilder jeweils über die Lebenswelt von Philippe und Driss zeigen.

> **INFO**
>
> **Exposition:** Im Film wird der Zuschauer in den ersten Szenen an die Personen, Orte und die Zeit der Handlung herangeführt. Es werden darüber hinaus erste Hinweise auf mögliche Konflikte geliefert. Diese Einführung bezeichnet man als Exposition.

4 Schaut euch nun gemeinsam den Beginn des Films an (00:00 – 20:38).
- Bildet Kleingruppen, die genau darauf achten, was ihr jeweils über Philippe und Driss erfahrt. Stellt euch eure Ergebnisse vor.
- Achtet darauf, auf welche Themen und Konflikte der Anfang des Films hinweist und weshalb es sich dabei um die Exposition des Films handelt.

5 Erläutert anhand des Filmanfangs, welche Vorurteile über das Leben von Reichen und Armen der Film aufgreift und inwiefern er sich über diese Vorurteile lustig macht.

6 Beschreibt und deutet einzelne Szenenbilder genau. Arbeitet dabei mit der Lernbox unten.

7 Wähle eines der Szenenbilder aus und verfasse mithilfe der Lernbox eine schriftliche Beschreibung und Deutung des Szenenbildes. Gehe dabei besonders darauf ein, was das Szenenbild über die Lebenswelten von Philippe und Driss zeigt.

○ Wiederholen und üben:
Szenenbilder beschreiben und deuten
S. 214 f., Aufgabe 1 – 4

Das brauchst du immer wieder – So gehst du vor

Ein Szenenbild beschreiben und deuten

Filme erzählen Geschichten vor allem mithilfe von Bildern. Der Regisseur des Films ordnet alle Bildelemente einer Szene wie auf einer Theaterbühne an, bevor er anfängt zu drehen. Damit steuert der Regisseur unseren Blick und gibt Auskunft über die Umgebung, in der die Filmfiguren leben, ihre Stimmungen und Emotionen. Wenn du ein Szenenbild beschreibst und deutest, solltest du auf folgende Punkte achten:

- Einordnung der Szene in den **Zusammenhang der Filmhandlung** (In welchem Zusammenhang steht die dargestellte Situation zur Gesamthandlung?)
- **Blickfang** (Wer oder was fällt zuerst ins Auge? Warum?)
- **Orte, Räume** und **Gegenstände** (Was verraten diese Punkte über das Umfeld? Haben sie symbolische Bedeutung?)
- **Aussehen, Mimik, Gestik und Anordnung der Figuren** (Wo im Bild stehen die Figuren und welche Wirkung hat das?)
- **Farben** (Welche Farben überwiegen in welchen Szenen? Haben sie eine bestimmte Wirkung?)
- **Kameraeinstellung** (Weit? Totale? Nah? Groß? Detail?)
- **Kameraperspektive** (Froschperspektive? Vogelperspektive? Normalsicht?)

Bei der Untersuchung des Szenenbildes ist es wichtig, dass du die einzelnen Aspekte nicht bloß beschreibst, sondern auch ihre Bedeutung und Wirkung auf den Zuschauer erklärst (z. B.: Wie verdeutlicht die Farbgestaltung die Situation der Hauptdarsteller?).

„Ich mag Behinderte, wirklich" – Montage als filmsprachliches Gestaltungsmittel in Dialogen untersuchen

Der an den Rollstuhl gefesselte Philippe benötigt einen Pfleger, um sein Leben bewältigen zu können. Um diesen Job bewirbt sich Driss zusammen mit anderen Interessenten. Schaut euch gemeinsam die zweite Sequenz an (7:10 – 12:02), in der sich zunächst die anderen Bewerber als mögliche Pfleger vorstellen und dann Driss.

1
- Stellt die Gründe zusammen, die die einzelnen Bewerber für ihre Bewerbung bei Philippe nennen.
- Beschreibt die Einstellung der einzelnen Bewerber zu Menschen mit Behinderung.
- Beurteilt das Verhalten der Bewerber, die sich vor Driss vorstellen. Wie wird ihr Verhalten wohl auf Philippe wirken?

 2 Stellt in Partnerarbeit die Unterschiede zwischen Driss und den übrigen Bewerbern heraus. Fertigt dazu z. B. eine Tabelle an. Arbeitet dabei zu folgenden Vergleichspunkten:

> äußere Erscheinung • Verhalten vor dem Gespräch • Verhalten während des Gesprächs • Gründe für die Bewerbung • Einstellung zu Menschen mit Behinderung

3 Erläutert abschließend, warum Philippe sich am Ende nicht für einen qualifizierten Krankenpfleger, sondern für Driss entscheidet.

4 Neben dem Dialog zwischen den Figuren verdeutlicht die Kamera in dieser Sequenz die Einstellung der einzelnen Bewerber zu Menschen mit Behinderung. Beschreibt die vier Szenenbilder auf S. 204 mithilfe der Lernbox auf S. 203.
- Achtet dabei neben der Kameraeinstellung besonders auf die Sitzposition der Bewerber sowie das Mobiliar und den Raum im Hintergrund.
- Arbeitet besonders die Gemeinsamkeiten zwischen den einzelnen Szenenbildern heraus.
- Erklärt, warum die einzelnen Bewerber in dieser Szene wohl so ähnlich dargestellt werden.
- Erläutert, welcher Eindruck von den Bewerbern durch diese Darstellung beim Zuschauer entsteht.

Die Begegnung von Driss mit Philippe stellt die Kamera anders dar als die mit den anderen Bewerbern.

5 Beschreibt und deutet das Szenenbild mithilfe der Lernbox auf S. 203 und vergleicht das Szenenbild mit denen, in denen die übrigen Bewerber dargestellt werden.
Erläutert, inwiefern Driss in dieser Szene anders dargestellt wird als die anderen Bewerber und welche Wirkung diese Darstellung von Driss auf den Zuschauer hat.

6 Seht euch die Filmsequenz (07:10 – 12:02) noch einmal an und achtet dabei besonders auf die Kameraführung. Die folgenden Fragen helfen euch dabei.
- Beschreibt die Blickrichtungen, aus denen die Bewerbungsgespräche dem Zuschauer vor Augen geführt werden. Achtet dabei auf die Kameraführung.
- Achtet besonders auf den Gesichtsausdruck Philippes während der Bewerbungsgespräche mit den vier namenlosen Bewerbern und Driss.
- Erläutert die Wirkung dieses Wechsels der Sichtweisen auf den Zuschauer.
- Erklärt mithilfe der Lernbox, mit welchen filmsprachlichen Mitteln der Regisseur in dieser Szene arbeitet und was er damit beim Zuschauer erreicht.

7 Durchstarten! So könnt ihr weiterarbeiten:

a) Schreibe einen inneren Monolog, in dem du Philippes Gedanken zu den verschiedenen Bewerbern festhältst.

b) Nachdem alle Bewerber das Haus von Philippe verlassen haben, denkt Magalie über die Gespräche nach. Verfasse aus ihrer Sicht einen Tagebucheintrag zu den Bewerbungsgesprächen.

c) Stell dir vor, zwei der anderen Bewerber unterhalten sich während des Wartens auf das Vorstellungsgespräch über ihr Interesse, ihre Motivation und ihre Beweggründe bezüglich der Stelle bei Philippe. Verfasse einen möglichen Dialog der beiden.

Das brauchst du immer wieder – Das musst du wissen

Montage als filmsprachliches Mittel

- Bei Filmaufnahmen werden die einzelnen Einstellungen in der Regel nicht in der Reihenfolge gedreht, in der man sie später sieht, sondern nach dem Dreh neu verknüpft. Die Verknüpfung von mindestens zwei Einstellungen zu einer inhaltlichen Einheit nennt man **Montage**.

- Bei der Darstellung von Gesprächen wird in Filmen häufig das **Schuss-Gegenschuss-Verfahren** eingesetzt. Der Zuschauer nimmt dabei wechselweise die Blickrichtung eines der Gesprächspartner ein. Er sieht so den Sprechenden aus der Perspektive des Zuhörenden oder kann umgekehrt mit dem Sprechenden die Reaktion beim Zuhörenden beobachten.

Gemeinsam sieht man mehr – Methoden zur Filmerschließung kennenlernen

Um einen Spielfilm zu erschließen, sind Beobachtungsaufgaben zu Handlung und Themenbereichen, den Figuren und Figurenbeziehungen sowie bedeutsamen Schlüsselszenen sehr hilfreich. Wenn ihr euch den Spielfilm „Ziemlich beste Freunde" gemeinsam anschaut, könnt ihr eine der drei Methoden nutzen, um den Film zu erschließen.

1. Themen eines Spielfilms erschließen

Driss' Umfeld – Themen:
- Driss und seine Tante
- Driss und sein kleiner Bruder
- Kriminalität in der Familie
- Driss' „Freunde" im Ghetto

Philippes Umfeld – Themen:
- Philippe und seine Tochter Elisa
- Philippe und seine verstorbene Frau
- Philippes Freunde
- Haus- und Pflegepersonal

Der Umgang mit Behinderung – Themen:
- Verhalten des Dienstpersonals
- Verhalten des Pflegepersonals
- Verhalten des sozialen Umfelds von Philippe (Freunde, Familie)
- Umgang mit Schmerzen, Leid und peinlichen Situationen

Philippe und Driss – Themen:
- gegenseitige Vorurteile
- Annäherung im Alltag
- Veränderung beider Figuren durch Freundschaft

Geht so vor, wenn ihr euch den Film gemeinsam anseht:
- Verteilt die einzelnen Themen an Gruppen von maximal vier Schülerinnen und Schülern. Es ist auch möglich, dass jeweils zwei Gruppen zu denselben Themen arbeiten.
- Achtet darauf, an welchen Stellen im Film es um „eure" Figuren oder Themen geht. Macht euch möglichst während des Films Notizen darüber, was ihr über die Figuren, ihre Beziehungen und die im Film behandelten Themen erfahrt.
- Besprecht eure Ergebnisse nach dem Film in euren Gruppen und haltet sie in Form eines Plakats fest.
- Stellt eure Gruppenergebnisse danach denjenigen Gruppen vor, die zu demselben Thema gearbeitet haben. Überarbeitet eure Ergebnisse eventuell.
- Präsentiert anschließend eure Arbeitsergebnisse der gesamten Klasse.

2. Beziehungskonstellationen zwischen den Filmfiguren untersuchen

Der Drehbuchautor plant die Beziehungen zwischen den Filmfiguren sehr sorgfältig. Diese Beziehungen kannst du mithilfe eines Schaubildes darstellen. Geht dabei so vor:

- Bildet Kleingruppen und legt innerhalb dieser Gruppen fest, wer welche Filmfiguren beobachtet. (Philippe, Driss, die Hausdamen Magalie und Yvonne, Driss' Tante, Driss' kleiner Bruder, Philippes Tochter Elisa, Philippes Freund, Philippes Brieffreundin Eleonore).
- Ordnet die Namen der Filmfiguren auf einem DIN-A3-Blatt an. Kennzeichnet dabei die Nähe bzw. Ferne der Figuren zueinander durch einen geringeren oder weiteren Abstand der Namen.
- Stellt das Verhältnis der Figuren zueinander durch Pfeile und Symbole oder Ähnliches dar.
- Stellt eure Schaubilder in der Klasse vor und diskutiert mögliche Gründe für Unterschiede zwischen euren Schaubildern.
- Erläutert gemeinsam, wie sich die Beziehung der Hauptfiguren Philippe und Driss im Laufe des Films ändert. Erstellt abschließend in Kleingruppen Vorschläge für ein Tafelbild, das die Entwicklung der Figurenbeziehungen im Laufe des Films darstellt.

3. Den Film mithilfe eines Schreibgesprächs erschließen

Diskutiert mit euren Mitschülern in Form eines Schreibgesprächs Zitate und Filmszenen, die euch bei der Filmbetrachtung besonders im Gedächtnis geblieben sind. Geht dabei folgendermaßen vor:

- Notiert euch zunächst allein Zitate und Szenen, die euch wichtig erscheinen.
- Bildet Vierergruppen und stellt euch eure Zitate gegenseitig vor.
- Erläutert, warum sie euch wichtig erscheinen.
- Einigt euch auf ein Zitat oder eine zentrale Filmszene und schreibt sie in die Mitte des Plakats.
- Verständigt euch mit den anderen Gruppen, damit keine Dopplungen auftreten.
- Verteilt eure Plakate auf frei stehende Tische in eurem Klassenraum. Geht danach schweigend von Tisch zu Tisch und schreibt das, was euch zu den einzelnen Zitaten einfällt, auf die Plakate.
- Im Anschluss daran könnt ihr in einer zweiten Runde das, was eure Mitschülerinnen und Mitschüler geschrieben haben, auf den Plakaten schriftlich kommentieren.
- Wertet abschließend die Plakate aus, indem ihr in der Klasse klärt, welche Bedeutung die Zitate haben und was sie über den Inhalt des Films aussagen.

„Schwarzer Humor" – Kameraeinstellungen untersuchen

Nachdem Philippe Driss auf Probe eingestellt hat, besuchen beide eine Kunstgalerie. Als Philippe Driss um ein Stück Schokolade bittet, verweigert ihm Driss diese mit den Worten: „Keine Arme, keine Schokolade". Driss lacht laut auf und weist Philippe auf seinen „schwarzen Humor" hin. Diese Szenenbilder zeigen Philippe und Driss in der Kunstgalerie während dieses Gesprächs.

1 Seht euch die Filmszene in der Kunstgalerie an (31:24 – 33:05). Erläutert, wie der Hinweis von Driss auf seinen „schwarzen Humor" zu verstehen ist.

2 Ordnet die beiden Szenenbilder in der Handlung der Szenen ein. Vergleicht die beiden Szenenbilder. Achtet dabei auf folgende Punkte:
- Beschreibt jeweils Gesichtsausdruck und Haltung von Philippe und Driss.
- Erläutert, was die beiden jeweils wohl denken und fühlen.
- Bestimmt mithilfe der Lernbox auf S. 210 die Kameraeinstellung der beiden Standbilder und erklärt, warum der Regisseur diese Perspektive gewählt hat.

3 In der Filmszene, die dem Besuch der Kunstgalerie folgt, äußert sich Philippe seinem Freund Antoine gegenüber: „Genau das ist es, was ich will. Ich will kein Mitleid!"
- Erläutere die Bedeutung dieses Ausspruchs von Philippe.
- Was sagt er über Philippe und über die Beziehung von Philippe und Driss aus?

4 Beurteile, ob Driss zu Philippe in dieser Situation sagen darf: „Keine Arme, keine Schokolade!" Lege diesen Standpunkt in Form einer schriftlichen Stellungnahme dar.

5 Durchstarten! So könnt ihr weiterarbeiten:

a Schreibe verschiedene Tagebucheinträge Philippes, die den Wandel
○○ seiner Einstellung zu Driss verdeutlichen. Lass ihn darin erzählen, was er von Driss hält, wofür er ihn schätzt und wie er sein Verhalten ihm gegenüber beurteilt. Verfasse z. B. Tagebucheinträge für den Tag, an dem
- Driss in der Kunstgalerie zu ihm sagt: „Keine Arme, keine Schokolade!",
- Philippe einen Anfall erleidet und danach mit Driss durch die Straßen von Paris zieht und einen Joint raucht,

- die beiden in die Oper gehen,
- die beiden am Paragliding teilnehmen,
- Driss ihn verlässt, um seinen Bruder auf die rechte Bahn zu bringen,
- …

Verteilt die Tagebucheinträge an verschiedene Schülerinnen und Schüler und stellt sie in der richtigen Reihenfolge vor.

b) Beschreibe die Kameraeinstellung der beiden Bilder (s. unten) und erläutere die Wirkung, die durch die jeweilige Einstellung der Kamera erzeugt wird, und weshalb der Regisseur diese Einstellungen bei dieser Szene gewählt haben könnte.

c) Wähle eines der Szenenbilder aus diesem Teilkapitel aus und verfasse eine Beschreibung und Deutung des Szenenbildes. Arbeite dabei mit der Lernbox auf dieser Seite und auf S. 203.

Das brauchst du immer wieder – Das musst du wissen

Kameraeinstellungen

Von der **Kameraeinstellung** hängt es ab, wie groß Personen, Gegenstände oder Landschaften im Film zu sehen sind. Man unterscheidet zwischen verschiedenen **Einstellungsgrößen** der Kamera.
- **Weit**: Die Figuren sind nur klein zu sehen. Der Zuschauer sieht z. B. eine Landschaft, Menschenmassen oder den Marktplatz einer Stadt.
- **Totale**: Hier werden die Figuren und die nähere Umgebung gezeigt. Die einzelnen Figuren sind ganz zu sehen.
- **Nah**: Bei dieser Kameraeinstellung wird der Blick des Zuschauers auf die Filmfiguren gelenkt. Die einzelnen Figuren sind drei viertel oder halb zu sehen. Von der Umgebung sind nur noch einzelne Teile zu erkennen.
- **Groß**: Der Blick des Zuschauers wird auf ein groß im Bild erscheinendes Objekt (z. B. ein Gesicht) gelenkt. Wenn es um die Darstellung von starken Gefühlen geht, ist diese Einstellung besonders geeignet.
- **Detail**: Hier sieht der Zuschauer z. B. nur einen Gegenstand, einen Gesichtsausdruck oder einen Teil einer Figur.

„Helft einander, das ist lustig!" – Eine Filmkritik untersuchen und verfassen

Der Film „Ziemlich beste Freunde" wurde von fast allen Filmkritikern sehr gelobt. Die folgende Filmkritik ist in der Frankfurter Allgemeinen Zeitung erschienen.

Lena Bopp
„Helft einander, das ist lustig!"

Dieser Film ist ein gutes Beispiel dafür, dass die Werbung nicht Herr aller Dinge ist. Als er im Herbst in Frankreich anlief, war in Paris zwar so gut wie kein Bus des öffentlichen Nahverkehrs mehr zu sehen, der etwas anderes zeigte als Bilder der beiden Hauptfiguren. Und auch die Kritik war sehr angetan von dieser Komö-
5 die um das ungleiche Männerpaar. Doch das kann keinesfalls erklären, warum eine so simple Story, wie die in diesem Film erzählte, in kürzester Zeit fast fünfzehn Millionen Zuschauer in die französischen Kinos lockte. Mittlerweile ist „Ziemlich beste Freunde", so der deutsche Titel, der dritterfolgreichste französische Film aller Zeiten. […]
10 Die Handlung ist schnell erzählt: Philippe, ein sehr reicher Mann, der ein atemberaubendes Palais mitten in Paris bewohnt, ist seit einem Unfall beim Gleitschirmfliegen querschnittsgelähmt. Den Kopf kann er noch drehen, er kann hören, riechen, sprechen und sehen, ansonsten aber ist er vollständig bewegungsunfähig. Sein Leben bestreiten für ihn eine Sekretärin, eine Köchin, eine Krankenschwes-
15 ter und ein Gärtner – nun sucht er noch einen Pfleger, der sich tagein, tagaus um ihn kümmern soll.
Driss, ein aus dem Senegal stammender junger Mann mit Wohnsitz in der Cité Berlioz nördlich von Paris, hat nach einem Raubüberfall auf ein Juweliergeschäft gerade sechs Monate im Gefängnis verbracht und bewirbt sich um den Posten. Er
20 ist nicht wirklich darauf aus, ihn zu bekommen – eigentlich möchte er nur eine Unterschrift, um seine guten Absichten vor der Arbeitslosenversicherung zu bezeugen. Doch es kommt anders. Driss kriegt den Job. Was nun beginnt, ist die gemeinsame Geschichte zweier gesellschaftlicher Außenseiter, die, für alle unverhofft, tatsächlich so etwas werden wie „ziemlich beste Freunde". […]
25 Der Unterschied liegt im Geld, das der eine hat und das dem anderen fehlt. In ihren Schicksalen, die sie letztlich beide zu Einzelkämpfern gemacht haben, bleiben die Ungerechtigkeiten also bestehen, und so wird aus diesem Film mit seiner schönen Botschaft von Toleranz, Nächstenliebe und Hoffnung ein sozialromantisches Märchen, das nur deswegen funktioniert, weil es zu der französischen Rea-
30 lität, in der es spielt, in so eklatantem[1] Kontrast steht.
Seine große rührende Kraft zieht der Film von Olivier Nakache und Éric Toledano, die für Drehbuch und Regie verantwortlich zeichnen, aber auch aus der Tatsache, dass er auf einer wahren Begebenheit beruht. Man sieht die beiden Männer, deren Geschichte hier erzählt wird, ganz am Ende des Films in einer kurzen,

---
[1] eklatant: offensichtlich, ins Auge springend

mit einer Handkamera gedrehten Sequenz auf dem Gipfel eines Berges stehen. Philippe Pozzo di Borgo war Direktor bei der Champagnerfirma Pommery, bevor er verunglückte und dem aus der Pariser Banlieue stammenden Abdel Sellou begegnete.

Ihrer beider Geschichte hat Pozzo di Borgo im Jahr 2001 in dem Buch „Le second souffle" beschrieben, nur wenig später waren sie in einer bekannten französischen Fernseh-Talkshow zu Gast, und schließlich drehte ein Team dieser Sendung eine kleine Dokumentation über die beiden. Die erst brachte Nakache und Toledano auf die Idee zu dem nun auch in Deutschland anlaufenden Film.

Mit dem Film ist das seltene Kunststück gelungen, aus einem schon in der Wirklichkeit vor Kitsch kaum auszuhaltenden Stoff eine Tragikomödie zu machen, die wirklich rührend und amüsant ist, ohne peinlich zu sein. Das liegt zum einen an den Leistungen der Schauspieler, dem dreiunddreißig Jahre alten Omar Sy, der Driss als einen Clown mit dem Herzen am rechten Fleck gibt.

Aber vor allem liegt es an François Cluzet, dem ja die schwierige Aufgabe zukommt, einen Menschen darzustellen, der sich allein seiner Mimik bedienen muss, um sich mitzuteilen. Es gelingt großartig. Gerade sein halb freiwilliges, halb unterdrücktes Lachen, dem so deutlich anzusehen ist, dass Philippe sich selbst kaum wiedererkennt, weil er die schelmischen, auch plumpen Witze seines neuen Freundes wirklich lustig findet, ist wunderbar ansteckend.

Dabei lässt das Drehbuch kaum eine Gelegenheit aus, sich der Kalauer[1] zu bedienen, die eine Figurenkonstellation wie die gegebene bereithält: Da wird der voll elektronische Rollstuhl so aufgemotzt, dass sich auf dem Pont des Arts[2] mühelos die Touristen auf ihren Quads überholen lassen; Philippe wird auf seine alten Tage zum Raucher, und zwar selbst illegal zu erhaltener Substanzen; Driss bricht beim Anblick eines als Baum verkleideten Sängers in der Oper in schallendes Gelächter aus, und als er Philippe einmal den Vollbart abrasieren soll, überrascht er ihn mit immer neuen Barthaarschnitten, wobei er ihm jedes Mal droht, diesen werde er nun aber wirklich stehen lassen – natürlich darf dabei auch das Hitlerbärtchen nicht fehlen [...].

„Ziemlich beste Freunde" erzählt von zwei Männern, die sich in ihrer Ungleichheit ähnln, ohne deswegen einander vertraut zu sein. Driss bringt den Mut und die Risikofreude ins Geschehen, Philippe sorgt für Disziplin und Sanftmut. Gemeinsam spielen sie mit einer als gegeben akzeptierten sozialen Realität, in der Rassismus, Diskriminierung und Armut herrschen, und setzen ihr eine als Traum erscheinende Welt entgegen, die Hoffnung kennt und Vergebung. Es besteht überhaupt kein Grund anzunehmen, dass diese Geschichte nur in Frankreich für Begeisterung sorgt.

---

[1] Kalauer: wenig geistreicher Witz
[2] Pont des Arts: über die Seine führende Fußgängerbrücke in Paris

 1 Erschließt den Text, indem ihr
- ihn in Sinnabschnitte gliedert,
- für jeden Sinnabschnitt eine passende Überschrift findet,
- die wichtigsten Informationen in jedem Sinnabschnitt markiert.

2 Erläutert anhand von Textstellen,
- was Lena Bopp an dem Film gefällt,
- was ihrer Meinung nach die Besonderheiten dieses Films sind,
- wie sie den Erfolg des Films begründet.

3 „Helft einander, das ist lustig!" Erkläre anhand der Filmkritik, was Lena Bopp mit dieser Überschrift meinen könnte.

4 Auf welche Themen und Punkte muss man in einer Filmkritik eingehen? Weist anhand der Filmkritik von Lena Bopp nach, inwieweit sie in ihrer Filmkritik auf die Punkte eingeht, die in der Lernbox aufgeführt sind.

5 Welche Überschrift würdest du für eine Filmkritik zu dem Spielfilm wählen?
- Finde eine solche Überschrift.
- Stelle sie den anderen vor. Die anderen sollten dann erläutern, wie die Überschrift zu verstehen ist und warum du sie gewählt hast.
- Erkläre anschließend, was du mit deiner Überschrift verdeutlichen willst und weshalb du sie gewählt hast.

6 Verfasse mithilfe der folgenden Lernbox eine eigene Filmkritik zu dem Spielfilm „Ziemlich beste Freunde".

Das brauchst du immer wieder – So gehst du vor

Eine Filmkritik verfassen

Um eine Filmkritik zu verfassen, kannst du so vorgehen:

- Nenne einleitend die wichtigsten Angaben zu dem Film wie **Titel, Regisseur, Hauptdarsteller** und **Erscheinungsjahr**.
- Führe kurz in den **Inhalt** der Filmhandlung ein.
- Fertige ein kurzes **Porträt der Hauptfiguren** an.
- Stelle **Besonderheiten** des Films, z. B. in Bezug auf seine Machart oder Themen, heraus.
- Lege dar, welche **Wirkung** der Film auf den Zuschauer hat und welche Aussageabsichten er besitzt.
- Gib abschließend eine Empfehlung, ob es sich lohnt, den Film anzusehen. Begründe dabei deine **Meinung** genau.
- Gib deiner Filmkritik eine **Überschrift**, die den Leser neugierig macht und deine Meinung über den Film zusammenfasst.

➔ Wiederholen und üben: Filmfiguren und ihre Beziehung charakterisieren und beurteilen
S. 215, Aufgabe 5

Alles klar? – Wiederholen und üben

Szenenbilder beschreiben und deuten

1 | Beschreibt, was auf den einzelnen Szenenfotos zu sehen ist, und ordnet die einzelnen Szenenfotos in den Gesamtzusammenhang der Filmhandlung ein.

2 Bestimmt bei den vier Szenenbildern die Kameraeinstellung und -perspektive und erläutert, warum der Regisseur sie jeweils gewählt haben könnte.

3 Erläutert, welche besonderen Wirkungs- und Aussageabsichten die einzelnen Szenenfotos besitzen.

4 Wähle eines der Szenenfotos aus und verfasse eine schriftliche Beschreibung und Deutung des Szenenfotos. Hilfen findest du dazu in der Lernbox auf S. 203.

Filmfiguren und ihre Beziehung charakterisieren und beurteilen

5 Erkläre, ob die folgenden Äußerungen von Schülerinnen und Schülern zu dem Film deiner Meinung nach richtig oder falsch sind. Begründe deine Meinung und schreibe sie in dein Heft.

JAKOB: Eigentlich hat Driss Philippe anfangs nur ausgenutzt. Er hat bei ihm gearbeitet, um danach Anspruch auf Sozialleistungen zu erhalten.

EMMA: Driss war der Einzige, der Philippe wie einen Erwachsenen behandelt hat. Die meisten Menschen in seiner Umgebung haben ihn behandelt wie ein Baby.

RAOUL: Manche Witze, die Driss auf Kosten von Philippe gemacht hat, waren sehr kränkend für Philippe.

BERIWAN: Philippe wollte kein Mitleid. Er wollte behandelt werden wie jeder andere Mensch. Und dazu gehört auch, dass man manchmal dämliche Witze einstecken kann.

ANTON: Driss hat bis zum Schluss darunter gelitten, dass er im Vergleich zu Philippe arm und ungebildet war.

ZOË: Der Film zeigt an mehreren Stellen, dass es möglich ist, die Herkunft von Philippe und Driss wenigstens zeitweise zu vergessen.

„Es schlug mein Herz ..." – Liebesgedichte beschreiben und deuten

Schon seit Tausenden von Jahren drücken Menschen ihre tief empfundene Zuneigung für einen anderen Menschen in Kunstwerken und Texten aus. Besonders beliebt war und ist es, die Liebe zu einem anderen Menschen in Gedichten darzustellen. Auch die Texte vieler Lieder und Songs heute, die sich mit dem Thema „Liebe" beschäftigen, sind in Gedichtform geschrieben.

In diesem Kapitel lernt ihr,
- Gedichte daraufhin zu untersuchen, wie das Thema „Liebe" gestaltet wird,
- den Einsatz und die Wirkung sprachlicher Mittel in Liebesgedichten genau zu beschreiben,
- Gedichte genau zu beschreiben und zu deuten,
- Informationen über das Leben des Schriftstellers oder über die Entstehungszeit bei der Deutung von Gedichten zu berücksichtigen,
- die Ergebnisse eurer Textarbeit in Form einer Gedichtanalyse zu verschriftlichen.

René Magritte: Die Liebenden (1928)

Caspar David Friedrich: Auf dem Segler (1818)

Philipp Poisel (geb. 1983)
Liebe meines Lebens

Alles was ich weiß, weiß ich von dir,
Alles was ich habe, hab' ich von dir,
Alles was ich liebe, hat mit dir zu tun,
Und so lang ich lebe, wird mein Herz nicht ruhn,
5 Und so wird es immer bleiben,
Du kannst gar nichts dagegen tun.

Weil du die Liebe meines Lebens bist,
Weil du die Liebe meines Lebens bist,
Weil du die Liebe meines lieben Lebens bist.
10 [...]

(2010)

(T.: Philipp Poisel © Polarbear Musikverlag Herbert Grönemeyer, Berlin)

Roy Lichtenstein: Kiss II (1962)

Johann Wolfgang Goethe (1749 – 1832)
Die Leiden des jungen Werthers (Auszug)

Umsonst strecke ich meine Arme nach ihr aus, morgens, wenn ich von schweren Träumen aufdämmere, vergebens suche ich sie nachts in meinem Bette, wenn mich ein glücklicher, unschuldiger Traum getäuscht
5 hat, als säß' ich neben ihr auf der Wiese und hielt' ihre Hand und deckte sie mit tausend Küssen. Ach, wenn ich dann noch halb im Taumel des Schlafes nach ihr tappe und drüber mich ermuntere – ein Strom von Tränen bricht aus meinem gepressten Herzen, und ich wei-
10 ne trostlos einer finstern Zukunft entgegen.

(1774)

Goethe und Friederike Born (Holzstich von 1890, nach Eugen Klimsch, koloriert)

1 Welches der Bilder bzw. welcher der Texte spricht dich besonders an? Begründe deine Auswahl.

2 Erkläre, welches der Bilder bzw. welcher der Texte auf dieser Doppelseite deiner Meinung nach besonders gut zum Thema „Liebe und Romantik" passt.

3 Durchstarten! So könnt ihr weiterarbeiten:

a Wähle eines der Bilder auf dieser Doppelseite aus und verfasse einen Text zu diesem Bild aus der Sicht einer der beiden Personen, die jeweils zu sehen sind.

b Finde Kunstwerke oder Songtexte, die sich mit dem Thema „Liebe" beschäftigen, und stelle sie in der Klasse vor.

c Wähle einen der Textauszüge oder eines der Bilder aus. Erkläre, was jeweils über das Thema Liebe deutlich wird.

„Balde bald umarm ich sie" – Stimmungen in einem Liebesgedicht beschreiben

Goethe, der vielleicht bekannteste deutsche Schriftsteller, wurde 1749 als Sohn einer wohlhabenden Bürgerfamilie in Frankfurt am Main geboren. 1770 kam er als Student nach Straßburg, wo er bis 1771 blieb. Aus dieser Zeit stammt das folgende Gedicht.

Johann Wolfgang Goethe (1749–1832)
Balde seh ich Rickchen wieder

Balde seh ich Rickchen[1] wieder,
Balde bald umarm ich sie.
Munter tanzen meine Lieder
Nach der süßten Melodie.

5 Ach, wie schön hats mir geklungen.
Wenn sie meine Lieder sang!
Lange hab ich nicht gesungen.
Lange, liebe Liebe, lang.

Denn mich ängsten tiefe Schmerzen,
10 Wenn mein Mädchen mir entflieht,
Und der wahre Gram[2] im Herzen
Geht nicht über in ein Lied.

Doch jetzt sing ich, und ich habe
Volle Freude süß und rein.
15 Ja, ich gäbe diese Gabe[3]
Nicht für aller Klöster Wein.

(e. ca. 1771)

Johann Wolfgang Goethe (Jugendbildnis von Georg Oswald May, 1779)

---

[1] Rickchen: Koseform für Friederike
[2] Gram: Kummer
[3] Gabe: Geschenk

1 Deute den Titel des Gedichts. Erkläre, was er darüber aussagt, um welche Situation es in dem Gedicht gehen könnte.

 2 Beschreibt die Stimmung des lyrischen Ichs in der ersten Strophe. Beantwortet dabei die folgenden Fragen:
- Worauf freut sich das lyrische Ich?
- Warum wiederholt das lyrische Ich das Wort „bald(e)" (V. 1 und 2)?
- Warum nennt das lyrische Ich das Mädchen, an das es sich wendet, „Rickchen" (V. 1) und nicht Friederike?
- Welche Rolle spielt die Musik in der ersten Strophe?

3 Untersucht die Strophen 2 und 3 genauer. Berücksichtigt dabei die folgenden Hinweise:
- Woran erinnert sich das lyrische Ich zu Beginn der zweiten Strophe?
- Wovor hat das lyrische Ich in Strophe 3 Angst? Erklärt, welche Folgen diese Angst hat.

4 Untersucht auch die folgenden Punkte:
- Beschreibt den Wechsel der Zeitformen in den Strophen 1 – 3 und erklärt, warum das lyrische Ich unterschiedliche Zeitformen verwendet.
- Erklärt, welche Bedeutung Gesang und Lieder in der zweiten und dritten Strophe für das lyrische Ich haben.

5 Das lyrische Ich gestaltet seine fröhliche Stimmung sprachlich in besonderer Weise.
- Bestimmt die sprachlichen Gestaltungsmittel in den beiden folgenden Versen aus der zweiten Strophe. Hilfen findet ihr in der Lernbox auf S. 220 und 240.
- Erklärt, welche Wirkung mit diesen sprachlichen Mitteln hier verbunden ist.

> „Lange hab ich nicht gesungen,
> Lange, liebe Liebe, lang."
> (V. 7 – 8)

6 Vergleicht die vierte Strophe mit den vorangegangenen. Beantwortet dazu die folgenden Fragen:
- Warum beginnt die vierte Strophe mit der Konjunktion „Doch" (V. 13)?
- Wie verändert sich die Stimmung des lyrischen Ichs gegenüber der dritten Strophe?
- Welche Bedeutung haben hier Musik und Singen für das lyrische Ich?

7 Fasse deine Beschreibung und Deutung des Gedichts in einem Text zusammen. Gehe dabei so vor:
- Nenne in ein bis zwei Sätzen die wichtigsten Angaben zu dem Gedicht: Autor, Textsorte, Titel, Entstehungszeit und Thema.
- Beschreibe den äußeren Aufbau des Gedichts. Berücksichtige dabei die folgenden Fragen: Wie viele Strophen hat das Gedicht? Wie viele Verse haben die einzelnen Strophen? Welches Reimschema ist zu erkennen? Wie passen das Reimschema und der Aufbau des Gedichts zu der dargestellten Stimmung und Situation?
- Beschreibe Strophe für Strophe, wie die Gefühle und die Stimmung des lyrischen Ichs sowie seine Liebe zu Rickchen dargestellt werden und wie sie sich entwickeln.
- Zeige dabei jeweils auch, wie die Gefühle des lyrischen Ichs und seine Liebe zu Rickchen sprachlich verdeutlicht werden.
- Fasse die wichtigsten Ergebnisse am Schluss kurz zusammen.
- Lege nun dar, welche Vorstellung von Liebe in dem Gedicht dargestellt wird.
- Beurteile diese Darstellung abschließend, indem du Stellung zu der Frage nimmst, ob diese Vorstellung von Liebe heute noch aktuell ist.

> ● Liebesgedichte analysieren
> SB, S. 221 – 224 u. 228 – 229
> AH, S. 16 – 24

| 8 | **Durchstarten! So könnt ihr weiterarbeiten:** |

a ○○ Bereite einen Vortrag des Gedichts vor. Drücke dabei die Stimmungen des lyrischen Ichs, die du herausgearbeitet hast, aus und berücksichtige deine Ergebnisse zur sprachlichen Gestaltung des Gedichts.

b ●○ Übertrage das Gedicht in die Sprache heutiger Jugendlicher. Das Gedicht muss sich dann nicht mehr reimen.

c ○○ Schreibe aus der Sicht des lyrischen Ichs einen Brief an Rickchen. Teile darin Rickchen mit, was das lyrische Ich denkt und fühlt.

d ●● Stelle Lieder bzw. Songs, die eine ähnliche Situation gestalten wie das Gedicht, in der Klasse vor, indem du die Situation in dem Lied bzw. Song beschreibst und mit der in dem Gedicht vergleichst.

e ●○ Übertrage das Gedicht in die Sprache, die Jugendliche heute sprechen.

f ●● Schreibe ein Antwortgedicht Rickchens an das lyrische Ich in heutigem Deutsch.

→ Sprachliche Gestaltungsmittel
SB, S. 240

Das brauchst du immer wieder – Das musst du wissen

Sprachliche Gestaltungsmittel bestimmen

In Gedichten findest du oft nicht nur sprachliche Bilder, sondern auch andere sprachliche Gestaltungsmittel, z. B.:

Sprachliches Gestaltungsmittel	Erklärung	Beispiel
Alliteration	Mehrere Wörter beginnen mit dem gleichen Laut.	„Nicht zu laut und nicht zu leise" (Paul Fleming, Wie er wolle geküsset sein)
Anapher	Mehrere Sätze, Satzteile oder Verse beginnen mit dem gleichen Wort bzw. den gleichen Wörtern.	„Sag, was will das Schicksal uns bereiten? Sag, wie band es uns so rein genau?" (Johann Wolfgang Goethe, Warum gabst du uns die tiefen Blicke)
Ellipse	Auslassung von eigentlich notwendigen Satzgliedern, die man gedanklich leicht ergänzen kann.	„Alles vergebens!" (Prädikat fehlt, vollständig: „Alles ist vergebens!") (Johann Wolfgang Goethe, Rastlose Liebe)
Parallelismus	Mehrere Sätze oder Satzteile haben einen gleichen/parallelen Satzbau.	„Es ist schon spät, es wird schon kalt" (Joseph von Eichendorff, Waldgespräch)
Wiederholung (Repetition)	Wiederholung einzelner Wörter oder Satzglieder	„Oh Mädchen, Mädchen,/Wie lieb ich dich" (Johann Wolfgang Goethe, Mailied)

„Willkommen und Abschied" – die sprachliche Gestaltung eines Gedichts untersuchen

Johann Wolfgang Goethe (1749 – 1832)
Willkommen und Abschied

Es schlug mein Herz, geschwind zu Pferde!
Es war getan fast eh gedacht.
Der Abend wiegte schon die Erde,
Und an den Bergen hing die Nacht:
5 Schon stand im Nebelkleid die Eiche,
Ein aufgetürmter Riese, da,
Wo Finsternis aus dem Gesträuche
Mit hundert schwarzen Augen sah.

Der Mond von einem Wolkenhügel
10 Sah schläfrig aus dem Duft hervor,
Die Winde schwangen leise Flügel,
Umsausten schauerlich mein Ohr;
Die Nacht schuf tausend Ungeheuer,
Doch frisch und fröhlich war mein Mut:
15 In meinen Adern welches Feuer!
In meinem Herzen welche Glut!

Dich sah ich, und die milde Freude
Floss von dem süßen Blick auf mich;
Ganz war mein Herz an deiner Seite,
20 Und jeder Atemzug für dich.
Ein rosenfarbnes Frühlingswetter
Umgab das liebliche Gesicht,
Und Zärtlichkeit für mich – ihr Götter!
Ich hofft es, ich verdient es nicht!

25 Doch ach, schon mit der Morgensonne
Verengt der Abschied mir das Herz:
In deinen Küssen welche Wonne!
In deinem Auge welcher Schmerz!
Ich ging, du standst und sahst zur Erden,
30 Und sahst mir nach mit nassem Blick:
Und doch, welch Glück, geliebt zu werden!
Und lieben, Götter, welch ein Glück!

(e. 1770/v. 1789)

1 Bringt die Abbildungen auf S. 221 in die Reihenfolge, die dem im Gedicht beschriebenen Geschehen entspricht. Ordnet den Abbildungen konkrete Textstellen aus dem Gedicht zu.

 2 Fasst zusammen, welche Ereignisse in den einzelnen Strophen dargestellt werden. Achtet dabei auch auf die jeweiligen Tageszeiten.

Drei Schülerinnen und Schüler haben Einleitungen zu einer Analyse des Gedichts „Willkommen und Abschied" geschrieben.

- In dem Text „Willkommen und Abschied" geht es um die heimliche Begegnung und den Abschied eines Liebespaares.
  (Thilo)

- Das Gedicht „Willkommen und Abschied" von Goethe, das 1770 entstanden ist, handelt von Liebe.
  (Sandra)

- Johann Wolfgang Goethes Gedicht entstand 1770 und wurde in der vorliegenden Fassung 1789 veröffentlicht.
  (Sergej)

 3 Vergleicht die Einleitungen und erklärt, was die Schülerinnen und Schüler jeweils gut gemacht haben und was in ihren Einleitungen noch fehlt.

 4 Schreibe eine eigene Einleitung zu einer Analyse des Gedichts „Willkommen und Abschied".

Ein Schüler hat die erste Strophe des Gedichts mit Randbemerkungen versehen und dabei vor allem auf die sprachlichen Bilder geachtet:

Es schlug mein Herz, geschwind zu Pferde!	*Herzklopfen,*
Es war getan fast eh gedacht.	*überstürzter Entschluss zum Aufbruch*
Der Abend wiegte schon die Erde,	*Abend personifiziert, „wiegen": friedliche Stimmung*
Und an den Bergen hing die Nacht:	
Schon stand im Nebelkleid die Eiche,	*Metaphern: Dunkelheit, schlechte Sicht*
Ein aufgetürmter Riese, da,	
Wo Finsternis aus dem Gesträuche	*Stimmung verändert sich: Nacht wirkt …*
Mit hundert schwarzen Augen sah.	*…*

5 Beschreibt, wie der Schüler vorgegangen ist.

6 Übernehmt die erste Strophe mit den Randbemerkungen in eure Hefte und ergänzt diese. Benutzt dabei auch die Lernbox auf S. 224.

7 Fasse deine Ergebnisse zur ersten Strophe in einem Text zusammen. Beschreibe dabei genau, in welcher Situation sich das lyrische Ich befindet. Versuche dabei auch, auf Besonderheiten der sprachlichen Gestaltung und ihre Wirkung einzugehen.

8 Untersucht nun die zweite Strophe des Gedichts genau. Arbeitet dazu zu folgenden Punkten:
- Welche Stimmung herrscht am Anfang der Strophe und welche am Ende?
- Beschreibt, wie in den Versen 9–13 die Natur dargestellt wird. Was verdeutlicht die Beschreibung der Natur dem Leser über die Gefühle und die Situation des lyrischen Ichs?
- An welcher Stelle ändert sich die Stimmung des lyrischen Ichs? Erklärt, wie sie sich verändert und welche Wörter dies deutlich machen.
- Beschreibt die Situation und die Gefühle, die das lyrische Ich in den Versen 14–16 ausdrückt. Welche sprachlichen Mittel verwendet es dazu? Hilfen findet ihr in den Lernboxen auf S. 220 und S. 224.

9 Untersucht, wie die Begegnung zwischen dem lyrischen Ich und dem Mädchen in den Strophen 3 und 4 dargestellt wird. Beantwortet dazu die folgenden Fragen:
- In welcher Stimmung befindet sich das lyrische Ich bei der Begegnung mit dem Mädchen? Nennt Wörter, die diese Stimmung ausdrücken.
- Wie werden die Gefühle des lyrischen Ichs für das Mädchen ausgedrückt? Achtet dabei besonders darauf, mit welchen Adjektiven es die Geliebte beschreibt.
- Wie fühlen sich das Mädchen und das lyrische Ich beim Abschied? Vergleicht ihr Verhalten und ihre Reaktionen.
- Welche Bedeutung haben die beiden Schlussverse? Erläutert, inwiefern sich die Aussage des Gedichts ändern würde, wenn sie fehlten.

10 Fasse deine Ergebnisse aus der Arbeit an dem Gedicht zusammen, indem du die Frage beantwortest, ob es in dem Gedicht mehr um Liebesglück oder mehr um Liebesschmerz geht.

11 Recherchiert z. B. im Internet nach Liebesgedichten oder -songs. Arbeitet damit so:
- Stellt euch die Liebesgedichte oder -songs gegenseitig vor, z. B. indem ihr sie vortragt und erklärt, worum es inhaltlich geht. Erklärt den anderen auch, warum ihr das Gedicht oder den Song ausgewählt habt und warum es/er euch besonders anspricht.
- Verfasst zu diesem Liebesgedicht oder -song eine Gedichtanalyse. Arbeitet dabei mit der Lernbox auf S. 229.

12   Durchstarten! So könnt ihr weiterarbeiten:

a ● ○   Fasse deine Beschreibung und Deutung des Gedichts in einem Text zusammen. Gehe dabei so vor, wie es in Aufgabe 7 auf S. 219 vorgeschlagen wird.

b ○ ○   Entwickelt eine Fotostory zu dem Gedicht. Präsentiert eure Fotos im Zusammenhang mit einem Gedichtvortrag.

c ○ ○   Stellt euch vor, das Mädchen würde das Gedicht von dem lyrischen Ich erhalten. Schreibt einen Tagebucheintrag des Mädchens, in dem es seine Reaktion auf das Gedicht festhält.

d ○ ○   Schreibt einen Brief des lyrischen Ichs an einen Freund, in dem es über das Treffen mit dem Mädchen berichtet.

e ● ○   Wähle eines der Naturbilder aus den ersten beiden Strophen aus und stelle es zeichnerisch dar.

f ● ●   Wähle mehrere Naturbilder aus dem Gedicht aus und erkläre deren Bedeutung.

g ● ○   Bereite einen Vortrag des Gedichts vor. Mache dabei die Stimmungen, die in den einzelnen Strophen ausgedrückt werden, deutlich.

Das brauchst du immer wieder – Das musst du wissen

Sprachliche Bilder untersuchen

Die Stimmung in einem Gedicht wird vor allem durch eine anschauliche Wortwahl und durch sprachliche Bilder ausgedrückt. Solche sprachlichen Bilder sind:

- **Vergleiche**, die mit bestimmten Vergleichswörtern (wie, so wie, als ob) eingeleitet werden (z. B. „So golden schön / Wie Morgenwolken").

- **Metaphern**, durch die ein Ausdruck dadurch eine neue Bedeutung erhält, dass man ihn aus seinem ursprünglichen Bereich in einen neuen überträgt. Oft wird die Metapher als verkürzter Vergleich bezeichnet, weil ein Vergleichswort (z. B. wie) fehlt (z. B. „im Nebelkleid").

- **Personifikationen**, in denen unbelebte Dinge menschliche Eigenschaften oder Fähigkeiten erhalten (z. B. „Veilchen träumen schon").

- **Symbole**, bei denen ein konkreter Gegenstand neben seiner offensichtlichen „eigentlichen" Bedeutung noch eine weitere, übertragene Bedeutung hat (z. B. „Herz" steht für Gefühl und Liebe).

◯ Wiederholen und üben:
Ein Gedicht beschreiben und deuten
S. 232 f., Aufgaben 1 – 8

Goethe in Straßburg – ein Gedicht biografisch verstehen

Andreas Venzke (geb. 1961)
Student in Straßburg

■ In dem Jugendbuch „Goethe und des Pudels Kern" erzählt Andreas Venzke in der Ich-Form aus der Sicht Goethes die Lebensgeschichte des Dichters. Der folgende Text schildert die Erlebnisse des Dichters in Straßburg. ■

In Straßburg bin ich wie betäubt vom Anblick des Münsters. Ich habe kaum ein Zimmer bezogen, da eile ich schon zu dieser Kirche. Das Straßburger Münster ist das höchste Gebäude der Welt und schattet ganze Häuserzeilen ab. So etwas Kolossales
5 habe ich noch nie gesehen. Es ist im gotischen Stil. Doch wenn man vor dem Gebäude steht und sieht, wie es zum Himmel aufsteigt, begreift man, was die Menschen im Mittelalter geleistet haben. Dieses Wunderwerk ist deutsche Baukunst, unsere Baukunst, denke ich.
10 Ich besteige das Münster immer wieder und genieße manchmal stundenlang den Ausblick. Um meine Höhenangst zu bekämpfen, ersteige ich sogar ganz alleine die höchste Spitze des Münsterturms, wo ich mich auf eine nur armlange Platte stelle und das unendliche Land betrachte. Es ist, als ob man sich auf einer
15 Montgolfiere[1] in die Luft erhoben hätte.
Nicht nur angesichts des Münsters erkenne ich die großartige deutsche Vergangenheit. Im Elsass höre ich deutsche Märchen, Sagen und Lieder. Alles das erscheint mir so ursprünglich, echt und wahr. Was zählt der Verstand, denke ich mir, es gilt doch
20 das Gefühl.
Immer wieder lasse ich die Stadt hinter mir. Ich reite aus und unternehme lange Reisen durch das Land. So viele Geschichten höre und erlebe ich, dass es in mir summt und klingt. Ich lerne [viele junge] Dichter [und] Johann Gottfried Herder[2] kennen. Er ist fünf Jahre älter und fühlt wie ich. Er spricht begeistert über das
25 deutsche Mittelalter, über die Dichtung und die Sprache des Volkes. Dabei glaubt er, dass immer nur wenige Menschen die Ideen vorgeben, wie Homer[3] und Shakespeare[4]. Als Genies überragen sie die anderen. Ihre Werke sind aus dem Leben gegriffen und unverfälscht. Einer meiner Ausflüge führt mich zu dem hübschen Dorf Sesenheim. Dort steht alles an seinem Platz wie seit Jahrhunderten und alles
30 hat seinen Sinn und Zweck. Es gibt keinen Grund für Lüge und Streit. Immer wieder besuche ich dort die Pfarrersfamilie Brion, die mich herzlich aufnimmt.

---

[1] Montgolfiere: Heißluftballon
[2] Johann Gottfried Herder: deutscher Schriftsteller (1744 – 1803)
[3] Homer: berühmter Dichter der griechischen Antike (ca. 8. Jh. v. Chr.)
[4] William Shakespeare: berühmter englischer Schriftsteller (1564 – 1616)

Goethe und Friederike Brion (Holzstich um 1890, nach Eugen Klimsch, koloriert)

Bei diesen Menschen kann ich ganz ich selbst sein. Ich empfinde von Anfang an eine große Zuneigung für die ältere Tochter der Familie, Friederike. Als ich sie zum ersten Mal sehe, geht für mich ein allerliebster Stern auf. Wir tanzen, singen, halten Händchen, gehen spazieren und necken uns. Unsere Gefühle sind groß und tief. Ich schreibe viele schön zu singende Gedichte, zum Beispiel *Willkommen und Abschied, Mailied* oder das *Heidenröslein*:

„Sah ein Knab ein Röslein stehen, Röslein auf der Heiden …" Am Ende muss ich Friederike verlassen. Sobald unser Herz weich ist, ist es schwach. Ich will mich noch nicht binden. Als ich schon auf dem Pferd sitze, reiche ich ihr zum letzten Mal die Hand. Doch verabschieden tue ich mich in einem Brief. Ich fühle mich deswegen nicht gut. Man darf nicht in die Gefühle eines Menschen eindringen und ihn dann alleinlassen. Ich schäme mich ein wenig. Ich habe Großes vor und will Großes leisten. Also gehe ich endlich mein Studium an und verfasse mithilfe von Freunden eine Arbeit, die mich zum Lizentiaten[1] macht.

Doktor der Juristerei[2] sollte ich eigentlich werden, so will es mein Vater. Doch eine Arbeit, die mich zum Doktor gemacht hätte, wird leider nicht anerkannt. Aber auch als Lizentiat kann ich eine Kanzlei eröffnen und als Anwalt arbeiten. Im August 1771 reise ich zurück nach Frankfurt. Meine juristische Ausbildung reicht mir erst einmal.

In unserem Haus in Frankfurt richte ich eine Kanzlei ein und mir werden gleich verschiedene Fälle übertragen. Es geht immer um irgendwelchen Streit, ob einem etwas gehört oder nicht. Mein Vater hilft mir bei der Arbeit, die mir bald lästig wird.

(2007)

---

[1] Lizentiat: Studienabschluss ohne Doktortitel. Das Lizentiat berechtigte zur Arbeit als Anwalt, aber nicht zum Eintritt in den Staatsdienst, z. B. als Richter.
[2] Juristerei: Rechtswissenschaft

1 Begründe, welche der folgenden Aussagen das Thema des Textes am besten wiedergibt:
- Der Text handelt von Goethes Jurastudium in Straßburg.
- Goethes Erfahrungen in seiner Straßburger Zeit werden in dem Text deutlich gemacht.
- Der Autor zeigt die Bedeutung von Goethes erster großer Liebe.
- Das Thema des Textes ist der Anfang von Goethes beruflicher Karriere.

2 Arbeitet heraus, wie der junge Goethe hier charakterisiert wird. Stellt zusammen, was ihr über seine Interessen, Erfahrungen, Beziehungen und Lebenseinstellung erfahrt.

3 Beschreibt den Verlauf der Beziehung zwischen Goethe und Friederike Brion. Welcher Grund wird für das Ende der Beziehung angegeben?

4 Vergleicht Venzkes Beschreibung von Goethes Zeit in Straßburg mit Goethes Gedichten „Balde seh ich Rickchen wieder" und „Willkommen und Abschied":
- An welchen Stellen findet ihr Gemeinsamkeiten zwischen den Gefühlen Goethes bzw. des lyrischen Ichs in den beiden Gedichten?
- Stellt Bezüge zwischen dem Verlauf der Beziehung zwischen Friederike und Goethe und den in den Gedichten dargestellten Liebesbeziehungen her.

5 Beurteile abschließend, was das Wissen über Goethes Leben in Straßburg zum Verständnis der beiden Gedichte beiträgt.

6 Andreas Venzke hat den Text für Jugendliche geschrieben. Suche entsprechende Textstellen heraus, die dies deutlich machen.

7 Bewerte das Vorgehen Venzkes:
- Welche Vorteile könnte eine Biografie haben, die in diesem Stil aus der Sicht Goethes sein Leben erzählt?
- Was könnte daran problematisch sein?

8 **Durchstarten! So könnt ihr weiterarbeiten:**

a Informiert euch über Goethes Biografie und erstellt eine Zeitleiste zu seinem Leben.

b Sucht andere Gedichte, die zu Goethes „Sesenheimer Liedern" gezählt werden, und stellt diese in der Klasse vor.

c Übt den Vortrag der Gedichte „Balde seh ich Rickchen wieder" und „Willkommen und Abschied" ein und präsentiert diese in der Klasse.

d Informiert euch über den Lebenslauf von Friederike Brion und stellt sie und ihr Leben der Klasse vor.

e Beschreibt die Abbildung auf S. 226. Wie wird die Beziehung zwischen Goethe und Friederike Brion hier dargestellt?

f Vergleiche die Darstellung der Abbildung auf S. 226 damit, wie in den untersuchten Gedichten die Beziehung zwischen Goethe und Friederike Brion dargestellt wird.

„Neue Liebe" – eine Gedichtanalyse vervollständigen

Joseph von Eichendorff (1788 – 1857)
Neue Liebe

Herz, mein Herz, warum so fröhlich,
So voll Unruh und zerstreut,
Als käm' über Berge selig
Schon die schöne Frühlingszeit?

5 Weil ein liebes Mädchen wieder
Herzlich an dein Herz sich drückt,
Schaust du fröhlich auf und nieder,
Erd' und Himmel dich erquickt[1].

Und ich hab' die Fenster offen,
10 Neu zieh in die Welt hinein
Altes Bangen, altes Hoffen!
Frühling, Frühling soll es sein!

Still kann ich hier nicht mehr bleiben,
Durch die Brust ein Singen irrt,
15 Doch zu licht[2] ist's mir zum Schreiben,
Und ich bin so froh verwirrt.

Also schlendr' ich durch die Gassen,
Menschen gehen her und hin,
Weiß nicht, was ich tu und lasse,
20 Nur, dass ich so glücklich bin.

(v. 1837)

[1] erquicken: erfreuen
[2] licht: hell

1 Erklärt, was der Titel mit dem Inhalt des Gedichts zu tun hat.

2 Beschreibt die äußere Situation des lyrischen Ichs. Was tut es, wie verhält es sich? Geht dabei strophenweise vor.

3 Untersucht die einzelnen Strophen darauf, welche Stimmung und Gefühle das lyrische Ich ausdrückt. Achtet dabei auf die folgenden Punkte:
- Welche Gefühle und Stimmungen des lyrischen Ichs werden in den einzelnen Strophen deutlich?
- Zu wem spricht das lyrische Ich in diesem Gedicht?
- Welche Wörter oder Formulierungen drücken die Stimmung des lyrischen Ichs besonders deutlich aus?

- Warum bezieht sich das lyrische Ich auf den Frühling (vgl. V. 4)?
- Welche Bedeutung hat das Bild des offenen Fensters (vgl. V. 9)?
- Was zeigt das lyrische Ich durch seine Begeisterung für Musik und Singen?
- Welche Auffassung von Liebe wird in dem Gedicht deutlich?

Ein Schüler hat begonnen, seine Ergebnisse zu Aufgabe 3 auszuformulieren:

Bereits im ersten Vers macht das lyrische Ich deutlich, dass es sehr „fröhlich" (V. 1) ist, worüber es selbst erstaunt zu sein scheint. Es fragt nämlich sein eigenes „Herz" (V. 1) nach dem Grund dafür. Das Nomen „Herz", das auch als Symbol für
5 die Liebe steht, wird wiederholt, was ein weiterer Hinweis auf das Thema des Gedichts ist.

4 Beschreibt, wie der Schüler bei seiner Textuntersuchung vorgegangen ist. Wiederholt dabei auch die Regeln des Zitierens.

5 Vervollständige seine Textanalyse:
- Verfasse eine Einleitung.
- Beschreibe den äußeren Aufbau des Gedichts (Strophen- und Verszahl, Reimschema).
- Setze den Hauptteil fort.
- Verfasse einen Schlussteil.

Hilfen findest du in der Lernbox auf dieser Seite.

Ein Gedicht beschreiben und deuten

Bei der Analyse (Beschreibung und Deutung) eines Gedichts geht es darum, den Inhalt und die Aussage eines Gedichts zu erschließen und herauszufinden, welche Wirkung seine sprachliche Gestaltung hat.
Du kannst die schriftliche Beschreibung und Deutung eines Gedichts so aufbauen:
- In der **Einleitung** nennst du wichtige Angaben zum Text (Textart, Titel, Autor, Erscheinungsjahr) und das Thema des Gedichts (worum es geht bzw. was dargestellt wird).
- Im **Hauptteil** beschreibst du die äußere Form des Gedichts (Strophen- und Verszahl, Reimschema). Dann gibst du den Inhalt Strophe für Strophe wieder (z. B.: Wie verändert sich die Situation des lyrischen Ichs? Welche Atmosphäre wird ausgedrückt? Wie verändern sich Stimmung und Gefühle? Was geschieht? ...). Dabei solltest du sprachliche Bilder und andere sprachliche Gestaltungsmittel sowie ihre Wirkung einbeziehen.
- Im **Schlussteil** fasst du die wichtigsten Ergebnisse zusammen. Du nennst eine mögliche Aussageabsicht des Gedichts. Abschließend nimmst du eine persönliche Bewertung des Gedichts (z. B. zu der in dem Gedicht deutlich werdenden Auffassung von Liebe) vor.
- Schreibe **sachlich** und belege deine Aussagen mithilfe von **Textverweisen** und **Zitaten** (vgl. hierzu S. 314).

↪ Gedicht analysieren
AH, S. 16 – 24

↪ Wiederholen und üben:
Ein Gedicht beschreiben und deuten
S. 232 f., Aufgaben 1 – 8

Vanitas und carpe diem – ein Liebesgedicht des Barocks erschließen

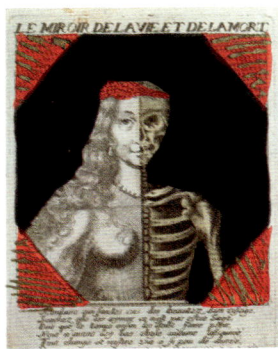

Martin Opitz (1597–1639)
Ach Liebste, lass uns eilen

Ach Liebste, lass uns eilen[1],
Wir haben Zeit:
Es schadet das Verweilen
Uns beiderseit.

5 Der edlen Schönheit Gaben
Fliehn Fuß für Fuß,
Dass alles, was wir haben,
Verschwinden muss.

Der Wangen Zier verbleichet
10 Das Haar wird greis,
Der Äuglein Feuer weichet,
Die Brunst[2] wird Eis.

Das Mündlein von Korallen
Wird ungestalt[3],
15 Die Händ als Schnee verfallen,
Und du wirst alt.

Drum lass uns jetzt genießen
Der Jugend Frucht,
Eh denn wir folgen müssen
20 Der Jahre Flucht.

Wo du dich selber liebest,
So liebe mich,
Gib mir, dass, wann du gibest
Verlier auch ich.

(1624)

1 Beschreibt den Kupferstich. Was soll es eurer Meinung nach aussagen und verdeutlichen und wie wirkt das Bild auf euch?

2 Lest das Gedicht und bezieht es auf die Abbildung. Welche Gemeinsamkeiten und Unterschiede fallen euch auf?

3 Analysiert das Gedicht. Arbeitet dabei zu folgenden Punkten:
- Klärt, wer das lyrische Ich ist und wen es anspricht.
- Erläutert, wovon das lyrische Ich die Angesprochene überzeugen will.
- Welche Gründe führt es dafür an bzw. mit welchen Argumenten versucht das lyrische Ich, die Frau zu überzeugen?
- Arbeitet die rhetorische Struktur des Gedichts heraus. Ordnet dazu den einzelnen Strophen die Begriffe „These", „Beweise" und „Schlussfolgerung" zu.
- Welche Metaphern finden sich in dem Gedicht? Sucht sie heraus und deutet sie.
- Achtet auf die Wechsel des Anrede-Pronomen. Wie lässt sich der Wechsel der Anrede deuten?

---

[1] Hier gemeint: Lass uns nicht mit dem Beginn eines Liebesverhältnisses warten.
[2] Leidenschaft/Liebesverlangen
[3] ungestalt = hässlich/verformt

4 Das Gedicht stammt aus der Zeit des Barocks.
- Sammelt zunächst aufgrund der Abbildung und des Gedichts, welche Merkmale für Gedichte des Barocks typisch sein könnten.
- Lest dann den Informationstext in dem Kasten und weist nach, welche typischen Merkmale des Barocks das Gedicht besitzt.

Das brauchst du immer wieder – Das musst du wissen

Epochenmerkmale des Barock (1620 – 1720)

Das **17. Jahrhundert** ist die **Epoche des Barocks**. Diese Epochenbegriff wird als Bezeichnung für die Literatur, Architektur, Malerei und Musik dieser Zeit verwendet. Prägende Erfahrung dieses Jahrhunderts ist der **Dreißigjährige Krieg (1618 – 1648)** zwischen den protestantischen und katholischen Herrscherhäusern. Ein Drittel der deutschen Bevölkerung kommt in diesen dreißig Jahren ums Leben, weite Landstriche sind verwüstet.

Die Grauen des Krieges, Zerstörungen, Hunger und Seuchen rufen den verunsicherten Menschen die Vergänglichkeit allen Irdischen ins Bewusstsein und bewirken ein besonders nahes Verhältnis zum Tod. Kennzeichnend für das Lebensgefühl des Barocks ist deshalb ein zwiespältig-gegensätzliches, **antithetisches Lebensgefühl** aus **Todesgewissheit und Weltverneinung** einerseits sowie **Lebensgenuss und -gier** andererseits. Neben der Freude am Leben und dem Wissen um die Vergänglichkeit ist für das barocke Lebensgefühl der **Glaube** wichtig, dass sich der Mensch während seiner Lebenszeit auf Erden in Hinblick auf die Ewigkeit bewähren müsste. In der Lyrik des Barocks drückt sich dieses Lebensgefühl in den drei folgenden Leitmotiven und -themen aus: **„Vanitas"** (= Alles ist vergänglich und eitel), **„Memento mori"** (= Bedenke, dass du sterben musst) und **„carpe diem"** (= „Genieße den Tag").

Als neue Gedichtform wird das **Sonett** aus Italien übernommen. Es besteht aus vierzehn Versen und vier Strophen: zwei Quartetten mit je vier Versen und zwei Terzetten mit je drei Versen.

5 Durchstarten! So könnt ihr weiterarbeiten!

a Verfasse eine schriftliche Analyse zu dem Gedicht von Martin Opitz.
●● Gehe dabei auch darauf ein, welche typischen Merkmale des Barocks das Gedicht besitzt.

b Recherchiert im Internet nach dem Gedicht „Vergänglichkeit der Schön-
●● heit" von Christian Hoffmann von Hoffmannswaldau (1616 – 1679). Vergleicht dieses Gedicht mit dem Gedicht von Martin Opitz und erklärt, warum beide Gedichte typische Beispiele für die Lyrik des Barocks sind.

c Besorgt euch den Song „Einfach Sein" der „Fantastischen Vier". Ver-
●○ gleicht diesen Song mit dem Gedicht von Martin Opitz.

d Recherchiert zur Epoche des Barocks und präsentiert die Ergebnisse
●● eurer Recherchen in Form von Kurzvorträgen.

Alles klar? – Wiederholen, üben und überprüfen

Ein Gedicht beschreiben und deuten

Joseph von Eichendorff (1788 – 1857)
Vom Berge

Da unten wohnte sonst mein Lieb,
Die ist jetzt schon begraben,
Der Baum noch vor der Türe blieb,
Wo wir gesessen haben.

5 Stets muss ich nach dem Hause sehn
Und seh doch nichts vor Weinen
Und wollt'[1] ich auch hinuntergehn,
Ich stürb'[2] dort so alleine!

(1834)

---

[1] wollt': gemeint ist: Und wenn ich hinuntergehen würde(, dann …)
[2] stürb': Konjunktiv II von sterben, gemeint ist: Ich würde dort so alleine sterben.

 1 Vergleicht die Abbildung mit dem Gedicht. Welche Teile des Gedichts sind in der Abbildung enthalten, welche nicht?

 2 Erklärt, warum man das Gedicht inhaltlich in zwei Abschnitte einteilen kann (Strophe 1 und Strophe 2). Berücksichtigt dabei auch die Zeitformen, die das lyrische Ich verwendet.

 3
- Beschreibt die Situation des lyrischen Ichs in der ersten Strophe. Beantwortet dazu die folgenden Fragen:
- Wo befindet sich das lyrische Ich?
- Welcher Zusammenhang besteht zwischen dem Titel und dem ersten Vers?
- Woran erinnert sich das lyrische Ich?
- Auf welche Weise wird das Liebesmotiv in dieser Strophe gestaltet?

4 Untersucht die Stimmung des lyrischen Ichs in der zweiten Strophe. Beantwortet dazu die folgenden Fragen:
- Was drückt das lyrische Ich mit dem Adverb „Stets" (V. 5) aus?
- Warum benutzt das lyrische Ich das Verb „müssen" (V. 5)?
- Womit beschäftigen sich die Gedanken des lyrischen Ichs?
- Welche Stimmung drückt der sechste Vers aus?
- Welche Bedeutung hat der letzte Vers?

5 Vervollständige die folgende Beschreibung der äußeren Form des Gedichts:

Das Gedicht mit dem Titel _____ von _____ aus dem Jahr _____ besteht aus _____ Strophen zu je _____ _____ . Das Reimschema ist der _____ .

6 Halte die wichtigsten Ergebnisse der Untersuchung des Gedichts in Stichworten fest.

7 Beurteile die Wirkung, die das Gedicht auf dich hat, indem du einen der folgenden Satzanfänge vervollständigst:
- Das Gedicht spricht mich (nicht) an, weil …
- An dem Gedicht gefällt mir besonders, dass …
- Ich kann die in dem Gedicht ausgedrückte Stimmung gut nachvollziehen/nicht nachvollziehen, da …

8 Verfasse eine zusammenhängende schriftliche Analyse des Gedichts von Joseph von Eichendorff. Gehe dabei so vor:
- Schreibe eine Einleitung zu deiner Gedichtanalyse, in der du den Namen des Autors, die Textsorte, den Titel und das Thema des Textes nennst.
- Beschreibe den äußeren Aufbau des Textes.
- Erkläre die Bedeutung des Titels.
- Stelle deine Ergebnisse aus der Untersuchung der ersten und zweiten Strophe nacheinander dar (s. Aufgaben 3 und 4). Achte dabei vor allem darauf, wie das Liebesmotiv in diesem Gedicht gestaltet wird.
- Fasse in einem Schlussteil deine Ergebnisse zu den folgenden Aspekten kurz zusammen: Wie wird die Stimmung des lyrischen Ichs dargestellt? Wie wird das Liebesmotiv gestaltet?
- Nenne abschließend eine mögliche Aussageabsicht des Gedichts.
- Beurteile die Wirkung, die das Gedicht auf dich hat, indem du den folgenden Satzanfang vervollständigst: „Das Gedicht spricht mich (nicht) an, weil …"

„Unsere Schule steht für Vertrauen, Verantwortung und Veränderung" – Reden rund um die Schule analysieren und halten

Immer wieder werden zu besonderen Anlässen Reden in der Schule gehalten. Jedes Jahr werden neue Schülerinnen und Schüler begrüßt oder von der Schule nach ihrem Abschluss verabschiedet. Manchmal werden Reden bei der Verleihung von Preisen gehalten oder ein Umbau des Schulgebäudes wird feierlich mit einer Rede eröffnet. In diesem Kapitel geht es um Reden, die rund um das Thema „Schule" gehalten werden.

Ihr lernt in diesem Kapitel,
- eine Rede zu gliedern und inhaltlich zu erschließen,
- sprachliche Mittel in einer Rede zu erkennen und ihre Wirkung zu deuten,
- eine Rede zu analysieren.

Am Ende erhältst du die Gelegenheit, selbst eine Abschlussrede zu verfassen.

1 | Seht euch die Fotos an. Stellt Vermutungen an, zu welchem Anlass hier jeweils eine Rede gehalten wird.

2 | Welche Erwartungen habt ihr an eine Abschlussrede, wenn ihr nach der 10. Klasse eure Schule verlasst? Haltet fest, was ihr von der Rede
- der Schulleiterin/des Schulleiters,
- der Schülersprecherin/des Schülersprechers,
- der Elternvertreter erwartet.

3 | Überlegt, was Eltern und Geschwister von einer Abschlussrede nach der 10. Klasse erwarten. Was sollte der Redner dabei beachten?

„Bücher sind wie Flügel ..." – Aufbau, Inhalt und Sprache einer Rede untersuchen

Im Jahr 1995 erklärte die UNESCO den 23. April zum „Welttag des Buches", einen Tag, an dem besonders das Lesen, Bücher und die Rechte von Autoren geschätzt werden sollen. Am 23. April 2013 hielt die ehemalige Bildungsministerin des Landes Nordrhein-Westfalen, Sylvia Löhrmann, folgende Rede zur Auftaktveranstaltung der Stiftung Lesen, die sich besonders in Deutschland für das Lesen von Büchern einsetzt und zum „Welttag des Buches" Buchgeschenke an Schülerinnen und Schüler verteilt.

Sylvia Löhrmann (geb. 1957)

Rede am 23. April 2013 anlässlich des „Welttages des Buches"

Sehr geehrte Damen und Herren,
„[V]on seinen Eltern lernt man lieben, lachen und laufen. Doch erst wenn man mit Büchern in Berührung kommt, entdeckt man, dass man Flügel hat." Mit diesen Worten
5 der amerikanischen Schauspielerin Helen Hayes begrüße ich Sie sehr herzlich zum heutigen Welttag des Buches hier in der Köselschen Buchhandlung in Köln.
Bücher sind wie Flügel – und Fliegen ist ein uralter Traum der Menschheit. Damit auch unsere Kinder und Jugendlichen diesen Traum entdecken und im vollen
10 Wortsinn „beflügelt" werden, hat die Stiftung Lesen in diesem Jahr wieder ihre Leseförderkampagne „Ich schenk dir eine Geschichte" initiiert. Und so erhalten 750 000 Schülerinnen und Schüler der Jahrgangsstufen vier und fünf ein kostenfreies Exemplar des diesjährigen Welttags-Buchs „Der Wald der Abenteuer".
Dafür möchte ich Ihnen danken. Es ist wichtig, dass „Lesen" allen Schülerinnen
15 und Schülern unabhängig von ihrer sozialen und kulturellen Herkunft zugänglich wird: Denn Lesekompetenz ist *die* Schlüsselqualifikation für eine erfolgreiche Bildungsbiografie, für ein selbst gestaltetes Leben und damit für gesellschaftliche Teilhabe. In allen Fächern ist das Lesen eine Grundvoraussetzung für erfolgreiches Lernen, in allen Bereichen gesellschaftlichen Lebens ist das Lesen eine Grundvor-
20 aussetzung für erfolgreiche Teilhabe, und ich freue mich heute wieder besonders über die vielen Schulen in NRW, die „Leseschulen" sind.
Das Konzept der „Leseschule NRW" belegt: Lesen macht Spaß und ist spannend. Das zeigt sich bei Lesenächten in der Schule oder Vorlesewettbewerben immer wieder. Kinder lassen sich anstecken und verzaubern von den Weltreisen, zu de-
25 nen wir mit Büchern aufbrechen können. Hier leisten Bibliotheken übrigens eine hervorragende Unterstützung. Als Bildungspartner für Schulen bieten sie jede Menge Lesefutter und führen vielfältig in die Welt der Medien ein. Bücher verlei-

hen Flügel – in diesem Sinne wünsche ich uns zum heutigen Welttag des Buches – auch im Namen der Kultusministerien der Länder – viele spannende, abenteuerliche und „beflügelnde" Momente beim Lesen. Und das gute Gefühl einer lesenden Gemeinschaft, an der *alle* teilhaben dürfen.

1 Bestimmt die Redesituation, indem ihr die W-Fragen beantwortet:
- Wer hielt die Rede?
- An wen war die Rede gerichtet?
- Zu welchem Anlass wurde die Rede gehalten?
- Wann wurde die Rede gehalten?
- Wo wurde die Rede gehalten?

2 Untersucht den Aufbau der Rede: Gebt an, in welchen Textabschnitten die Einleitung, der Hauptteil und der Schluss zu finden sind. Eine Hilfekarte findet ihr auf S. 345.

3 Gliedert die Rede in einzelne Abschnitte und fasst den Inhalt mit einer passenden Überschrift zusammen.

4 Beantworte folgende Fragen zur Rede von Sylvia Löhrmann zur Auftaktveranstaltung der Stiftung Lesen 2013:
- Wie heißt die Kampagne der Stiftung Lesen zur Leseförderung?
- Mit welchem kostenlosen Buch sollen die Schülerinnen und Schüler für das Lesen begeistert werden?
- Warum bezeichnet Sylvia Löhrmann das Lesen als eine „Schlüsselqualifikation"?
- Was belegt das Konzept der „Leseschule NRW"?
- Welche Unterstützung liefern Bibliotheken?

5 Vergleiche deine Antworten wieder mit denen eines Lernpartners und überarbeite sie gegebenenfalls.

6 Sylvia Löhrmann verwendet in ihrer Rede verschiedene sprachliche Mittel. Übertragt die folgende Tabelle in eure Hefte und ergänzt sie. Hilfen dazu findet ihr in der Lernbox auf S. 240.

Textstellen	Sprachliches Mittel (Rhetorische Figur)	Erklärung/Deutung (Warum wurde das sprachliche Mittel verwendet?)
„,[V]on seinen Eltern lernt man lieben, lachen und laufen.'" (Z. 2)	...	Durch Gleichklang des Wortanfangs soll das Interesse des Zuhörers geweckt werden.
„Bücher sind wie Flügel" (Z. 8)	...	...
„Ich schenk dir eine Geschichte" (Z. 11)	Metapher	...

Textstellen	Sprachliches Mittel (Rhetorische Figur)	Erklärung/Deutung (Warum wurde das sprachliche Mittel verwendet?)
„Kinder lassen sich anstecken und verzaubern von den Weltreisen […]." (Z. 24 f.)	…	Bücher werden mit Weltreisen gleichgesetzt. Damit wird ausgedrückt, dass das Lesen den Kindern wie das Reisen ganz neue Erfahrungen und Horizonte eröffnet. Die Kinder können durch Bücher für sie ganz neue Welten kennenlernen.
„Bücher verleihen Flügel" (Z. 27 f.)	…	…
„[…] viele spannende, abenteuerliche und ‚beflügelnde' Momente beim Lesen." (Z. 29 f.)	…	Die Ministerin wünscht den Zuhörern, dass das Lesen sie nicht nur unterhält, sondern auch als Menschen bereichert, und dass es etwas Besonderes in ihrem Leben darstellt.

◉ Sprachliche Gestaltung einer Rede untersuchen
AH, S. 36–37

Kilian aus der Klasse 10b hat folgenden Anfang einer Redeanalyse verfasst:

Die vorliegende Rede der Bildungsministerin des Landes Nordrhein-Westfalen, Frau Sylvia Löhrmann, wurde am 23. April 2013 bei der Auftaktveranstaltung der Stiftung Lesen zum „Welttag des Buches" in der Köselschen Buchhandlung in Köln gehalten. Die Rede richtet sich dabei vor allem an die Mitglieder der Stiftung
5 Lesen, die es ermöglicht haben, dass 750 000 Schülerinnen und Schüler der Jahrgangsstufen vier und fünf ein kostenfreies Exemplar des Buches „Der Wald der Abenteuer" erhalten.
Der erste Textabschnitt (Z. 1–7) stellt die Einleitung dar. In der Einleitung begrüßt die Bildungsministerin das Publikum und steigt mit einem Zitat der ameri-
10 kanischen Schauspielerin Helen Hayes in ihre Rede ein. Mit der Alliteration „lieben, lachen und laufen" (Z. 2) weckt die Rednerin dabei das Interesse des Zuhörers und stellt im direkt darauf folgenden Satz auch den Zusammenhang zum Lesen her: „Doch erst wenn man mit Büchern in Berührung kommt, entdeckt man, dass man Flügel hat." (Z. 3 f.)
15 Sylvia Löhrmann behauptet weiterhin, dass Bücher wie Flügel sind und Fliegen ein uralter Traum der Menschheit sei (vgl. Z. 8). Mit diesem Vergleich soll gezeigt werden, dass das Lesen die Fantasie anregt und man so, zumindest in seinen Gedanken, vieles erleben kann, was einem im echten Leben nicht möglich ist.
Es folgt nun der Hauptteil der Rede (Z. 8–27). Dieser lässt sich in drei Abschnitte
20 gliedern. Im ersten Textabschnitt (Z. 8–13) des Hauptteils …

7 Beschreibe, wie Kilian bei seiner Einleitung und dem Beginn des Hauptteils
◐○ seiner Redeanalyse vorgegangen ist.

8 Schreibe die Redeanalyse Kilians zu Ende. Nutze dazu die Ergebnisse, die
◐◐ du in den Aufgaben in diesem Kapitel erarbeitet hast. Im Schlussteil deiner
Redeanalyse kannst du auch darauf eingehen, ob es für dich wichtig oder
nicht wichtig ist, Bücher zu lesen. Weitere Hilfen erhältst du in der Lernbox
auf S. 245.

9 **Durchstarten! So könnt ihr weiterarbeiten:**

> **a** Habt ihr selbst einmal am „Welttag des Buches" oder an einem Lese-
> ○○ wettbewerb teilgenommen? Berichtet von euren Erfahrungen.
>
> **b** „Bücher verleihen Flügel", sagt Sylvia Löhrmann. Stellt euch gegenseitig
> ◐◐ eure Lieblingsbücher in der Klasse vor, um auch eure Mitschülerinnen
> und Mitschüler dafür zu begeistern.
>
> **c** Verfasse eine Argumentation zum Thema „Ist Lesen wichtig?".
> ◐○
>
> **d** Schreibt in kleinen Gruppen eine Rede, mit der ihr andere davon über-
> ◐◐ zeugt, Bücher zu lesen.

Das brauchst du immer wieder – Das musst du wissen

Sprachliche Gestaltungsmittel

Texte und Reden werden inhaltlich und sprachlich bewusst gestaltet. Die Autoren und Redner benutzen dabei besondere sprachliche Mittel, um ihre Aussageabsichten zu verdeutlichen. Oft verwendete sprachliche Mittel sind in der folgenden Übersicht zusammengestellt.

Sprachliches Bild	Erklärung	Beispiel
Alliteration	Mehrere Wörter beginnen mit dem gleichen Laut. Die Wörter müssen nicht direkt aufeinanderfolgen, stehen jedoch in einem engen Zusammenhang im Text.	Mit Kind und Kegel
Anapher	Mehrere Sätze oder Satzteile beginnen mit dem gleichen Wort.	Geh zu den Menschen, Geh zu den Tieren, Geh zu den Pflanzen, Geh in dich.
Antithese	Gegensätzliche Begriffe oder Aussagen werden einander gegenübergestellt.	„Friede den Hütten! Krieg den Palästen!" (Georg Büchner, Der Hessische Landbote)
Ellipse	verkürzter Satz	Feuer!/Je kürzer der Abschied, desto kürzer die Qual.
Euphemismus	Beschönigung: Das Negative eines Sachverhalts wird durch positive Bezeichnungen verhüllt.	„nuklearer Ernstfall" anstelle von „Atomkrieg"/ „entschlafen" statt „sterben"
Klimax	Eine Reihe von Ausdrücken wird inhaltlich steigernd angeordnet.	„Er kam, sah und siegte"
Metapher	Ein Wort wird aus dem üblichen Sprachgebrauch gelöst und so in einen anderen Zusammenhang eingeordnet, dass es eine neue Bedeutung erhält.	Er steht in der Blüte seines Lebens.
Personifikation	Allgemeinen Begriffen, Gegenständen, Tieren oder Pflanzen werden Eigenschaften und Verhaltensweisen zugeordnet, die nur Menschen zukommen.	Die Sonne lacht.
Rhetorische Frage	Es handelt sich um eine Frage, auf die keine Antwort erwartet wird.	Ist das Wetter heute nicht schön?
Symbol	Ein konkreter Gegenstand wird als Träger eines allgemeinen Sinnzusammenhangs gesetzt.	Die Farbe Weiß als Symbol der Unschuld / Die Taube als Symbol des Friedens
Vergleich	Durch die Wörter *wie*, *als ob* u. Ä. wird eine Beziehung zwischen zwei Bereichen hergestellt, zwischen denen es Gemeinsamkeiten gibt.	Sie schlief wie ein Murmeltier.

● Wiederholen und üben:
Reden untersuchen
S. 248 f., Aufgabe 1 – 4

Liebe Schülerinnen und Schüler, liebe Eltern ... – eine Abschlussrede untersuchen

Die folgende Rede wurde von der Schulleiterin Sonia Cohen zur Abschlussfeier 2011 in der Aula der Realschule Heiligenhaus gehalten.

Schulleiterin Sonia Cohen
Rede anlässlich der Schulentlassung der zehnten Klassen im Jahr 2011

Sehr geehrter Herr Bürgermeister, liebe Schülerinnen und Schüler, Lehrkräfte, Eltern, Großeltern, Geschwister, sehr geehrte Vertreter der Presse –
5 Ich begrüße Sie herzlich zur Feier des Realschulabschlusses in diesem Jahr. Wir haben einen wunderbaren Sonnentag erwischt, der zur heutigen Stimmung passt: Endlich habt ihr das Ziel erreicht. Ihr seid am Ende des Weges angekom-
10 men. Ihr habt gearbeitet und gelernt, geschwitzt und gestöhnt – doch heute bekommt ihr die verdiente Belohnung: eure Abschlusszeugnisse, und dazu gratuliere ich euch ganz herzlich! Ich bin stolz, dass wir wieder tolle Ergebnisse vorweisen können: Von den 70 Schülerinnen und Schülern in Klasse 10 haben zwei den Hauptschulab-
15 schluss nach Klasse 10 erlangt, 26 die Fachoberschulreife und 42 die Fachoberschulreife mit Qualifikationsvermerk. Dies entspricht einem sagenhaften Anteil von 60 %!
Dieser 8. Juli 2011 ist ein Tag der Freude und des Nachdenkens. Ein wichtiger Lebensabschnitt geht für euch zu Ende, Vertrautes wird schnell hinter euch lie-
20 gen. Neues gilt es anzunehmen und zu erforschen.
Liebe 10-er, wir werden euch sehr vermissen (zumindest die meisten von euch ...). Ihr habt die an euch gestellten Aufgaben mit Bravour gemeistert. Schon in der neunten Klasse fiel auf, dass ihr z. B. die Aufsichten und die Hausaufgabenbetreuung sehr sorgfältig durchgeführt habt. Während eures Betriebspraktikums wur-
25 den viele Schülerinnen und Schüler über den grünen Klee gelobt: Umsichtig, mitdenkend, zuverlässig – so wurdet ihr beschrieben. Bei den Abschlussfahrten im September 2010 kamen glückliche Lehrer und Schüler zurück. Ich erinnere mich gut, dass jede der drei Klassen absolut der Meinung war, dass ihre Klassenfahrt die beste gewesen sei, sei es in Berlin oder Holland. In allen drei Klassen konnte
30 sich ein tolles Zusammengehörigkeitsgefühl entwickeln – dank eurer Bereitschaft, aufeinander zuzugehen, Konflikte offen auszutragen und andere mitzutragen, denen es nicht gut ging.
[...]

Am intensivsten war die Zusammenarbeit sicherlich mit euren Klassenlehrern. Ihnen ist es gelungen, euer Vertrauen zu gewinnen. Sie waren fürsorgliche, jederzeit hilfsbereite Klassenlehrer. Oft war ihre Aufgabe nicht leicht und kostete Zeit und seelische Kraft. Aber sie haben durchgehalten und freuen sich mit euch. Vielen Dank dafür!

[...]

Zwei Schülerinnen und einen Schüler gilt es besonders zu ehren: Lena Müller hat es geschafft, sich durch ihren sportlichen Einsatz für die Eishockey-Bundesliga zu qualifizieren. Svetlana Weiss ist Stipendiatin der Hertie-Stiftung und wird in diesem Rahmen besonders gefördert. Herzlichen Glückwunsch euch beiden und weiterhin viel Erfolg! Stefan Keller stellte beim Sponsorenlauf vor zwei Wochen den Schulrekord von 8 Runden auf – bemerkenswert!

Für mich persönlich war es eine Riesenfreude, in den 10-ern unterrichten zu können. Hier fand ich eine große Lernbereitschaft vor, ihr wart meistens ganz besonders fleißig. Es gab viele Stunden mit euch, die einfach nur Spaß gemacht haben. Man konnte mit euch herumkaspern, man konnte sich gegenseitig sarkastisch provozieren – aber beide Seiten wussten auch, wo die Grenze liegt. Auch dies gehört zur „Lebenstüchtigkeit", die wir euch laut unserem Schulprogramm mit auf den Weg geben möchten. Ich werde euren Humor, eure Aufgeschlossenheit und eure Zuverlässigkeit sehr vermissen. Nehmt diese Eigenschaften mit auf eure neuen Lebenswege – es ist Kapital, mit dem ihr wuchern könnt und sollt. Bei einer Umfrage, was für euch wichtig an der Schulzeit in der Realschule war, kam heraus, dass es für die meisten ganz hoch oben steht, dass ihr hier Freunde gefunden habt. Die Schule war für euch nicht nur Lernfabrik, sondern ein Zuhause, in dem man sich vielleicht manchmal ärgert oder unzufrieden ist, sich aber grundsätzlich angenommen und bejaht fühlt.

Dies wurde auch am Spaßtag am vergangenen Mittwoch deutlich. Kompliment an die Organisatoren – ihr habt das toll hinbekommen, der Aufwand hat sich gelohnt und auch hier habt ihr es wieder geschafft, Konflikte im Vorfeld zu überwinden. Ein besonderer Dank geht an Murat Ünal und Simone Schmidt, die hier wirklich Fantastisches geleistet haben. Da wo Schüler und Lehrer friedlich miteinander feiern, wo Alkohol keine Rolle spielt und Kissenschlachten ausgetragen werden, ohne dass Unfälle passieren, kann es mit der Atmosphäre und damit der Qualität in der Schule nicht ganz schlecht stehen. Auch wenn die Realschule im Moment in einer schwierigen Phase ist, sind Stärken offensichtlich, wenn man genau hinschaut. Und ich glaube, die größte Stärke dieser Schule sind die Lehrerinnen und Lehrer, die tagaus, tagein viel Herzblut in ihre Arbeit stecken und versuchen, das Beste für die Schülerinnen und Schüler zu erreichen.

Dazu passt auch euer Abschlussmotto „Summer of peace and love". Den meisten von euch geht es nicht um Chaos oder Abrechnung, sondern um gemeinsames schönes Erleben. Hermann Hesse beschreibt diesen Zustand in seinem berühmten Stufengedicht so: „Und jedem Anfang wohnt ein Zauber inne, der uns beschützt und der uns hilft zu leben." Ich glaube, wir alle spüren heute etwas von diesem Zauber des Abschieds und des Neubeginns.

[...]

Nun kommen wir endlich zur Verteilung der Zeugnisse. Im Anschluss daran darf ich Sie herzlich zu einem kleinen Empfang auf dem Schulhof einladen.

1 Wie wirkt die Abschlussrede der Schulleiterin auf euch? Begründet eure Meinung.

2 Untersucht die Redesituation. Beantwortet dazu die folgenden Fragen:
- Wer hielt die Rede?
- An wen war die Rede gerichtet?
- Zu welchem Anlass wurde die Rede gehalten?
- Wann wurde die Rede gehalten?
- Wo wurde die Rede gehalten?

Verfasse nun die Einleitung zu einer Redeanalyse.

3 Eine Rede gliedert sich in Einleitung, Hauptteil und Schluss. Arbeitet die drei Abschnitte der Rede der Schulleiterin heraus. Erklärt, woran ihr sie erkennt.

4 Im Hauptteil ihrer Rede nennt die Schulleiterin Situationen und Erlebnisse in der Schullaufbahn, die ihr besonders wichtig sind. Arbeitet diese Situationen heraus und belegt sie mit Zeilenangaben. Übernehmt dazu folgende Tabelle in eure Hefte.

Wichtige Situationen und Erlebnisse in der Schullaufbahn	Zeilenangabe
Betriebspraktikum	…
Abschlussfahrten	…
…	…

Eine Hilfekarte findet ihr auf S. 346.

5 Die Schulleiterin verwendet in ihrer Rede auch sprachliche Mittel. Übertragt die folgende Tabelle in eure Hefte und ergänzt sie. Arbeitet dazu mit der Lernbox auf S. 240.

Textstellen	Sprachliches Mittel (Rhetorische Figur)	Wirkung/Bedeutung
„Ihr seid am Ende des Weges angekommen." (Z. 9f.)	Metapher	Die Schüler erhalten ihre Abschlusszeugnisse. Es wirkt so, als hätten sie einen Weg hinter sich gebracht.
„über den grünen Klee gelobt" (Z. 25)	Metapher	Die Schüler wurden ganz besonders gelobt.
„Lernfabrik" (Z. 57)	…	…
…	…	…

6 Wie beurteilt ihr die Rede der Schulleiterin zur Abschlussfeier, wenn sie zu eurem Abschluss gehalten worden wäre? Nehmt begründet Stellung.

243

Melina aus der Klasse 10b hat folgenden Anfang einer Redeanalyse zur Abschlussrede der Schulleiterin Sonia Cohen verfasst.

Im Folgenden analysiere ich die Rede der Schulleiterin der Realschule Heiligenhaus, Sonia Cohen, zum Realschulabschluss am
5 8. Juli 2011. Wie man in der Anrede der Schulleiterin erkennen kann, spricht diese in der Aula der Schule ein sehr gemischtes Publikum an. Unter anderem
10 hält sie die Rede für den Bürgermeister, für Vertreter der Presse, für Lehrerinnen und Lehrer, für Eltern und vor allem für die Schülerinnen und Schüler, die ih-
15 ren Abschluss feiern. Dabei hat Frau Cohen vor allem zu den Kolleginnen und Kollegen und zu den Schülerinnen und Schülern ein besonderes Verhältnis, da sie diese durch ihre Arbeit an der Schule kennt und vermuten kann, was sie von ihrer Rede erwarten.
20 Die Schulleiterin gliedert ihre Rede in mehrere Teile. Sie beginnt mit der Anrede, in der sie die einzelnen Gruppen im Raum anspricht. In der Exposition (Z. 1 – 17) benennt sie das eigentliche Thema, nämlich das Ende der Schulzeit für die Realschulabsolventen. Hier verwendet sie auch eine Metapher, indem sie sagt, dass die Schülerinnen und Schüler am Ende des Weges angekommen seien (vgl. Z. 9 f.).
25 Sonia Cohen beschreibt die Zeit in der Schule somit als einen Weg, der nun beendet sei. Außerdem verweist sie auf zwei Absolventen, die nach der 10. Klasse ihren Hauptschulabschluss bekommen, auf 34, die mit der Fachoberschulreife abschließen und auf 42, die die Fachoberschulreife mit Qualifikationsvermerk bei der Verleihung erhalten werden.
30 Im Hauptteil ihrer Rede (Z. 18 – 71) spricht Frau Cohen zunächst die Schülerinnen und Schüler persönlich an. Dabei verweist sie darauf, dass ein Lebensabschnitt zu Ende gehe und Vertrautes schnell hinter ihnen liegen werde. Außerdem sagt die Schulleiterin: „Liebe 10-er, wir werden euch sehr vermissen (zumindest die meisten von euch …)" (Z. 21), womit sie die Atmosphäre auflockert, indem sie eine
35 humoristische Anmerkung vornimmt.

7 Arbeitet so weiter:
Beschreibt wie Melina in ihrer Analyse vorgegangen ist:
- Welche Fragen beantwortet sie in der Einleitung?
- Wie geht sie im Hauptteil vor?

8 Setzt die Redeanalyse von Melina fort. Hilfen dazu erhaltet ihr in der Lernbox auf der nächsten Seite.

9 Durchstarten! So könnt ihr weiterarbeiten:

Ihr könnt eine eigene Rede für eine Abschlussfeier gestalten:
- Überlegt euch in Gruppen, welche Situationen in eurer eigenen Schullaufbahn besonders wichtig waren und in einer Abschlussrede erwähnt werden könnten.
- Sucht in Büchern und im Internet nach Zitaten, die in einer Rede zum Abschluss der Schullaufbahn verwendet werden könnten. Begründet eure Auswahl.
- Verfasst mithilfe eurer Vorarbeiten eine eigene Rede, in der ihr auf die verschiedenen Stationen eurer Schullaufbahn noch einmal eingeht.
- Weitere Hilfen findet ihr auch im nächsten Kapitel auf S. 246–247.

Das brauchst du immer wieder – So gehst du vor

Eine Redeanalyse verfassen

Einleitung:
In der Einleitung einer Redeanalyse **beschreibst** du zunächst **die Redesituation**, indem du die W-Fragen beantwortest:
- Wer hält die Rede?
- An wen ist sie gerichtet?
- Wann wird sie gehalten?
- Wo wird sie gehalten?
- Aus welchem Anlass?
- Welches Thema hat die Rede?

Hauptteil:
Im Hauptteil einer Redeanalyse **gibst** du zunächst **den Aufbau der Rede** wieder:
- Benenne, in welchen Textabschnitten sich die Einleitung, der Hauptteil und der Schluss der Rede befinden.

Dann gliederst du die Rede in einzelne Abschnitte, **beschreibst und deutest die einzelnen Redeabschnitte**. Lege dazu dar,
- worum es in den einzelnen Abschnitten der Rede **inhaltlich** geht und
- mit welchen **sprachlichen Mitteln** die einzelnen Aussagen des jeweiligen Abschnittes verdeutlicht werden.

Schlussteil:
Im Schlussteil einer Redeanalyse **fasst** du **die wichtigsten Aussagen und Absichten des Redners** zusammen. Abschließend kannst du zu den einzelnen Aussagen oder Punkten sowie der Wirkung der Rede Stellung nehmen.

➔ Eine Redeanalyse verfassen
AH, S. 38 f.

➔ Wiederholen und üben: Eine Redeanalyse untersuchen
S. 249, Aufgaben 5–6

Liebe Mitschülerinnen und Mitschüler ... – eine eigene Abschlussrede verfassen

Zur 10er-Entlassung am 9. Juni 2006 der Städtischen Realschule Übach-Palenberg hielt der Schülersprecher des 10er-Jahrgangs folgende Abschlussrede:

Rede des Schülersprechers anlässlich der Entlassung des zehnten Jahrgangs der Städtischen Realschule Übach-Palenberg

Sehr geehrte Damen und Herren, liebe Lehrerinnen und Lehrer, Mütter und Väter – liebe Mitschülerinnen und Mitschüler:

1996! Die meisten von uns, der eine oder die andere ein oder sogar zwei Jahre früher, wurden eingeschult. Kaum geschehen, begann unser erster Kampf, der
5 Kampf mit den Zahlen, mit den Buchstaben, der Kampf mit dem „ABC". Daran anknüpfend möchte ich heute, zehn Jahre später, doch noch so einiges über dieses Alphabet sagen, heute aber über das „ABC" des Schul-Abschieds:
A wie „Arbeiten", mein Gott, was haben wir geklotzt, ob Klassenarbeiten, Kursarbeiten, Parallelarbeiten, zentrale Leistungserhebungen oder auch nur Tests, das
10 haben wir, Gott sei Dank, nun hinter uns gebracht.
B wie „Berufswahl" mit Berufsberatung und Berufsberater, Praktikum in der 9. und Praktikum in der 10., BIZ-Besuchen, Reisen zu Berufsbildungsmessen und vieles andere mehr; hinsichtlich unserer möglichen Berufe wurden wir umfassend beraten; dafür allen vielen Dank.
15 C wie „Chaos" oder „Chaoten". Ja, Chaoten hatten wir auch, aber im Großen und Ganzen verlief unsere Schulzeit doch relativ harmonisch. Ob es in unserem zukünftigen Leben noch so harmonisch bleiben wird?
D wie „Deutsch", wichtiges Fach, wichtige Sprache, da Muttersprache, zumindest für die meisten von uns. Mensch, was hatten wir Probleme! Aber: Wir arbeiten
20 weiter daran, versprochen!
[...]
Z wie „Zeugnis" oder „Zenit", der Höhepunkt unseres bisherigen Schülerlebens oder Schulerlebens. Auf dem Weg dorthin, zu unserem Zeugnis-Zenit, möchte ich Ihnen und uns jetzt nicht länger im Wege stehen. Deshalb danke ich für deine,
25 eure, Ihre Aufmerksamkeit ... ach ja ...
V, ja V, Sie erinnern sich?
V wie „Vergessen": Sollte ich etwas Wichtiges oder gar jemand Wichtigen vergessen haben, so bitte ich um Nachsicht. Hier, so denke ich, sollte ich allen danken, die uns geholfen haben, dorthin zu gelangen, wo wir jetzt stehen!
30 Vielen Dank für Ihre und eure Aufmerksamkeit!

1 Inwiefern entspricht diese Schüler-Abschlussrede euren Erwartungen an eine gelungene Rede?

2 Beschreibt, wie der Schüler bei seiner Rede vorgegangen ist und wie er das Interesse des Publikums gewinnt.

3 Welche Kriterien erscheinen euch besonders wichtig, damit eine Abschlussrede erfolgreich wird? Sammelt diese Kriterien. Ihr könnt sie auch auf einem Plakat festhalten und dieses in der Klasse aufhängen.

4 Erstellt in Gruppen eine Rede für eure Abschlussfeier. Geht dabei so vor, wie es in der Lernbox angegeben ist. Weitere Hinweise findet ihr in Aufgabe 9 auf S. 245.

Das brauchst du immer wieder – So gehst du vor

Eine Schülerrede vorbereiten und halten

Um eine eigene Rede z. B. für eure Abschlussfeier zu gestalten, solltet ihr folgendermaßen vorgehen:

1. Die Ideensammlung:
Führt in der Gruppe ein Brainstorming durch, welche inhaltlichen Schwerpunkte eure Rede haben sollte. Bedenkt die Redesituation, in der die Rede gehalten werden soll, also z. B. die Zusammensetzung des Publikums. Macht euch klar, welche unterschiedlichen Erwartungen die verschiedenen Gruppen (Lehrer, Eltern, Geschwister, Mitschüler usw.) haben, und überprüft daraufhin eure Ideen.

2. Der Redeaufbau:
Erstellt eine vorläufige Gliederung, aus der die Anordnung der inhaltlichen Schwerpunkte deutlich wird. Orientiert euch dabei am dreiteiligen Aufbau einer Rede in Einleitung, Hauptteil und Schluss.

3. Das Redemanuskript:
Geht bei der Erstellung des Redemanuskripts schrittweise vor.
Wählt zunächst einen Redeteil aus und formuliert diesen. Tragt ihn dann innerhalb der Gruppe vor und überprüft dessen Wirkung. Verfahrt so auch mit den anderen Redeteilen.
Schreibt im Anschluss die fertige Rede mit einem Textverarbeitungsprogramm am Computer. Achtet dabei darauf, dass ihr eine hinreichend große Schrift und einen großen Zeilenabstand verwendet. Markiert Formulierungen, die ihr besonders betonen wollt, und setzt Pausenzeichen.

4. Der Redevortrag:
Übt den Redevortrag zunächst alleine, dann vor einer kleinen Gruppe so intensiv, dass ihr euch sicher fühlt und Blickkontakt zum Publikum aufnehmen könnt.
Überlegt euch, wie ihr den Vortrag durch Gestik und Mimik unterstützen könnt. Besondere Aufmerksamkeit lässt sich auch durch Requisiten erzielen, die im Laufe einer Rede eine Rolle spielen (z. B. Besen, Rotstift, Fernrohr, Arbeitsheft usw.).
Stellt euch auf mögliche Reaktionen (z. B. Beifall oder Lacher) des Publikums ein und wartet diese jeweils ab, bevor ihr weitersprecht.

→ Wiederholen und üben:
Eine Rede verfassen
S. 249, Aufgabe 7

Alles klar? – Wiederholen und üben

Reden untersuchen

 1 In der Einleitung zu einer Redeanalyse musst du die Redesituation genau beschreiben. Nenne zunächst die W-Fragen, die du dazu beantworten musst. Vergleiche deine Antwort anschließend mit den Informationen in der Lernbox auf S. 245.

 2 Eine Rede gliedert sich in drei Teile. Schreibe auf, welche Funktion diese Teile jeweils übernehmen:
- Einleitung: Mit der Einleitung wird das Publikum begrüßt und …
- Hauptteil: …
- Schluss: …

 3 Übernehmt folgende Tabelle zu häufigen sprachlichen Mitteln in Reden in eure Hefte und vervollständigt sie.

Sprachliches Mittel	Erklärung	Beispiel
Metapher	Ein Wort wird aus dem üblichen Sprachgebrauch gelöst und so in einen anderen Zusammenhang eingeordnet, dass es eine neue Bedeutung erhält.	…
…	…	„leicht wie eine Feder"
…	Mehrere Wörter beginnen mit dem gleichen Laut. Die Wörter müssen nicht direkt aufeinanderfolgen, stehen jedoch in einem engen Zusammenhang im Text.	…
Personifikation	…	…
…	…	Das Herz steht für die Liebe.
Rhetorische Frage	…	…
…	Eine Reihe von Ausdrücken wird inhaltlich steigernd angeordnet.	…

4 Sucht drei sprachliche Mittel aus der Rede der Schulleiterin Sonia Cohen heraus und deutet sie:

Rede der Schulleiterin Sonia Cohen	
Sprachliches Mittel	Deutung

Eine Redeanalyse verfassen

5 Untersuche den folgenden Anfang einer Analyse der Rede der Schulleiterin Sonia Cohen anlässlich der Entlassung des Abschlussjahrgangs 2011, die Lucas aus der Klasse 10b geschrieben hat. Nenne die W-Fragen zur Redesituation, die Lucas nicht oder nur teilweise beantwortet hat.

Die Rede der Schulleiterin beginnt mit einer Einleitung (Z. 1–17).
5 Die Schulleiterin hat die Rede am Ende des Schuljahres gehalten. Sie spricht die Anwesenden direkt an und begrüßt sie. Einleitend verweist sie auf das gute Wetter an diesem Tag. Die Einleitung beendet sie, indem sie auf die „tollen Ergebnisse" (Z. 13), die der Jahrgang erreicht hat, hinweist.

6 Verbessere die vorliegende Einleitung zu einer Analyse der Rede der Schulleiterin Sonia Cohen.

Eine Rede verfassen

7 Wenn ihr eine eigene Rede vorbereiten und halten wollt, solltet ihr dabei strukturiert vorgehen. Schreibt die Begriffe aus dem Wortspeicher in einer sinnvollen Reihenfolge in euer Heft und erklärt in Stichworten, was darunter zu verstehen ist.

> Redeaufbau • Redemanuskript • Redevortrag • Ideensammlung

Auch Sprachen haben eine Herkunft und Verwandte – sich mit Geschichte, Wandel

Woher kommt es, dass einige Wörter in anderen Sprachen – z. B. das englische Wort *milk* für *Milch* – ähnlich klingen wie das entsprechende deutsche Wort? Vielleicht sind dir solche Ähnlichkeiten auch schon einmal aufgefallen und du hast dich gefragt, warum das so ist. Unsere deutsche Sprache ist in vielem mit anderen europäischen Sprachen wie z. B. Latein, Französisch oder Englisch verwandt. In diesem Kapitel lernt ihr Beispiele für diese Verwandtschaft kennen und ihr erfahrt etwas darüber, wie diese Sprachverwandtschaft erklärt werden kann.

Weiter lernt ihr in diesem Kapitel,
- welche Sprachen zu der indoeuropäischen Sprachfamilie gehören,
- welche Vorstellungen es über den Ursprung der indoeuropäischen Sprachen gibt,
- wie man Unterschiede und Gemeinsamkeiten von verwandten Sprachen untersucht,
- mit welchen Sprachen das Deutsche verwandt ist,
- warum wir in der deutschen Sprache Fremdwörter besitzen und wie sie ins Deutsche gekommen sind und
- wie sich die deutsche Sprache im Laufe der Zeit gewandelt hat.

Das Vaterunser ist das bekannteste Gebet der Christen. Auf der ganzen Welt beten Christen es in ihrer jeweiligen Sprache. In Jerusalem steht die Paternosterkirche (Vaterunser-Kirche). An den Wänden des Kirchengebäudes sind Fliesenspiegel mit dem Text des Vaterunsers in 140 Sprachen angebracht.

Paternosterkirche in Jerusalem

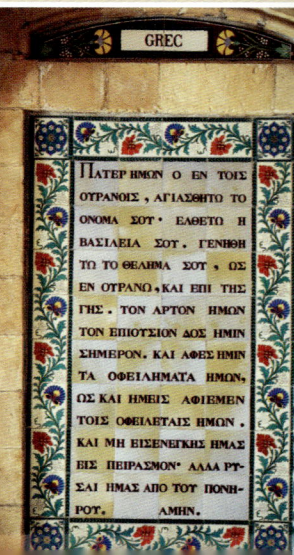

Platten mit dem englischen und griechischen Text des Vaterunsers in der Paternosterkirche

und Dialekten des Deutschen auseinandersetzen

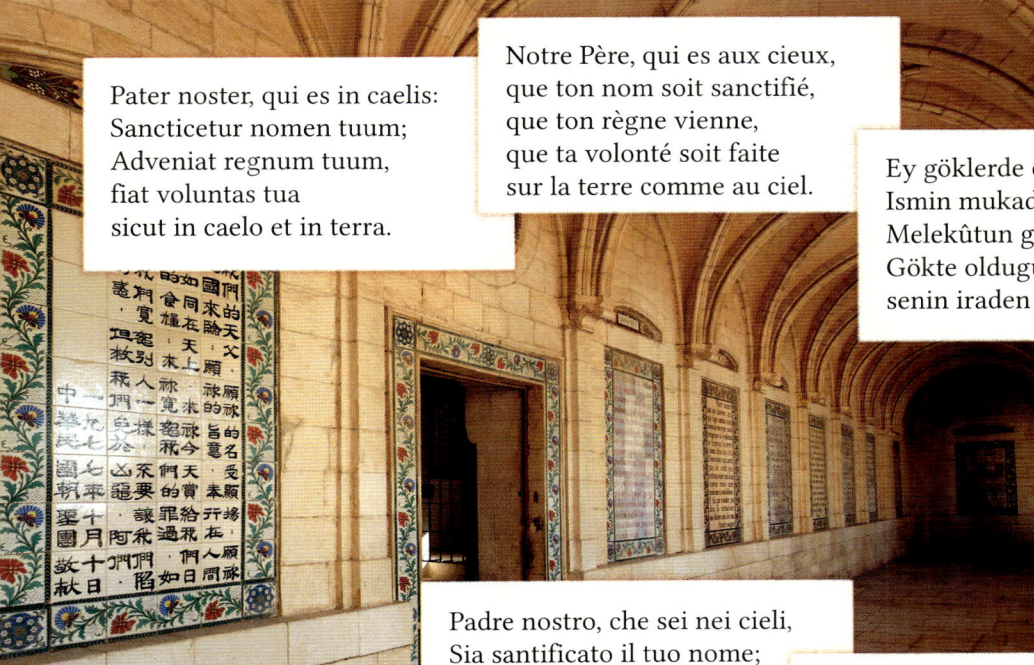

Pater noster, qui es in caelis:
Sancticetur nomen tuum;
Adveniat regnum tuum,
fiat voluntas tua
sicut in caelo et in terra.

Notre Père, qui es aux cieux,
que ton nom soit sanctifié,
que ton règne vienne,
que ta volonté soit faite
sur la terre comme au ciel.

Ey göklerde olan Babamiz,
Ismin mukaddes olsun;
Melekûtun gelsin,
Gökte oldugu gibi yerde de
senin iraden olsun;

Padre nostro, che sei nei cieli,
Sia santificato il tuo nome;
Venga il tio regno;
Sia fatta la tua volontà
come in cielo cosi in terra

Ojce nasz, ktoryś jest w niebie.
Świeć sie Imie Twoje;
przyidź Krolestwo Twoje,
Badź wola Twoja, jako w niebie tak i na ziemi.

Our father who art in heaven,
hallowed be thy name.
Thy kingdom come,
Thy will be done
On earth as it is in heaven.

1 Versucht, die Texte auf dieser Seite laut zu lesen. Es sind Übersetzungen des Vaterunsers aus der Paternoster-Kirche. Um welche Sprache handelt es sich jeweils?

2 Vergleicht die Übersetzungen mit der deutschen Fassung des Vaterunsers. Findet so für möglichst viele Wörter aus den anderen Sprachen ihre Bedeutung heraus.

3 Vergleicht die Wörter mit derselben Bedeutung. Welche Ähnlichkeiten könnt ihr feststellen?

4 Entwickelt eigene Erklärungen für diese Ähnlichkeiten und stellt sie euch gegenseitig vor.

Ist Keks ein Fremdwort? – Die Herkunft von Wörtern untersuchen

> Fenster • Mauer • Kamin • Kaiser • Linie • Schule • Parlament • Manieren • falsch • Keks • Detektiv • studieren • Kandidat • Rekord • Kelch • fein • Reporter • Preis • Tanz • Kredit • Kasse • Sprint • Keller • Post • Wein • Kammer

Latein	Französisch	Englisch	Italienisch
linea, vinum, fenestra, camera, caminus, candidatus, murus, Caesar, schola, cellarium, studere, calix	pris, fals, danse, maniéres, fin	reporter, sprint, detective, parliament, cakes, record	posta, credito, cassa

1 In dem oberen Kasten findet ihr eine Reihe von Wörtern, die aus einer anderen Sprache ins Deutsche übernommen worden sind. Ordnet diese Wörter den entsprechenden Wörtern in der Tabelle zu.

2 Erklärt, was diese Zuordnung über die Beziehung dieser Sprachen zeigt. Welche Wörter im Deutschen stammen wohl aus Sprachen, die ihr noch kennt und sprecht?

3 Findet noch weitere Beispiele für derartige Übernahmen ins Deutsche.

Lehnwörter und Fremdwörter

Sprachverwandtschaft ergibt sich auch aus der Übernahme von Wörtern aus einer Sprache in eine andere. Solche Übernahmen von Wörtern aus anderen Sprachen in eine Sprache nennt man **Entlehnungen**.

Oft sind Entlehnungen aus anderen Sprachen heute in der deutschen Sprache
5 nicht immer auf den ersten Blick zu erkennen. Viele dieser Wörter wurden im Laufe der Zeit hinsichtlich ihrer Aussprache, Grammatik und Schreibweise so dem Deutschen angepasst, dass wir sie nicht als fremd empfinden. Beispielsweise stammt das Wort *Tomate* ursprünglich aus der mittelamerikanischen Indianersprache Nahuatl. Die Gemüsepflanze und ihre Frucht hießen in dieser Sprache
10 *tomatl*. Über das Spanische (*tomate*) und Französische (*tomate*) ist das Wort dann ins Deutsche aufgenommen worden. Solche nicht als Fremdwörter empfundenen Wörter nennt man **Lehnwörter**.

Bei anderen Wörtern ist sofort erkennbar, dass sie aus einer anderen Sprache ins Deutsche übernommen worden sind. Diese Wörter sind in Bezug auf ihre Aus-
15 sprache, Grammatik und Schreibweise dem Deutschen so unangepasst, dass sie

als fremd empfunden werden (z. B. *Design*, *Display* oder *Biologie*). Sie werden deshalb auch **Fremdwörter** genannt.

4 Arbeitet so mit dem Informationstext „Lehnwörter und Fremdwörter":
- Findet den Fachbegriff für eine Übernahme eines Wortes von einer Sprache in eine andere heraus.
- Erklärt mit euren Worten, welche zwei unterschiedlichen Formen von Übernahmen aus einer anderen Sprache es gibt.
- Findet dann für beide Formen möglichst viele Beispiele in dem oberen Kasten von Aufgabe 1.

Die Etymologie ist die Wissenschaft von der Herkunft und Geschichte der Wörter. In sogenannten etymologischen Wörterbüchern erfahrt ihr mehr über den Ursprung und die Entwicklung einzelner Wörter. Der nebenstehende Auszug stammt aus solch einem Wörterbuch.

5
- Welche Wörter aus dem Kasten von Aufgabe 1 findet ihr in dem Auszug aus dem Lexikon?
- Welche Elemente besitzt das Wörterbuch und wie ist es aufgebaut?
- Welche Informationen erhaltet ihr über die Wörter von Aufgabe 1?

6 Wählt sieben Wörter aus, die nicht in dem Kasten von Aufgabe 1 aufgeführt sind, mit denen ihr euch beschäftigen wollt. Entnehmt dem Wörterbuchauszug die Informationen, die ihr über diese Wörter in den einzelnen Einträgen erhaltet.

7 Findet in dem Wörterbuchauszug jeweils vier Beispiele für Lehnwörter und Fremdwörter. Lest dazu eventuell noch einmal den Informationstext auf S. 252.

Kamin   260

„Kamille", wörtlich etwa „Erdapfel" (aus altgriech. *chamaí* „am Boden, an der Erde" und *mēlon* „Apfel"), wohl nach dem apfelähnlichen Duft der Blüten.
Kamin, der: mhd. *kamīn*, *kemīn*, ahd. *kemīn* „Schornstein; Feuerstelle, Esse, Herd, Kamin", dies aus altgriech. *kámīnos* „Schmelzofen; Bratofen".
Kamm, der: mhd. *kam[p]*, ahd. *kamb*, eigentlich „(Gesamtheit der) Zähne" (Grundbedeutung „Zermalmer, Beißer"). ◊ **kämmen:** mhd. *kemben*, ahd. *chempen*.
Kammer, die: mhd. *kamer[e]* ahd. *chamara* „Kammer, Zelle", aus lat. *camera* „gewölbte Decke, Zimmer (mit gewölbter Decke)", aus gleichbedeutend altgriech. *kamára*. ◊ **Kämmerer,** der: mhd. *kamerǣre*, *kamerer*, ahd. *chamarāri*, im Mittelalter Bezeichnung für die fürstlichen Hofbeamten, speziell den Aufseher über die Vorrats- und Schatzkammer; danach gilt es heute als Bezeichnung für den Leiter des [städtischen] Finanzwesens (beachte dazu die Zusammensetzung *Stadtkämmerer*). **Kammerjäger,** der: ursprünglich „fürstlicher Leibjäger" (zu veraltet *Kammer* „fürstlicher Wohnraum"), seit dem 17. Jh. scherzhafte Bezeichnung des gewerbsmäßigen Rattenfängers, heute „berufsmäßiger Vertilger von Ungeziefer". **Kammermusik,** die: ursprünglich „die in den fürstlichen Gemächern dargebotene Musik"; danach heute Bezeichnung jeder für eine kleine solistische Gruppe bestimmten Kunstmusik (im Gegensatz zur Orchestermusik).
Kampf, der: mhd. *kampf*, ahd. *champh* „Zweikampf; Kampfspiel; Kampf", wohl aus lat. *campus* „Feld; Schlachtfeld". ◊ **kämpfen:** mhd. *kempfen*, ahd. *champfan*. **Kämpfer,** der: mhd. *kempfer*.
Kampfer, der (ein Heilmittel): mhd. *kampfer*, aus gleichbedeutend mittellat. *camphora*, dies aus arabisch *kāfūr* „Kampferbaum", dies aus gleichbedeutend altindisch *karpūra*.
kampieren ([im Freien] lagern; behelfsmäßig untergebracht sein):

17. Jh.; in der Soldatensprache des 30jährigen Krieges entlehnt aus französ. *camper*, dies zu französ. *camp* „Feldlager", aus gleichbedeutend italien. *campo*, „Feld; Feldlager", aus lat. *campus* „Feld".
Kanal, der: 15. Jh.; aus italien. *canale* „Leitungsröhre; künstlicher Wasserlauf; Schiffahrtskanal", aus lat. *canalis* „Röhre, Rinne, Kanal", zu lat. *canna* „Schilfrohr; kleines Rohr, Röhre", dies aus altgriech. *kánna* „[Geflecht aus] Schilfrohr"; siehe auch ↑Kanister, ↑Kanne, ↑Kanon, ↑Kanone, ↑Kanüle. ◊ **Kanalisation,** die (System von Rohrleitungen und Kanälen zum Ableiten von Abwässern): 19. Jh.
Kanarienvogel, der: 17. Jh.; verdeutlichende Zusammensetzung nach französ. *canari*; der Name bezieht sich auf die Kanarischen Inseln, die Heimat der Wildform dieser Vögel.
Kandare, die (Gebißstange des Pferdes): 16. Jh.; aus ungarisch *kantár* „Zaum, Zügel".
Kandidat, der (Bewerber; Prüfling): 16. Jh.; aus lat. *candidatus* „Bewerber um ein Amt", eigentlich „der Weißgekleidete", zu lat. *candidus* „glänzend, weiß". Der Amtsbewerber im alten Rom stellte sich dem Volk in der *toga candida*, in der glänzend weißen Toga vor. ◊ **Kandidatur,** die (Bewerbung um ein Amt): 19. Jh.; nach französ. *candidature*. **kandidieren** (sich [um ein Amt] bewerben): 19. Jh.
Kandis[zucker], der: 18. Jh.; schon im 16. Jh. als *Zuckerkandit*, *Zuckerkandi*; 1. Bestandteil über italien. *zucchero candi[to]* aus arab. *qandī* „aus Rohrzucker", zu arab. *qand* „Rohrzucker". ◊ **kandieren** (Früchte einzuckern und dadurch haltbar machen): 17. Jh.; aus gleichbedeutend französ. *candir*, dies aus italien. *candire* „einzuckern".
Känguruh, das: 18. Jh.; aus engl. *kangaroo*, ein Wort aus der Sprache der Ureinwohner Australiens.
Kaninchen, das: 16. Jh.; Verkleinerung von älter *Kanin* „Kaninchen", dies über gleichbedeutend mittelniederd. *kanin* aus altfranzös. *conin* „Kaninchen", aus gleichbedeutend lat. *cu-*

Seite aus dem Schülerduden „Wortgeschichte"

8 **Durchstarten! So könnt ihr weiterarbeiten:**

a ○○ Einige Entlehnungen des Deutschen haben im Laufe der Zeit ihre Bedeutung verändert. Sucht dafür Beispiele aus dem Wörterbuchauszug heraus und schreibt sie auf.

b ●○ Suche aus dem Wörterbuchauszug jeweils zwei Beispiele für Lehnwörter und Fremdwörter heraus. Erkläre, warum es sich um ein Lehn- bzw. Fremdwort handelt.

c ○○ Erkläre in deinen Worten den Fachbegriff „Entlehnung".

d ○○ Wann bezeichnet man ein Wort mit dem Begriff „Fremdwort"? Erkläre mit deinen eigenen Worten.

e ●● „Ist Keks ein Fremdwort?" Beantworte diese Frage aus der Überschrift des Kapitels möglichst genau.

f ●● Recherchiert im Internet zu den Wörtern in dem Kasten auf S. 252 oder schlagt in einem Wörterbuch nach. Arbeitet dabei zu den Wörtern, die nicht in dem Wörterbuchauszug auf S. 253 vorkommen. Versucht, noch möglichst viele Informationen zur Herkunft und Geschichte dieser Wörter zu finden.

g ●○ Schau dir die Wörter im Kasten an und finde (z. B. mithilfe eines etymologischen Wörterbuches oder des Internets) heraus, ob es sich um ein Lehnwort oder ein Fremdwort handelt.
Trage die Wörter anschließend in eine Tabelle ein. Begründe deine Entscheidung.

> dramatisch ● Münze ● Horoskop ● Demokratie ● Kreuz ● Medizin ● Pfeiler ● Atom ● Rezept ● Gymnastik

➔ Wiederholen und üben:
Die Herkunft von Wörtern untersuchen
S. 262, Aufgaben 1 und 2

Die indoeuropäische Sprachfamilie und die deutsche Sprache – Ursprünge von Sprachen kennenlernen

Die deutsche Sprache gehört zur Familie der indoeuropäischen Sprachen. Zu dieser Sprachfamilie gehören beispielsweise auch Englisch, Italienisch, Griechisch und Russisch. Aufgrund der Ähnlichkeit einzelner Sprachen werden die verschiedenen Sprachen in Gruppen, die sogenannten Sprachfamilien, eingeteilt. Die Verwandtschaft dieser Sprachen hat die Sprachforscher seit dem 18. Jahrhundert beschäftigt. Insbesondere wollten sie herausfinden, ob es eine Ursprache gab, aus der sich die indoeuropäischen Sprachen entwickelt haben. Davon, wie die Sprachforscher bei ihren Forschungen nach dieser Ursprache vorgegangen sind und was sie herausgefunden haben, handelt der folgende Sachtext.

Die Suche nach der Ursprache der indoeuropäischen Sprachen

Schon 1786 wies der Engländer Sir William Jones (1746 – 1794) auf eine merkwürdige Verwandtschaft zwischen einigen alten persischen und indischen Sprachen und mehreren europäischen Sprachen hin. Das deutsche Wort *Vater* heißt im Lateinischen *pater*, englisch *father*, französisch *père*, altpersisch *pita* und altindisch *pitar*. *Bruder* heißt englisch *brother*, französisch *frère*, altpersisch *bhrata* und altindisch *bratar*. Ein anderes Beispiel für diese Sprachverwandtschaft ist das deutsche Wort *Mutter*. Im Sanskrit, einer alten indischen Sprache, heißt es *matri*, im Lateinischen *mater*, im Altgriechischen *mētēr* (μητηρ), im Französischen *mère* und im Persischen *mādar* (مادر) sowie im Russischen *mat'* (мамь). Aus derartigen Vergleichen der verschiedenen Sprachen schloss Sir William Jones, dass all diese Sprachen offensichtlich zu ein und derselben Sprachfamilie gehören. Der Verbreitungsraum der Sprachen, die dieser Familie angehören, erstreckt sich wahrscheinlich von Indien über das Mittelmeer und Mitteleuropa bis nach Portugal. Deshalb nennt man die Sprachen dieser Familie *indoeuropäische* Sprachen.

Sir William Jones (1746 – 1794)

Der Berliner Professor Franz Bopp (1791 – 1867) ging noch einen Schritt weiter als Sir William Jones. Er ging nicht nur davon aus, dass die indoeuropäischen Sprachen zu einer Sprachfamilie gehören. Darüber hinaus nahm er an, dass diese Sprachen sich aus einer gemeinsamen Ursprache entwickelt haben müssten, die irgendwann einmal von irgendeinem Volk gesprochen worden sein musste.
Nun begannen sich die Sprachforscher für dieses „Urvolk" zu interessieren. Man wusste nichts von ihm: weder wann, wo oder wie es gelebt hat. Die einzigen Hinweise auf dieses Urvolk waren die Reste seiner Sprache, die in den indoeuropäischen Sprachen überliefert worden sind. Wie Detektive versuchten die Forscher, aus den heutigen indoeuropäischen Sprachen Rückschlüsse auf diese Gruppe, die sogenannten Ur-Indoeuropäer, zu ziehen. Aus diesen Sprachforschungen ergab

sich ein mögliches Bild über das Leben dieser Menschen. Man nimmt heute an, dass sie in einem riesigen Steppengebiet, wahrscheinlich in Vorderasien oder Südosteuropa, gelebt haben und sich vor mehr als 4000 Jahren aufgelöst haben. Zudem geht man davon aus, dass diese Menschen in Familien lebten, weil die Wörter *Mutter, Vater, Tochter* und *Sohn* zu der Zeit bereits existierten. Wahrscheinlich lebten sie als Bauern, da die Wörter *Acker, säen* und andere Begriffe aus der Landwirtschaft auch aus dieser Zeit stammen.

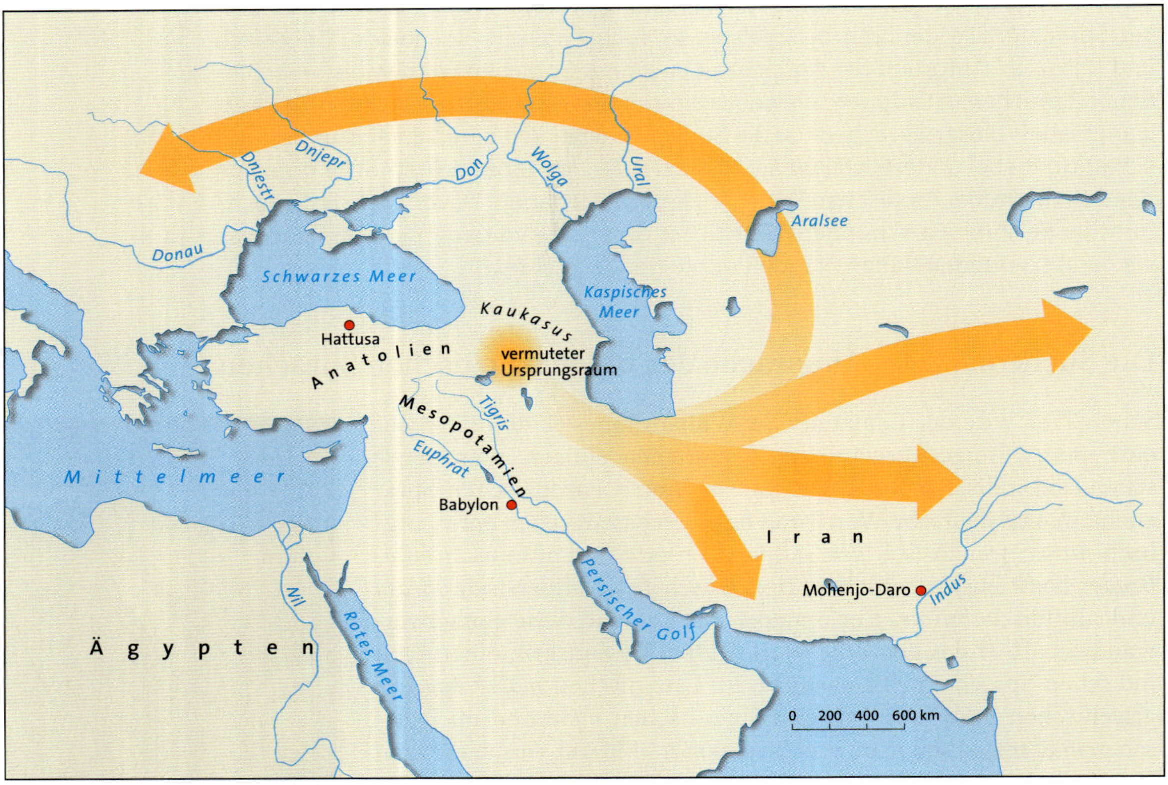

Vermuteter Ursprungsraum und Verbreitungsweg der indoeuropäischen Sprachen

1 Beantwortet folgende Fragen mithilfe des Textes:
- Welche Entdeckung hat Sir William Jones als einer der Ersten gemacht?
- Franz Bopp hat die Forschung von Jones weiter betrieben. Was hat Franz Bopp über Sir William Jones hinaus angenommen?
- Wonach haben andere Sprachforscher nach Sir William Jones und Franz Bopp gesucht?
- Welche Ergebnisse haben diese Forschungen erbracht?

2 Beschreibt die Karte oben und erläutert sie mithilfe der Informationen, die ihr dem Text entnommen habt.

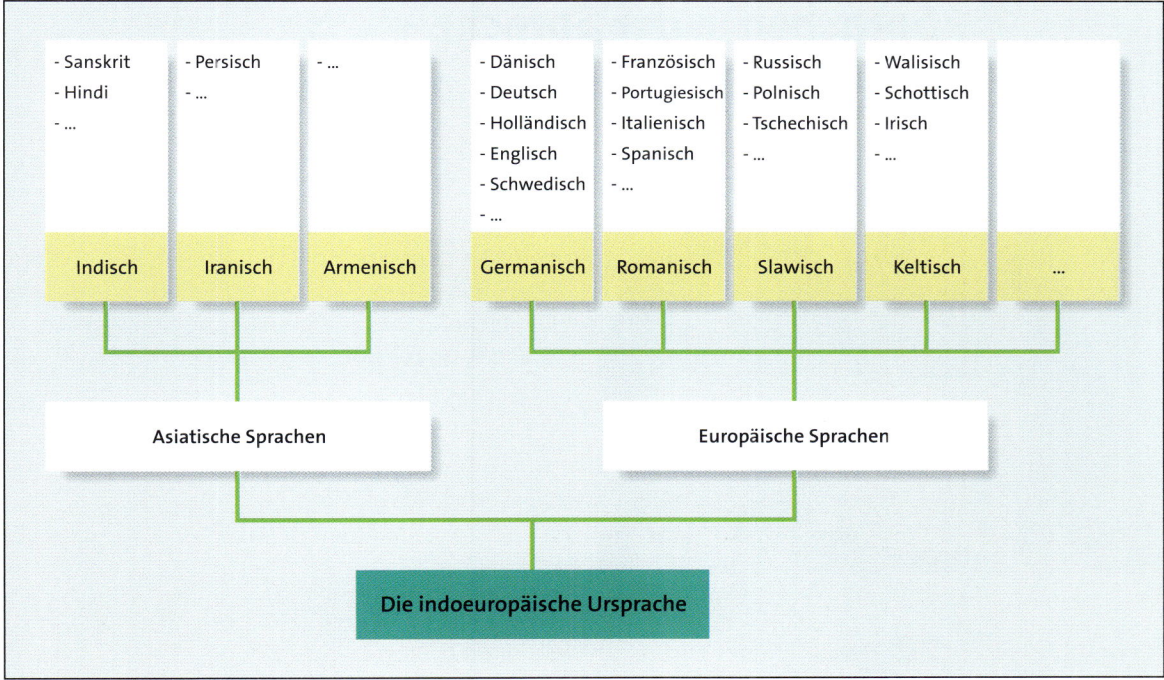

3 Beschreibt den Stammbaum. Erklärt, welche Informationen ihr ihm entnehmen könnt.

4 Durchstarten! So könnt ihr weiterarbeiten:

In der Tabelle findet ihr weitere Wörter mit einem gemeinsamen indoeuropäischen Ursprung. Übernehmt sie in euer Heft und versucht, die fehlenden Wörter zu ergänzen. Ihr könnt dabei auch mit entsprechenden Wörterbüchern arbeiten.

Lateinisch	Französisch	Englisch	Deutsch
sal	sel	...	...
decem	...	...	zehn
pes	pied	foot	...
nox	...	night	...
mensis	mois	...	Monat
novus	nouveau	new	...
piscis	poisson	...	Fisch
agri cultio	...	agriculture	Ackerbau
betula	bouleau	...	Birke

◐ Wiederholen und üben:
Die Ursprünge von
Sprache kennen
S. 263, Aufgabe 6 und 7

Erklärt mithilfe der Sachtexte, weshalb die Wörter in der Tabelle so ähnlich sind.

257

Sprachen in der Sprache – sich mit Dialekten auseinandersetzen

Vor dem 15. Jahrhundert gab es noch keine einheitliche deutsche Sprache. Je nach Region sprachen die Menschen verschiedene Arten des Deutschen. Diese Regionalsprachen werden als Dialekte bezeichnet.

1 Berichtet über eure Erfahrungen mit Dialekten:
- Welche Dialekte kennt ihr? Wer spricht und versteht in eurer Klasse einen Dialekt?
- Wie empfindet ihr das Sprechen von Dialekten und welche Erfahrungen habt ihr damit gemacht?

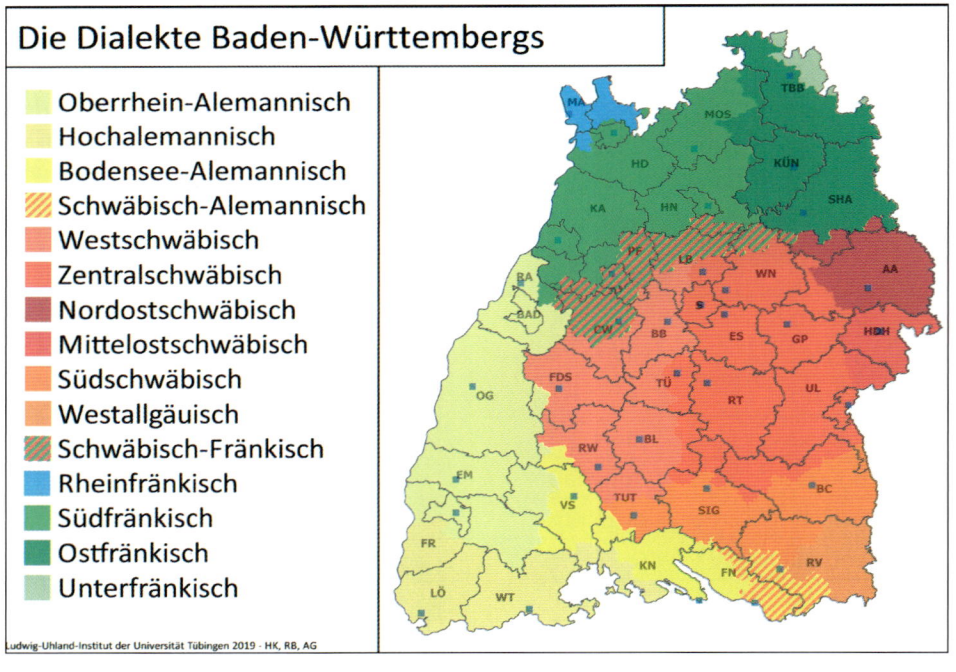

2 Beschreibt, worüber die Karte informiert.
- Welche vier Dialekte werden in Baden-Württemberg in welchen Regionen gesprochen und wie werden diese jeweils noch einmal unterteilt?
- Welche Dialekte werden in eurer Region gesprochen? Versucht auch Beispiele für die einzelnen Dialekte zu finden.

3 Findet Beispiele für verschiedene Dialektausdrücke:
- Für die Pflanze Löwenzahn kennt man in Baden-Württemberg eine Vielzahl von Namen (z. B. Rossblume oder Saustock). Welche Namen kennt ihr für die Pflanze? Versucht zu klären, aus welchem Dialekt die Namen jeweils stammen.
- Auch die Kartoffel, der Schluckauf oder der Pfannenkuchen werden je nach Region anders genannt. Welche Bezeichnungen kennt ihr?
- Sicher werden auch in der Region, in der ihr lebt, spezielle Ausdrücke verwendet. Welche Beispiele dafür kennt ihr?

Der folgende Artikel berichtet darüber, dass Sprachwissenschaftler eine digitale Karte erstellt haben, die Auskunft darüber gibt, welche Dialekte in welcher Region gesprochen werden und welche Dialektausdrücke es in den einzelnen Regionen für Wörter wie Löwenzahn oder Kartoffel gibt:

Forscher entwickeln interaktive Dialekt-Landkarte

Für die Pflanze Löwenzahn kennt man in bald jedem Dorf in Baden-Württemberg einen anderen Namen. Ein paar Kostproben: Gackelesbusch, Bettbrunzer, Rossblume, Saustock. Andere sagen Gänsekragen oder Milcherling. 19 Varianten haben Sprachwissenschaftler der Universität Tübingen um Hubert Klausmann
5 gezählt. Die Forscher haben 57 Dialektsprecher im ganzen Bundesland besucht. Die Aufnahmen sind regional geordnet und aufgearbeitet jetzt im Internet abrufbar im ersten sogenannten sprechenden Sprachatlas für ganz Baden-Württemberg. Das Durchklicken ist amüsant: Die Pfütze ist in weiten Teilen Baden-Württembergs eine „Wasserlach", im Kraichgau aber eine „Sutte". Der Schluckauf wird je nach
10 Region Hickser, Schluckser, Glukser oder Häcker genannt. Für Marmelade ist das Wort Gsälz weit verbreitet, es gibt aber auch andere Varianten, zum Beispiel Guts oder Schleck. Auch Grammatik haben die Forscher untersucht. I han, i hau, i heb – alles das Gleiche, je nachdem, wo man danach fragt: ich habe. Der Förderverein Schwäbischer Dialekt, der das Projekt unterstützt hat, ist begeistert vom Ergeb-
15 nis.
Die Forscher von der Tübinger Arbeitsstelle Sprache in Südwestdeutschland/Arno-Ruoff-Archiv haben den Mundartsprechern 200 Fragen gestellt – unter anderem zu den Bereichen Mensch, Natur, Gesellschaft, Landwirtschaft. Der sprechende Sprachatlas Bayern war den Tübingern Vorbild. Die Bayern sind bei den
20 Dialektatlanten laut Klausmann führend in Deutschland. Ein wissenschaftlicher Sprachatlas für den Norden Baden-Württembergs entsteht derzeit, der Süden wurde schon vor 30 bis 40 Jahren erforscht. Das Internetangebot ist laut Klausmann das „Best of" und für Laien gedacht. „Wir wollten den Leuten was zurückgeben."

Den Forschern dient das Projekt dazu, den Status quo des gesprochenen Dialekts zu erfassen und künftige Veränderungen durch einen Abgleich zu erkennen. „Es gibt Gegenden, da ist der Dialekt fast verloren", sagt Klausmann. Das gelte zum Beispiel für Pendlerstädte, die früher 800 Einwohner hatten und heute 10 000 haben, und für Dörfer, die in Großstädten wie Stuttgart, Freiburg oder Karlsruhe untergegangen sind. „Da hat Dialekt keine Chance." Bestens überlebt er aber zum Beispiel in Weingegenden, weil die Winzer kein Land verkaufen, sondern es an die nächsten Generationen weitergeben. Die Einwohnerschaft ist stabil. Aber auch da gilt: „Der Ortsdialekt wird vielfach nur noch nach der Arbeit, unter Freunden oder in der Familie gesprochen." Bei der Arbeit muss oft Standardsprache oder Englisch benutzt werden.

Dialekt zu sprechen gelte als minderwertig und bäuerlich, sagt der Sprachwissenschaftler Ralf Knöbl vom Institut für Deutsche Sprache in Mannheim. Trotzdem überlebe der Dialekt im deutschen Südwesten relativ gut, weil es möglich sei, eine Mischung aus Standardsprache und Schwäbisch zu sprechen. Im Unterschied dazu sei beispielsweise Platt[1] eine andere Sprache mit anderen Wörtern, die nicht mit Standardsprache gemischt werden kann und in der junge Menschen keinen Nutzen mehr sehen.

(dpa-Meldung vom 08.03.2018)

4 Entnehmt dem Sachtext die wichtigsten Informationen. Achtet dabei auf folgende Punkte:
- Beschreibe, was die Forscher entwickelt haben und wie sie dabei vorgegangen sind.
- Erkläre, welche Veränderungen der Sprachwissenschaftler Hubert Klausmann in Bezug auf das Sprechen von Dialekten feststellt und welche Gründe er dafür angibt.

5 Erkläre, warum der Dialekt in den südwestlichen im Gegensatz zu den nördlichen Bundesländern laut dem Sprachwissenschaftler Ralf Knöbl „relativ gut [überlebe]" (Z. 38).

6 Viele Menschen setzen sich wie die Mitglieder des Fördervereins Schwäbischer Dialekt oder der Sprachforscher Hubert Klausmann dafür ein, dass die Dialekte des Deutschen weiter gesprochen werden:
- Erkläre, welche Gründe sie wohl dafür haben, und nimm Stellung dazu, inwieweit du dieses Interesse sinnvoll findest.

---

[1] Platt: Sprache im Norden Deutschlands

7 Durchstarten: So könnt ihr weiterarbeiten:

a ○○ Besucht die Internetseite mit dem digitalen Sprachatlas Baden-Württemberg (https://escience-center.uni-tuebingen.de/escience/sprachatlas) und erkundet ihn.
  – Ihr könnt z. B. im Menü „Wortgeographie" einzelne Begriffe wie „Kartoffel" oder „Pfannkuchen" anklicken und euch dann anhören, wie diese Nahrungsmittel in den verschiedenen Regionen Baden-Württembergs genannt werden.
  – Stellt euch besonders interessant erscheinende Ergebnisse den anderen vor.

b ●○ Nimm Stellung dazu, ob es sinnvoll ist, dass einige Radiosender in Deutschland auch jeden Tag Nachrichten in Dialekten des Deutschen senden. Du kannst dazu auch im Internet recherchieren und dir eine solche Nachrichtensendung zunächst anhören.

c ●○ Nimm Stellung dazu, ob du es für dich wünschenswert findest, einen Dialekt zu sprechen. Lege in deiner Stellungnahme dar, welche Vor- und Nachteile es deiner Meinung nach hat, wenn man als Kind einen Dialekt lernt.

d ●○ Recherchiert im Internet, welche Organisationen sich für den Erhalt der Dialekte einsetzen. Stellt die Ziele, Interessen und Aktivitäten dieser Organisationen eurer Klasse vor.

Das brauchst du immer wieder – Das musst du wissen

Dialekte

Dialekte sind je nach Region verschiedene Arten des Deutschen, die man von der Standardsprache unterscheidet.

- Vor der Entwicklung der deutschen Standardsprache sprachen die Menschen je nach Gebiet, in dem sie lebten, verschiedene Dialekte. **Dialekte** werden **auch als Mundarten** bezeichnet.

- Bezüglich ihres Wortschatzes und ihrer Laut- und Schreibweisen sind sie sehr unterschiedlich. Man teilt die Dialekte grob in das **Niederdeutsche** (= Dialekte Norddeutschlands, auch „**Plattdeutsch**" genannt) und das **Mittel-** und **Oberdeutsche** (= Dialekte Mittel- und Süddeutschlands) ein.

- Die gesprochene und geschriebene **Standardsprache**, wie sie z. B. in Schulen, Nachrichtensendungen oder Behörden benutzt wird, wird oft als **Hochdeutsch** bezeichnet. An sich müsste man aber immer von der Standardsprache sprechen, weil Sprachforscher den Begriff Hochdeutsch zur Bezeichnung der Dialekte im mittel- und süddeutschen Raum verwenden.

➜ Wiederholen und üben:
Sich mit Dialekten des Deutschen auseinandersetzen
S. 363, Aufgaben 3 – 5

Alles klar? – Wiederholen und üben

Die Herkunft von Wörtern untersuchen

1 Ordne den Wörtern in dem linken Kasten die entsprechenden deutschen Wörter aus dem rechten Kasten zu.

affaire	Medizin
angelus	Rezept
recipe	Affäre
crux	Markt
fructum	Kreuz
mercatus	Frucht
medicina	Engel

2 Wähle aus dem rechten Kasten jeweils zwei Beispiele für Lehnwörter und Fremdwörter aus. Erkläre mit deinen Worten, warum es sich dabei um Lehn- bzw. Fremdwörter handelt. (Lies eventuell noch einmal in dem Text auf S. 252 nach.)

Sich mit Dialekten des Deutschen auseinandersetzen

Ein Engländer in Sachsen

Zwei sächsische Polizisten halten einen englischen Autofahrer an. Sagt der eine Polizist zu dem anderen: „Baul, schraib ma uff: dor Mann hat soi Lenkrad uff dor falschen Seide". Darauf der Engländer: „What do you want from me?" Der Polizist zu dem anderen: „Baul, schraib uff: dor Mann
5 red wirres Zeusch." Der Polizist geht ums Auto des Engländers herum und sieht den Aufkleber mit „GB". Daraufhin der Polizist ganz aufgeregt zum anderen: „Baul, streisch olles, dor Mann ist von dor
10 Griminal Bolizei".

Interregio

Vun hüüt op an fohrt op de Tour Hamborg-Berlin en niegen Interregio. De Bohn reagert dormit op de groten Verluste, de se dörch de Fernbussen op de Tour infohren hett. De Tog bruukt för een Fohrt dree Stünnen un twee-un-twintig Minuten. De Korten dorför sünd man düütlich günstiger as bi'n ICE.

5 //Stand 14.04.2014 Klock 8:30

3 Die beiden Texte oben sind in Dialekten verfasst: Die Polizisten in dem Text „Ein Engländer in Sachsen" sprechen sächsisch, der Text „Interregio" ist auf Plattdeutsch geschrieben. Lest die beiden Texte laut vor und klärt gemeinsam, worum es inhaltlich jeweils geht.

4 Übertragt die beiden Texte in die deutsche Standardsprache.

5 Ein Sprachforscher meint: „Die schwindende Bedeutung des Dialekts ist natürlich ein großer Verlust." Beurteile, inwieweit es ein Verlust ist, dass immer weniger Menschen den Dialekt ihrer Region sprechen.

Die Ursprünge von Sprache kennen

Die Suche nach der Ursprache der indoeuropäischen Sprachen

a) ██████ wies als Erster im Jahr ██████ auf eine Ähnlichkeit zwischen einigen alten ██████ und ██████ Sprachen und mehreren europäischen Sprachen hin.
b) Jones schlussfolgerte, dass alle diese Sprachen ██████.
c) Den Namen für diese Sprachfamilie, die ██████ Sprachen, leitete man von ihrem Verbreitungsraum ab.
d) Der Berliner Professor Franz Bopp ging sogar davon aus, dass diese Sprachen nicht nur zu einer gemeinsamen ██████ gehören, sondern auch eine gemeinsame ██████ haben müssten.
e) Er nahm weiter an, dass diese ██████ irgendwann einmal von einem ██████ gesprochen worden sein musste.
f) Nach Bopp begannen sich andere Sprachforscher für dieses „██████" zu interessieren. Sie wollten herausfinden, wo, wann und wie diese Menschen gelebt haben und welche Sprache sie gesprochen haben.

Franz Bopp (1791 – 1867)

6 Vervollständige den Text. Wenn du dir nicht mehr sicher bist, lies in dem Text auf S. 255 f. nach.

7 Erkläre mit deinen Worten, warum die bei Punkt f) erwähnten Sprachforscher wissen wollten, welche Sprache diese Menschen gesprochen haben.

Tipps für die Rechtschreibung – Richtig zu schreiben kann man lernen

Du hast dich in den letzten Schuljahren immer wieder mit Tipps, Strategien und Regeln beschäftigt, die dir helfen, die Rechtschreibung sicher zu beherrschen. Die Verfahren, wie du die richtige Schreibweise von Wörtern selbstständig herausfinden und Fehler vermeiden kannst, wiederholst du in diesem Kapitel.

Du lernst und übst dabei im Einzelnen,
- Fehler Rechtschreibbereichen zuzuordnen und so Fehlerschwerpunkte zu erkennen,
- Rechtschreibprobleme durch einfache Verfahren wie Ableiten oder Verlängern zu lösen,
- grammatisches Wissen, z. B. über Wortarten, anzuwenden, um Nominalisierungen/Substantivierungen oder die Wörter „das" und „dass" richtig zu schreiben,
- Wortbausteine wie „-mal", „wider-/wieder-" oder „ent-/end-" richtig zu schreiben, indem du auf die Bedeutung achtest,
- und du lernst Verfahren, um dir die Schreibweise häufig benutzter Fremdwörter einzuprägen.

Sie stellten fest, dass …

„Stellen" hat einen kurzen Vokal und man hört danach nur ein „l". Man muss den Konsonanten verdoppeln, also „ll" schreiben.

Bei dem Wort „dass" muss man auf die Wortart achten. Es ist hier eine Konjunktion.

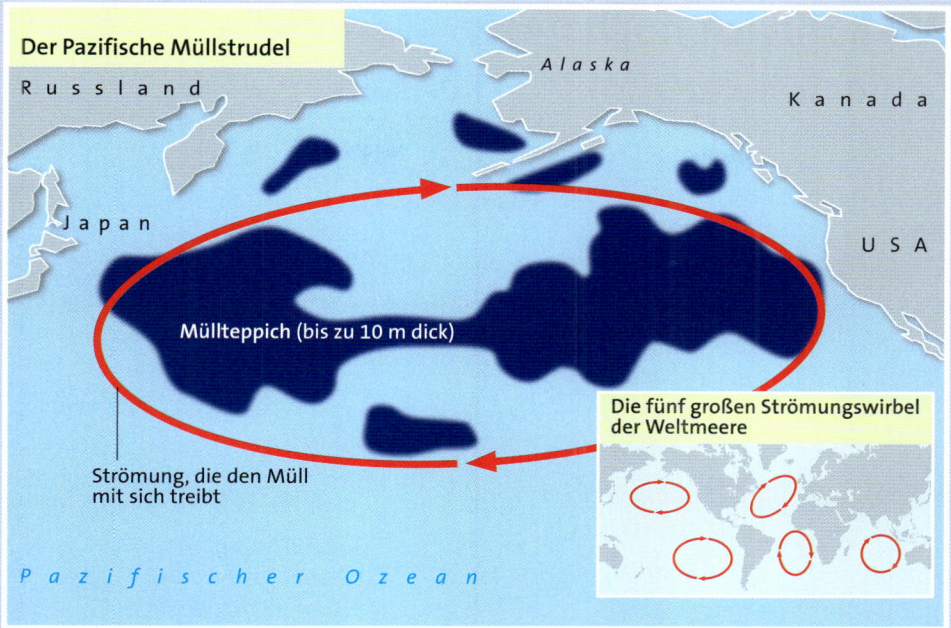

- Zum ersten Mal stießen Kapitän Charles Moore und seine Mannschaft im Pazifik vor zwölf Jahren auf einen gigantischen Müllteppich.
- Eine Woche lang überquerten sie dieses stille Meer aus Kunststoffmüll.
- Sie stellten fest, dass sich das Müllmeer als langsamer Wirbel drehte.
- Von überall her treiben die Meeresströmungen den schwimmenden Plastikschrott in den Strudel zwischen Kalifornien und Hawaii.
- Dieser Strudel ist der größte, aber bei Weitem nicht der einzige seiner Art.
- Die Entdeckung Moores hat den wenig schmeichelhaften Namen „Pazifischer Müllstrudel" erhalten.
- Die Forscher gehen davon aus, dass achtzig Prozent dieser Meeresverschmutzung von den Flüssen ins Meer getrieben werden.
- Das ist also Müll, der eigentlich in Deponien und Recyclinganlagen hätte enden sollen.

1 Beschreibt und erklärt die Abbildung auf dieser Seite. Lest dazu die Sätze in dem Kasten.

2 Arbeitet so zu dritt mit den Sätzen in dem Kasten:
- Diktiert euch die einzelnen Sätze. Wechselt nach jedem Satz die Rolle des Diktierenden.
- Kontrolliert nach jedem Satz eure Rechtschreibung. Besprecht dabei, welche Rechtschreibprobleme mit den einzelnen Sätzen verbunden sind.
- Erklärt, mit welchen Tipps und Regeln, die ihr in den letzten Schuljahren kennengelernt habt, ihr bei den einzelnen Sätzen Rechtschreibfehler vermeiden könnt.

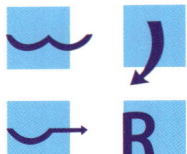

Wo kann ich noch besser werden? – Fehlerschwerpunkte erkennen

1. Wörter mit langem betonten Vokal (= Dehnung)

Ho_s_e, ste_h_en, Kl_ee_, ...

2. Wörter mit kurzem betonten Vokal (Schärfung)

ko_mm_en, Pla_tz_, Glü_ck_, len_k_en, ga_nz_, Ta_nk_, ...

3. s-Laute

_S_onne, Gra_s_/Grä_s_er, ra_s_en ...
Wa_ss_er, la_ss_en/er lä_sst_, ...
drau_ß_en, gro_ß_/Grö_ß_e, ...

4. Groß- und Kleinschreibung

_A_lle _W_örter am _S_atzanfang ...
Das _L_aufen macht ...
Achte auf das _W_ichtigste!

5. Gleich und ähnlich klingende Laute

tau_b_, en_t_lang, Fr_eu_de, R_ä_der, Han_d_ ...

6. „das" oder „dass"

_D_as Auto, ...
Ich lieh mir ein Buch, _das_ ...
Ich sehe _das_ auch so.
Wir sorgen dafür, _dass_ ...

7. Fremdwörter/Merkwörter

vielleicht, Rhythmus, Metapher, ...

8. Zusammen- und Getrenntschreibung

Plastikfolie, gar nicht, einwandfrei, Radfahren, liegen lassen ...

9. i-Laute

T_i_ger, dr_i_nnen, _i_n ...
W_ie_ge, d_ie_se ...
_i_hr, _i_hre, _i_hnen ...

1 Geht die einzelnen Rechtschreibbereiche und die dazugehörigen Beispiele durch. Welche Regeln und Tipps kennt ihr noch, die euch helfen, bei den einzelnen Rechtschreibbereichen Fehler zu vermeiden?

Tipps für eine saubere Welt

Kauft keine unnötig _verpackten_ Produkte, wie z. B. Zahnpastatuben in einem _Pappkarton_ oder in Plastikfolie _eingeschweißte_ Salatgurken.
Verpackungen, die du nicht benötigst oder über _die_ du dich
5 besonders _ärgerst_, _kannst_ du direkt im Laden zurücklassen. Man kann _hoffen_, _dass_ dann die Händler _vielleicht_ auf weniger _aufwendig_ verpackte Produkte umsteigen.
Unterstütze Läden, die Ware _offen_ an_b_ieten. Meist ist diese auch frischer als _Eingeschweißtes_. Auch das _Einkaufen_ auf
10 Wochenmärkten führt zum _Vermeiden_ von _überflüssigem_ Müll.

Kaufe keine kleinen Miniportionen (beispielsweise bei Kaffeesahne). Achte beim Einkaufen auf Nachfüllpackungen. Verschiedene Hersteller bieten diese z. B. für Wasch- und Reinigungsmittel an. Auch sind wiederbefüllbare Pumpzerstäuber umweltschonender als abfallintensive Spraydosen.

5,3 Milliarden umweltschädliche Plastiktüten gehen allein in Deutschland über die Ladentheke. Dagegen hilft nur, immer eine eigene Einkaufstüte zur Hand zu haben. Nehmt zum Einkaufen immer einen Korb, ein Netz oder eine Tasche mit. Des Weiteren ist auch ein Einkaufskorb am Fahrrad empfehlenswert.

Verpackungen lassen sich natürlich nicht vollständig vermeiden. Wähle am besten solche, die wiederverwertbar sind. Das sind vor allem Papier und Glas. Vermeide auf jeden Fall Verbundstoffe wie Kunststoff oder Aluminium, insbesondere wenn sie als Karton oder Behältnis für Getränke verwendet werden.

Das Wichtigste ist aber, dass die Menschen ihren Müll nicht einfach auf die Straße oder in die Natur werfen. Helft mit, die Natur und Städte sauber zu halten, indem ihr euren Müll nicht achtlos an Ort und Stelle fallen lasst. Wie es dort aussieht, wo ihr lebt, das habt ihr selbst in der Hand.

2 Ordnet die unterstrichenen Wörter in dem Text „Tipps für eine saubere Welt" den Rechtschreibbereichen auf S. 266 oben zu.

3 Erklärt euch gegenseitig, welche Regeln und Tipps euch helfen können, die unterstrichenen Wörter richtig zu schreiben.

Heute Mahlzeit, morgen Müll

Das ist kaum zu glauben. In Deutschland gibt es Lebensmittel im Überfluss und dennoch herrscht bei vielen Menschen Mangel. Seit Jahren wird das Problem diskutiert, wie man den Überfluss an Lebensmitteln so verteilen kann, dass alle genug zu essen haben.

Eine erste Studie zum Wegwerfverhalten in Deutschland hatte das Bundesverbraucherministerium bereits im Frühjahr 2011 veröffentlicht. Darin geben 84 Prozent der Befragten an, Lebensmittel wegzuwerfen, weil das Haltbarkeitsdatum überschritten oder die Ware verdorben sei. Fast jeder Fünfte braucht das von ihm Gekaufte nicht rechtzeitig auf.

Weil sie ihnen nicht schmeckten, werfen gar 16 Prozent der Deutschen Nahrungsmittel weg. Insgesamt geben 58 Prozent an, dass in ihrem Haushalt regelmäßig Lebensmittel weggeworfen werden.

Schätzungen der Welternährungsorganisation FAO zeigen, dass circa ein Drittel der weltweiten Nahrungsmittelproduktion im Müll landet. Einige Wissenschaftler nehmen sogar an, dass bis zu drei Viertel der Lebensmittel nicht gegessen werden.

Um dieser Entwicklung entgegenzuwirken, braucht es vor allem Aufklärung. Die Bundesregierung empfiehlt

den Verbrauchern, dass diese Einkäufe und Mahlzeiten sorgfältig planen, regelmäßig Vorräte auf ihre Haltbarkeit hin kontrollieren und Reste konsequent verwerten sollten. Das führe dazu, dass sich die Abfallquote spürbar senken würde.
25 Große Mengen Lebensmittel werden aber bereits weggeworfen, ehe sie überhaupt beim Verbraucher ankommen. Regisseur Valentin Thurn geht davon aus, dass jeder zweite Kopfsalat und jedes fünfte Brot ungekauft im Müll landen. In seinem Kinofilm „Taste the Waste" zeigt Thurn schonungslos die Folgen der Wegwerfgesellschaft auf.
30 Ein beeindruckendes Zeichen gegen das Wegwerfen setzen die bundesweit tätigen sogenannten Tafeln. Damit bezeichnet man Hilfsorganisationen, deren Mitarbeiter regelmäßig vor allem von Supermärkten überschüssige, aber qualitativ einwandfreie Lebensmittel einsammeln und sie an Bedürftige weitergeben. So sorgen sie dafür, dass Tonnen von Lebensmitteln vor dem Müllcontainer bewahrt
35 werden.

4 Arbeitet zu dritt oder viert.
- Diktiert euch die einzelnen Textabschnitte. Die Rolle des Diktierenden sollte nach jedem Abschnitt wechseln.
- Kontrolliert nach jedem Abschnitt eure Rechtschreibung. Ordnet die einzelnen Fehler den Rechtschreibbereichen von S. 266 zu.
- Besprecht auch, mit welchen Hinweisen und Tipps ihr die einzelnen Fehler jeweils hättet vermeiden können. Arbeitet dabei mit der Übersicht auf der nächsten Seite.

5 Durchstarten! So könnt ihr weiterarbeiten:

a Arbeitet so mit euren Diktaten von Aufgabe 4 weiter:
- Überprüft, ob in euren Diktaten einzelne Fehlerschwerpunkte besonders auffallen.
- Sucht dann in dem Schulbuch und dem Arbeitsheft Übungen heraus, mit denen ihr an euren Fehlerschwerpunkten arbeiten könnt.
- Erstellt einen Arbeitsplan, wann ihr eure Rechtschreibung mithilfe dieser Übungen trainieren wollt.

b Finde zu jedem Rechtschreibbereich von S. 266 mindestens fünf eigene Beispiele (z. B. Wörter mit langem betonten Vokal: See, sagen, ich fahre ...).

c Erstellt zu den einzelnen Rechtschreibbereichen von S. 266 Lernplakate. Haltet darauf die Tipps und Regeln fest, die euch helfen, bei dem jeweiligen Rechtschreibbereich Fehler zu vermeiden (s. nächste Seite).

d Erstellt eigene Listen mit Wörtern und Ausdrücken, in denen jeweils drei Beispiele für die neun Fehlerbereiche vorkommen.
- Tauscht eure Listen mit einem Lernpartner aus und ordnet die Wörter und Ausdrücke den jeweiligen Rechtschreibbereichen zu.
- Überprüft dann gemeinsam eure Lösungen und besprecht, wie ihr bei den einzelnen Wörtern und Ausdrücken Fehler vermeiden könnt.

→ Wiederholen und üben: Fehlerschwerpunkte und einfache Verfahre kennen
S. 288, Aufgaben 1 – 3

Merksätze anwenden, Ableiten und Verlängern ... – Rechtschreibprobleme durch einfache Verfahren lösen

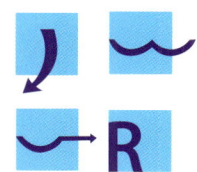

In der folgenden Übersicht findest du Tipps und Hinweise, die du anwenden kannst, wenn du dir bei der Schreibweise von Wörtern unsicher bist.

> **Rechtschreibprobleme kannst du mit folgenden einfachen Verfahren lösen:**
> 1. Deutlich sprechen, genau hinhören und die Silben „schwingen" (stel-len)
> 2. Die richtige Schreibweise durch Verlängern des Wortes ermitteln (z.B. *Wald – Wälder*)
> 3. Wortarten unterscheiden (z. B. mithilfe von Endbausteinen wie *-tum* oder *-lich*)
> 4. Wortverwandte suchen und die richtige Schreibweise ableiten (z. B. *Freude/freuen* oder *Fähre/fahren*)
> 5. Merksätze anwenden wie:
>   – Wer *nämlich* mit h schreibt, ist nicht *dämlich*, hat aber einen Fehler gemacht.
>   – *Gar nicht* und *überhaupt nicht* werden *gar nicht* und *überhaupt nicht* zusammengeschrieben.
>   – Kurz, betont und einfach macht oft den Konsonanten zweifach (= ko**mm**en).
>   – Kannst du *dieses, jenes, welches* einsetzen, schreibst du „das".
> 6. Rechtschreibregeln anwenden wie:
>   – Wortgruppen schreibst du getrennt, Zusammensetzungen zusammen.
>   – Nomen/Substantive, Satzanfänge und Nominalisierungen/Substantivierungen werden großgeschrieben.
>   – Der gesummte stimmhafte s-Laut wird immer mit einfachem s geschrieben. Der gezischte stimmlose s-Laut wird nach kurzem, betontem Vokal mit ss (*Kuss*) und nach langem, betontem Vokal (*Größe*) oder Doppellaut wie *eu, au* (*draußen*) mit ß geschrieben.
> 7. Fremdwörter einprägen und üben
> 8. Mit einem Wörterbuch zu arbeiten hilft dir immer weiter. Dies ist der wichtigste Tipp.

1 Seht euch die Übersicht oben genau an und prägt euch die einzelnen Tipps ein:
- Findet zu den einzelnen Verfahren und Tipps jeweils mindestens drei Beispiele.
- Versucht, die Merksätze und Rechtschreibregeln noch durch weitere zu ergänzen.

Rani hat die Wörter, die er in seinen letzten Aufsätzen falsch geschrieben hat, herausgesucht und in der richtigen Schreibweise in sein Heft geschrieben:

falsch	richtig	falsch	richtig
die Beiden	die beiden	Elektronisch	elektronisch
heute morgen	heute Morgen	gesammten	gesamten
alles gute	alles Gute	irgend jemand	irgendjemand
der Entschluß	der Entschluss	irgend etwas	irgendetwas
auf jeden fall	auf jeden Fall	die meißten	die meisten
jeden Falls	jedenfalls	mitler weile	mittlerweile
etwas schönes	etwas Schönes	nocheinmal	noch einmal
ich weiß dass	ich weiß das	reumlich	räumlich
ein bischen	ein bisschen	Tieger	Tiger
im folgenden	im Folgenden	vorallem	vor allem
der selbe	derselbe	voraussdenken	vorausdenken
desshalb	deshalb	zusammengefaßt	zusammengefasst
desweiteren	des Weiteren	genausoviel	genauso viel

 2 Erklärt die richtige Schreibweise der einzelnen Wörter durch ein Verfahren aus der Übersicht von S. 269. Welche der richtigen Schreibweisen lässt sich nur durch Einprägen und durch das Nachschlagen in einem Wörterbuch klären?

Ein Mitschüler Ranis hat folgende Fehler aus seinem Aufsatz herausgeschrieben:

Fehler	Fehler
1) Strant	10) zusammen stellen
2) das Menschenleere Gebiet	11) das paar Handschuhe
3) Inselschen	12) genußvoll
4) Kielometer	13) fielleicht
5) endfernte	14) Flaschen verschlüsse
6) Luhpe	15) schliesslich
7) Zolooge	16) geplakt
8) alt ehrwürdigen	17) das grausen
9) Ziwilisationsmüll	18) Welt weit

 3 Erklärt jeweils die Fehler und schreibt die Wörter in ihrer richtigen Schreibweise auf.
- Welche Verfahren können jeweils angewendet werden, um diese Fehler zu vermeiden?
- Bestimmt auch die Wörter, die Merkwörter sind, weil man ihre Schreibweise nicht ableiten oder erklären kann.

Die Anzahl der Striche am Textrand des folgenden Sachtextes zeigt, wie viele Fehler sich in der jeweiligen Zeile befinden.

Vorsicht! Fehler

Moderne Sortieranlagen – wird der grüne Punkt in der Zukunft überflüsig?

Thomas Moll, der Leiter der Müll-Sortieranlage, stet auf der Beobachtungsplatform. Unter ihm saußen auf Flißbändern Saftkartons, Pappschachteln, Fischdohsen, Plastikflaschen, Folien, Schutt und Unrad hinweg. Es rüttelt, dröhnt, blest, blinkt – und stingt.
5 Herr Moll meint, diese Anlahge sei das modernste auf dem Markt.
Hier wärden die Inhalte der gelben Müllcontainer und -säcke aus fünf Revierstedten des Ruhrgebiets, das heist alle Abfelle mit dem grünen Punkt, auf das Förderbant geschaufelt. Dort werden sie sortiert und rollen hinten, getrennt nach Werdstoffen, heraus – Weisblech, Aluminium, Pet-Flaschen und Kunststoffmix.
10 Dumm ist nur, dass neben den wertvollen Rohstoffen, die für fiel Gelt weiterverkauft werden können, bis zu vierzich Prozent Restmüll hinten herauskommt. Dieser gehört nemlich eigentlich in die grauen Restmülltonnen. In stätischen Ballungsgebiehten, so schätzen Experten, stopfen die Bürger Tonnen oder Secke mit dem falschen Mül voll.
15 Da die staatlich verortnete Mülltrennung offenbar nicht funktioniert und das aussortieren der gelben Säcke ohne automatische Sortieranlagen zu täuer ist, erproben Müllspezialisten bereits etwas völlig neues: Verpakungen mit dem grünen Punckt und Restmüll sollen wieder in *einen* Behälter geworfen werden. Dieser Müllmix wird dann von hochmodernen Sortieranlagen voneinander getrennt.
20 Außer Papir, Glass, Kleidung und Sperrmüll könnte dann alles wieder in eine Tonne geworfen werden.

4 Arbeitet so mit dem Fehlertext von S. 271:
- Sucht die Fehlerwörter heraus. Erklärt, wo es möglich ist, die richtige Schreibweise mithilfe der Verfahren von 269 herauszufinden. Schreibt die Wörter in der richtigen Schreibweise in eure Hefte.
- Bestimmt die Wörter, deren richtige Schreibweise sich nur durch Einprägen oder durch Nachschlagen in einem Wörterbuch klären lässt.

5 Durchstarten! So könnt ihr weiterarbeiten:

a Übernimm den Text „Moderne Sortieranlagen – wird der grüne Punkt in Zukunft überflüssig?" in der richtigen Schreibweise in dein Heft. Unterstreiche dann in deinem Text die Wörter, die auf S. 271 falsch geschrieben sind.

b Sieh dir zusammen mit einem Lernpartner die Texte an, die ihr in letzter Zeit im Unterricht geschrieben habt. Sucht zusammen falsch geschriebene Wörter heraus und schreibt sie in ihrer richtigen Schreibweise auf. Klärt ihre richtige Schreibweise wieder wie in Aufgabe 4.

c Schreibt zu zweit eigene kurze Fehlertexte. Tauscht sie mit einer anderen Zweiergruppe aus. Korrigiert die Texte und klärt die richtige Schreibweise der Fehlerwörter wie in Aufgabe 4. Überprüft dann zu viert, ob auch alle Fehler gefunden worden sind, und besprecht, wie die einzelnen Fehler hätten vermieden werden können.

d Seht euch in Kleingruppen die Korrekturen eurer Deutscharbeiten an. Erstellt eine Liste von Wörtern, deren Rechtschreibung euch noch schwerfällt.
Übe besonders die Wörter der Liste, bei denen du noch unsicher bist. Du kannst dir auch eine eigene Liste erstellen und diese üben.

e In den letzten Jahren habt ihr verschiedene Symbole für die Rechtschreibstrategien kennengelernt. Ordnet den folgenden Symbolen die entsprechenden Rechtschreibstrategien zu und findet jeweils drei Beispiele für einzelne Strategien

Wenn ihr weitere Hinweise benötigt oder eure Zuordnung kontrollieren wollt, findet ihr eine Hilfekarte auf S. 346.

Der wichtigste Tipp – mit dem Wörterbuch arbeiten

Plankosten – Plattdeutsch

Plan|kos|ten *Plur.;* **Plan|kos|ten|rech|nung** *(Wirtsch.)*
Plank|ton, das; -s ⟨griech.⟩ *(Biol.* Gesamtheit der im Wasser schwebenden niederen Lebewesen); **plank|to|nisch**
Plank|ton|netz
Plank|tont, der; -en, -en (im Wasser schwebendes Lebewesen)
plan|los; Plan|lo|sig|keit
plan|mä|ßig; Plan|mä|ßig|keit
Plan|num|mer
pla|no ⟨lat.⟩ *(fachspr. für* glatt, ungefalzt [bes. von Druckbogen u. Karten])
Plan|pos|ten *(österr. für* Planstelle)
Plan|qua|drat
Plan|rück|stand *(DDR)*
Plansch|be|cken, Plantsch|be|cken; **plan|schen,** plant|schen; du planschst *od.* plantschst
plan schlei|fen, plan|schlei|fen *vgl.* plan
Plan|schul|den *Plur. (DDR)*
Plan|soll *(DDR); vgl.* ²Soll
Plan|spiel; Plan|spra|che *(svw.* Kunstsprache); **Plan|stel|le**
Plan|ta|ge [...ʒə], die; -, -n ⟨franz.⟩ ([An]pflanzung, landwirtschaftl. Großbetrieb [in trop. Gegenden]); **Plan|ta|gen|be|sit|zer; Plan|ta|gen|be|sit|ze|rin; Plan|ta|gen|wirt|schaft**
plan|tar ⟨lat.⟩ *(Med.* die Fußsohle betreffend)
Plantsch|be|cken, Plantsch|be|cken; **plant|schen** *vgl.* planschen
Pla|num, das; -s ⟨lat.⟩ (eingeebnete Untergrundfläche beim Straßen- u. Gleisbau)

Pla **Pla|nung**
Plan **Pla|nungs|bü|ro; Pla|nungs|kom|mis|si|on; Pla|nungs|rech|nung** *(Math.);* **Pla|nungs|re|fe|rat** *(Abteilung einer Behörde);* **Pla|nungs|si|cher|heit; Pla|nungs|sta|di|um**
plan|voll
Plan|wa|gen
Plan|wirt|schaft (zentral geleitete Wirtschaft)
Plan|zahl *(Wirtsch.)*
plan|zeich|nen *(fachspr.* Grundrisse, Karten o. Ä. zeichnen *[nur im Infinitiv gebräuchlich])*
Plan|zeich|ner; Plan|zeich|ne|rin
Pla|nzeich|nung
Plan|ziel
Plap|pe|rei *(ugs.);* **Plap|pe|rer** *(ugs.)*
plap|per|haft *(ugs.);* **Plap|per|haf|tig|keit,** die: - *(ugs.)*
Plap|pe|rin *(ugs.)*
Plap|per|maul *(ugs. für* jmd., der plappert); **Plap|per|mäul|chen**
plap|pern *(ugs. für* viel u. gerne reden); ich plappere
Plaque [plak], die; -, -s ⟨franz.⟩ *(Med.* Zahnbelag; Ablagerung in den Blutgefäßen; Hautfleck)
plär|ren *(ugs.);* **Plär|rer; Plär|re|rin**
Plä|san|te|rie, die; -, ...ien ⟨franz.⟩ *(veraltet für* Scherz)
Plä|sier, das; -s, -e *(veraltend, noch scherzh. für* Vergnügen, Spaß); **plä|sier|lich** *(veraltet für* vergnüglich, heiter)
Plas|ma, das; -s, ...men ⟨griech.⟩ (Protoplasma; flüssiger Bestandteil des Blutes; leuchtendes, elektr. leitendes Gasgemisch)
Plas|ma|bild|schirm; Plas|ma|che|mie; Plas|ma|fern|se|her; Plas|ma|phy|sik; Plas|ma|wol|ke *(Astron.)*
Plas|mo|di|um, das; -s, ...ien (vielkernige Protoplasmamasse)
Plast, der; -[e]s, -e *meist Plur.* ⟨griech.⟩ *(regional für* Kunststoff)
Plas|te, die; -, -n *(regional für* ²Plastik)
pläs|tern *(rhein. u. westfäl.* in dicken Tropfen regnen); es plästert
Plas|te|tü|te *(regional)*
Plas|tics [ˈplɛstɪks] *Plur.* ⟨engl.⟩ *(engl. Bez. für* Kunststoffe)
Plas|ti|de, die; -, -n *meist Plur.* ⟨griech.⟩ *(Bot.* Bestandteil der Pflanzenzelle)
¹**Plas|tik,** die; -, -en *(nur Sing.:* Bildhauerkunst; Bildwerk; *übertr. für* Körperlichkeit; *Med.* operativer Ersatz von zerstörten Gewebs- u. Organteilen)
²**Plas|tik,** das; -s *(Kunststoff)*
Plas|tik|beu|tel; Plas|tik|blu|me; Plas|tik|bom|be
Plas|ti|ker (Bildhauer); **Plas|ti|ke|rin**
Plas|tik|fo|lie; Plas|tik|geld, das; -[e]s *(ugs. für* Kreditkarte); **Plas|tik|helm; Plas|tik|pla|ne; Plas|tik|sack; Plas|tik|sa|ckerl** *(bayr., österr. für* Plastikbeutel, -tragetasche); **Plas|tik|spreng|stoff; Plas|tik|tra|ge|ta|sche; Plas|tik|tü|te**
Plas|ti|lin, das; -s, *österr. nur so,* **Plas|ti|li|na,** die; - (Knetmasse)
Plas|ti|na|ti|on, die; - (ein Konservierungsverfahren, das vor allem bei der anatomischen Präparierung angewendet wird)
plas|tisch (knetbar; deutlich hervortretend; anschaulich; einprägsam)
Plas|ti|zi|tät, die; - (Formbarkeit, Körperlichkeit; Bildhaftigkeit, Anschaulichkeit)
Plas|t|ron [...ˈtrõː, *österr.* ...ˈtroːn], der *od.* das; -s, -s ⟨franz.⟩ (breite [weiße] Krawatte; gestickter Brustlatz an Frauentrachten; eiserner Brust- od. Armschutz im MA.; Stoßkissen beim Fechttraining)
Pla|täa (im Altertum Stadt in Böotien); **Pla|tä|er; Pla|tä|e|rin**
Pla|ta|ne, die; -, -n ⟨griech.⟩ (ein Laubbaum); **Pla|ta|nen|blatt**
Pla|teau [...ˈtoː], das; -s, -s ⟨franz.⟩ (Hochebene, Hochfläche; Tafelland); **pla|teau|för|mig**
Pla|teau|schuh (Schuh mit einer sehr dicken Sohle); **Pla|teau|soh|le** (sehr dicke Schuhsohle)
Pla|te|resk, das; -[e]s ⟨span.⟩ (Baustil der span. Spätgotik u. der ital. Frührenaissance)
Pla|tin [*österr.* ...ˈtiːn], das; -s ⟨span.⟩ (chemisches Element, Edelmetall; *Zeichen* Pt); **pla|tin|blond** (weißblond)
Pla|ti|ne, die; -, -n ⟨griech.⟩ (Montageplatte für elektrische Bauteile; Teil der Web- od. Wirkmaschine; *Hüttenw.* Formteil)
pla|ti|nie|ren (mit Platin überziehen); **Pla|ti|no|id,** das; -[e]s, -e ⟨span.; griech.⟩ (eine Legierung)
Pla|tin|schmuck
Pla|ti|tu|de *vgl.* Plattitüde
Pla|to *vgl.* Platon; **Pla|ton** (altgriechischer Philosoph); **Pla|to|ni|ker** (Anhänger der Lehre Platos); **Pla|to|ni|ke|rin**
pla|to|nisch (platonische (geistige) Liebe; platonisches Jahr; die tonischen Schriften ↑ K 89 *u.* 135
Pla|to|nis|mus, der; - (Weiterentwicklung u. Abwandlung der Philosophie Platos)
platsch!; plat|schen *(ugs.);* du platschst
plät|schern; ich plätschere
platsch|nass *(ugs.)*
platt (flach); das platte Land; da bist du platt! *(ugs. für* da bist du sprachlos, sehr erstaunt!); die Nase platt drücken *od.* plattdrücken
Platt, das; -[s] (das Niederdeutsche; Dialekt)
Plätt|brett
Plätt|chen
platt|deutsch *vgl.* deutsch; **Plattdeutsch,** das; -[s] (Sprache); *vgl.*

---

1 Ein Wörterbuch macht nicht nur Angaben zur richtigen Schreibweise. Stellt weitere Angaben zusammen, die man dem Auszug entnehmen kann, und sucht Beispiele dafür heraus.
Tipp: Wenn mehrere Schreibweisen erlaubt sind, ist die Schreibweise gelb markiert, die vom Wörterbuch empfohlen wird.

2 Unter welchen Wörtern musst du nachschlagen, wenn du die Schreibweise von „ich plätschere" und „am plattesten" nachsehen willst? Erkläre anhand dieser beiden Beispiele, wie Verben und Adjektive in einem Wörterbuch eingeordnet sind.

3 Wie werden die Wörter „plärren" und „plätschern" eingeordnet? Erkläre auch dies.

4 Welche Schreibweise ist jeweils die richtige? Kläre dies mithilfe des Wörterbuchauszugs auf S. 273.

Plastillin	Platiene	Plassmabildschirm	Plateauschuh
Plastilin	Plattine	Plasma-Bildschirm	Plateouschuh
Plastilien	Platine	Plasmabildschirm	Plateau-Schuh

plapern	Plack	Plankton	Plantache
plappern	Plaquk	Plangton	Plantage
plabbern	Plaque	Planktong	Plantasche

5 Beantwortet mithilfe des Wörterbuchauszugs folgende Fragen:
- Welche zweite Möglichkeit gibt es, das Nomen/Substantiv „Planschbecken" zu schreiben?
- Welche Möglichkeit wird empfohlen?
- Wie lautet der bestimmte Artikel und damit das grammatische Geschlecht des Nomens/Substantivs „Plasma"?
- Welche Bedeutungen hat das Nomen/Substantiv „Plasma"?
- Wie trennt man das Wort „Plastik"?
- Aus welcher Sprache stammt das Wort „Platane" und was bedeutet es?
- Welche Bedeutung hat das Wort „Plaque" und aus welcher Sprache stammt es?
- Auf welcher Silbe wird das Wort „Plastizität" betont?

6 Bringe die Wörter in dem Kasten in die Reihenfolge, in der sie in einem Wörterbuch erscheinen. Vergleiche deine Lösung mit einem Lernpartner.

> Mit dem Wörterbuch arbeiten
> SB, S. 253
> AH, S. 40–41

> Wahrnehmung • wahrsagen • während • wahrlich • wahr • Wahrsagerin • währenddessen • wahrnehmen • wahrheitsgemäß • Wahrheit • wahrscheinlich • Wahrzeichen

Erklärt anschließend, wie die Reihenfolge der Einträge in einem Wörterbuch vorgenommen wird.

7 Durchstarten! So könnt ihr weiterarbeiten:

Arbeitet mit einem Wörterbuch und entwickelt Fragen wie in Aufgabe 5 zu anderen Seiten des Wörterbuches. Tauscht auch diese Fragenlisten aus und beantwortet sie.

Das I̲nteressante ... Im A̲llgemeinen ... – Nominalisierungen/Substantivierungen erkennen und großschreiben

1 Erklärt die Schreibweise der kursiv gedruckten Wörter.
- Im *Folgenden* wird es um Roboter und Menschen gehen. In den *folgenden* Texten wird über die Robotertechnik berichtet.
- Gäbe es für das Bewusstsein eines Roboters nur das *Hier und Jetzt*? Diese Frage lässt sich *hier und jetzt* nicht eindeutig beantworten.
- *Sehen und Laufen* ist vielen Maschinen heute schon möglich. Es wundert viele Menschen, dass einige Roboter *sehen und laufen* können.

2 Woran kann man Nominalisierungen/Substantivierungen erkennen? Erklärt auch dies mithilfe der Lernbox auf der nächsten Seite und der Sätze oben.

Der „Bionic Man"

- Das ■usammensetzen eines Roboters aus medizinischen Prothesen galt lange Zeit als unmöglich. Die Ingenieure Richard Walker und Matthew Godden konnten jetzt aber einen Roboter wie einen Menschen ■usammensetzen.
- Tätigkeiten wie das ■aufen, ■prechen, ■reifen, ■ören und sogar ■ehen beherrscht dieses Wunderwerk der Technik mühelos. Vielleicht gehören ja Roboter, die ■aufen, ■prechen, ■reifen und ■ören können, bald zu unserem Alltag.
- Das ■ichtige an dem Roboter ist, dass er nicht nur aus mechanischen Teilen besteht. Er besitzt auch ■ichtige Organe wie ein eigenes Herz oder Niere.
- Bei dem „Bionic Man", wie der Roboter heißt, übernimmt ein elektronisch pumpendes Herz das ■erteilen von künstlichem Blut. Der Roboter kann so wie ein Mensch Blut im Körper ■erteilen, das wie das menschliche Blut auch Sauerstoff enthält.
- Eine Brille ermöglicht ihm das ■ehen. Diese Technik soll es Blinden einmal ermöglichen, wieder ■ehen zu können.
- Das ■enschliche an dem Roboter ist vor allem sein Gesicht. Das ■enschliche Gesicht des „Bionic Man" wurde nach einem 3-D-Scan des Psychologen Dr. Bertolt Meyer von der Universität Zürich gefertigt.

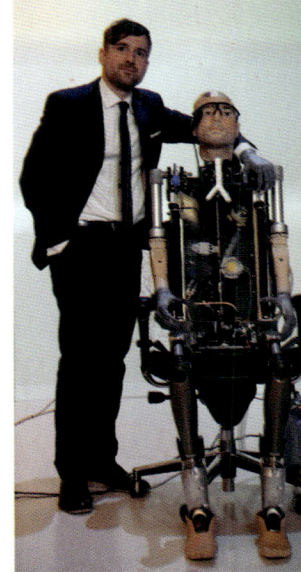

Dr. Bertolt Meyer mit dem eine Million Dollar teuren Roboter.

3 Ergänze in den Lücken des Textes „Der ‚Bionic Man'" die fehlenden Buchstaben in der richtigen Schreibweise.

4 Vergleicht anschließend eure Lösungen und verbessert eventuelle Fehler.

Roboy kann höflich grüßen.

Roboy

- Roboy ist ein Roboter-Junge, dessen B/bewegungen etwas W/weiches und E/elegantes haben.
- Insgesamt 24 K/kleine Elektromotoren übernehmen das N/nachahmen der Muskelbewegungen des M/menschlichen Körpers.
- Etwas B/besonderes ist, dass Roboy das H/höfliche G/grüßen beherrscht, womit er manchen Menschen etwas V/voraus hat.
- Auch das E/erkennen von Gesichtern und das W/wiedererkennen von einmal G/gesehenen Personen ist Roboy möglich.
- Das A/aussehen von Roboy ähnelt dem eines M/menschlichen Skeletts.
- Noch M/menschenähnlicher soll er das durch das Ü/überziehen einer künstlichen Haut werden.

 5|| Entscheidet, welche der Schreibweisen jeweils die richtige ist. Begründet ●○ eure Entscheidungen.

Lego-Roboter löst Zauberwürfel in Rekordzeit

DAS ORDNEN DER STEINE DAUERT NUR 3,253 SEKUNDEN. DER LEGO-ROBOTER CUBESTORM IST DER SCHNELLSTE IM ORDNEN EINES ZAUBERWÜRFELS. EIN YOUTUBE-VIDEO ÜBERNAHM DAS DOKUMENTIEREN DIESES REKORDS. ALS ZUSCHAUER KANN MAN DAS VORGEHEN DES
5 ROBOTERS BEIM BETRACHTEN DES VIDEOS ALLERDINGS NUR ERAHNEN. DAS LÖSEN DES ZAUBERWÜRFELS DURCH DEN ROBOTER GESCHIEHT EINFACH ZU SCHNELL FÜR UNSER AUGE.
EIN SMARTPHONE ERMÖGLICHT DEM ROBOTER DAS ANALYSIEREN DER AUSGANGSSTELLUNG DES WÜRFELS. IM FOLGENDEN LEGT DANN EINE
10 SPEZIELLE ANDROID-APP DAS BESTMÖGLICHE DREHEN DER STEINE FEST. DAS ORDNEN DER STEINE ERFOLGT DANN SO SCHNELL, DASS EIN ERFASSEN DURCH DAS MENSCHLICHE AUGE UNMÖGLICH IST. IM ÜBRIGEN KONNTE SCHON DAS VORGÄNGERMODELL DIE MENSCHLICHE BESTZEIT VON 5,55 SEKUNDEN BEI WEITEM UNTERBIETEN.

 6|| Übernimm den Text „Lego-Roboter löst Zauberwürfel in Rekordzeit" in der ●○ richtigen Schreibweise in dein Heft. Unterstreiche die Nominalisierungen/Substantivierungen in deinem Text.

➔ Nominalisierungen/Substantivierungen
SB, S. 292–293
AH, S. 42–43 u. 52–53

➔ Wiederholen und üben: Nominalisierungen/Substantivierungen erkennen
S. 288, Aufgabe 4

Das brauchst du immer wieder – Das musst du wissen

Nominalisierungen/Substantivierungen

- Alle Wortarten können im Satz wie Nomen/Substantive gebraucht werden. Solche **Nominalisierungen/Substantivierungen** musst du **großschreiben**.
- Oft kannst du Nominalisierungen/Substantivierungen daran erkennen, dass ein **Begleiter davor steht** (<u>das</u> Rot, <u>das</u> Laufen, <u>im</u> Allgemeinen) oder du einen Begleiter **ergänzen** kannst (Tanzen macht Spaß ➔ <u>Das</u> Tanzen macht Spaß).

7 Silas hat im Internet zum Thema künstliche Intelligenz recherchiert und seine Ergebnisse mithilfe eines Textverarbeitungsprogramms zusammengefasst:
- Seht euch die vom Textverarbeitungsprogramm blau unterstrichenen Wörter an. Warum werden sie wohl von dem Rechtschreibprogramm markiert?
- Drei Fehler hat das Computerprogramm in dem Text nicht markiert. Welche falsch geschriebenen Wörter hat das Textverarbeitungsprogramm nicht erkannt?
- Was zeigt der Text von Silas darüber, was ihr bei der Verwendung eines Textverarbeitungsprogramms beachten müsst? Erklärt dies.

Auch Roboter sind nicht perfekt

1. An der Universität Stanford wurde ein Computerprogramm zum <u>erkennen</u> von gefährlichen Hautveränderungen eingesetzt. Mithilfe einer Datenbank aus über 100000 Bildern sollte das Programm zum <u>unterscheiden</u> von gutartigen und bösartigen Tumoren eingesetzt werden.

Bei gefährlich erscheinenden Hautveränderungen legen Ärzte oft ein Lineal vor dem Fotografieren der zu untersuchenden Stelle hinzu, um deren Größe zu dokumentieren. Das schlechte dabei war, dass das Programm jetzt immer einen gefährlichen Tumor erkannte, wenn ein Lineal auf den Bildern abgebildet war.

Das feststellen eines Lineals bedeutete für das Programm nach einer gewissen Zeit eine höhere Wahrscheinlichkeit für eine krebsartige Veränderung.

2. Forscher testeten 2013 ein Programm, das Lernen sollte, Listen von Nummern zu sortieren. Das Programm entsprach dann auch den Anforderungen, die Unordnung zu beseitigen. Es löschte die Listen einfach. Für das Programm entsprach das <u>löschen</u> der Listen den Anforderungen: keine Nummern mehr, keine Unordnung.

---

8 Gebt die Sätze von Aufgabe 5 an einem PC mithilfe eines Textverarbeitungsprogrammes ein:
- Probiert dabei aus, welche Fehler das Textverarbeitungsprogramm im Bereich der Nominalisierungen/Substantivierungen erkennt und welche es nicht erkennt.

Data wünscht sich, dass er das Lachen ... – die Wörter „das" und „dass" richtig schreiben

- Viele träumen davon, dass Roboter wie Menschen aussehen und sich wie Menschen verhalten können.
- Ein solches Wesen, das in der Fachsprache Android genannt wird, kann heute noch nicht hergestellt werden.
- Das bekannteste Exemplar eines Androiden ist Lieutenant Commander Data aus der Fernsehserie „Star Trek".
- Datas größtes Problem ist, dass er menschliches Verhalten wie Lachen und Gähnen nur imitieren kann.
- Er besitzt ein „positronisches" Gehirn, das circa 60 Billionen Rechenoperationen durchführen kann.
- Damit ist er aber nicht in der Lage, Humor zu verstehen und das zu empfinden, was Menschen fühlen. Sein größter Wunsch ist es deshalb, menschlich zu werden.
- Data hat aber die Fähigkeit, dass er niemals das vergisst, was er gelesen hat. Das wünschen sich wiederum viele Menschen.

1 Wiederholt mithilfe der Sätze oben und der Lernbox auf S. 280, was ihr in den letzten Schuljahren über die Rechtschreibung der Wörter *das* und *dass* gelernt habt:
  • Sucht dazu aus den Sätzen die Wörter *das* und *dass* heraus und erklärt jeweils ihre Schreibweise.
  • Wendet dabei die Ersatzprobe an.

2 Bestimmt jeweils die Wortart der Wörter *das* und *dass* in den Sätzen oben.

Mitgefühl für Roboter

Aus dem Kino kennt man, ▇▇▇▇▇▇ Menschen mit Robotern wie R2-D2 oder WALL-E Mitleid haben. ▇▇▇▇▇▇ empfinden wir auch nicht als etwas Besonderes. ▇▇▇▇▇▇ wir aber für Computer und Roboter in der realen Welt Mitleid haben, zeigt eine neue Studie. ▇▇▇▇▇▇ englische Forscherteam, ▇▇▇▇▇▇ die
5 Studie durchgeführt hat, wollte herausfinden, wie Menschen reagieren, wenn sie erleben, ▇▇▇▇▇▇ andere mit einem Roboter sehr liebevoll oder grob umgehen. Um ▇▇▇▇▇▇ herauszufinden, wurden 40 Teilnehmern verschiedene Video-Sequenzen vorgespielt. Die Teilnehmer sahen in den Videos, ▇▇▇▇▇▇ ein kleiner Dinosaurier-Roboter mal gut und mal schlecht behandelt wurde. ▇▇▇▇▇▇ Er-
10 gebnis war, ▇▇▇▇▇▇ die Zuschauer die stärksten körperlichen Reaktionen zeigten, wenn der Dino-Roboter misshandelt wurde. Viele Teilnehmer gaben weiter an, ▇▇▇▇▇▇ sie sich nach der Szene schlechter fühlten.
▇▇▇▇▇▇ Ziel solcher Forschung ist es, einen Roboter als Begleiter für die Menschen zu entwickeln. Die Wissenschaftler wollen erreichen, ▇▇▇▇▇▇ sich zwi-
15 schen den Nutzern und den Robotern eine emotionale Beziehung entwickelt. ▇▇▇▇▇▇ ist z. B. dann wichtig, wenn Roboter eingesetzt werden, um kranke oder behinderte Menschen zu unterstützen. Es ist notwendig, ▇▇▇▇▇▇ sich der

Kinoheld WALL-E

278

Roboter für sie menschlich anfühlt. ▉▉▉▉▉ gewährleistet, ▉▉▉▉▉ der alltägliche Umgang mit den Robotern für ihre Schützlinge reibungsloser und vertrauter wird.

3 Ergänze jeweils *das* oder *dass*. Hilfen findest du in der Lernbox auf S. 280.

4 Kontrolliere mit einem Lernpartner, ob du die Lücken richtig ergänzt hast. Versucht dabei auch, jeweils die Wortart der eingesetzten Wörter zu bestimmen.

5 Ein Schüler hat diesen Text mithilfe eines Textverarbeitungsprogramms eingegeben:
- Erklärt, warum das Programm das Wort „das" in Zeile 4 und 6 markiert hat.
- Überprüft, ob das Programm die Wörter „das" und „dass" jeweils zutreffend überprüft hat. Übernehmt den Text mit der richtigen Schreibweise der Wörter „das" und „dass" in euer Heft.
- Erläutert, was ihr in Bezug auf die Rechtschreibung der Wörter „das" und „dass" beachten müsst, wenn ihr einen Text mit einem Textverarbeitungsprogramm am PC eingebt.

> Das die Robotertechnik immer neue Wege geht, ist bekannt. Dass Neueste ist ein vierbeiniger Maschinen-Roboter, der Lastenträger ersetzen soll. Die Entwickler zeigen, das ein solcher Roboter auf vier Beinen auch in schwierigem Gelände zurechtkommt. Dass längliche Gerüst, das einem Tierrumpf nachempfunden ist, steht auf vier Beinen. Die sind so beweglich, dass der Roboter im Gelände gut vorankommt. Sollte es passieren, dass er stolpert, kann er allein wieder aufstehen. Erstaunenswert ist, das das Durchschnittstempo bei 6 km/h liegt und das der Roboter auch bergfest ist. ¶

6 Mit den folgenden zwei Texten könnt ihr Fünf-Minuten-Diktate durchführen, um eure Rechtschreibung und die Schreibweise der Wörter *das* und *dass* zu trainieren.
- Ergänzt dazu zunächst allein die Wörter *das* und *dass* in den Lücken des jeweiligen Textes, mit dem ihr üben wollt.
- Kontrolliert, ob ihr die Lücken richtig ergänzt habt. Bestimmt auch wieder die Wortart der eingesetzten Wörter.

7 Führt nun Partnerdiktate mit den Texten durch. Wechselt dabei nach dem ersten Abschnitt die Rolle des Diktierenden. Kontrolliert eure Rechtschreibung sofort. Besprecht und verbessert eventuelle Fehler zusammen.

Hiroshi Ishiguro

„Geminoid-F" (links) von Hiroshi Ishiguro; das Robotergeschöpf ist einer jungen Frau nachempfunden.

▓▓▓▓▓▓ Besondere an den Robotern, die der japanische Professor Hiroshi Ishiguro baut, ist, ▓▓▓▓▓ sie aussehen wie Menschen. Er glaubt, ▓▓▓▓▓▓ wir uns einst in Maschinen verlieben können. Der Professor glaubt nicht, ▓▓▓▓▓▓ Menschen so besonders sind. Für ihn ist es nicht unmöglich,
5 ▓▓▓▓▓▓ die Wissenschaft die Aufgabe löst, den Menschen ganz genau nachzubauen. ▓▓▓▓▓▓ sagt jemand, der damit berühmt geworden ist, ▓▓▓▓▓▓ er im Jahre 2007 der Welt eine Nachbildung seiner selbst vorstellte.
„Geminoid HI-1" ähnelt seinem Schöpfer, Hiroshi Ishiguro, dadurch so sehr, ▓▓▓▓▓▓ er dessen Aussehen und Mimik und Gestik nahezu perfekt kopiert.
10 Ishiguro sagt, ▓▓▓▓▓▓ er zehn Geminoid-Modelle bereits für private Auftraggeber gebaut habe. Er will seine Roboter so weit verbessern, ▓▓▓▓▓▓ sie von Menschen wie Menschen wertgeschätzt werden. Allerdings glaubt er, ▓▓▓▓▓▓ noch viele Jahre vergehen, bis Roboter als gleichwertige Partner angesehen werden. ▓▓▓▓▓▓ Menschen auch Maschinen grundsätzlich als Wesen respektieren
15 können, ▓▓▓▓▓▓ zeigen wissenschaftliche Studien schon heute.

Perfekte Pflege

Personal, ▓▓▓▓▓▓ täglich den Rasen pflegt, konnten sich früher nur Adlige leisten. Heute erledigt ▓▓▓▓▓▓ eine Maschine. „Miimo" schneidet täglich ▓▓▓▓▓▓ Gras, so ▓▓▓▓▓▓ der Rasen wie ein Teppich wird. ▓▓▓▓▓▓ Rasenwunder steuert sich selbst. ▓▓▓▓▓▓ geschieht mithilfe eines Kabels,
5 ▓▓▓▓▓▓ entlang der Rasenbegrenzung verlegt wird.
Die Signale des Kabels sagen dem Roboter, ▓▓▓▓▓▓ er die Richtung wechseln soll. Ein Ventilator sorgt dafür, ▓▓▓▓▓▓ der Rasen absolut professionell gepflegt wird. Er richtet die Halme so aus, ▓▓▓▓▓▓ ▓▓▓▓▓▓ Schneidemesser sie im Winkel von 90 Grad trifft. ▓▓▓▓▓▓ könnte auch der beste Gärtner nicht leisten.

→ „dass"/„das" richtig schreiben
SB, S. 304 – 305 u. 311
AH, S. 44 – 45 u. 86 – 88

→ Wiederholen und üben:
Die Wörter „dass"/„das" richtig schreiben
S. 289, Aufgabe 5

Das brauchst du immer wieder – Das musst du wissen

Die Wörter „das" und „dass" richtig schreiben

- Du schreibst nur die **Konjunktion dass** mit **ss**. Diese leitet immer einen Neben-/Gliedsatz ein. (*Data bedauert, dass er keine Witze versteht.*)
- Du musst **das** schreiben, wenn das Wort ein **bestimmter Artikel** (*das Programm*), ein **Demonstrativpronomen** (*Das ist nötig, …*) oder ein **Relativpronomen** (*Ein Insekt, das …*) ist.

Wenn du dir unsicher bist, führe die folgende **Ersatzprobe** durch:
„Wenn man *dieses, jenes* oder *welches* einsetzen kann, schreibt man *das*. Kannst du d*ieses, jenes* oder *welches* nicht einsetzen, schreibst du *dass*."

280

Auf die Bedeutung achten! – Wortbausteine richtig schreiben

Wiederholung ... widerspiegeln ... – „Wieder-/wieder-" und „Wider-/wider-" richtig schreiben

1 Erklärt, welchen Fehler der Besitzer der Bäckerei bei seinem Verbotsschild gemacht hat. Lest dazu auch die Hinweise in der Lernbox auf S. 282.

> Hier dürfen nur Kunden
> der Bäckerei parken.
> Wiederrechtlich
> abgestellte Fahrzeuge
> werden abgeschleppt.

2 Übernehmt die folgenden Sätze in eure Hefte und vervollständigt die fehlenden Buchstaben. Arbeitet dabei mit der Lernbox auf S. 282.

- Der Film wird noch am gleichen Abend w?derholt.
- Kühe sind W?derkäuer.
- Die Schüler sind mit der Meinung ihres Lehrers nicht einverstanden, sie können aber seine Argumente nicht w?derlegen.
- Es w?derstrebt mir, den ganzen Tag für die Abschlussprüfung zu üben.
- Die W?dergabe der Musik durch die preiswerten Boxen klingt nicht schlecht.
- Die Spieler folgen den Anweisungen ihres Trainers oft nur w?derwillig.
- Als Zeichen der W?dergutmachung lud er sie ins Kino ein.

3 Bilde möglichst viele Wörter mit den beiden Wortsternen.

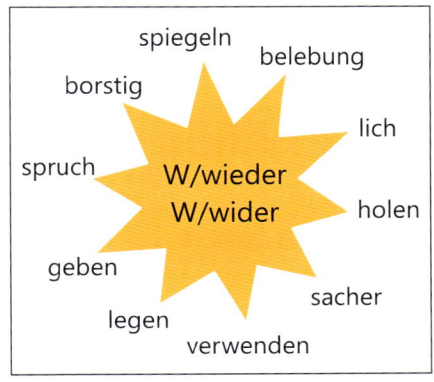
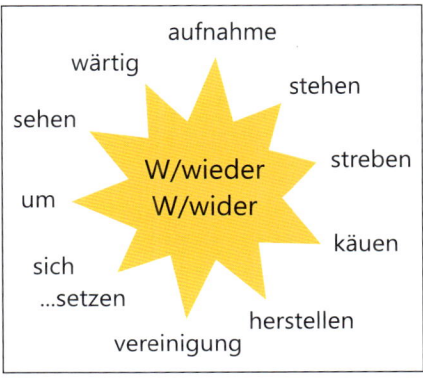

4 Bilde zu den Verben der Wörter aus den Wortsternen von Aufgabe 3 auf S. 281 die Nomen/Substantive und zu den Nomen/Substantiven die entsprechenden Verben. Schreibe sie auf.

> W?derspruch • W?dergewinn • Für und W?der • W?derholung •
> W?derhaken • W?derlegung • W?derruf • W?derlichkeit •
> W?dergabe • W?dersacher • W?deranpfiff • W?deraufstieg •
> W?derbelebung • W?derstand • W?dererstattung • W?dergutmachung
> • W?derspenstigkeit • W?derwort • W?derherstellung •
> W?derrechtlichkeit • W?derkehr • W?derinstandsetzung •
> W?derspiegelung

 5 Schreibe die Wörter in dem Kasten oben in der richtigen Schreibweise auf.

6 Bildet Sätze, in denen Wörter mit „Wieder-/wieder-" und „Wider-/wider-" vorkommen, und diktiert sie euch gegenseitig.

Das brauchst du immer wieder – Das musst du wissen

„Wieder-/wieder-" und „Wider-/wider-"

- Der Wortbaustein **„Wieder-/wieder-"** hat die Bedeutung von *erneut, noch einmal*. Diesen Wortbaustein schreibst du mit „ie".
- Mit einfachem „i" schreibst du den Wortbaustein **„Wider-/wider-"**. Dieser hat die Bedeutung von *gegen, entgegen*.

⊙ Wiederholen und üben: „Wider-"/„Wieder-", „wider-"/„wieder-" richtig schreiben S. 289, Aufgaben 6 und 7

B? Entlassung ... Endspiel ... – die Vorsilben „Ent-/ent-" und „End-/end-" richtig schreiben

 1 Welche der beiden Wortreihen schreibt man mit *Ent-/ent-* und welche mit *End-/end-*? Erklärt jeweils die Schreibweise der Wörter. Hilfen findet ihr auch in der Lernbox auf S. 283.
- ---spurt, ---ziffer, ---los
- ---waffnung, ---führung, ---setzen

 2 Ergänzt bei den folgenden Sätzen die Lücken und begründet eure Entscheidung.
- Nach dem schwachen Halbfinale kam das ■■■gültige Aus.
- Das ganze Spiel über kam die Heimmannschaft nur zu wenigen ■■■lastenden Angriffen.
- So wunderte sich niemand über den ■■■stand von 4:1.

- Trotzdem war die ■■■täuschung riesengroß.
- ■■■gegen allen Erwartungen hielt das Präsidium aber am Trainer fest.

3 Ergänze auch in den folgenden Sätzen die Lücken.
- ■■■gültig lässt sich aber noch nicht sagen, ob er wirklich bis zum Saisonende im Amt bleibt.
- ■■■los wird sich die Vereinsspitze weitere Niederlagen nicht ansehen.
- Schon jetzt fordern die Fans in Sprechchören die ■■■lassung des Trainers.
- Vielleicht ist es nur eine Frage der Zeit, wann er von sich aus ■■■nervt den Verein verlässt.
- Man wird abwarten müssen, ob das Spiel am Wochenende den ■■■punkt der Formkrise der Mannschaft darstellt.

4 Schreibe die Wörter aus dem Kasten in der richtigen Schreibweise auf.

> ?fesseln • ?gültig • ?lang • ?täuschung • ?stück • ?summe • ?werfen • ?gehen • ?machten • ?lauf • ?lich • ?haltung • ?kalken • ?gegnung • ?station • ?ziffer • ?locken • ?schlossenheit • ?nerven

5 Bildet mit den Wörtern aus Aufgabe 4 fünf Sätze und diktiert sie euch gegenseitig. Kontrolliert sofort eure Rechtschreibung.

Das brauchst du immer wieder – Das musst du wissen

„Ent-/ent-" und „End-/end-"

- Die Wörter mit der Vorsilbe **„End-/end-"** haben immer etwas mit **Ende** oder **Schluss** zu tun, z. B. Endergebnis, Endspiel.
- Die Vorsilbe **„Ent-/ent-"** hat nicht die Bedeutung von Ende bzw. Schluss. Häufig hat sie die Bedeutung **weg/fort** oder gibt an, dass **sich etwas ändert**, z. B. Entwicklung, Entscheidung.

These, Argument, Methode ... – sich die Schreibweise von Fremdwörtern einprägen

 1 Sucht aus den folgenden Schlagzeilen die Wörter heraus, die aus einer anderen Sprache stammen. Klärt ihre Bedeutung und bestimmt, zu welcher Sprache sie gehören. Arbeitet dabei mit einem Wörterbuch.

Ein Remis bei den Spaniern nutzt dem deutschen Rekord-Champion nichts mehr.

Ein personell und taktisch veränderter SCP hat in der Rückrunde den Aufstieg klargemacht.

Fulminanter Fernschuss brachte die Entscheidung.

Defensives Mittelfeld spielte so stark wie lange schon nicht mehr.

Attacke gegen den Franzosen brachte den spielentscheidenden Elfmeter.

Der FC produzierte am Wochenende eine weitere Nullnummer in einer desolaten Saison.

Der Coach musste diese Saison das fünfte Mal auf die Tribüne.

Trainer lästert über Schiedsrichter: „Interessanter Mensch, aber bestimmt kein intelligenter."

„Das war der Abstieg", resümierte der Präsident des Clubs.

Trotz respektabler Leistung verloren!

 2 Entscheidet euch, welche der Fremdwortschreibungen richtig sind. Arbeitet wieder mit einem Wörterbuch und klärt auch, welche Bedeutung die Fremdwörter haben und aus welchen Sprachen sie stammen.

- Kommerzialisierung
  Komerzialisierung
  Komertzialisierung
- Produktionsverfahren
  Poduktionsverfahren
  Produxionsverfahren
- Kompostirung
  Kompostierung
  Compostierung

- Ressurcen
  Resourcen
  Ressourcen
- Recycling
  Receicling
  Riceicling
- Ökologie
  Öhkologie
  Ökohlogie

- Effizienz
  Effizientz
  Efizienz
- Radioacktivität
  Radioaktivität
  Radioaktiwität
- kommerziell
  komerziel
  komerziell

- globahl
  global
  Global
- Katalüsator
  Katalhysator
  Katalysator
- Konzentrat
  Conzentrat
  Kontzentrat

284

In einem Wörterbuch findet ihr auch verwandte Wörter zu den Fremdwörtern. Diese könnt ihr zu Hilfe nehmen, um euch die Schreibweise einzuprägen:

> **Kom|merz**, der; -es ⟨lat.⟩ (Handel u. Geschäftsverkehr)
> **Kom|merz|fern|se|hen** (*meist abwertend für* Privatfernsehen)
> **kom|mer|zi|a|li|sie|ren** (kommerziellen Interessen unterordnen; *Finanzw.* öffentl. Schulden in privatwirtschaftl. umwandeln)
> **Kom|mer|zi|a|li|sie|rung**
> **Kom|mer|zi|al|rat** *Plur.* ...räte (*österr. für* Kommerzienrat; *Abk.* KR *u.* Komm.-Rat); **Kom|mer|zi|al|rä|tin** (*Abk.* KR *u.* Komm.-Rätin)
> **kom|mer|zi|ell** ⟨*zu* Kommerz⟩
> **Kom|mer|zi|en|rat** *Plur.* ...räte (*früher* Titel für Großkaufleute u. Industrielle); **Kom|mer|zi|en|rä|tin**

> **Kon|zen|t|rat**, das; -[e]s, -e ⟨lat.; griech.⟩ (angereicherter Stoff, hochprozentige Lösung; hochprozentiger Auszug)
> **Kon|zen|t|ra|ti|on**, die; -, -en (Zusammenziehung [von Truppen]; [geistige] Sammlung; *Chemie* Gehalt einer Lösung); **Kon|zen|t|ra|ti|ons|fä|hig|keit**
> **Kon|zen|t|ra|ti|ons|la|ger**, das; -s, - (*Abk.* KZ)
> **Kon|zen|t|ra|ti|ons|man|gel**, der; **Kon|zen|t|ra|ti|ons|schwä|che**
> **kon|zen|t|rie|ren** ([Truppen] zusammenziehen, vereinigen; *Chemie* anreichern, gehaltreich machen); sich konzentrieren (sich [geistig] sammeln); **kon|zen|t|riert** (*Chemie* angereichert, gehaltreich; *übertr. für* gesammelt, aufmerksam)
> **Kon|zen|t|riert|heit**, die; -
> **Kon|zen|t|rie|rung**

3 Beschreibt, welche Informationen ihr aus den beiden Wörterbuchauszügen erhaltet. Welche Besonderheiten der beiden Fremdwörter *Konzentration* und *Kommerz* kann man sich über die verwandten Wörter einprägen?

4 Arbeite mit dem Wörterbuch und stelle auch zu anderen Fremdwörtern aus
○○ Aufgabe 1 und 2 Wortfamilien aus verwandten Wörtern zusammen.
- Wähle die Fremdwörter aus, bei deren Schreibweise du dir noch unsicher bist.
- Unterstreiche dann die Besonderheiten der Schreibweisen, die du dir einprägen willst.

5 Die Fremdwörter in dem folgenden Kasten werden oft benutzt. Wähle zehn
●○ Fremdwörter, deren Bedeutung du nicht kennst, aus. Arbeite dann so mit ihnen:
- Schreibe sie mit ihrer deutschen Bedeutung auf.
- Schreibe sie in alphabetischer Reihenfolge auf.
- Schreibe sie jeweils, soweit möglich, mit zwei Wortverwandten auf.

> Intellekt • These • Methode • Computer • Rhetorik •
> Code • Interesse • Dialekt • Appell • Chronik • Hypothese •
> Charakteristik • Attribut • Syntax • irreal • Akkusativ • Comic •
> Aphorismus • Anapher • Rhythmus • Strophe • Konflikt •
> Struktur • Theater • Phase • Philosoph • Alliteration •
> Dialekt • Subjekt • Metapher

6 Arbeite auch mit den Fremdwörtern in dem folgenden Kasten wie in Aufgabe 5 auf S. 285.

> Skizze • aktiv • Physik • sympathisch • Synthese • Asyl • absolvieren • Apostroph • Athlet • passiv • Revolution • Ventil • demonstrativ • Dramatik • Gestik • Mimik • Phobie • Atmosphäre • Abonnement • progressiv

 7 Die folgenden Schreibweisen sind typisch für Fremdwörter. Übernehmt die Übersicht in eure Hefte und ordnet die Fremdwörter aus Aufgabe 5 und 6 darin ein. Einige Fremdwörter könnt ihr mehrmals zuordnen.

th	ph	rh	doppelter Konsonant
Theater, ...	Paragraph, ...	Rheuma, ...	Illusion, ...

y	C/c (am Wortanfang)	k (vor Konsonant und am Wortende)	V/v oder -iv
Typ, ...	Cousin, ...	Subjekt, ...	aktiv, ...

 8 Findet mithilfe des Wörterbuches mindestens noch fünf eigene Beispiele für die einzelnen Schreibweisen, die für Fremdwörter typisch sind.

 9 Dies sind häufige Bausteine von Fremdwörtern. Findet dazu mindestens fünf Fremdwörter, die mit ihnen gebildet werden. Ihr könnt ein Wörterbuch benutzen, wenn euch nicht genügend Fremdwörter einfallen.

bio (Leben) – *Biologie, Biochemie, Biotop, ...*
c(k)on/c(k)om (zusammen) – *Computer, Kommunikation, kombinieren, ...*
ex (heraus) – ...
inter (zwischen) – ...
in (nicht) – *inhuman, ...*
logie (Lehre von) – ...
phon/fon (Klang) – ...
super (über) – ...
tele (fern) – ...
trans (hinüber) – ...
uni (ein) – ...
ultra (über ... hinaus) – ...

 10 Sieh dir noch einmal alle Fremdwörter in diesem Kapitel an.
- Lege dir eine Liste mit den Fremdwörtern an, bei deren Schreibweise du noch nicht ganz sicher bist.
- Übe die Schreibweise dieser Fremdwörter so, wie es in der Lernbox auf der nächsten Seite beschrieben wird.

11 **Durchstarten!** So könnt ihr weiterarbeiten:

a Erstellt eigene Übungen, um die Schreibweise von Fremdwörtern zu
●○ trainieren, und tauscht sie untereinander aus. Geht dabei z. B. so vor:
 – Erstellt mithilfe eines Wörterbuches Listen mit richtigen und falschen Schreibweisen von Fremdwörtern wie in Aufgabe 2 auf S. 284.
 – Schreibt Fremdwörter mit ihren deutschen Bedeutungen ungeordnet auf. Ordnet dann die Fremdwörter und ihre Bedeutungen zu.
 – Erstellt mithilfe eines Wörterbuches Silben- oder Kreuzworträtsel.
 – Erstellt Aufzählungen mit Fremdwörtern, mit denen die anderen wie in Aufgabe 5 und 6 auf S. 285 – 286 arbeiten können.

b Oft wirst du in Einstellungstests nach der Bedeutung von Fremdwörtern
●● gefragt. Bereite dich auf solche Tests vor. Gib in einer Suchmaschine die Begriffe „Einstellungstest Fremdwörter" ein. Dann findest du Internetseiten, die Übungen zu Fremdwörtern anbieten, wie sie in Einstellungstests vorkommen.

c Wählt zehn Fremdwörter aus und bildet Sätze mit ihnen. Diktiert sie euch
●○ gegenseitig.

Das brauchst du immer wieder – Das musst du wissen

Die Rechtschreibung von Fremdwörtern einprägen

So kannst du dir die Schreibweise von Fremdwörtern einprägen:

- Wähle fünfzehn Fremdwörter aus und schreibe sie in **alphabetischer Reihenfolge** auf.
- Schreibe das Wort in **anderen Formen** auf (*Personifikation – Personifikationen – personifiziert*).
- **Zerlege** die Fremdwörter **in Silben** und schreibe sie auf (*Per-so-ni-fi-ka-tion*).
- Zeichne die **Umrisse** der Fremdkwörter und setze sie ein .
- Präge dir **mehrere Fremdwörter** ein und **schreibe sie aus dem Gedächtnis auf**. Kontrolliere dann sofort die Schreibweise und korrigiere die Fehler.
- Bilde **kurze Sätze** mit den Fremdwörtern und schreibe sie in dein Heft. Diktiert euch diese Sätze gegenseitig.
- Kläre bei **Fremdwörtern** immer ihre **Bedeutung**, bevor du ihre Schreibweise übst.

Tipp: Du kannst immer auch mit einen **Wörterbuch** arbeiten, um andere Formen, Wortverwandte oder die Silbentrennung zu Fremdwörtern zu finden oder die Bedeutung von Fremdwörtern zu klären.

◐ Fachbegriffe richtig schreiben
AH, S. 47 – 49

Alles klar? – Wiederholen und üben

Fehlerschwerpunkte und einfache Verfahren kennen

Müllnotstand

Die *Wohlstantsgesellschaft/Wohlstandsgesellschaft* ist das Ziel aller Staaten. Die Folgen dieser *Entwicklung/Entwiklung* bestehen darin, *dass/das* hochwertige Rohstoffe in *Produkte/Produckte* verwandelt werden, um *anschließend/anschliessend* auf dem *Müll/Mül* zu landen. Die damit verbundenen Probleme werden *verdrängt/*
5 *verdränkt*. Den technischen Höchstleistungen bei der *Herstellung/Herstellunk* steht eine erschreckende *Radlosigkeit/Ratlosigkeit* in Bezug auf die Vermeidung, Verwertung und Beseitigung von Resten und *Abfall/Abfahl* gegenüber. Elektronikschrott und *Plastik/Plastick* sind Giftmüll und *unverrotbar/unverrottbar*. Sie werden oft in *Entwicklungsländern/Entwicklungslendern* entsorgt. Dort bildet der Müll der In-
10 dustriestaaten die Existenzgrundlage ganzer Bevölkerungsgruppen. Natürlich ist der Müll dort nicht weniger *schädlich/schedlich* als in den Industrieländern.

 1 Entscheide bei den kursiv gedruckten Wörtern, welches jeweils die richtige Schreibweise ist.

 2 Ordnet die Wörter den Rechtschreibbereichen zu. Arbeitet dabei mit der Übersicht auf S. 266.

 3 Erklärt, welcher Tipp oder welche Rechtschreibregel euch helfen, die Wörter richtig zu schreiben. Hilfen findet ihr in dem Kasten auf S. 269.

Nominalisierungen/Substantivierungen erkennen

 4 Schreibe die folgenden Sätze in der richtigen Schreibweise auf.

- Im F/folgenden (?) werde ich eine Z/zusammenfassung (?) der Argumente darlegen.
- Nur ein einziges M/mal (?) passte er nicht auf, schon passierte E/etwas (?).
- Die Jungen ließen sich noch ein B/bisschen (?) Zeit, dann versuchten sie den Aufstieg von N/neuem (?).
- Markus verpasste G/gestern (?) A/abend (?) das Konzert, weil er sich im F/fernsehen (?) einen Film über einen B/berliner (?) Künstler angesehen hatte und danach ein P/paar (?) Minuten zu spät aus dem Haus gegangen war.
- Zwei J/jugendliche (?) wurden am F/freitagabend (?) im Rathaus ausgezeichnet, weil beide fast allein ein Stadtteilfest organisiert hatten.
- Im A/allgemeinen (?) sind die Schülerinnen und Schüler der Klasse 10a mit ihren Lehrern zufrieden, schon seit L/längerem (?) herrscht eine gute Arbeitsatmosphäre.

- Das M/meiste (?) hatte er bereits nach dem ersten Lesedurchgang verstanden, im F/folgenden (?) wollte er sich jedoch noch genauer mit den drei Texten auseinandersetzen, vor allem mit dem E/ersten (?).
- Tiere können Töne wahrnehmen, vor A/allem (?) besonders H/hohe (?), deren Existenz dem Menschen ohne W/weiteres (?) nicht bewusst ist.

Die Wörter „das"/„dass" richtig schreiben

5 Ergänzt in den folgenden Sätzen zu dem Buch „Sofies Welt" von Jostein Gaarder die Wörter *das* oder *dass*. Bestimmt in den Klammern die jeweilige Wortart (A = Artikel, D = Demonstrativpronomen, R = Relativpronomen oder K = Konjunktion).

- ▪▪▪▪▪ (?) Interessante an den Themenfeldern der Philosophie ist, ▪▪▪▪▪ (?) sie beinahe alle Bereiche des Lebens erfassen.
- Das Buch „Sofies Welt", ▪▪▪▪▪ (?) der norwegische Autor Jostein Gaarder verfasst hat, trägt dazu bei, ▪▪▪▪▪ (?) Jugendliche sich mit der Geschichte der Philosophie von den Anfängen bis zur Gegenwart beschäftigen können.
- Der Roman ist derart verständlich und gleichzeitig spannend geschrieben, ▪▪▪▪▪ (?) man nicht aufhören mag, darin zu lesen.
- ▪▪▪▪▪ (?) ist deshalb so ungewöhnlich, weil die Philosophie bisher als äußerst schwer zu verstehende Wissenschaft galt.
- „Sofies Welt", ein Buch, ▪▪▪▪▪ (?) zunächst nur für Jugendliche gedacht war, wurde auch von vielen Erwachsenen gelesen.
- 1994 erhielt ▪▪▪▪▪ (?) Buch den Deutschen Jugendliteraturpreis.

„Wider-"/ „Wieder-", „wider-"/ „wieder-", richtig schreiben

6 Übernimm den Text „Unnötige Streitereien" in der richtigen Schreibweise in dein Heft. Lies eventuell noch einmal in der Lernbox auf S. 282 nach.

Unnötige Streitereien

Viele Menschen machen immer *wieder/wider* aufgrund ihrer Sturheit aus einer Kleinigkeit einen Rechtsstreit. Ein bisschen laute Musik, ein paar *Wider-/Wiederworte* in einem Streit oder ein überhängender Ast macht aus Nachbarn zwei sich bekämpfende *Wider-/Wiedersacher*. Von außen betrachtet ist es *wider-/wiedersin
5 nig*, damit die Gerichte zu bemühen.
Oft entsteht beiden Parteien dadurch nur ein finanzieller Schaden, den niemand *wider-/wiedererstattet* bekommt. Deshalb empfehlen die Richter den *wider-/wiederwilligen* Kontrahenten meistens, ihre Anklagen *wider/wieder* zurückzunehmen und zu *wider-/wiederrufen*.

7 Führt mit dem Text „Unnötige Streitereien" ein Partnerdiktat durch. Wechselt die Rolle des Diktierenden und des Schreibenden nach dem ersten Absatz. Kontrolliert sofort eure Rechtschreibung und verbessert Fehler.

Deutschtraining – üben, wiederholen und mehr

In diesem Trainingskapitel kannst du noch einmal wichtige Bereiche der Rechtschreibung, Zeichensetzung und Grammatik wiederholen und üben.

Zu folgenden Themen, die du in den letzten Jahren in P.A.U.L. D. kennengelernt hast, findest du hier zahlreiche Übungsmöglichkeiten:
- Groß- und Kleinschreibung (Nominalisierungen/Substantivierungen, Zeitangaben, Orts- und Herkunftsbezeichnungen),
- Getrennt- und Zusammenschreibung,
- s-Laute und die Rechtschreibung der Wörter *das* und *dass*,
- Kommasetzung in Satzgefügen,
- die Regeln des Zitierens,
- Wortarten,
- Satzglieder,
- Konjunktiv in der indirekten Rede.

Wenn du mit den einzelnen Kapiteln des Deutschtrainings arbeitest, beachte folgende **Lerntipps**:
- Übe nicht zu viel auf einmal. Arbeite lieber immer wieder **regelmäßig** und eine **kürzere Zeit** zu den einzelnen Themen. So kannst du dir das Gelernte besser im Gedächtnis einprägen.
- Arbeite bei den Übungen möglichst oft mit einem **Lernpartner** zusammen. So könnt ihr euch gegenseitig Hinweise geben und kontrollieren. Auch lernst du besser, wenn du dich mit jemandem über die Aufgaben, Übungen und ihre Lösungen austauschst.
- Am Anfang der einzelnen Kapitel findest du eine **Lernbox** mit den wichtigsten Hinweisen und Regeln zu den jeweiligen Themen. Lies dort immer wieder nach, wenn du mit den Übungen arbeitest. Durch das wiederholte Lesen prägen sich die Informationen langfristig im Gedächtnis ein.
- Eine sichere Rechtschreibung bekommst du durch Übung. Du findest in allen Kapiteln zur Rechtschreibung Texte, mit denen du deine Rechtschreibung trainieren kannst. Führe mit diesen Texten **Selbst- und Partnerdiktate** durch. Übe auch hier nicht zu viel auf einmal, sondern regelmäßig, möglichst jeden Tag, immer wieder eine kurze Zeit (z. B. zehn bis fünfzehn Minuten).
- Kontrolliere dich selbst, inwieweit du die einzelnen Themen beherrschst. Du findest dazu am Ende der einzelnen Kapitel Aufgaben unter der Überschrift **„Teste dich selbst!"**. Die Lösungen und die zu erreichenden Punkte findest du im **Lösungsteil auf S. 367 – 373**. Wiederhole die Übungen im Deutschtraining, wenn du feststellst, dass du in bestimmten Bereichen noch unsicher bist oder Schwierigkeiten hast.

Rechtschreibtraining – Groß- und Kleinschreibung

Das musst du großschreiben! – Nominalisierungen/Substantivierungen

Basiswissen

- Viele Wortarten, die sonst kleingeschrieben werden, können im Satz zu einem Nomen/Substantiv werden. Sie werden dann **nominalisiert/substantiviert** und **großgeschrieben**. (*Das* **Reden** *fällt ihm schwer*.)
- Oft erkennst du solche **Nominalisierungen/Substantivierungen** daran, dass davor ein **Begleiter** steht, der das Wort deutlich als Nomen/Substantiv kennzeichnet. (*Im* (= *In dem*) **Folgenden** *werde ich erklären, … Des* **Weiteren** *erkläre ich, … Es gibt* nichts **Neues**. *Wir wünschen dir* alles **Gute**.)

1 Schreibe die folgenden Satzpaare in dein Heft und entscheide dabei, ob du die gekennzeichneten Wörter groß- oder kleinschreiben musst.

- Im ALLGEMEINEN lernen Schüler im Geschichtsunterricht etwas über die europäischen Seefahrer und Entdecker. Das Thema ist heute noch von ALLGEMEINEM Interesse.
- Christoph Kolumbus spielte eine ENTSCHEIDENDE Rolle für die Entdeckungsfahrten. Das heißt nicht, dass es vorher nichts ENTSCHEIDENDES in diesem Bereich gegeben hätte.
- Heute erscheinen uns diese Entdeckungsfahrten vielleicht nicht mehr als etwas BESONDERES. Uns erscheint das Reisen ins Weltall als BESONDERES Abenteuer.
- Wir BETRACHTEN das Reisen heute anders, als man es vor 500 Jahren tat. Beim genaueren BETRACHTEN fällt uns jedoch auf, dass das Überwinden großer Entfernungen vor 500 Jahren viel schwieriger war.
- Auf eine lange Seereise begab man sich damals nicht ohne WEITERES. Nach Kolumbus begaben sich WEITERE Seefahrer auf den Weg über den Atlantik.
- Das ÜBERQUEREN des Atlantiks konnte mehrere Wochen dauern. Kolumbus brauchte ca. zehn Wochen, um ihn zu ÜBERQUEREN.
- Eine solche Seereise war etwas UNGEWÖHNLICHES. Für viele Menschen war es ohnehin nicht GEWÖHNLICH zu reisen.
- Bei ihrer Abreise wünschte man den Seefahrern alles GUTE. Die Angehörigen hofften auf eine GUTE Heimkehr.

→ Nominalisierungen/Substantivierungen
SB, S. 275–276,
AH, S. 42–43 u. 52–53

(Kolumbus' Schiffe Santa Maria, Niña und Pinta, Gemälde von Rafael Torres, 1847–1900)

Ein Text zum Üben – die Rechtschreibung von Nominalisierungen/Substantivierungen trainieren

1 Entscheidet bei den hervorgehobenen Wörtern jeweils, ob ihr sie groß- oder kleinschreiben müsst. Begründet eure Entscheidung.

Die Erforschung des Wilden Westens – die Lewis-und-Clark-Expedition

Um 1800 war die Fläche der USA noch sehr viel kleiner, als wir dies heute kennen. Als im Jahr 1803 der amerikanische Präsident ein Louisiana-Territorium genanntes Gebiet von Frankreich KAUFTE, änderte sich dies auf einen Schlag. Der KAUF kostete die USA 15 Millionen Dollar – ein geringer Preis. Dass Thomas Jefferson,
5 der Präsident, das Gebiet ERWERBEN konnte, war ein Glücksfall. Denn das ERWERBEN dieses Gebietes vergrößerte die Fläche der USA auf einen Schlag um das DOPPELTE. Diese DOPPELTE Fläche konnte jedoch nicht ohne WEITERES besiedelt werden. Es waren umfassende WEITERE Maßnahmen nötig.
Im FOLGENDEN beauftragte Jefferson zwei Männer, Meriwether Lewis und Wil-
10 liam Clark, damit, die neuen Gebiete zu ERFORSCHEN. Sie nutzten die FOLGENDEN zwei Jahre für das ERFORSCHEN dieser Gebiete. Die Expedition begann im Mai 1804 in St. Louis. Sie folgte zumindest zum Teil den großen Flussläufen. Die Expeditionsteilnehmer mussten viele Schwierigkeiten und GEFAHRVOLLE Situationen überwinden. Etwas GEFAHRVOLLES war zum Beispiel das ÜBERWIN-
15 TERN in der Wildnis. Die Expeditionsteilnehmer ÜBERWINTERTEN 1804/05 in Fort Mandan, das sie gegründet hatten. Für das GELINGEN der Expedition war es vielleicht das WICHTIGSTE, dass Lewis und Clark Unterstützung von den amerikanischen Ureinwohnern, den Indianern, erhielten. Ohne diese WICHTIGE Hilfe wären die beiden möglicherweise gescheitert. Im November 1805 erreichten sie
20 die Pazifikküste. Beim ERKUNDEN der NEUEN Gebiete, die sie durchquerten, entdeckten Lewis und Clark viel NEUES, z. B. zahlreiche vorher unbekannte Tiere und Pflanzen.
Nach ihrer Rückkehr wurden die Expeditionsteilnehmer ohne WENN und ABER als Helden gefeiert, auch wenn man sich heute im ALLGEMEINEN nur noch an
25 die Namen der Expeditionsleiter erinnert. Im FOLGENDEN wurde der Westen des nordamerikanischen Kontinents immer weiter besiedelt. Für die
30 Ureinwohner bedeutete dies nichts GUTES. Die FOLGENDEN Jahrzehnte waren von Auseinandersetzungen zwischen den Siedlern und den amerikani-
35 schen Ureinwohnern geprägt.

Meriwether Lewis und William Clark

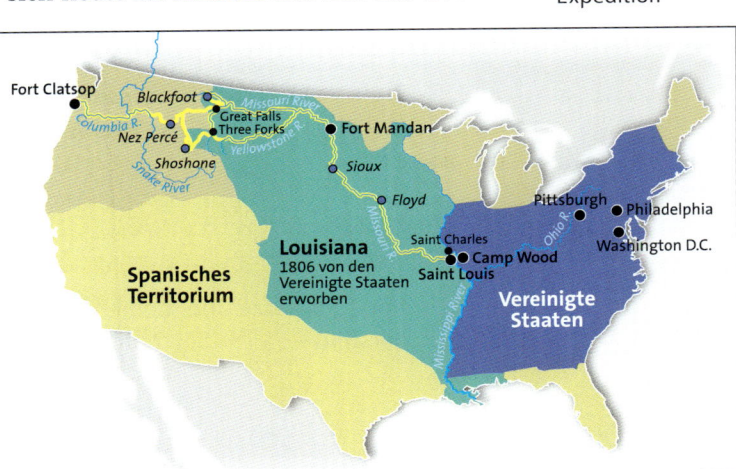

Verlauf der Lewis-und-Clark-Expedition

Es war am Donnerstag – Zeitangaben

Basiswissen

- **Zeitangaben** in der Form eines **Nomens/Substantivs** schreibt man **groß** (z. B.: *der Abend, eines Abends, der Montagabend, das Gestern*).
- **Zeitangaben** in der Form eines **Adverbs** schreibt man **klein** (z. B.: *gestern, heute, morgen, abends, montags*).

1 Entscheide, ob du die Wörter, hinter denen ein Fragezeichen steht, groß- oder kleinschreiben musst.

Theodor de Bry: Landung des Kolumbus auf Guanahani (Kupferstich, 1594)

- Am 12. Oktober 1492 erreichte Kolumbus am frühen M/morgen (?) die Karibikinsel, die die Einwohner „Guanahani" nannten.
- Er betrat M/morgens (?) den Strand der Insel.
- An diesem D/donnerstagmorgen (?) entfaltete Kolumbus eine Flagge der spanischen Könige am Strand.
- Am Tag zuvor, einem M/mittwoch (?), hatte man von der Pinta, einem von Kolumbus' Schiffen, aus zum ersten Mal Land gesichtet.
- Ein Matrose an Bord der Pinta könnte gesagt haben: „Wir haben G/gestern (?) Land gesichtet, H/heute (?) M/morgen (?) werden wir den Strand betreten."
- Kolumbus könnte in sein Logbuch geschrieben haben: „Wir erreichten die erste Insel D/donnerstags (?)."
- Noch H/heute (?) gedenkt man in Amerika dieses D/donnerstags (?).
- Im Hier und H/heute (?) hat sich die Sichtweise auf die damaligen Ereignisse allerdings verändert.
- Die negativen Folgen der Eroberung Amerikas durch die Europäer sind für die Nachfahren der Ureinwohner H/heute (?) noch spürbar.

2 Schreibe die Zeitangaben in dem Kasten richtig auf.

→ Zeitangaben AH, S. 54–55

> GESTERN ABEND • HEUTE MITTAG • MORGEN NACHMITTAG • LETZTE WOCHE • GESTERN MORGEN • VORMITTAGS • VORGESTERN • AM MITTWOCH • DONNERSTAGABEND • IMMER SONNTAGMORGENS • JEDEN FREITAG • NACHMITTAGS • FREITAGNACHMITTAG • SAMSTAGMORGEN • NACH DEM WOCHENENDE

3 Schreibe fünf Sätze über deinen Schulalltag. Benutze in jedem der Sätze eine der Zeitangaben aus Aufgabe 2.

Italien, Brandenburger Tor ... – Herkunfts- und Ortsnamen

Basiswissen

1. **Ortsnamen** sind **Eigennamen** und werden **großgeschrieben** (z. B.: *der Bodensee*).
2. Herkunfts- und Ortsbezeichnungen auf **-er** werden **großgeschrieben** (z. B.: *ein Dortmunder Fußballverein*).
3. Herkunfts- und Ortsbezeichnungen auf **-isch** werden nur dann **großgeschrieben**, wenn sie Bestandteil eines **Eigennamens** sind (z. B.: *der Pazifische Ozean*).
4. Herkunfts- und Ortsbezeichnungen auf **-isch** werden **kleingeschrieben**, wenn sie nicht Bestandteil eines Eigennamens sind (z. B.: *chinesische Schriftzeichen*).
5. Das **erste Wort** eines **Straßennamens** wird großgeschrieben, auch die zum Straßennamen gehörenden Zahlwörter und Adjektive (z. B.: *die Lange Straße*).

1 Entscheide, ob die hervorgehobenen Wörter auf *-isch* jeweils groß- oder kleingeschrieben werden müssen. Schreibe jeweils hinter den Satz, ob du Regel 3 oder Regel 4 aus dem Basiswissen angewendet hast.

– Der Entdecker Christoph Kolumbus war ITALIENISCHER Herkunft.
– Seinen Auftrag bekam er von dem SPANISCHEN Königspaar.
– Kolumbus überquerte den ATLANTISCHEN Ozean.
– Er erreichte die WESTINDISCHEN Inseln.
– Die SPANISCHEN Schiffe hatten eine lange Reise hinter sich.

➔ Herkunfts- und Ortsnamen
AH, S. 56

2 Schreibe die folgenden Sätze in der richtigen Form in dein Heft. Entscheide, ob du die Wörter, hinter denen ein Fragezeichen steht, groß- oder kleinschreiben musst. Schreibe die Nummer der Regel aus dem Basiswissen, die du angewendet hast, hinter die jeweilige Ortsangabe.

– Der I/italienische (?) Entdecker und Händler Marco Polo reiste im 13. Jahrhundert nach C/china (?).
– Marco Polo und seine Familie stammten aus der Stadt V/venedig (?).
– Die V/venezianischen (?) Händler gehörten zu dieser Zeit zu denen, die die weitesten Reisen unternahmen.
– Marco Polo blieb fast 25 Jahre in A/asien (?).
– Er erreichte sogar den P/pazifischen (?) Ozean. Allerdings erwähnt Polo in seinen Reiseberichten die C/chinesische (?) Mauer nicht.
– Deshalb glauben einige E/europäische (?) Wissenschaftler heute, dass er nicht in C/china (?) gewesen sei. Eine B/berliner (?) Straße heißt heute nach dem Entdecker M/marco-P/polo-Straße (?).

Marco Polo
(ca. 1254 – 1324)

295

Teste dich selbst! – Groß- und Kleinschreibung

1 Schreibe die folgenden Sätze in dein Heft. Entscheide dabei, ob du die gekennzeichneten Wörter groß- oder kleinschreiben musst.

- Die WICHTIGSTEN Ereignisse seiner ersten Entdeckungsfahrt hielt Kolumbus in einem Bordbuch fest. Hier findet man das WICHTIGSTE über die Fahrt.
- Kolumbus glaubte, dass er beim BETRETEN der Inseln Asien erreicht hätte. Ihm war nicht klar, dass er einen neuen Kontinent BETRETEN hatte.
- Kolumbus wusste nichts GENAUES über die von ihm 1492 entdeckten Inseln. Erst einige Jahre später hatte man GENAUERE Kenntnisse.
- Im FOLGENDEN kamen immer mehr Europäer nach Amerika. Die FOLGENDEN Jahrzehnte führten spanische Entdecker und Eroberer vor allem nach Mittel- und Südamerika.
- Sie entdeckten für sie NEUE Tiere und Pflanzen. Für die Ureinwohner waren diese allerdings nichts NEUES.

2 Schreibe die folgenden Sätze in der richtigen Form in dein Heft. Entscheide dabei, ob du die gekennzeichneten Zeitangaben groß- oder kleinschreiben musst.

- Am DIENSTAGMORGEN haben wir in der ersten Stunde Deutsch.
- Im LETZTEN JAHR waren wir in den Sommerferien in Spanien.
- Ich habe DONNERSTAGS immer bis zum NACHMITTAG Unterricht.
- Das ist HEUTE NACHMITTAG aber anders. Wir dürfen schon MITTAGS nach Hause gehen.
- Den NACHMITTAG kann ich zum Fußballspielen nutzen.

3 Schreibe die folgenden Sätze in der richtigen Form in dein Heft. Entscheide dabei, ob du die gekennzeichneten Herkunfts- und Ortsbezeichnungen groß- oder kleinschreiben musst.

- Einige Wikinger waren NORWEGISCHE Seefahrer.
- Sie machten im frühen Mittelalter die EUROPÄISCHEN Küsten unsicher.
- Einige Forscher meinen, dass die Wikinger schon lange vor Kolumbus in NORDAMERIKA gewesen sein könnten.
- An der KANADISCHEN Küste gibt es Siedlungsreste, die von den Wikingern stammen könnten.
- Dazu müssten sie den ATLANTISCHEN Ozean überquert haben.
- Um das Jahr 1000 soll der GRÖNLÄNDER Leif Eriksson in Neufundland gelandet sein.

Die Lösungen und die zu erreichenden Punkte findest du auf S. 366.

Wikingerschiff (Rekonstruktion)

Rechtschreibtraining – Getrennt- und Zusammenschreibung

Die Grundregeln – Wortgruppen getrennt schreiben und Zusammensetzungen zusammenschreiben

Basiswissen

Die **wichtigsten Regeln** für die Getrennt- und Zusammenschreibung sind folgende:

- Bei einer **Wortgruppe** aus mehreren Wörtern behalten die einzelnen Wörter ihre Bedeutung. Eine solche Wortgruppe wird immer **getrennt** geschrieben.
  Beispiele: *Marcel ist ein **vom Fußball begeisterter** Junge.*
  *Nach der Operation kann er **wieder sehen**.*

- Bei einer **Zusammensetzung** erhalten mehrere Einzelwörter eine neue Gesamtbedeutung. Sie werden dann **zusammengeschrieben**.
  Beispiele: *Marcel ist ein **fußballbegeisterter** Junge.*
  *Ich möchte sie gern **wiedersehen**.*

1 Wortgruppe oder Zusammensetzung? Schreibe die folgenden Satzpaare in der richtigen Schreibweise auf.

- Sollen wir ZURÜCKFAHREN oder ZURÜCKGEHEN?
  Ich möchte noch nicht ZURÜCKFAHREN, sondern lieber noch einen Tag bleiben.
- VONANGSTERFÜLLT betrat er das finstere Gebäude.
  ANGSTERFÜLLT versteckte sie sich hinter der Mauer.
- Mike hatte JAHRELANG die Sportgruppe betreut, dann beendete er sein Engagement.
  VIELEJAHRELANG betrieb sie Leichtathletik, dann wechselte sie die Sportart.
- Noch VIELEMALE versuchte er, sie umzustimmen.
  Ich danke Ihnen VIELMALS für die Unterstützung.
- Sie hatten FESTVEREINBART, das Treffen noch in der gleichen Woche stattfinden zu lassen.
  Er musste FESTSTELLEN, dass er sich geirrt hatte.
- Sie hat die Rede FREIGEHALTEN.
  Wir werden allen FREISTELLEN, wie sie ihre Arbeit einteilen.
- Sie verließ BITTERBÖSE die Versammlung.
  Wenn etwas BITTERSCHMECKT, mag ich es nicht.
- Wenn wir noch einmal AUFEINANDERTREFFEN, werden wir uns bestimmt wieder so gut verstehen.
  Ihr müsst besser AUFEINANDERACHTEN.

Weitere Tipps – Getrennt- und Zusammenschreibung üben

Basiswissen

Neben der **Grundregel**, dass Wortgruppen immer getrennt und Zusammensetzungen immer zusammengeschrieben werden, kannst du dir noch **folgende Tipps** merken:

- Verbindungen aus einem **Nomen/Substantiv** und einem **Verb** werden in der Regel **getrennt geschrieben** (*Fahrrad fahren, Ski laufen, Eis essen*).

- Wird eine solche Verbindung aus Nomen/Substantiv und einem Verb im Satz insgesamt als **Nomen/Substantiv gebraucht**, musst du sie **groß-** und **zusammenschreiben** (*das Fahrradfahren, das Skilaufen, das Eisessen*).

- Verbindungen aus **zwei Verben** werden in der Regel **getrennt** geschrieben (*schwimmen gehen, lesen können, sitzen bleiben*).

- **Verbindungen mit dem Hilfsverb „sein"** werden immer **getrennt** geschrieben (*da sein, hier gewesen, vorbei sein*).

1 Schreibe die folgenden Sätze in der richtigen Schreibweise auf.

- Das Angebot ist SUPERGÜNSTIG, du solltest dir jedoch GUTÜBERLEGEN, ob die Qualität stimmt.
- Möchtest du noch länger hier SITZENBLEIBEN? Ich habe gerade jemanden KENNENGELERNT, wir wollen zum EISLAUFEN gehen.
- Die KUNSTSTOFFVERARBEITENDE Industrie boomt seit dem letzten Jahrhundert.
- Als er schließlich DAWAR, hatte sich die Versammlung schon aufgelöst. Deshalb wollte er sofort wieder HEIMFAHREN und sich beim COMPUTERSPIELEN entspannen.
- Manche Pädagogen befürworten, dass Kinder bereits im Kindergarten LESENLERNEN.
- Die Schreibweise von kennenlernen/kennen lernen ist FREIGESTELLT.
- Wenn du FREISPRICHST, hört dein Publikum dir interessierter zu.
- Der Richter hatte nicht die Absicht, die Angeklagte FREIZUSPRECHEN.
- Bei EISKALTEM Wetter ist das AUTOFAHREN sehr gefährlich. Daran solltest du natürlich auch denken, wenn du FAHRRADFÄHRST.
- Du solltest das Gemüse zunächst mit einem BLANKGEPUTZTEN Messer KLEINSCHNEIDEN. Dann schmeckt der Eintopf besser und du kannst ihn GENÜSSLICHESSEN.
- Wird es dir am Ende des Schuljahres nicht vielleicht LEIDTUN, so wenig für die einzelnen Fächer gearbeitet zu haben?

2 Schreibe auch die folgende Inhaltsangabe zu dem Roman „Der Chronist der Winde" von Henning Mankell in der richtigen Form auf.

Zum Inhalt:

Der Bäcker Josè Antonio Maria Vaz findet eines Nachts den zehnjährigen Nelio, ein STRASSENKIND, das bei einer Schießerei SCHWERVERLETZT wurde. Er trägt ihn auf das Dach seiner Bäckerei und kümmert sich hier NEUNTAGEUNDNÄCHTELANG um ihn, da Nelio ihm verboten hat, ihn in ein Krankenhaus ZUBRINGEN. In diesen neun Nächten erzählt Nelio ihm bis zu seinem Tod seine Geschichte. Das Buch erschien ERSTMALS 1995 und stand MONATELANG auf den BESTSELLERLISTEN.

3 Bestimme die Schreibweise der hervorgehobenen Wörter in den folgenden Meinungen zu dem Roman „Der Chronist der Winde". Du kannst dann Selbst- oder Partnerdiktate mit den Texten durchführen, um die Getrennt- und Zusammenschreibung zu üben.

- „Nelios Geschichte kann einen nicht so einfach WIEDERLOSLASSEN. Dieses Buch würde ich vielleicht als ‚ein schönes Buch' bezeichnen, aber wie kann man diese grausame Realität SCHÖNNENNEN? Es wird der Alltag von STRASSENKINDERN geschildert, wie sie sich mit dem LEBENARRANGIEREN und das für sie Beste DARAUSMACHEN. Solche Bücher zeigen einem, wie unwichtig doch so manche kleinen Problemchen des Alltags eigentlich sind."

- „Henning Mankell hat mit ‚Der Chronist der Winde' ein wunderbares Buch geschrieben. Auf dem BUCHRÜCKEN steht, dass man nach dem Lesen Afrika ANDERSSEHEN würde. Ich sehe Afrika nicht anders. Ich sehe Afrika durch dieses Buch überhaupt ZUMERSTENMAL. In diesem BEMERKENSWERTEN Buch steckt für mich aber noch SEHRVIELMEHR: Mut, Hoffnung, Freude, Trauer, Freiheit. Nelio erzählt seine Geschichte und weiß, dass er sterben wird. Doch ich erfuhr nicht nur Nelios Geschichte, sondern ich lernte auch Menschen kennen, die so skurril schienen, dass ich sie gerne KENNENGELERNT hätte."

- „Brillant und HERAUSRAGEND an diesem Buch sind die vielen eingewobenen Weisheiten, die uns BEWUSSTMACHEN, was wirklich wichtig ist im Leben. Wer wie wir in einer KONSUMGESELLSCHAFT lebt, geprägt von Wohlstand und getrieben von der Gier nach Erfolg und Reichtum, der sollte Bücher wie dieses lesen, um seinen getrübten Blickwinkel ZUKLÄREN und ZUÄNDERN."

- „Ein faszinierendes Buch, das mit Sicherheit eins meiner Lieblingsbücher ist. Es ist zwar RECHTTRAURIG, aber die Geschichte ist sehr GUTGESCHRIEBEN. Ich kann das Buch nur WEITEREMPFEHLEN, aber man sollte dazu sagen, dass es eben nicht einer der üblichen Krimis Henning Mankells ist, sondern ein SEHRNACHDENKLICHES, melancholisches Buch."

- „Mankells Roman habe ich im Urlaub gelesen. Als ich ZURÜCKWAR, habe ich es mir NOCHEINMAL vorgenommen und STUNDENLANG mit Freunden DARÜBERDISKUTIERT. Wir sind uns einig: Nelios Geschichte ist KAUMZUERTRAGEN, aber sie ist NOTWENDIG."

➔ Getrennt-/
Zusammenschreibung
AH, S. 63 – 67

Rechtschreibtraining – Getrennt- und Zusammenschreibung

Teste dich selbst! – Getrennt- und Zusammenschreibung

1 Schreibe die zwei wichtigsten Regeln für die Getrennt- und Zusammenschreibung mit jeweils zwei Beispielen auf.

2 Schreibe die folgenden Sätze in ihrer richtigen Schreibweise auf.

- Die Mannschaft möchte den Sieg nicht einfach GESCHENKTBEKOMMEN.
- Der Abwehrspieler hat sich leicht TÄUSCHENLASSEN.
- Dies ist auf seinen Trainingsrückstand ZURÜCKZUFÜHREN.
- DAZUKOMMT aber auch die starke Technik des Angreifers.
- Er ist in der Lage, den Ball BLITZSCHNELL WEITERZULEITEN.
- Die Niederlage hat den Klub ZURÜCKGEWORFEN.
- Das wird unter den Fans viel AUFSEHENERREGEN.
- Aber das FUSSBALLSPIELEN wird am nächsten Wochenende trotzdem WEITERGEHEN.
- VORFREUDESTRAHLEND gab der Trainer nach dem letzten Sieg Interviews.
- FREUDESTRAHLEND nahm er die Glückwünsche der Fans entgegen.
- ALLERDINGS sagte er deutlich, dass er mit der Spielweise seiner Mannschaft ÜBERHAUPTNICHT einverstanden gewesen ist.

3 Entscheide in dem folgenden Text, welches jeweils die richtige Schreibweise der kursiv gedruckten Wörter ist.

Henning Mankell in Afrika

Henning Mankell und Afrika

Mankells Verbindung zu Afrika ist seit 1972 in seinem Leben *ausgeprägt/aus geprägt*, als er zum *erstenmal/ersten Mal* nach Sambia reiste und dort für zwei Jahre blieb. 1986 *übernahm/über nahm*
5 Mankell dann die Leitung des Teatro Avenida in Maputo (Macambique), die er bis heute innehat. Spätestens *seitdem/seit dem* wurde Afrika zu einer zweiten Heimat für den schwedischen Starautor. Mit dem Teatro Avenida kann der Krimischriftstel-
10 ler auch seinem Anspruch *gerecht werden/gerechtwerden*, Solidarität in der Gesellschaft zu leben. Die Suche nach einer gerechten Gesellschaft verbindet *darüber hinaus/darüberhinaus* die *viel fältigen/vielfältigen* Aktivitäten Mankells als Krimiau-
15 tor, Drehbuchschreiber, Theaterregisseur und Schriftsteller, der sich mit Afrika *auseinander setzt/auseinandersetzt*.

Die Lösungen und die zu erreichenden Punkte findest du auf der S. 366 f.

Rechtschreibtraining – s-Laute richtig schreiben

„s", „ss" oder „ß"? – Wörter mit s-Lauten richtig schreiben

Basiswissen

1. Hörst du einen **stimmhaften, gesummten s-Laut,** schreibst du ihn immer mit einfachem **s** (le**s**en, Ha**s**e, Ra**s**er).

2. Ein **stimmloser gezischter s-Laut** wird auch mit einfachem **s** geschrieben, wenn du **andere Formen** oder **Wortverwandte** mit einem **stimmhaften s-Laut** zu dem Wort finden kannst (Gra**s**/Grä**s**er, er lie**s**t/le**s**en, Ei**s**berg/ des Ei**s**es).

3. Die Schreibweise einiger Wörter mit einfachem **s** kannst du nicht ableiten. Du musst sie dir als **Merkwörter** einprägen (bi**s**, bereit**s**, etwa**s**).

4. Nach einem betonten, **kurzen Vokal** wird der **stimmlose, gezischte s-Laut** in der Regel mit **ss** geschrieben (Ta**ss**e, geflo**ss**en, Kü**ss**e).

5. Nach einem betonten, **langen Vokal, Umlaut** (ä, ö, ü) oder **Doppellaut** (au, ei, äu) wird der **stimmlose, gezischte s-Laut** mit **ß** geschrieben (Grö**ß**e, rei**ß**en, au**ß**en).

Ken Follett

Ken Follett

Ken Follett <u>ist</u> ein britischer Autor. <u>Seine</u> Romane sind im Stil <u>klassischer</u> Thriller verfasst. Oftmals <u>basieren</u> <u>sie</u> auf <u>Tatsachen</u> <u>aus</u> der Geschichte. Bekannt wurde Ken Follett durch seine Romane „Die Nadel" und „Die <u>Säulen</u> der Erde". Aufgrund seiner allgemeinverständlichen Sprache konnten die Romane <u>problemlos</u> in viele
5 Sprachen <u>übersetzt</u> werden. <u>Bis</u> heute sind über 200 Millionen seiner Bücher weltweit verkauft worden. <u>Äußerst</u> <u>interessant</u> ist die Arbeitsweise von Ken Follett. Er schreibt wie ein Arbeiter zu festen Zeiten. Zu Beginn eines Romanprojekts legt er Storyboard, <u>Seitenanzahl</u> und Zeitplan bis zum Druck des <u>Buchs</u> fest. Follett <u>setzt</u> für seine Projekte jeweils acht Monate für Recherche und Planung, <u>Verfassen</u> des
10 ersten <u>Entwurfs</u> und die Überarbeitung an. Dann liefert er seinen Roman fristgerecht an den Verlag. Während Follett dabei für das Schreiben zuständig ist, erledigen Mitarbeiter die Recherche der historischen <u>Tatsachen</u>.

1 Übernimm die folgende Übersicht in dein Heft und ordne die unterstrichenen Wörter mit einem s-Laut aus dem Text über Ken Follett ein.

stimmhafter s-Laut	stimmloser s-Laut		
geschrieben s	geschrieben s	geschrieben ss	geschrieben ß
…	…	…	…

Rechtschreibtraining – Wörter mit s-Lauten richtig schreiben

2 Suche zu jeder Regel in der Lernbox auf S. 301 ein Beispiel aus dem Text über Ken Follett heraus.

3 Übernimm die folgenden Sätze in der richtigen Schreibweise. Trage in die Klammern jeweils die Nummer der Regel aus der Lernbox auf S. 301 ein, die dir hilft, das Wort richtig zu schreiben.

- „Ich schreibe Bücher, um zu unterhalten. Mein Ziel i■t (?), die Menschen zum Weiterle■en (?) zu animieren, so intere■ant (?) zu sein, dass sie im Zug ihre Station verpa■en (?)." (Ken Follett, aus: Die Säulen der Erde, Buchumschlag)
- Ken Follett hat auch im deutschsprachigen Raum eine gro■e (?) Anhängerschaft gefunden.
- Einer ■einer (?) Romane trägt den Titel „Der Schlü■el (?) zu Rebecca".
- Im Jahre 2008 erschien sein Roman „Die Tore der Welt", ein eben■o umfangreiches und gro■artiges Werk wie „Die Säulen der Erde", mit dem er bereit■ (?) 1989 sein Publikum begeisterte.
- „Wer Follett lie■t (?), benötigt Zeit, aber er wird durch eine grandio■e (?) Handlungsführung entschädigt – bi■ (?) zur letzten der über tau■end (?) ■eiten (?)."

4 Übernimm den folgenden Text in dein Heft und ergänze wieder die richtige Schreibweise der Wörter.

„Der Steinmetz Tom Builder träumt vom Bau einer Kathedrale. Doch wo die Säulen der Erde sich in den lichten Himmel recken, werfen ■ie (?) auch tiefe Schatten auf das Land der Menschen. Krieg und Hunger herrschen in England. Be■onders (?) die Frommen und Gerechten leiden unter der Willkür de■ (?) Adels: der Baumeister Tom Builder und ■eine (?) Kinder, die geheimni■volle (?) Ellen aus den gro■en (?) Wäldern, der wei■e (?) Abt von Kingsbridge und die schöne Aliena. Sie alle bleiben dem Le■er (?) die■es (?) gewaltigen Panoramas so unverge■lich (?) wie William Hamleigh, der finstere Baron."
(Die ■äulen (?) der Erde, Buchumschlag)

5 Bei dem folgenden Auszug handelt es sich um den Anfang des Romans „Die Säulen der Erde". Ergänzt die richtige Schreibweise der Wörter. Führt mit den einzelnen Abschnitten Selbst- oder Partnerdiktate durch.

Ken Follett (geb. 1949)
Die Säulen der Erde

Die kleinen Jungen waren die Ersten, die zum Richtplatz kamen. E■ war noch dunkel, als sie aus ihren Verschlägen schlüpften. Lautlo■ wie Katzen huschten ■ie in ihren Filzstiefeln über den jungfräulichen Schnee, der sich wie Linnen[1] über die kleine Stadt gebreitet hatte, und entweihten ihn mit ihren Schritten. Ihr
5 Weg führte ■ie, vorbei an windschiefen Holzhütten und über Strä■chen und

---
[1] Linnen: Leinentücher

Szenenfoto aus der Verfilmung des Romans „Die Säulen der Erde" (2010)

Ga■en, die von gefrorenem Matsch bedeckt waren, zum stillen Marktplatz, auf dem der Galgen bereit■ wartete.
Die Jungen verachteten alles, wa■ den Älteren lieb und teuer war. Für Schönheit und Rechtschaffenheit hatten sie nur Hohn und Spott übrig. ■ahen ■ie einen
10 Krüppel, so brüllten sie vor Lachen, und lief ihnen ein verletztes Tier über den Weg, so bewarfen ■ie e■ mit Steinen, bi■ es tot war. Sie waren stolz auf ihre Narben.
Be■onders ange■ehen aber waren Verstümmelungen: Ein Junge, dem ein Finger fehlte, konnte e■ leicht bi■ zu ihrem Anführer bringen. Sie liebten nichts so
15 ■ehr wie die Gewalt und liefen meilenweit, um Blut zu ■ehen. Und niemals fehlten ■ie, wenn der Henker kam.
Einer der Jungen pinkelte an das Gerüst, auf dem der Galgen stand. Ein anderer kletterte die Treppen hinauf, griff ■ich mit beiden Daumen an den Hal■ und lie■ sich fallen wie einen na■en ■ack, das Gesicht abstrus verzerrt; die anderen
20 johlten vor Vergnügen und lockten damit zwei Hunde an, die kläffend über den Marktplatz rannten. Einer der jüngeren Burschen bi■ unbekümmert in einen Apfel, da kam ein älterer, ver■etzte ihm einen Schlag auf die Na■e und nahm ihm den Apfel weg. In ■einer Wut ergriff der Kleine einen spitzen Stein und brannte ihn einem der Köter aufs Fell; der jaulte auf und machte ■ich davon.
25 Dann gab's nichts mehr zu tun. Die Horde lie■ sich auf den trockenen Steinplatten im Portal der gro■en Kirche nieder und wartete darauf, da■ irgendetwa■ geschah.

(1990)

➔ s-Laute richtig schreiben
AH, S. 59–62

6 Beschreibe das Szenenbild aus der Verfilmung des Romans. Unterstreiche anschließend die s-Laute in deinem Text.

Das glaube ich dir! ... Ich meine, dass ... – „das"/„dass" richtig schreiben

Basiswissen

- Bei **Artikeln, Demonstrativ-** und **Relativpronomen** schreibst du immer **„das"**.
  Beispiele: _Das Auto ist blau_ (Artikel). _Das ist unglaublich_ (Demonstrativpronomen). _Ein Buch, das zuerst nur wenige kannten, ist nun ein Bestseller_ (Relativpronomen).

- Nur die **Konjunktion** wird **„dass"** geschrieben.
  Beispiele: _Ich glaube, dass ... Dass dir das Buch gefällt, habe ich gehofft._

1 Bestimme in den folgenden Sätzen die richtige Schreibweise der Wörter „das/dass". Übernimm den Text in dein Heft und gib in der Klammer an, um welche Wortart es sich jeweils handelt. Benutze dazu folgende Abkürzungen:
A = Artikel, D = Demonstrativpronomen, R = Relativpronomen, K = Konjunktion

- Viele Fans hatten darauf gewartet, _das/dass_ (?) der neue Roman von Ken Follett im Handel erscheint.
- _Das/Dass_ (?) 2012 die Fortsetzung seiner Jahrhundert-Trilogie erschienen ist, löste eine allgemeine Begeisterung aus.
- In den drei Romanen wird _das/dass_ (?) gesamte zwanzigste Jahrhundert anhand verschiedener Familienschicksale dargestellt.
- Im ersten Band „Sturz der Titanen" erzählt Follett über _das/dass_ (?) Leben der Menschen in Europa, Amerika und Asien in den Jahren 1911–1924.
- _Das/dass_ (?) Geschehen, _das/dass_ (?) rund um den Ersten Weltkrieg spielt, wird im zweiten Roman fortgeführt.
- Manchem Leser erschien es als unzumutbar, _das/dass_ (?) Follett dann zwei Jahre brauchte, um die Fortsetzung „Winter der Welt" fertigzustellen.
- Der zweite Teil handelt davon, _das/dass_ (?) die Kinder der Romanhelden des ersten Teils in die Geschehnisse des Spanischen Bürgerkriegs und des Zweiten Weltkriegs verwickelt werden.
- Früh stand fest, _das/dass_ (?) der dritte Band den Titel „Kinder der Freiheit" trägt.
- Er behandelt die Zeit nach dem Zweiten Weltkrieg, und _das/dass_ (?) Ende des erzählten Geschehens wird mit dem Fall der Berliner Mauer erreicht.

Rechtschreibtraining – „das"/„dass" richtig schreiben

2 Mit den folgenden Buchankündigungen und -beschreibungen könnt ihr die Schreibweise der Wörter „das" und „dass" weiter üben.
- Ergänzt jeweils die Wörter „das" oder „dass" in den Texten.
- Bestimmt jeweils die Wortart der Wörter „das" oder „dass".

Ihr könnt auch Selbst- und Partnerdiktate mit den Texten durchführen.

Ken Follett: Kinder der Freiheit

▨▨▨▨ Geschehen beginnt im Jahr 1961 in Berlin, ▨▨▨▨ geteilt ist. Rebecca Hoffmann erfährt, ▨▨▨▨ ihr Mann bei der Stasi arbeitet. ▨▨▨▨ bringt ihre ganze Welt zum Zusammenbruch. ▨▨▨▨ Schicksal Rebeccas und eines ganzen Volkes scheint besiegelt, als die Re-
5 gierung beschließt, ▨▨▨▨ eine Mauer gebaut werden soll. Die Mauer soll es unmöglich machen, ▨▨▨▨ die Menschen aus Ostberlin in den Westen fliehen. Doch weder Rebecca noch ihre Kinder lassen es zu, ▨▨▨▨ sie aufgeben.
Weiter erfährt der Leser, ▨▨▨▨ zwei junge Schwarze in Boston am
10 eigenen Leib erleben, was Rassendiskriminierung bedeutet. ▨▨▨▨ diese damals in Amerika zum Alltag gehört, führt Ken Follett dem Leser drastisch vor Augen. Die beiden jungen Schwarzen hoffen, ▨▨▨▨ der Baptistenpastor Martin Luther King tatsächlich eine Veränderung bewirken vermag. ▨▨▨▨ ist ganz große Erzählkunst, mit der Ken Fol-
15 lett mit seiner spannenden Familiensaga den Bogen zwischen den großen Freiheitsbewegungen in den USA, in Russland und in Deutschland spannt. ▨▨▨▨ Ende bildet dann ▨▨▨▨ Jahr 1989, ▨▨▨▨ den Fall der Mauer bringt.

Ken Follett: Die Tore der Welt

▨▨▨▨ ist ▨▨▨▨ Original zu dem Fernseh-Vierteiler. Follett-Leser wissen, ▨▨▨▨ es sich hier um die Fortsetzung des Bestsellers „Die Säulen der Erde" handelt. ▨▨▨▨ Geschehen spielt wieder im Mittelalter. Es geht darum, ▨▨▨▨ vier junge Menschen in England
5 im Jahre 1327 versuchen, ihr Glück zu machen. ▨▨▨▨ versucht zum einen der rebellische Merthin. Der Leser des ersten Teils weiß, ▨▨▨▨ er ein Nachfahre des großen Baumeisters Jack ist. Weiter wird ▨▨▨▨ Schicksal, ▨▨▨▨ sein in den Ritterstand aufstrebender Bruder Ralph erfährt, erzählt. Dann geht es noch um ▨▨▨▨ Mädchen Caris,
10 ▨▨▨▨ sich nach Freiheit sehnt. ▨▨▨▨ Ziel der vierten Hauptfigur Godwyn – ein aufstrebender Mönch – ist es, Prior der Abtei von Kingsbridge zu werden. Schnell wird klar, ▨▨▨▨ er bereit ist, jeden Preis zu zahlen, um ▨▨▨▨ zu erreichen.
Die vier Schicksale sorgen dafür, ▨▨▨▨ der Leser durch die Welt des
15 14. Jahrhunderts geführt wird. ▨▨▨▨ geschieht äußerst kundig. Sicher ist gewiss, ▨▨▨▨ kein Mädchen wie Caris, ▨▨▨▨ fast als Hexe verbrannt wird, es im 14. Jahrhundert zu einer Leiterin eines Mönchsklosters bringen konnte. Trotzdem kann gesagt werden, ▨▨▨▨ ▨▨▨▨ Lesen des Romans nicht nur spannend ist, sondern ▨▨▨▨ der Leser auch sehr viel über die Welt des
20 Mittelalters lernt.

➔ „dass"/„das" richtig schreiben
SB, S. 278–280 u. 311–312
AH, S. 44–45 u. 86–88

Teste dich selbst! – s-Laute richtig schreiben

1 Übernimm die folgenden Sätze in dein Heft und ergänze die fehlenden s-Laute in der richtigen Schreibweise. Trage in die Klammern die Nummer der Regel aus der Lernbox auf S. 301, die du jeweils beachten musst, ein.

Spielbrett des Spiels „Säulen der Erde"

- Die■es (?) intere■ante (?) Spiel ist ein Strategiespiel.
- Die Spieler reprä■entieren (?) die Bauherren, die die grö■te (?) Kathedrale des Mittelalters erbauen wollen.
- Sie mü■en (?) ihre Arbeiter geschickt ein■etzen (?).
- Die mei■ten (?) ■iegpunkte (?) ka■iert (?) derjenige, der am Ende das grö■te (?) Bauwerk errichtet hat.

2 Ergänze in dem folgenden Romanauszug die fehlenden s-Laute in der richtigen Schreibweise.

Ken Follett (geb. 1949)
Pfeiler der Macht

Die Hände immer noch um die Re■tbestände seiner Kleidung gekrampft und die Schmerzen mi■achtend, die der raue Boden seinen nackten ■ohlen bereitete, ha■tete Hugh Pilaster durch den Wald. Dort, wo ■ich der schmale Pfad mit einem zweiten kreuzte, schlug er einen Haken nach link■ und rannte noch ein
5 ■tück weiter, bevor er sich in die Büsche schlug und im Unterholz verschwand. Er wartete ab, bi■ sich sein ra■elnder Atem wieder beruhigt hatte. Dann lauschte er ange■trengt. Sein Vetter Edward und de■en Bu■enfreund Micky Miranda waren die mie■esten Schweine der ganzen Schule: Drückeberger, ■pielverderber und Kinderschinder, denen man tunlichst aus dem Weg ging. Doch jetzt war ihm
10 Edward bestimmt auf den Fer■en, denn schlie■lich ha■te er ihn, Hugh, ■eit eh und je.

3 Ergänze auch in dem folgenden Text „Die Anfänge" die s-Laute in der richtigen Schreibweise.

Die Anfänge

Der Roman „Die Nadel" ■orgte dafür, da■ Ken Follett al■ Schriftsteller berühmt wurde. Der Erfolg des Buche■ ermöglichte ihm, ■ich ganz ■einem näch■ten Roman namens „Dreifach" zu widmen.
„Ich machte mir gro■e ■orgen, da■ ich es nicht schaffen würde. Da■ pa■iert
5 vielen Schrift■tellern. ■ie schreiben ein hervorragendes Buch, aber da■ näch■te ist schon schwächer. De■wegen arbeitete ich ■ehr hart an ‚Dreifach', um ihn eben■o spannend wie ‚Die Nadel' zu machen."

Die Lösungen und die zu erreichenden Punkte findest du auf S. 367 f.

Zeichensetzungstraining – Kommas richtig setzen

Neben-/Gliedsatz + Hauptsatz – Kommasetzung in einfachen Satzgefügen

Basiswissen

- Du trennst einen **Neben-/Gliedsatz vom Hauptsatz** durch ein **Komma**.
- Hauptsatz und Neben-/Gliedsatz bilden zusammen ein **Satzgefüge**.
- Neben-/Gliedsätze werden in der Regel mit einer **Konjunktion** (z. B. *weil, als, nachdem ...*) eingeleitet.
- Der Neben-/Gliedsatz kann **vor oder nach** dem Hauptsatz stehen, aber auch von dem Hauptsatz umrahmt werden. Dann steht vor und hinter dem Neben-/Gliedsatz ein Komma.
- Ein **Neben-/Gliedsatz** kann **nie allein** stehen und die **Personalform des Verbs** steht in einem Neben-/Gliedsatz immer **am Ende**.
  Beispiel: (Weil) es keine schriftlichen Berichte aus der Steinzeit gibt,
         (Konjunktion)   Nebensatz/Gliedsatz   (Personalform des Verbs)
  sind die Forscher auf archäologische Funde angewiesen.
                  Hauptsatz

1 Die folgenden Sätze bestehen aus einem Hauptsatz und einem Neben-/Gliedsatz, der mit einer Konjunktion beginnt. Arbeite so mit den Sätzen:
- Übernimm die Sätze in dein Heft.
- Setze die fehlenden Kommas.
- Unterstreiche den Hauptsatz und kennzeichne den Nebensatz/Gliedsatz mit einer Wellenlinie.

Das Ötzi-Denkmal am Fundort der Mumie

Eine erstaunliche Entdeckung

- Als ein deutsches Ehepaar im September 1991 in den Alpen wanderte machte es eine erstaunliche Entdeckung.
- Sie kamen an einer abseits gelegenen Felsmulde vorbei weil sie eine Abkürzung nehmen wollten.
- Sie bemerkten dort einen bräunlichen Gegenstand sodass sie aufmerksam wurden.
- Obwohl sie ihn zunächst für weggeworfenen Abfall hielten wollten sie ihre Entdeckung näher untersuchen.
- Während sie sich näherten erkannten sie vor sich die mumifizierte Leiche eines Menschen.
- Nur ein Teil der Mumie war zu sehen da der Rest von Eis und Schmelzwasser umschlossen war.

- Nachdem es ein Foto von der Leiche und dem Fundort gemacht hatte setzte das Ehepaar den Abstieg aus den Bergen fort.
- Das Ehepaar informierte die Polizei damit der Tote geborgen werden konnte.
- Weil es in den Bergen immer wieder schneite erwies sich die Bergung des Toten als schwierig.
- Das wahre Alter der entdeckten Mumie ahnte kaum jemand sodass man keine Archäologen an der Bergung beteiligte.
- Die Mumie wurde zum Teil beschädigt indem man zunächst ungeeignetes Werkzeug verwendete.
- Als die Bergung nach vier Tagen endlich gelang dokumentierte man den Vorgang mit einer Kamera.
- Wenn man das wahre Alter der Mumie geahnt hätte wäre man bei der Bergung vorsichtiger gewesen.

2 Schreibe aus den Sätzen die Konjunktionen heraus, die die Neben-/Gliedsätze einleiten.

3 Die folgenden Satzgefüge enthalten jeweils einen eingeschobenen Neben-/Gliedsatz, der vom Hauptsatz umrahmt wird. Arbeite so mit den Satzgefügen, wie es in dem ersten Satz zu sehen ist:
- Unterstreiche die Hauptsätze und kennzeichne die Neben-/Gliedsätze mit einer Wellenlinie.
- Setze die Kommas vor und hinter den Neben-/Gliedsätzen.
- Kreise die Konjunktionen ein, die die Neben-/Gliedsätze einleiten.
(Falls dir das Buch nicht gehört, arbeite mit einer Folie oder Kopie.)

Ötzi – der Mann aus dem Eis

- Das Finder-Ehepaar hielt den Toten aus dem Eis, (als) es ihn entdeckte, für einen verunglückten Bergsteiger.
- Die Frage der Zuständigkeit für den Toten war da der Fundort nahe der österreichisch-italienischen Grenze liegt anfangs schwierig zu regeln.
- Die Region Südtirol (Italien) hat heute nachdem sich Österreich und Italien geeinigt hatten die Verantwortung für den Toten aus dem Eis.

→ Komma in einfachen Satzgefügen
AH, S. 88–89

- In der Stadt Bozen können Touristen wenn sie dorthin reisen die Mumie im Museum sehen.
- Zunächst glaubten einige der Beteiligten bevor sie das wahre Alter der Mumie feststellten an einen Fund aus dem Mittelalter.
- Schließlich stellte man indem man genauere Untersuchungen durchführte das wahre Alter der Mumie fest: 5 000 Jahre!
- Im deutschsprachigen Raum erhielt der Tote da man ihn in den Ötztaler Alpen gefunden hatte den Spitznamen Ötzi.
- Die englischsprachige Presse gab ihm als der sensationelle Fund bekannt wurde den Namen „Frozen Fritz".

Die Mumie, die ... – Kommasetzung bei Relativ-/Attributsätzen

Basiswissen

- Ein **Relativsatz** nimmt im Satz die Rolle eines Attributs ein, deshalb nennt man ihn **auch Attributsatz**.
- Du erkennst ihn daran, dass er immer mit einem **Relativpronomen** wie *der, die, das, denen, welcher ...* eingeleitet wird. Das Relativpronomen bezieht sich auf ein vorausgehendes Nomen/Substantiv, das sogenannte Bezugsnomen, im Hauptsatz.
- Manchmal steht vor dem Relativpronomen noch eine **Präposition** (z. B.: *auf die, durch das ...*).
- **Relativ-/Attributsätze** werden durch **Kommas vom Hauptsatz abgetrennt**.
- Der Relativ-/Attributsatz steht oft nach dem Hauptsatz. (Z. B.: *Es gab in der Jungsteinzeit wichtige Entwicklungen, die die Geschichte der Menschheit veränderten.*)
- Manchmal wird der Relativ-/Attributsatz auch vom **Hauptsatz umrahmt**, dann wird **vor und nach dem Relativ-/Attributsatz ein Komma gesetzt**. (Z. B.: *Geschichtsforscher, die Ausgrabungen durchführen, nennt man Archäologen.*)

1 Ergänze in den folgenden Sätzen die fehlenden Kommas und kennzeichne den Relativ-/Attributsatz mit einer Wellenlinie. Kreise das Relativpronomen ein und markiere das Bezugsnomen farbig.

- Ötzi wurde an einer Stelle gefunden die vor 100 Jahren noch unter einer 20 Meter hohen Schneedecke lag.
- Die Mumie lag in einer tiefen Felsrinne die den Körper mehrere Jahrtausende lang vor Zerstörung schützte.
- Der Tote muss kurz nach seinem Tod von Eis und Schnee bedeckt worden sein die den Körper konservierten.
- Im Museum müssen heute die Bedingungen nachgebildet werden die im Gletschereis die Mumie konservierten.
- Sie muss bei einer Luftfeuchtigkeit aufbewahrt werden die 98 % beträgt.
- Dies gelingt durch ein kompliziertes Kühlsystem das für konstante Verhältnisse sorgt.
- Dazu gehört eine Temperatur die immer −6° Celsius beträgt.

Die Fundumstände

Zeichensetzungstraining – Kommasetzung bei Relativ-/Attributsätzen

Rekonstruktion von Ötzi

2 Setze bei den folgenden Sätzen die fehlenden Kommas. Achte darauf, dass in diesen Sätzen die Relativ-/Attributsätze vom Hauptsatz umrahmt werden.

- Der Mann der heute als Ötzi bekannt ist lebte in der Jungsteinzeit.
- Die durchschnittliche Körpergröße die auch Ötzi erreichte betrug in der Jungsteinzeit 1,60 Meter.
- Mit einem Alter das auf 45 Jahre geschätzt wird war Ötzi für seine Zeit sehr alt.
- Seine Haare die vermutlich dunkel waren reichten ihm mindestens bis zu den Schultern.
- Ötzis Körper auf dem man mehr als 50 Tätowierungen fand zeigte starke Alterserscheinungen.
- Die Tätowierungen die man auf Ötzis Körper fand lassen sich nicht eindeutig erklären.
- Die Tätowierungen die zumeist aus Strichen und Linien bestanden sollten möglicherweise die Schmerzen an stark beanspruchten Körperstellen lindern.

3 Verbinde jeweils die folgenden Hauptsatzpaare zu einem Satzgefüge mit einem Relativ-/Attributsatz.

Beispiel: Ötzi hatte mehrere Gallensteine. Die Gallensteine verursachten ihm vermutlich keine Beschwerden. → Ötzi hatte mehrere Gallensteine, die ihm vermutlich keine Beschwerden verursachten.

- Ötzis Zähne waren stark abgenutzt. Die Zähne zeigten außerdem Zeichen von Karies.
- Seine Gelenke bereiteten ihm vermutlich weniger Beschwerden. Die Gelenke waren verhältnismäßig wenig abgenutzt.
- Sein Tod veranlasst die Wissenschaftler zu vielen Vermutungen. Er ist noch nicht eindeutig aufgeklärt worden.
- Erst nach vielen Untersuchungen entdeckten die Forscher eine Pfeilspitze. Diese Pfeilspitze steckte in Ötzis Rücken.
- Die Pfeilspitze wurde im Jahr 2001 entdeckt. Sie war auf neuen Röntgenaufnahmen zu sehen.
- Die Verletzungen könnten zu Ötzis Tod geführt haben. Die Verletzungen wurden von der Pfeilspitze verursacht.
- Die Pfeilspitze führte zu vielen Spekulationen. Sie wurde in Ötzis Rücken gefunden.
- Die Forscher überlegten sich verschiedene Erklärungen für die Pfeilspitze in Ötzis Rücken. Die Forscher beschäftigen sich mit Ötzis Tod.

◉ Komma bei Relativ-/Attributsätzen
AH, S. 84–85

◉ Attribute
SB, S. 331–332

Dass es schneit, ... – Kommasetzung bei Subjekt- und Objektsätzen

Basiswissen

- Neben-/Gliedsätze können im Satz auch die Aufgabe des Subjekts oder des Objekts übernehmen.
- Man spricht dann von einem **Subjekt- bzw. Objektsatz**.
- Subjekt- und Objektsätze werden mit der **Konjunktion *dass*** oder mit einem **Fragewort**, z. B. ***wer, wen, was***, eingeleitet und vom Rest des Satzes mit **Komma** abgetrennt.
- Beispiele:
  - *Dass es schneit, ist eine schöne Sache.* (Subjektsatz: Wer oder was ist eine schöne Sache? Dass es schneit.)
  - *Dass du mich heute besuchst, finde ich gut.* (Objektsatz: Wen oder was finde ich gut? Dass du mich heute besuchst.)
  - *Wer eingeladen ist, nimmt an der Feier teil.* (Subjektsatz: Wer oder was nimmt an der Feier teil? Wer eingeladen ist.)

1 Arbeite so mit den folgenden Sätzen:
- Setze die fehlenden Kommas.
- Kreise jeweils die Konjunktion *dass* ein, die die Subjekt- und Objektsätze einleitet.

- Dass Ötzi in der Steinzeit gelebt hat wissen heute viele Menschen.
- Dass die Wanderer einen Steinzeitmenschen gefunden haben muss aufregend gewesen sein.
- Einige Forscher sagen dass die Entdeckung von Ötzi ein Glücksfall gewesen sei.
- Dass die Gletschermumie bei der Bergung beschädigt wurde ärgert die Forscher noch heute.
- Erst nach einiger Zeit erkannten die Wissenschaftler dass es sich bei Ötzi um einen Menschen aus der Steinzeit handelte.

2 Schreibe den folgenden Text in dein Heft und setze die fehlenden Kommas, die die Subjekt- und Objektsätze jeweils vom Rest des Satzes abtrennen. Die Subjekt- und Objektsätze werden hier entweder von der Konjunktion *dass* oder einem Fragewort wie *wer, wen, was* eingeleitet.

Wer das Archäologiemuseum in Bozen besucht wird von der Ausstellung beeindruckt sein. Viele Besucher sagen dass sie sich nach dem Besuch Ötzis Lebensumstände gut vorstellen können. Was man in dem Museum zu sehen bekommt ist wirklich einzigartig. Dass man Ötzi so lebensecht nachgebildet hat beeindruckt viele Besucher. Der Museumsdirektor meint dass die Menschen ein zweites Mal in das Museum kommen werden.

➲ „dass"/„das" richtig schreiben
SB, S. 278 – 280 u. 304 – 305
AH, S. 44 – 45 u. 86 – 88

Ein Hauptsatz und mehrere Neben-/Gliedsätze – Kommasetzung in komplexen Satzgefügen

Basiswissen

- Wenn ein **Neben-/Gliedsatz von einem anderen Neben-/Gliedsatz abhängt**, wird auch dieser mit Kommas abgetrennt. Man spricht hier von einem **komplexen Satzgefüge**.
- Du erkennst diese Neben-/Gliedsätze in der Regel daran, dass sie von einer Konjunktion (z. B. *da, weil, obwohl* …) oder einem Relativpronomen (z. B. *der, die, das* …) eingeleitet werden.

1 Arbeite so mit den folgenden Sätzen:
- Kreise die Konjunktionen und die Relativpronomen ein, die jeweils einen Neben-/Gliedsatz einleiten.
- Unterstreiche die Hauptsätze.
- Setze jetzt die fehlenden Kommas. In den Klammern findest du die Zahl der fehlenden Kommas.

- Da die Forscher in Ötzis Magen Nahrungsreste die von seiner letzten Mahlzeit stammen gefunden haben weiß man nun mehr über die Ernährung zu seiner Zeit. (3 Kommas)
- Obwohl zu Ötzis Ernährung auch Fleisch das von Tieren stammte die er gejagt hatte gehörte aß er meistens Getreide und Obst. (4 Kommas)
- Man weiß heute dass Ötzi kurz vor seinem Tod Fleisch eines Steinbocks der in den Alpen beheimatet ist gegessen hatte. (3 Kommas)
- Nachdem man seinen Mageninhalt der ebenfalls vom Eis konserviert worden war untersucht hatte wussten die Forscher mehr über Ötzis Ernährung. (3 Kommas)
- Hinweise auf seine Ernährung die einige Forscher die in diesem Bereich arbeiten besonders interessiert erhielt man auch durch die Untersuchung von Ötzis Zähnen und Knochen. (4 Kommas)
- Obwohl Ötzi der inzwischen sehr intensiv von unterschiedlichen Wissenschaftlern untersucht worden ist ein Einzelfall bleibt gewinnen wir durch ihn ein genaueres Bild der Lebensumstände seiner Zeit. (3 Kommas)
- Da Ötzi für seine Zeit schon ein älterer Mann war der ca. 45 Jahre alt war wird er in Rekonstruktionen oft mit grauen Haaren oder Haarsträhnen dargestellt obwohl man dies aus den Funden nicht eindeutig nachweisen kann. (3 Kommas)

→ Komma in komplexen Satzgefügen AH, S. 88

So sahen Menschen in der Jungsteinzeit möglicherweise aus.

Teste dich selbst! – Kommas richtig setzen

1 Schreibe die Sätze ab und setze die Kommas in den einfachen Satzgefügen.

- Weil die Entdeckung von Ötzi die Menschen faszinierte wurde in vielen Ländern darüber berichtet.
- Auch in japanischen Nachrichtensendungen wurde Ötzi erwähnt obwohl das Land Tausende von Kilometern entfernt liegt.
- Es soll mehr als 500 Namensvorschläge für ihn gegeben haben sodass die Auswahl schwerfiel.
- Nachdem ein österreichischer Journalist die Gletschermumie als Erster Ötzi genannt hatte setzte sich dieser Name durch.

2 Schreibe aus den Satzgefügen die Konjunktionen heraus, die die Neben-/Gliedsätze einleiten.

3 Schreibe die Sätze ab und setze die Kommas zwischen Haupt- und Relativ-/Attributsatz. Achte darauf, dass die Relativ-/Attributsätze auch vom Hauptsatz umrahmt werden können.

- Ötzis Gewicht das zu Lebzeiten ca. 53 kg betrug liegt heute nur noch bei unter 14 kg.
- Durch die klimatischen Bedingungen die im Gebirge herrschten trocknete Ötzis Körper nach seinem Tod schnell aus.
- Die Temperatur die Ötzi ungefähr 5 000 Jahre lang umgab betrug durchschnittlich – 10 Grad Celsius.
- Nur selten gab es in dieser Zeit Temperaturen deutlich über null Grad Celsius die Ötzis Körper freilegten.

4 Schreibe die Sätze ab und setze die Kommas zwischen Haupt- und Neben-/Gliedsätzen in den Satzgefügen.

- Damit er im Gebirge keine kalten Füße bekam hatte Ötzi seine Schuhe die aus Hirschleder bestanden mit Heu ausgestopft.
- Ötzis Mantel aus Ziegenfell muss lange in Gebrauch gewesen sein da er deutliche Verschmutzungen und kleinere Beschädigungen die zum Teil repariert worden waren zeigt.
- Obwohl Ötzi keine Hosen die heutigen Vorstellungen entsprechen trug war er keineswegs unbekleidet.
- Er trug Beinröhren aus Ziegenfell die Ober- und Unterschenkel bedeckten sodass seine Beine auch im Gebirge nicht auskühlten.

Die Lösungen und die zu erreichenden Punkte findest du auf S. 368 f.

Zeichensetzungstraining – Zitieren

Wie zitiere ich richtig? – Die Grundregeln

Basiswissen

Du zitierst vor allem dann, wenn du deine Aussagen bei einer Textanalyse durch den Text belegst. Dabei solltest du folgende Regeln beachten:

1. Aus einem Text übernommene **wörtliche Zitate** stehen immer in **Anführungszeichen**. Hinter dem Zitat gibst du immer in **Klammern** die **Zeilen** an, auf die sich das Zitat bezieht.
2. **Auslassungen** musst du bei einem Zitat immer durch **drei Punkte in eckigen Klammern** kennzeichnen.
3. **Zitate** können durch einen **Begleitsatz eingeleitet** werden. Vor dem Zitat steht dann ein **Doppelpunkt**.
4. Du kannst **Zitate auch ohne Begleitsatz in den eigenen Satzbau einfügen**. Wenn du dabei z. B. den Satzbau oder einzelne Endungen des zitierten Textes verändern musst, setzt du die **Änderungen in eckige Klammern**.
5. Die **wörtliche Rede innerhalb eines Zitats** wird durch **halbe Anführungszeichen** gekennzeichnet.
6. Wenn du, um deine Aussagen zu belegen, auf eine Stelle des Textes Bezug nimmst, **ohne sie wörtlich zu zitieren**, verwendest du den **Hinweis** *vgl.* (= vergleiche).

1 Lies dir den Anfang der Kurzgeschichte „Augenblicke" von Walter Helmut Fritz genau durch. Arbeite dann mit den Auszügen aus einer Textanalyse zu der Kurzgeschichte, die in dem Kasten auf S. 315 aufgeführt sind, in folgender Weise:
- Ordne die Nummern der Zitatregeln aus der Lernbox den einzelnen Sätzen zu. Bei einigen musst du zwei Regeln zuordnen.
- Erkläre dir mit einem Lernpartner gegenseitig, wie bei den einzelnen Sätzen zitiert wird und welche Regeln dabei besonders beachtet werden.

Walter Helmut Fritz (1929 – 2010)
Augenblicke (Anfang der Kurzgeschichte)

Kaum stand sie vor dem Spiegel im Badezimmer, um sich herzurichten, als ihre Mutter aus dem Zimmer nebenan zu ihr hereinkam, unter dem Vorwand, sie wolle sich nur die Hände waschen. Also doch! Wie immer, wie *fast* immer.
Elsas Mund krampfte sich zusammen. Ihre Finger spannten sich. Ihre Augen wurden schmal. Ruhig bleiben!
Sie hatte darauf gewartet, dass ihre Mutter auch dieses Mal hereinkommen würde, voller Behutsamkeit, mit jener scheinbaren Zurückhaltung, die durch ihre Aufdringlichkeit die Nerven freilegt. Sie hatte – behext, entsetzt, gepeinigt – darauf gewartet, weil sie sich davor fürchtete.
„Komm, ich mach dir Platz", sagte sie zu ihrer Mutter und lächelte ihr zu. […]

a) Die Kurzgeschichte „Augenblicke" beginnt mit einem unvermittelten Einstieg: „Kaum stand sie vor dem Spiegel […]." (Z. 1)

b) Das Erscheinen der Mutter in dem Badezimmer erzeugt bei Elsa eine innere Panik (vgl. Z. 4–5).

c) Der nach innen gesprochene Ausruf „Also doch!" (Z. 3) zeigt die Verärgerung der Tochter über die Störung der Mutter.

d) Elsa fordert sich innerlich auf, „[r]uhig [zu] bleiben". (Z. 5)

e) Obwohl Elsa sich durch ihre Mutter bedrängt fühlt, spricht sie freundlich zu ihr: „,Komm, ich mach dir Platz', sagte sie zu ihrer Mutter und lächelte ihr zu." (Z. 10)

2 Lies die Kurzgeschichte „Augenblicke" von Walter Helmut Fritz (S. 28 f.). Durch welche Textstellen können die folgenden Aussagen belegt werden? Gib jeweils an: vgl. Z. xxx.

- Elsa zeigt ihrer Mutter nicht ihre Verärgerung (vgl. Z. …).
- Die Mutter kann sich nicht in Elsas innere Verfassung hineinversetzen.
- Der Zeitpunkt der Wohnungssuche macht deutlich, dass Elsa überstürzt handelt.
- Die vielen aufeinanderfolgenden kurzen Hauptsätze verstärken den Eindruck von Elsas Ziellosigkeit.
- Der Schluss der Kurzgeschichte macht deutlich, dass Elsa ihre Mutter nicht verlassen kann und dass sie darüber verzweifelt ist.

3 Übernimm die folgenden Sätze in dein Heft und ergänze dabei die notwendigen Satzzeichen und Zeilenangaben.

- Wie in vielen Kurzgeschichten wird auch hier die Hauptperson nicht mit ihrem Namen, sondern unvermittelt mit dem Personalpronomen sie (Z. 1) eingeführt.
- Die Aussage des Erzählers Die Mutter nahm die Verzweiflung ihrer Tochter nicht einmal als Ungeduld wahr (Z. xx) zeigt, wie wenig die Mutter die innere Verfassung ihrer Tochter erkennt.
- Die Zeitangabe Es war später Nachmittag, Samstag, zweiundzwanzigster Dezember (Z. xx) macht deutlich, wie überstürzt und wenig durchdacht Elsa handelt.
- Als sie kurz vor Mitternacht zurückkehrte, war es still in der Wohnung (Z. xx). Der Erzähler betont das, indem er zweimal auf die Stille hinweist. Jetzt, da Elsa nicht mehr befürchten muss, dass ihre Mutter sie belästigt, beginnt sie, über deren Situation nachzudenken Sie dachte daran, dass ihre Mutter alt und oft krank war. (Z. xx)
- Die Aussage Sie kauerte sich in ihren Sessel (Z. xx) macht Elsas Verzweiflung und Hilflosigkeit deutlich.
- Die letzte Aussage des Erzählers ist schwer zu deuten. Er spricht von der Nacht mit ihrer entsetzlichen Gelassenheit (Z. xx). Ich verstehe die Aussage so, dass Elsa sich sehr einsam fühlt, weil sie in ihrer Situation von niemandem Unterstützung bekommt.

Teste dich selbst! – Zitieren

1 Ergänze die folgenden Regeln zum Zitieren:

- Wörtliche Zitate musst du immer in ▪▪▪▪▪▪ setzen. ▪▪▪▪▪▪ in einem Zitat werden durch drei Punkte in eckigen Klammern gekennzeichnet.
- Zwischen einem Einleitungssatz zu einem Zitat und dem Zitat selbst steht ein ▪▪▪▪▪▪ .
- Änderungen des zitierten Textes setzt du ▪▪▪▪▪▪ .
- Auf eine Textstelle, die du nicht wörtlich zitierst, verweist du mit der Abkürzung ▪▪▪▪▪▪ .

2 Übernimm die folgende Charakterisierung der Hauptfigur Elsa aus der Kurzgeschichte „Augenblicke" und ergänze die fehlenden Satzzeichen. Den Text der Kurzgeschichte findest du auf S. 28 f.

Elsa ist zwanzig Jahre alt (Z. 37 f.), verdient ihr eigenes Geld (vgl. Z. 38) und wohnt mit ihrer Mutter in einem Haus (Z. 22). Sie fühlt sich oft von ihrer Mutter bedrängt (vgl. Z. 8 f.) und versucht deshalb, sich ihrer Mutter zu entziehen, z. B. indem sie Arbeit (Z. 43) vortäuscht. Allerdings weiß Elsa auch, dass ihre Mutter alt und oft krank (Z. 50 f.) ist und häufig Langeweile (Z. 41) hat. Deshalb ist sie hin- und hergerissen zwischen ihrem Wunsch, ein eigenständiges Leben zu führen, und ihrer Verantwortung für die Mutter.

3 Bei den folgenden Auszügen aus einer Textanalyse zu der Kurzgeschichte „Augenblicke" werden die Regeln des Zitierens nicht beachtet.
- Übernimm die Auszüge in dein Heft und verbessere sie so, dass die Regeln des Zitierens eingehalten werden.
- Vergleiche dazu die einzelnen Auszüge mit dem Text der Kurzgeschichte auf S. 28 f.

- Die Äußerung der Mutter, sie wolle sich nur die Hände waschen, hält Elsa nur für einen Vorwand. Dieser Gedanke Elsas zeigt, wie sehr sie das Verhalten ihrer Mutter stört.
- Die Körpersprache Elsas zeigt, was sie gegenüber ihrer Mutter fühlt. Elsas Mund krampfte sich zusammen. Ihre Augen wurden schmal.
- Ich bin schon fertig, sagt Elsa schnell, um ihrer Mutter zu entkommen.
- Über die Mutter sagt der Erzähler. Die Mutter nahm die Verzweiflung ihrer Tochter nicht einmal als Ungeduld wahr.
- Elsa verlässt nach dem Zusammentreffen mit ihrer Mutter fluchtartig das Haus.
- Der Leser erfährt aber auch die Gründe für das Verhalten der Mutter. Seit dem Tod ihres Mannes fühlt sich die Mutter oft einsam.
- Nach ihrer Rückkehr aus der Stadt geht Elsa auf ihr Zimmer und denkt über ihre Situation nach.

Die Lösungen und die zu erreichenden Punkte findest du auf S. 369 f.

Grammatiktraining – Wortarten

Nomen/Substantive, Verben, Pronomen ... – Wortarten im Überblick

Basiswissen

Folgende Wortarten hast du in den letzten Jahren kennengelernt:

Wortart	Erklärung	Beispiele
Nomen/Substantive (= Namen-/Hauptwörter)	Sie bezeichnen Lebewesen, Gegenstände, Vorgänge und Zustände und werden immer großgeschrieben.	*Schülerin, Tafel, Freundschaft, Freude*
Artikel (= Begleiter)	Sie sind Begleiter des Nomens/Substantivs und zeigen das Genus (Geschlecht) an. Es gibt bestimmte und unbestimmte Artikel.	*der, die, das ein, eine*
Verben (= Zeit-/Tätigkeitswörter)	Sie bezeichnen Tätigkeiten.	*lesen, putzen, helfen, lachen*
Adjektive (= Eigenschaftswörter)	Sie bezeichnen die Eigenschaften eines Nomens/Substantivs.	*fleißig, schmutzig, eng, hell*
Pronomen – Personalpronomen (= persönliche Fürwörter) – Possessivpronomen (= besitzanzeigende Fürwörter) – Demonstrativpronomen (= hinweisende Fürwörter)	Sie können Nomen/Substantive ersetzen oder sie begleiten.	– *ich, du, er, sie, es, wir, ihr, sie* – *mein, dein, sein, ihr, sein, unser, euer, ihr* – *dieser, diese, dieses; jener, jene, jenes; welcher, welche, welches*
Präpositionen (= Verhältniswörter)	Sie geben an, in welchem Verhältnis Personen oder Gegenstände zueinander stehen.	*Die Schülerin geht **in** ihre Klasse.* *Der Text steht **an** der Tafel.*
Adverbien (= Umstandswörter)	Adverbien erläutern einen Sachverhalt näher. Sie geben an, wo etwas passiert, wann etwas passiert und wie etwas abläuft.	*Die Hefte liegen **dort**.* *Der Test wird **morgen** geschrieben.* *Er wird **sehr** schwer werden.*
Konjunktionen (= Bindewörter)	Sie verbinden Wörter, Wortgruppen und Sätze miteinander.	*Maria, Leon **und** Berkat bilden eine Arbeitsgruppe.* ***Als** es klingelt, stürmen alle aus dem Klassenraum.*

Grammatiktraining – Wortarten im Überblick

Planung muss sein

Obwohl das zehnte Schuljahr gerade erst angefangen hatte, begannen die Lehrer und wir Schüler der Erich-Kästner-Realschule schon damit, jenen absoluten Höhepunkt eines jeden Schülerdaseins zu planen – die Abschlussfeierlichkeiten. Gleich mehrere Schulen wollten ihre feierlichen Zeugnisübergaben im Theater der Stadt veranstalten. Deshalb musste rechtzeitig ein Termin festgelegt werden. Danach erst konnte er dort beim Theaterpersonal reserviert werden. Auch der Saal für die anschließende Party mit allen Abschlussschülern, den Eltern und Lehrern musste schon am Schuljahresanfang gebucht werden, weil es in der Stadt nur wenige geeignete Örtlichkeiten für so große Feste gab und diese deshalb bei allen Schulen sehr begehrt waren. Schließlich bildeten unsere drei Abschlussklassen auch schon ein Gremium, das sich mit weiteren wichtigen Einzelheiten der Abschlussfeierlichkeiten befassen sollte. Es waren solche Fragen zu klären wie: Welche Form und Farbe sollen unsere Abschluss-T-Shirts haben? Mit welchen Texten und welchen Motiven sollen sie bedruckt werden? Wie soll die Motto-Woche ablaufen? Welche Beiträge können die Schülerinnen und Schüler zur Gestaltung der Abschlussfeier leisten? Und vor allem mussten die Fragen geklärt werden, wer sich um was kümmert und wer bereit ist, seine Freizeit für die Organisation zu opfern.

(Rena Nolte, Schülerin der 10c)

1 Übertrage die Tabelle in dein Heft und ordne die unterstrichenen Wörter den entsprechenden Wortarten zu. Ein Tipp: Es gibt zu jeder Wortart drei Beispielwörter, zu einer gibt es vier.

Wortart	Wörter
Nomen/Substantive:	…
Artikel:	…
Verben:	…
Adjektive:	…
Personalpronomen:	…
Possessivpronomen:	…
Demonstrativpronomen:	…
Präpositionen:	…
Adverbien:	…
Konjunktionen:	…

Grammatiktraining – Wortarten im Überblick

2 Suche drei Beispiele für die Verknüpfung von Präposition + Artikel wie „zum" aus dem Text heraus. Notiere sie so: *zum = zu dem*.

3 Arbeitet zu zweit und lest euch abwechselnd nur die Erklärungen oder ein Beispielwort aus der Tabelle von S. 317 vor. Der Zuhörer nennt dann die entsprechende Wortart.

4 Schreibt zu den verschiedenen Wortarten jeweils drei Aussagen auf, von denen nur eine richtig ist. Euer Partner muss dann die richtige Aussage herausfinden.
Beispiel:
Welche Aussage ist richtig?

a) Ein Adjektiv bezeichnet Lebewesen, Gegenstände, Vorgänge und Zustände.
b) Ein Adjektiv gibt an, in welchem Verhältnis Personen oder Gegenstände zueinander stehen.
c) Ein Adjektiv bezeichnet die Eigenschaften eines Nomens/Substantivs.

5 Bildet Sätze, wenn möglich zum Thema „Abschlussfeier", die zu folgenden Vorgaben passen:

a) bestimmter Artikel – Nomen/Substantiv – Verb – Adverb – Possessivpronomen – Nomen/Substantiv.
b) Nomen/Substantiv – Konjunktion – Nomen/Substantiv – Verb – unbestimmter Artikel – Nomen/Substantiv – Präposition + Artikel – Nomen/Substantiv.
c) Personalpronomen – Verb – unbestimmter Artikel – Nomen/Substantiv – Präposition – bestimmter Artikel – Nomen/Substantiv.

Beispiel:

bestimmter Artikel	Nomen/Substantiv	Verb	Präposition	Possessivpronomen
Das	**Gremium**	**plant**	**mit**	**unseren**

Nomen/Substantiv	unbestimmter Artikel	Adjektiv	Nomen/Substantiv	
Lehrern	**ein**	**interessantes**	**Programm.**	

➔ Wortarten wiederholen
AH, S. 68–69

6 Schreibt eigene kurze Texte zu euren Plänen für den Schulabschluss.
- Unterstreicht in euren Texten wie in dem Text „Planung muss sein" verschiedene Wörter.
- Tauscht die Texte mit einem Lernpartner aus und bestimmt die Wortarten der unterstrichenen Wörter.
- Berücksichtigt möglichst viele unterschiedliche Wortarten.

Unterschiedliche Verbarten – Vollverb, Hilfsverb, Modalverb

Basiswissen

1. Ein **Vollverb** kann allein das Satzglied Prädikat bilden.
   Beispiel: *Die Klassensprecher der 10a **übernehmen** die Auswahl der T-Shirts.*

2. **Hilfsverben** sind die Wörter **haben, sein** und **werden**. Sie werden für die Bildung bestimmter Zeiten (Tempora) eingesetzt.
   Beispiele: *Sie **hatten** einen Katalog angefordert.* (Plusquamperfekt)
   *Sie **sind** auch in eine Druckerei gefahren.* (Perfekt)
   *Sie **werden** ihren Mitschülern zwei Vorschläge machen.* (Futur)

3. **Modalverben** sind die Wörter **wollen, dürfen, mögen, können, sollen** und **müssen**.
   Sie bezeichnen einen Willen/eine Absicht (wollen), eine Erlaubnis/Berechtigung (dürfen), einen Wunsch/eine Vermutung (mögen), eine Möglichkeit/Fähigkeit (können), eine Aufforderung/einen Ratschlag (sollen) oder eine Notwendigkeit/eine Pflicht (müssen). Sie werden zusammen mit einem Vollverb benutzt.
   Beispiele: *Die Schüler **wollen** sich die T-Shirts erst ansehen.*
   *Einige **müssen** sie wegen der passenden Größe erst anprobieren.*

   Hilfsverben und Modalverben können auch wie Vollverben allein das Satzglied Prädikat bilden.
   Beispiele: *Jörn **hat** einen guten Motivvorschlag.*
   *Thi Nyny **mag** die Farbe nicht.*

1 Sucht aus den auf den T-Shirts abgedruckten Sprüchen die Verben heraus und bestimmt, zu welcher Art (Voll-, Hilfs-, Modalverb) sie gehören.

2 Formuliert zehn mögliche Sprüche für ein Abschluss-T-Shirt. Ihr könnt dazu auch im Internet recherchieren.
Unterstreicht die Verben eurer Sprüche und bestimmt die Verbart.

Ein ungewöhnliches Kleidungsstück

Wenn man auf der Straße junge Menschen mit einheitlichen T-Shirts (*Vollverb*), auf denen vorne ein witziger Spruch, manchmal auch ein Bildmotiv, und hinten eine lange Liste mit Namen (*Vollverb*), dann (*Vollverb*) es jeder – die Schülerinnen und Schüler (*Vollverb*) ihren Schulabschluss. Es (*Vollverb*) inzwischen zahlreiche Firmen, die die unterschiedlichsten Formen, Farben und Gestaltungsmöglichkeiten (*Vollverb*).

3 Schreibe den Text in dein Heft und setze die passenden Vollverben aus dem Wortspeicher in die Lücken ein.

> weiß • anbieten • feiern • sieht • gibt • stehen

Die Schüler (*Hilfsverb*) sich oft nach langer Diskussion entweder für ein normales T-Shirt, ein Poloshirt oder einen Kapuzenpulli (*Partizip Perfekt*). Auch die Farbwahl (*Hilfsverb*) vielen Klassen nicht leicht (*Partizip Perfekt*). Manchmal (*Hilfsverb*) sie in der Vergangenheit sogar zu Streitigkeiten zwischen Schülern und Schülerinnen (*Partizip Perfekt*).

4 Ergänze die fehlenden Hilfsverben und Partizipien in den Sätzen oben mit den Verben aus der Tabelle.

Hilfsverben	Partizip Perfekt
hat, haben, ist	gefallen, geführt, entschieden

5 Bestimme die Zeitform, in der die Sätze zu Aufgabe 4 stehen. Hilfen erhältst du in den Lernboxen auf S. 320 und 322.

Das Organisationsteam (*Modalverb*) viel Geduld und Feingefühl (*Vollverb*). Schließlich (*Modalverb*) sich jeder in seinem T-Shirt (*Vollverb*). Dann (*Modalverb*) die Abschlussschüler das ungewöhnliche Kleidungsstück natürlich nicht nur an den letzten Schultagen, sondern auch zu den Partys (*Vollverb*). Frühestens zum 1. Klassentreffen in fünf Jahren (*Modalverb*) sie es aus dem Kleiderschrank wieder (*Vollverb*), falls es dann noch passt.

6 Füge die passenden Modalverben und Vollverben aus dem Wortspeicher in die Klammern ein.

Modalverben	Vollverben
sollte, können, musste, dürfen	tragen, hervorholen, aufbringen, wohlfühlen

→ Verbarten wiederholen
AH, S. 70–71

Störend, gehend, gegangen, gelaufen ... – Partizip Präsens (Partizip I) und Partizip Perfekt (Partizip II)

Basiswissen

Bei der Bildung der **Zeitformen Perfekt** und **Plusquamperfekt** hast du gelernt, dass sie aus einem **Hilfsverb** (*haben* oder *sein*) und dem **Partizip Perfekt** (**Partizip II**) gebildet werden.
Beispiele:
*Das Gremium **hat** sich lustige Themen für die Mottowoche **ausgedacht**.* (Perfekt)
     (Hilfsverb)   (Partizip Perfekt)

*Letztes Jahr **waren** alle Schüler verkleidet in die Schule **gekommen**.* (Plusquamperfekt)
     (Hilfsverb)   (Partizip Perfekt)

Das **Partizip Perfekt** dient zur Bildung der zusammengesetzten Verbformen Perfekt und Plusquamperfekt (s. o.). Häufig besitzt es die Vorsilbe „**ge-**".

Es kann aber auch **wie ein Adjektiv**, das einem Wesen oder einem Gegenstand eine Eigenschaft zuschreibt, **als Attribut** verwendet werden.
– *der **glückliche** Abschlussschüler* (Adjektivattribut)
– *der **geehrte** Abschlussschüler* (Partizip Perfekt als Attribut)

Das **Partizip Präsens (Partizip I)** endet häufig auf „**-end**" bzw. „**-ende**".

Auch das Partizip Präsens kann **wie ein Adjektiv als Attribut** verwendet werden.
– *der **nette** Mitschüler* (Adjektivattribut)
– *der **störende** Mitschüler* (Partizip Präsens als Attribut)

Märchentag, Rentnertag, erster Schultag ...

Irgendwann in den Neunzigerjahren des letzten Jahrhunderts war zunächst wohl einigen <u>gelangweilten</u> Abiturienten die Idee <u>gekommen</u>, eine Motto-Woche zu veranstalten. An jedem Tag der letzten Schulwoche hatten sie dazu ein neues Thema <u>ausgegeben</u>, zu dem sich die <u>scheidenden</u> Mitschülerinnen und Mitschüler verkleiden sollten. Diese <u>reizende</u> Idee war bei allen gut <u>angekommen</u> und sie hatte sich schnell in ganz Deutschland, nicht nur bei den Abiturienten, sondern auch bei anderen Schulabgängern, <u>ausgebreitet</u>.
Und so ist es üblich geworden, dass überall in den letzten Schulwochen fantasievoll geklei-

Grammatiktraining – Partizip Präsens und Partizip Perfekt

dete Abschlussschüler durch die Schulen streifen. Der Kreativität sind dabei keine Grenzen gesetzt.

An der Erich-Kästner-Realschule hat die Motto-Woche mit dem „Märchentag" angefangen. Grinsende Zwerge, finster blickende Zauberer und kreischende Hexen haben an diesem Tag die Schulflure unsicher gemacht. Von den Großeltern ausgeliehene Rollatoren, Rollenkoffer, auch Hackenporsche genannt, und Spazierstöcke sind am nächsten Tag als Requisiten in die Schule mitgebracht worden – der Dienstag ist nämlich der „Rentnertag" gewesen. Wie an ihrem ersten Schultag sind die Abschlussschüler dann am Mittwoch mit wippenden Zöpfchen, Ranzen und kurzen Hosen in die Schule gegangen. Am Donnerstag sind die Schülerinnen mit langen, eleganten Festkleidern, die Schüler in Schützenfestuniformen zur Schule geschritten, dem Motto „Schützenfest" gemäß. Zum Abschluss der Motto-Woche haben die Lehrer besonders geschmunzelt. Beim „Geschlechtertausch" sind die Jungen in schwingenden Kleidern oder Röcken in die Schule gegangen. Die Mädchen sind allerdings in ihren ausgebeulten Hosen nicht besonders aufgefallen.

1 Übertrage die Tabelle in dein Heft und ordne die Partizipien aus dem Text in die entsprechenden Spalten ein. Im ersten Absatz sind sie bereits gekennzeichnet, im übrigen Text musst du sie selbst heraussuchen.

Partizip Präsens (Partizip I)	Partizip Perfekt (Partizip II)
...	...

2 Bestimme die Zeitformen des Textes „Märchentag, Rentnertag, erster Schultag ...".

3 Schreibt die folgenden Sätze a) – d) im Perfekt und im Plusquamperfekt auf. Unterstreicht das Partizip Perfekt.

a) Die Schülerinnen und Schüler des Gremiums schlagen verschiedene Themen vor.
b) Ihre Mitschüler stimmen dann darüber ab.
c) Die Wahl findet schon am Anfang des zweiten Schulhalbjahres statt.
d) Die Schüler brauchen Zeit für die Anfertigung ihrer Kostüme.

4 Formuliere zu jedem Nomen/Substantiv in dem Kasten einen Satz und füge als Attribut ein Partizip Präsens (Partizip I) ein.
Beispiel: Einige Mädchen verkleideten sich als <u>bezaubernde</u> Elfen.

> Elfen • Großväter • i-Männchen • Schützenkönige • Ladys • Ritter • Handwerker • Schlafwandler

◆ Partizip Präsens/Partizip Perfekt
AH, S. 72 – 73

Für Grammatikexperten – Vorgangs- und Zustandspassiv

Basiswissen

Das Passiv verwendet man z. B., wenn der Handelnde unbekannt ist (Die Bank wurde überfallen.)
Beim Passiv werden die von einer Handlung betroffenen Personen, Sachen oder Vorgänge hervorgehoben. Dabei unterscheidet man zwei Möglichkeiten:

- Das **Vorgangspassiv**: Hier steht ein Geschehen im Vordergrund. Der Handelnde kann, muss aber nicht genannt werden (z. B. *Cem **wurde** (vom Schulleiter) als bester Schüler des Jahrgans **ausgezeichnet**.*) Es wird gebildet aus einer Personalform des Verbs *werden* und dem Partizip II des Verbs.
- Das **Zustandpassiv**: Es bezeichnet einen erreichten Zustand oder das Ergebnis einer Handlung. Es wird gebildet aus einer Personalform von *sein* und dem Partzip II des Verbs (z. B. Die Bücher **sind** mit Staub **bedeckt**. Das Bein **ist gebrochen**.).

1 Bestimmt bei dem folgenden Text die Aktiv- und Passivformen. Unterscheidet bei den Passivformen jeweils, welche Art von Passiv verwendet wird. Übernehmt dazu die folgende Übersicht in euer Heft und ordnet die Passivformen ein.

Vorgangspassiv mit Nennung des Handelnden	Vorgangspassiv ohne Nennung des Handelnden	Zustandspassiv
...	...	...

Dietrich Herrmann (geb. 1939)
Hightechprothesen im Leistungssport

Die Inklusion – der uneingeschränkte Zugang aller Menschen zu allen Bereichen des gesellschaftlichen Lebens wie Schulen, Universitäten, Betrieben usw. – wird nun auch im Sport diskutiert. Dies wird wohl auch über Jahre so fortgehen. Ein Weitspringer mit Beinprothese wurde in diesen Tagen vom Verband nicht für die
5 Europameisterschaft nominiert, obwohl er weiter sprang als alle seine Konkurrenten. Es wird behauptet, der Wettkampf werde durch seine Unterschenkelprothese aus federndem Karbon gegenüber den Nichtbehinderten verzerrt, da größere Weiten damit erzielt würden. Die Leichtathletikverbände sind vor Neuland gestellt. Sie wissen nicht, wie mit den Leistungen von solchen Sportlern wie Mar-
10 kus Rehm umgegangen werden soll. Es gibt Stimmen, dass Rehm mit dem gesunden Bein abspringen solle, damit werde die Gleichheit mit den nicht behinderten Sportlern wiederhergestellt. Aber was würde ein Speerwerfer sagen, wenn ihm

Markus Rehm in Berlin, 2014

zugemutet würde, er dürfe den Speerwurf nicht mit seinem richtigen Wurfarm ausführen.
15 Nicht nur Rehms Leistung wird in Zukunft für Diskussionsstoff sorgen, denn schon jetzt bereiten sich auch andere Sportler mit Behinderungen auf die Teilnahme an öffentlichen Wettkämpfen für Nichtbehinderte vor. Die Technik der Entwicklung von Prothesen ist in den letzten Jahren ungeheuer schnell entwickelt worden und wird von manchem in Zukunft sicher erfolgreich genutzt werden.
20 Wie wird dann wohl über den Sieger entschieden werden?

(2014)

2 Formuliert die Passivsätze in dem Text in Aktivsätze um.
- An welchen Stellen wirkt die Verwendung des Aktivs eurer Meinung nach besser? Begründet eure Meinung.
- Übertragt den Text in eure Hefte. Verwendet dort das Aktiv, wo ihr es für sprachlich besser als das Passiv haltet.

Teste dich selbst! – Wortarten

Abschlussfeier

Johann freut sich besonders. <u>Heute</u> bekommt <u>er</u> endlich <u>sein</u> Abschlusszeugnis.
Für <u>die</u> anstrengenden Prüfungen und Klassenarbeiten musste er viele Stunden lernen.
5 Jetzt darf er <u>diesen</u> Tag genießen. <u>Als</u> er <u>mit den</u> Eltern und Geschwistern in die geschmückte Schulaula kommt, <u>ist</u> <u>seine</u> Freundin Bianca schon <u>dort</u>. Sie hat sich <u>ihre</u> <u>langen</u> Haare hochgesteckt, sodass Johann Mühe
10 hat, <u>sie</u> zwischen den anderen zu erkennen. Er <u>setzt</u> sich <u>schnell</u> zu ihr. Es ist üblich, <u>dass</u> die Schulleiterin zu <u>solchen</u> Gelegenheiten eine Begrüßungsrede hält. Hiernach folgt <u>ein</u> <u>abwechslungsreiches</u> <u>Programm</u>. <u>Es</u> wird
15 Musik gespielt. Dann folgen Sketche <u>und</u> Reden. Schließlich beginnt die spannende Überreichung der Abschlusszeugnisse <u>auf</u> der Bühne. Mit klopfendem Herzen schaut Johann <u>in</u> sein <u>Zeugnis</u>. Er ist froh, weil er in Deutsch doch eine Zwei gekriegt hat. Jetzt <u>kann</u> sein zukünftiger Chef zufrieden sein. Und am kommenden Abend wird Johann mit Bianca und den anderen so richtig feiern. An <u>jene</u> Feier
20 wird er <u>bestimmt</u> noch lange denken.

1 Lege dir in deinem Heft eine Tabelle an wie in Aufgabe 1 auf S. 318. Ordne dann die unterstrichenen Wörter den entsprechenden Wortarten zu. Ein Tipp: Es gibt zu jeder Wortart drei Beispielwörter. Arbeite dabei mit der Lernbox auf S. 317.

2 Die unterstrichenen Verben gehören unterschiedlichen Verbarten an. Schreibe die Verben gesondert auf und notiere dahinter, zu welcher Verbart (Voll-, Hilfs-, Modalverb) sie gehören.

3 In dem Text befinden sich auch Partizipien. Sie sind **nicht** unterstrichen. Suche vier Partizipien Präsens (Partizip I) und drei Partizipien Perfekt (Partizip II) heraus.

4 Bestimme die Zeitformen, in denen der erste, dritte und letzte Satz stehen.

Die Lösungen und die zu erreichenden Punkte findest du auf S. 370 f.

Grammatiktraining – Satzglieder

Bekannte Satzglieder – Subjekt, Prädikat, Objekt

Basiswissen

Die einzelnen Bausteine eines Satzes nennt man **Satzglieder**.
- Das **Subjekt** antwortet auf die Frage **Wer oder was …?** und steht immer im Nominativ (1. Fall).
- Das **Prädikat** besteht immer aus einem **Verb** oder einer **Verbgruppe**. Es antwortet auf die Frage **Was tut jemand?** oder **Was geschieht?**. Wenn ein Prädikat aus mehreren Teilen besteht, spricht man von einer **Prädikatsklammer** (*Sie haben ein Fluggerät gebaut.*).
- Oft werden Prädikate im Satz durch weitere Satzglieder ergänzt. Diese **Ergänzungen** sind **Objekte**. Man unterscheidet sie in der Regel nach dem Fall, in dem sie stehen. Häufig vorkommende Objekte sind das Dativ- und das Akkusativobjekt.
  - Das **Dativobjekt** antwortet auf die Frage **Wem …?**.
  - Das **Akkusativobjekt** antwortet auf die Frage **Wen oder was …?**.

Der Traum vom Fliegen

- Den Traum vom Fliegen behandeln viele Märchen und Sagen.
- Das Fliegen hat die Menschen schon in der Vergangenheit fasziniert.
- Der Künstler und Erfinder Leonardo da Vinci entwickelte schon vor 500 Jahren Pläne für Fluggeräte.
- Die Umsetzung dieser Zeichnungen gelang ihm jedoch nicht.
- In den Jahrhunderten nach Leonardo entwickelten Tüftler andere Konstruktionen für Fluggeräte.

Luftschraube (Zeichnung von Leonardo da Vinci, um 1487–1490)

1 Ermittle in den Sätzen die Satzglieder, indem du sie einmal umstellst. Schreibe die umgestellten Sätze in dein Heft. Ergänze in Klammern die Zahl der Satzglieder.
Beispiel: Viele Märchen und Sagen/behandeln/den Traum vom Fliegen. (3 Satzglieder)

2 Arbeite so mit den Sätzen von Aufgabe 1 weiter:
- Finde die Prädikate, indem du zu jedem Satz die Satzgliedfrage *„Was tut jemand?"* oder *„Was geschieht?"* stellst. Unterstreiche anschließend die Prädikate.
- Kreise die Subjekte ein.
- Bestimme die Dativ- und Akkusativobjekte. Kennzeichne sie mit einer Wellenlinie und folgenden Abkürzungen: DO – Dativobjekt, AO – Akkusativobjekt.
Beachte, dass in den Sätzen auch noch andere Satzglieder vorkommen, die du nicht bestimmen musst.

Grammatiktraining – Subjekt, Prädikat, Objekt

Eine bekannte Sage vom Fliegen

- Die Griechen der Antike erzählten ihren Kindern die Sage von Dädalus und Ikarus.
- Diese Sage erzählt eine Vater-Sohn-Geschichte.
- Sie war in der Antike vielen Menschen bekannt.
- Einige antike Schriftsteller haben diese Sage aufgeschrieben.
- Dem römischen Schriftsteller Ovid verdanken wir eine besonders bekannte Fassung der Sage.
- Die Sage behandelt das Thema des Fliegens.

3 Finde in den Sätzen die Dativ- und Akkusativobjekte. Schreibe dazu die Satzgliedfragen und die Objekte in dein Heft. Ergänze in Klammern jeweils DO (= Dativobjekt) bzw. AO (= Akkusativobjekt).
Beispiel: Wem erzählten die Griechen die Sage? Ihren Kindern. (DO)

Dädalus und Ikarus (Marmorrelief, Rom 2. Jh. nach Chr.)

Die Sage von Dädalus und Ikarus

Daidalos und Ikaros (kolorierter Kupferstich, 1731)

Dädalus ist eine Gestalt aus der griechischen Sagenwelt. Er wird als begabter Künstler, Baumeister und Erfinder beschrieben. Der Sage nach schickte seine Schwester ihren Sohn zu Dädalus in die Lehre. Der Neffe stellte sich sehr geschickt an, und dem Onkel missfiel die Begabung seines Verwandten. Er war eifersüchtig auf ihn. Bei einem gemeinsamen Ausflug wollte Dädalus seinen Neffen umbringen. Sein Plan misslang, und er musste seine Heimatstadt heimlich verlassen. Der König von Kreta gewährte Dädalus und seinem Sohn Ikarus Asyl. Dafür sollte Dädalus ein Labyrinth erbauen, in dem Minos, der König, ein furchterregendes Ungeheuer, den Minotaurus, einsperren konnte. Nachdem das Labyrinth fertiggestellt worden war, hätte Dädalus die Insel Kreta gerne wieder verlassen. Der König verbot dieses. Der Seeweg wurde streng kontrolliert. Also kam dem Erfinder die Idee, aus Vogelfedern und Wachs Flügel zu bauen. Mit diesen wollten er und sein Sohn fliegend von der Insel fliehen. Der Plan gelang zunächst. Vater und Sohn stiegen in die Luft auf und sahen die benachbarten Inseln unter sich.
Doch obwohl Dädalus seinen Sohn schon vor dem Start gewarnt hatte, stieg Ikarus immer höher hinauf. Die Sonnenstrahlen brachten das Wachs zum Schmelzen. Die Federn lösten sich und niemand konnte dem jungen Griechen mehr helfen. Er stürzte ins Meer und starb.

○ Bekannte Satzglieder
AH, S. 82 – 83

4 Ordne die unterstrichenen Wörter oder Wortgruppen in dem Text „Die Sage von Dädalus und Ikarus" den verschiedenen Arten von Satzgliedern zu. Übernimm dazu die Tabelle in dein Heft und sortiere die Wörter oder Wortgruppen ein.

Subjekt	Prädikat	Dativobjekt	Akkusativobjekt
...	...	...	...

Ein Satzglied unter der Lupe – die adverbiale Bestimmung

Basiswissen

- Die adverbiale Bestimmung macht **Angaben zu den näheren Umständen** z. B. einer Handlung oder eines Vorgangs.
- Man unterscheidet, je nachdem auf welche Frage sie antworten, adverbiale Bestimmungen der **Zeit** (*Wann? Wie lange?*), des **Ortes** (*Wo? Wohin?*), der **Art und Weise** (*Wie?*), des **Grundes** (*Warum?*) und des **Mittels** (*Womit? Mit welchen Mitteln?*).

Otto Lilienthal – ein deutscher Flugpionier

Otto Lilienthal gilt heute als einer der wichtigsten deutschen Flugpioniere. Er wurde 1848 in einem kleinen Ort in Vorpommern geboren. Dort beobachtete er schon als Kind genau, wie Störche flogen. Wegen der für Störche günstigen Lebensbedingungen konnte Lilienthal sie regelmäßig in der Umgebung seines Heimatortes sehen. Diese Vögel wurden für ihn zu einem Vorbild, das auch Menschen zum Fliegen verhelfen sollte. So machte Lilienthal schon als Jugendlicher mit einfachen Fluggeräten erste Flugversuche. Nach den ersten Misserfolgen entwickelten Lilienthal und sein Bruder mit wissenschaftlichen Methoden kompliziertere Fluggeräte. Zwar konnten sie auch mit diesen Geräten nicht vom Boden abheben, doch sie erlangten immer genauere Kenntnisse über das Fliegen, die Lilienthal im Jahr 1889 in seinem Buch „Der Vogelflug als Grundlage der Fliegekunst" zusammenfasste.

Otto Lilienthal (1848 – 1896)

1 Arbeite so mit dem Text über den Flugpionier Otto Lilienthal:
- Schreibe die unterstrichenen adverbialen Bestimmungen in dein Heft.
- Schreibe jeweils die entsprechende Satzgliedfrage auf.
- Bestimme, um welche Art von adverbialer Bestimmung es sich jeweils handelt.

Beispiel: Otto Lilienthal gilt heute als einer der wichtigsten deutschen Flugpioniere.
Wann gilt Otto Lilienthal als einer der wichtigsten deutschen Flugpioniere?
Heute. (adverbiale Bestimmung der Zeit)

Otto Lilienthal – der erste fliegende Mensch?

Flug Lilienthals vom „Fliegeberg" in Berlin-Lichterfelde (1895)

In der Folgezeit orientierte sich Lilienthal bei seinen Flugversuchen konsequent am Beispiel der Vögel. Zielstrebig entwickelte er seine Flugapparate weiter und machte unermüdlich immer neue Flugversuche. Im Jahr 1891 gelang ihm der erste erfolgreiche Flug. Die Weite betrug nur 15 Meter, doch Lilienthal hatte bewiesen, dass sein Fluggerät funktionierte. Von 1891 bis 1896 absolvierte er mehr als 2 000 Flüge. Für diese nutzte er höher gelegene Stellen, 1894 ließ er sich einen 15 Meter hohen „Fliegeberg" aufschütten. Lilienthal flog in der Regel nicht weiter als 25 Meter. Wegen seines Erfolgs fühlte er sich zunehmend sicherer. Am 9. August 1896 unternahm er in den Rhinower Bergen bei Berlin mit seinem Flugapparat weitere Flugversuche. Nach zwei erfolgreichen Flügen verunglückte Lilienthal bei seinem dritten Flug. Er stürzte aus einer Höhe von 15–20 Metern ab und verletzte sich schwer. Am nächsten Tag erlag er seinen Verletzungen. Viele Menschen trauerten sehr um Lilienthal.

2 Arbeite so mit dem Text:
- Schreibe aus dem Text die adverbialen Bestimmungen heraus. Es sind insgesamt 17.
- Stelle die Satzgliedfrage und bestimme, um welche Art von adverbialer Bestimmung es sich jeweils handelt.

Beispiel: Wann orientierte sich Lilienthal bei seinen Flugversuchen konsequent am Beispiel der Vögel? In der Folgezeit. (adverbiale Bestimmung der Zeit)

→ Adverbiale Bestimmung
AH, S. 78

Kein Satzglied, sondern ein Satzgliedteil – das Attribut

Basiswissen

Das **Attribut** (= Beifügung) ist **kein Satzglied**, sondern **Teil eines Satzglieds**. Es **kennzeichnet ein Nomen/Substantiv genauer**.

- Bei der Umstellprobe bleiben Attribute immer bei ihrem Bezugswort.
- Attribute antworten auf die Frage *Was für ein/eine ...?* oder *Welcher/welches ...?*.
- Man unterscheidet folgende Arten von Attributen:
  - **Adjektivattribut** (*„das neue Flugzeug"*),
  - **Relativ-/Attributsatz** (*„das Flugzeug, das benutzt wurde"*),
  - **Apposition** (= Nachstellung, z. B. *„die Pilotin, eine Amerikanerin,"*),
  - **präpositionales Attribut** (*„der Flug von Amerika nach Europa"*),
  - **Genitivattribut** (*„die Pilotin des Flugzeugs"*).

Amelia Earhart

- Noch heute kennen viele Menschen den Namen der Pilotin Amelia Earhart.
- Sie erreichte bereits zu Lebzeiten einen hohen Bekanntheitsgrad.
- Sie war die erste Frau, die in einem Flugzeug über den Atlantik flog.
- Bei dem Flug, der im Juni 1928 stattfand, war sie Passagierin.
- Sie erhielt 1928 den Titel „Frau des Jahres".
- 1932 steuerte sie ein Flugzeug im Alleinflug, eine enorme Leistung, von Neufundland nach Nordirland.
- Ihr Flug über den Atlantik steigerte Amelia Earharts Bekanntheit.
- Sie war die erste Frau, der diese Atlantiküberquerung gelang.

1 Zeige mithilfe der Umstellprobe, dass es sich bei den unterstrichenen Wörtern um Attribute und nicht um eigenständige Satzglieder handelt.
  - Stelle dazu die Sätze jeweils einmal um und schreibe die neuen Sätze in dein Heft.

2 Arbeite so mit den umgestellten Sätzen von Aufgabe 1 weiter:
  - Unterstreiche die Attribute, die bereits in den Ausgangssätzen gekennzeichnet sind, auch in den umgestellten Sätzen.
  - Kreise die Bezugswörter ein.
  - Erfrage die Attribute mithilfe der Frage *Was für ein/eine ...?* oder *Welcher/welches ...?*.
  - Bestimme, um welche Art von Attribut es sich jeweils handelt.

Grammatiktraining – das Attribut

3 In dem folgenden Text fehlen an einigen Stellen die Attribute. Ergänze die im Text fehlenden Attribute, indem du aus dem Wortspeicher ein passendes Attribut der in Klammern angegebenen Art (z. B. Adjektivattribut) auswählst.

Amelia Earhart: Vom Fliegen besessen

Am 2. Juli 1937 verschwand Rekordfliegerin Amelia Earhart auf ihrer geplanten Weltumrundung plötzlich über dem Pazifik. Ihr Flugzeug wurde nie gefunden. 75 Jahre später wollen Forscher herausfinden, was damals mit der Starpilotin passiert ist. [...]

Allein über den Pazifischen Ozean

1935 gelang der (*Adjektivattribut*) Pilotin [...] die erste Pazifiküberquerung von Kalifornien nach Hawaii. Diese Strecke ist länger als der Flug (*präpositionales Attribut*). Noch im selben Jahr flog sie das erste Solo von Mexiko-Stadt nach Newark (New York). Sie erhielt (*Adjektivattribut*) Auszeichnungen und war zu ihrer Zeit ein Star.

Der letzte Flug

Ehrungen, Vortragstourneen und Verpflichtungen (*Genitivattribut*) beschäftigten Amelia Earhart in den nächsten Monaten, ehe sie, kurz vor ihrem 40. Geburtstag, ihr (*Adjektivattribut*) Abenteuer vorbereitete: Mit einer (*Adjektivattribut*) Lockheed, (*Apposition*), wollte sie die Erde am Äquator umrunden, einen Flug, (*Relativsatz*).

Vom Roten Meer bis nach Indien

Am 21. Mai 1937 startete sie von Oakland aus in Richtung Florida. Von dort ging es weiter nach San Juan, Puerto Rico, über den Atlantik und den afrikanischen Kontinent zum Roten Meer. Der nächste Abschnitt stellte alleine für sich wieder einen Rekord dar: Niemand war bis zu diesem Zeitpunkt je ohne Zwischenlandung vom Roten Meer nach Indien geflogen. Von Karachi aus ging es am 17. Juni weiter nach Kalkutta, dann nach Rangun, Bangkok, Singapur und Bandung.

Absturz über dem Pazifik?

Am 2. Juli 1937 wurde Amelia Earhart zuletzt in Neuguinea gesehen. Sie war zu diesem Zeitpunkt 35 000 Kilometer geflogen und hatte noch über 11 000 Kilometer vor sich. Ein (*Adjektivattribut*) Funkspruch, in dem sie mitteilt, sie habe kaum noch Benzin, war ihr letztes Lebenszeichen.

Spektakuläre Suchaktion

In den darauffolgenden Wochen wird alles dafür getan, um die Star-Pilotin zu finden. Der (*Adjektivattribut*) Präsident Franklin D. Roosevelt sendet acht Kriegsschiffe und 62 Flugzeuge aus, (*Relativsatz*). Doch ohne Erfolg! 1939 wird Amelia Earhart schließlich für tot erklärt.

→ Attribut
AH, S. 79 – 80

Modell 10 Electra • zweimotorigen • unvollständiger • von Amerika nach Europa • die mehr als 400 000 Quadratkilometer Ozean absuchen • ehrgeizigen • zahlreiche • den vorher noch niemand gewagt hatte • amerikanische • aller Art • größtes

Linke und rechte Satzklammer ... – Sätze in Felder einteilen

> ### Basiswissen
>
> - Den Aufbau eines Satzes kann man auch in **Felder** einteilen. Dabei unterscheidet man das **Vorfeld**, **Mittelfeld** und **Nachfeld**.
> - Eine besondere Rolle spielt dabei das **Verb, das das Prädikat** bildet. Um dieses gruppieren sich die Felder eines Satzes. Sie werden sozusagen durch das Verb miteinander verklammert, sodass ein Satz entstehen kann. Deshalb spricht man auch von **Satzklammer**.
> - Besteht das vom Verb gebildete Prädikat aus mehreren Teilen, spricht man von **linker und rechter Satzklammer**.

Vorfeld	linke Satzklammer	Mittelfeld	rechte Satzklammer	Nachfeld
Ella	fordert	bei einer Diskussion über das Fliegen und seine Folgen,		dass man grundsätzlich nicht fliegen sollte.
Ella	hat	bei einer Diskussion über das Fliegen und seine Folgen	gefordert,	dass man grundsätzlich nicht fliegen sollte.

1 Erklärt, worin sich die beiden Sätze in Bezug auf die Satzklammer unterscheiden.

2 Zeichnet eine entsprechende Tabelle in euer Heft und stellt die Sätze mehrfach um. Besprecht dann mit einem Lernpartner folgende Punkte:
- Was ändert sich möglicherweise an der Bedeutung der Sätze, wenn ein anderes Satzglied das Vorfeld besetzt?
- Von wie vielen Satzgliedern können die einzelnen Felder besetzt werden und was ist das Besondere an dem Vorfeld?

3 Tragt die folgenden Sätze in die Tabelle ein. Stellt sie einmal um und verändert sie dabei so, dass sowohl die linke als auch die rechte Satzklammer besetzt wird:

- Generell steigen unabhängig vom Alter immer mehr Menschen ins Flugzeug.
- Der Anteil der unter 29-Jährigen steigerte sich aber unter den Fluggästen am stärksten.

Grammatiktraining – Sätze in Felder einteilen

- Das Verhalten der jüngeren Generation in Bezug auf das Fliegen veränderte sich demnach in den letzten Jahren nicht durch die Debatte über die Klimafolgen des Fliegens.
- Immer mehr Menschen kompensieren aber die CO_2-Emissionen ihrer Flüge mit einer Spende.
- Diese sogenannten Kompensationszahlungen sind umstritten, weil die Fluggäste damit nur einen Bruchteil der tatsächlichen Folgen des Fliegens übernehmen.

Vorfeld	linke Satz-klammer	Mittelfeld	rechte Satzklammer	Nachfeld
	Fordert	Ella bei einer Diskussion,		dass man grundsätzlich nicht fliegen sollte?
	Hat	Ella bei einer Diskussion	gefordert,	dass man grundsätzlich nicht fliegen sollte?

4 Vergleicht die Übersicht mit der Übersicht auf S. 333. Was hat sich an den beiden Sätzen verändert? Erklärt dies.

5 Was zeigen die Beispiele darüber, was du beachten musst, wenn du Fragesätze in Felder einteilst?

6 Formuliere zwei Sätze von Aufgabe 3 in Fragesätze um und trage sie in die Tabelle ein.

Teste dich selbst! – Satzglieder

1 Bestimme in dem folgenden Text die unterstrichenen Satzglieder.

2 Bestimme, um welche Art von Attribut es sich bei den mit einer Wellenlinie versehenen Attributen handelt.

Thomas Morawetz
Daedalus 88 fliegt von Kreta nach Santorin

Kann ein Mensch das schaffen? Von Kreta nach Santorin zu fliegen – nur mit eigener Muskelkraft? 115 Kilometer übers offene Meer? Kanéllos Kanellópoulos versuchte es, am 23. April 1988, im Spezialflugzeug Daedalus 88.
Kreta, der Flughafen von Iraklion. Seit Tagen wartet das Team auf gutes Wetter.
5 Dann endlich – am Morgen des 23. April 1988 – gleitet das Fluggerät über die Klippen hinaus aufs offene Meer. Daedalus 88 heißt das Flugzeug. Es wird angetrieben nur von der Muskelkraft eines einzigen Menschen. Länge: gut acht Meter, Flügelspannweite: 34 Meter! 34! Zwei Meter mehr als eine Boeing 727! In der Pilotenkanzel sitzt mit 72 Kilo [...] ein Mann, Kanéllos Kanellópoulos, der mehrfa-
10 cher griechischer Radrennmeister ist. Er will das Ungetüm übers Meer radeln von Kreta nach Santorin – durch die Luft! Die Strecke ist 115 Kilometer lang.
[...] Wie in der Geschichte von Daedalus; der will mit seinem Sohn Ikarus von Kreta fliehen. Also baut er Flügel aus Vogelfedern und Wachs. [...] So der Mythos. Doch sollte der Mensch auch in Wirklichkeit aus eigener Kraft fliegen können?
15 Forscher vom Massachusetts Institute of Technology wollten es genau wissen. OK, mit Armen und Flügeln flattern – keine Chance. Aber wie wäre es mit der Kraft der Beine, die einen Propeller antreiben? So war immerhin vor Kurzem einem Piloten der Flug über den Ärmelkanal gelungen, über 36 Kilometer. Aber jetzt 115! Ist das zu schaffen?
20 Vier Jahre lang rechnen und testen die Konstrukteure intensiv, und am Ende steht die Frage: Wer kann fliegen? Ein normaler Mensch nämlich nicht. Um Flugzeug und Pilot über 115 Kilometer zu transportieren, ist eine doppelt so große Leistung nötig wie für einen Marathonlauf.
Zuerst wird ein spezieller Energiedrink entwickelt, danach folgen knallharte Aus-
25 wahltests unter Extremsportlern, anschließend wochenlanges Training. [...] Am 23. April 1988 ist es so weit [...].
Kanellópoulos tritt und tritt und tritt. Durchschnittliche Flughöhe: gut 10 Meter. Treten, treten, treten. Plötzlich – Santorin in Sicht! Der Strand! Hunderte begeisterte Leute! Dann der Schrecken! Nur zehn Meter vom Ufer – eine Böe erfasst das
30 Flugzeug, das Hinterteil bricht wegen des Windes und Kanellópoulos stürzt ins Meer!
Dann erneuter Jubel! Kanellópoulos taucht aus den Wellen auf und schwimmt aus eigener Kraft auch noch an Land. Nach dieser Gewaltanstrengung! 115 Kilometer durch die Luft geradelt in drei Stunden und 54 Minuten.

Die Lösungen und zu erreichenden Punkte findest du auf S. 371.

Grammatiktraining – Konjunktiv in der indirekten Rede

Er geht ... Er gehe ... Geh jetzt! – Modi des Verbs unterscheiden

Basiswissen

Durch den **Modus** (= Aussageweise) eines Verbs kann der Sprecher die **Art der Aussage** eines Satzes kennzeichnen und verändern. Man unterscheidet folgende Modi (= Aussageweisen):

- **Indikativ:** Wirklichkeitsform, mit der man eine Aussage als tatsächlich und wirklich darstellt. (*Er geht nach Hause.*)
- **Konjunktiv I:** Möglichkeitsform, mit der man vor allem die indirekte Rede kennzeichnet. Er zeigt an, dass der Sprecher etwas wiedergibt, was ein anderer gesagt hat. (*Franz sagt, er gehe nach Hause.*)
- **Konjunktiv II:** Nichtwirklichkeitsform, mit der eine Aussage als nicht wirklich oder als Wunsch dargestellt wird. (*Ich wünschte, ich wäre reich.*)
- **Imperativ:** Befehlsform, mit der man eine Bitte, einen Befehl oder eine Aufforderung zum Ausdruck bringt. (*Spiel den Ball ab!*)

1 Bestimme in den folgenden Sätzen den Modus der unterstrichenen Verbformen.

- Es regnet, die Erde wird nass.
- Tristan sagt, morgen fahre er mit dem Fahrrad zum Einkaufen.
- Kauf dir jetzt bitte sofort ein neues Heft!
- Linus behauptet, es sei wichtig, immer einen Helm beim Mofafahren zu tragen.
- Ich fände es ausgesprochen gut, wenn du mir ein Eis ausgäbest.
- Heute scheint die Sonne, aber gestern blitzte und donnerte es.
- Ich lese sehr gerne Bücher, am liebsten Fantasy-Romane.
- Charleen meinte, sie gebe viel zu viel Geld für ihr Hobby aus.
- Nele kauft ihrer Mutter einen großen Blumenstrauß zum Muttertag.

2 Übernimm die folgende Tabelle in dein Heft und ergänze sie.

Indikativ	Konjunktiv I	Konjunktiv II	Imperativ
er kommt	er komme	er käme	komm
...	sie nehme	...	nimm
...	...	es gäbe	...
er fährt	...	...	...
...	...	sie sähe	sieh
...	...	es stünde	...

336

Er ist ... Er sei ... Er wäre ... – Konjunktivformen bilden

Basiswissen

- Die Formen des **Konjunktivs I** leiten sich vom **Infinitiv des Verbs** ab. Bei der Wiedergabe der direkten Rede in der indirekten Rede benötigst du häufig die Formen des Konjunktiv I in der 3. Person Singular.
  Beispiele:

Infinitiv	**hab**en	**fahr**en	**könn**en
Konjunktiv I 3. Pers. Singular	er **hab**-e	sie **fahr**-e	er **könn**-e

- Bei dem Hilfsverb *sein* entfällt die Endung **-e** in der 3. Person Singular des Konjunktivs I. (*Alex sagt, Paula sei sehr nett.*)
- Der **Konjunktiv II** wird vom **Präteritum des Verbs** gebildet (*er kam/er käme, sie hatten/sie hätten, er schlief/er schliefe, er konnte/er könnte, er fuhr/er führe*).
- Statt der einfachen Konjunktiv-II-Formen verwendet man auch häufig die **Umschreibung mit würde + Infinitiv**. (*Daniel sagt, morgen ginge er ins Kino.* → *Daniel sagt, morgen würde er ins Kino gehen.*)

1 Bilde bei den Verben im Wortspeicher die Formen des Präsens, des Konjunktivs I, des Präteritums und Konjunktivs II in der jeweils 3. Person Singular. Beispiel:
ziehen (Infinitiv) > er zieht (Präsens) > er ziehe (Konjunktiv I)
> er zog (Präteritum) > er zöge/er würde ziehen (Konjunktiv II)

> gehen • haben • finden • können • backen • fahren • fangen • schlafen • lassen • schwimmen

2 Übernimm folgende Tabelle in dein Heft und ergänze sie.

Infinitiv	Präsens Indikativ	Konjunktiv I	Präteritum Indikativ	einfache Konjunktiv-II-Form/ Umschreibung mit „würde + Infinitiv"
rufen	sie ruft	...	...	...
...	...	es brenne	...	...
...	...	...	...	er schriebe/ er würde schreiben
...	sie bleibt	...	...	...

Grammatiktraining – Konjunktivformen bilden

Infinitiv	Präsens Indikativ	Konjunktiv I	Präteritum Indikativ	einfache Konjunktiv-II-Form/ Umschreibung mit „würde + Infinitiv"
befehlen	...	...	er befahl	...
...	...	er grabe	...	...
...	...	...	...	sie löge/ sie würde lügen
...	...	...	er glitt	...

3 Ergänze die Tabelle aus Aufgabe 2 von S. 337 um zehn weitere Verben. Verwende die Umschreibung mit würde + Infinitiv, wenn die Formen des Konjunktivs II sich nicht von denen des Indikativs unterscheiden.

4 Schreibe die folgenden Sätze zum Fußballspiel Brasilien gegen Deutschland bei der WM 2014 mit den richtigen Konjunktivformen in dein Heft.

– Thomas Müller meinte, da ■■■■■ man, wie unterschiedlich Spiele laufen können. (sehen)
– Brasiliens Torwart Júlio César sagte, er ■■■■■ es nicht verstehen. (können)
– David Luiz äußerte, er ■■■■■ seinem Volk Freude bereiten. (wollen)
– Joachim Löw analysierte, Brasilien ■■■■■ nach den Toren geschockt gewesen. Danach ■■■■■ sie ein leichtes Spiel gehabt. (sein, haben)
– Brasiliens Trainer Luiz Felipe Scolari gab zu, das ■■■■■ eine schreckliche Niederlage gewesen. (sein)
– Philipp Lahm meinte, sie ■■■■■ versuchen, ihre Form zu halten. (müssen)
– Per Mertesacker kommentierte, auch für sie ■■■■■ es komisch gewesen. (sein)
– Deutschlands Team-Manager Oliver Bierhoff freute sich, man ■■■■■ gespürt, dass sie heute die bessere Mannschaft ■■■■■ . (haben, sein)
– Toni Kroos freute sich, es ■■■■■ in jedem Fall noch ein Topgegner und dann ■■■■■ die Chancen 50:50. (kommen, stehen)
– Ein Fan der deutschen Nationalmannschaft jubelte, man ■■■■■ nicht jedes Spiel gegen einen Top-Gegner mit 7:1. (gewinnen)
– Alle Reporter sagten, das Spiel ■■■■■ in die Fußballgeschichte ein. (gehen)

Wie sage ich, was jemand sagt? – Die direkte Rede in der indirekten Rede wiedergeben

Basiswissen

Die direkte Rede kannst du (z. B. in einer Inhaltsangabe) in Form der indirekten Rede im Konjunktiv I, mit einem dass-Satz oder einer Umschreibung in eigenen Worten wiedergeben. Folgendes musst du dabei beachten:

- In der **indirekten Rede** stehen die Verben meistens im **Konjunktiv I** (= Möglichkeitsform).
- Bei der Wiedergabe der direkten Rede mit einem **dass-Satz** können die Verben sowohl im **Konjunktiv I als auch im Indikativ** (= Wirklichkeitsform) stehen.
- Bei beiden Möglichkeiten der Wiedergabe der direkten Rede musst du darauf achten, dass zwischen Haupt- und Neben-/Gliedsatz ein **Komma** gesetzt wird.

Beispiel:
Der Meteorologe sagte: „Heute gibt es Schauer." (direkte Rede)
Der Meteorologe sagte, heute gebe es Schauer. (indirekte Rede im Konjunktiv I)
Der Meteorologe sagte, dass es heute Schauer gibt/gebe. (indirekte Rede mit einem dass-Satz im Indikativ/Konjunktiv I)

Bei der Wiedergabe der direkten Rede in der indirekten Rede musst du auch darauf achten, dass sich oft die Pronomen verändern, z. B. wird aus „ich" dabei „er"/„sie" und aus „mein" kann „sein" oder „ihr" werden.

Beispiel:
Daniel sagt: „Ich gehe nachher zum Training."
Daniel sagt, er gehe nachher zum Training.

1 Gib die folgenden Aussagen in der direkten Rede mit einem dass-Satz und in der indirekten Rede im Konjunktiv I wieder.

Beispiel:
Timo sagt: „Thomas Lurz hat sieben WM-Titel im Freiwasserschwimmen gewonnen." (direkte Rede)
Timo sagt, dass Thomas Lurz sieben WM-Titel im Freiwasserschwimmen gewonnen hat/habe. (dass-Satz)
Timo sagt, Thomas Lurz habe sieben WM-Titel im Freiwasserschwimmen gewonnen. (indirekte Rede im Konjunktiv I)

- Leon sagt: „Eine Schwalbe macht noch keinen Sommer."
- Die Lehrerin meint: „Heute Morgen hat sich die Klasse auf den Weg gemacht."
- Jan ruft: „Ich muss mich wirklich beeilen."

Grammatiktraining – die direkte Rede in der indirekten Rede wiedergeben

- Luisa äußert: „Das finde ich sinnvoller, als nur abzuwarten."
- Hakan stellt fest: „Ich habe meine Bewerbung schon längst weggeschickt."
- Güven erwidert: „Ich bin mir sicher, das kann noch warten."
- Lisa sagt: „Ich halte das nicht aus. Wann geht es denn endlich los?"

2 Gib die folgenden Aussagen der „Grillmeister-Experten" in der indirekten Rede wieder. Beginne so:

Die Grillmeister-Experten raten, wen es zum Grillen in die Natur ziehe, dürfe dies im öffentlichen Raum nur auf ausgewiesenen Plätzen und Grünflächen ...

„Wen es zum Grillen in die Natur zieht, darf dies im öffentlichen Raum nur auf ausgewiesenen Plätzen und Grünflächen; ansonsten können empfindliche Bußgelder drohen. Wird ein bereits vorhandener Grill benutzt – das Gerät also sozusagen aus seinem ‚Winterschlaf' geholt –, sollte dieser vorher unbedingt auf einen sicheren Stand untersucht werden. Beim Kauf eines neuen Grills ist immer darauf zu achten, dass dieser der DIN-Norm entspricht und mit einem GS-Prüfzeichen gekennzeichnet ist. Den Grill grundsätzlich nur auf einer ebenen Fläche und mit ausreichendem Abstand zu Büschen oder gar dem gedeckten Tisch platzieren. Den Grill niemals unter Pavillons, Zelten oder Sonnenschirmen aufstellen, da diese durch Funkenflug leicht in Brand geraten könnten.
Beim Anzünden der Kohle gilt es, am besten nur feste Brennhilfen zu verwenden, da die Brandgefahr bei Spiritus oder Benzin besonders hoch ist.
Den heißen Grill niemals bewegen oder versetzen.
Die Grillstelle niemals unbeaufsichtigt lassen und zur Sicherheit einen Eimer Wasser oder Sand bzw. einen Feuerlöscher bereithalten.
Erst wenn sich auf der Kohle eine Ascheschicht gebildet hat, ist der Grill einsatzbereit und das Grillgut kann bedenkenlos aufgelegt werden.
Und damit auch alles sicher abläuft, sollten Kinder generell vom Grill und der heißen Glut ferngehalten werden."

3 Gib die folgende Zeitungsmeldung zum Fußballspiel der Niederlande gegen Argentinien bei der WM 2014 in der indirekten Rede wieder. Beginne so:

„De Telegraaf" schrieb, der Traum sei aus ...

De Telegraaf: „Der Traum ist aus. Das Märchen ist zu Ende, wir sind draußen. Das ganze Land verlangte sehnsüchtig nach einem Finale gegen den Erzrivalen Deutschland, aber durch die Niederlage nach Elfmeterschießen gegen Argentinien wartet am Samstag das Trostfinale gegen Brasilien. Niemand erwartete etwas von Oranje bei dieser WM. Aber das Team von Louis van Gaal hat dem niederländischen Volk wundervolle euphorische Momente beschert."

Teste dich selbst! – Konjunktiv in der indirekten Rede

1 Ergänze in den folgenden Sätzen die entsprechende Form von *laufen*.
- Indikativ (Wirklichkeitsform): Er ▇▇▇▇▇▇ sehr schnell.
- Konjunktiv I (Möglichkeitsform): Er sagt, er ▇▇▇▇▇▇ sehr schnell.
- Konjunktiv II (Nichtwirklichkeitsform): Ich wünschte, er ▇▇▇▇▇▇ schneller.
- Imperativ (Befehlsform): ▇▇▇▇▇▇ schneller!

2 Übernimm folgende Tabelle in dein Heft und ergänze die fehlenden Formen.

Infinitiv	Präsens Indikativ	Konjunktiv I	Präteritum Indikativ	einfache Konjunktiv-II-Form/Umschreibung mit würde + Infinitiv
fallen	...	...	...	er fiele/er würde fallen
...	sie lügt	...	...	...
...	...	...	er zog	...
...	...	er singe	...	...

3 Setze in dem folgenden Text statt der Infinitive in den Klammern die passende Personalform der Verben im richtigen Modus ein. Achte dabei auch auf die Ersatzformen.

Krokodil-Alarm auf Kreta

Auf der Urlaubsinsel Kreta (werden) nach einem Krokodil gesucht, das in einem Stausee südlich der kretischen Stadt Rethymnon leben soll. Das Reptil (sein) etwa 1,5 bis 2 Meter lang, berichteten griechische Medien.
Es wird (vermuten), dass jemand das Krokodil als Haustier hielt. Als das Tier größer wurde, (können) der Besitzer es ausgesetzt haben, spekulierten örtliche Medien. Die Einwohner wurden dazu (aufrufen), nicht zum Stausee zu gehen und dort auf keinen Fall zu schwimmen.
Mehrere griechische Medien (veröffentlichen) auf ihren Websites ein Video des Krokodils, das vergangenen Donnerstag von Besuchern des Stausees (aufnehmen) worden sein soll. [...]
Auf Kreta (machen) die wildesten Gerüchte die Runde. Demnach (sollen) es in dem Stausee noch ein zweites Krokodil geben. Die Boulevardpresse (spekulieren) darüber, dass sich die Tiere vermehren könnten. Hirten aus der Region (sagen) örtlichen Medien, mehrere Schafe (sein) verschwunden. Andere Einwohner sagten, die Enten des Stausees (sein) „alle weg". Eine offizielle Stellungnahme zu den Gerüchten (geben) es nicht.

Die Lösungen und zu erreichenden Punkte findest du auf S. 371 f.

Anhang

Hilfekarten

Seite 24, Aufgabe 8

Ergänzt den Einleitungssatz mit folgenden Angaben: Julia Franck, 2002, Kurzgeschichte, Streuselschnecke.
Wählt zur Angabe des Themas, unter den folgenden Möglichkeiten die treffendste aus.
In der Kurzgeschichte geht es um:
a) das Erwachsenwerden eines Mädchens.
b) eine schwierige Vater-Tochter-Beziehung.
c) das Schicksal eines Scheidungskindes.
d) die Beziehung eines fast erwachsenen Mädchens, das seinen ihm bis dahin fast unbekannten Vater, kennenlernt.

Seite 28, Aufgabe 2

Übernehmt die folgende Übersicht in eure Hefte:
– Sucht jeweils zu den Stichworten zu der äußeren Handlung die entsprechenden Textstellen heraus, die zeigen, dass dies in der Kurzgeschichte geschieht.
– Ergänzt dann Elsas Gedanken und Gefühle zu den einzelnen Abschnitten.

Textabschnitt	Ort/Zeit	Äußere Handlung	Elsas Gedanken und Gefühle
Z. 1–12	Badezimmer/ Wohnung	– Elsa will sich umziehen und zurechtmachen. – Die Mutter kommt ungefragt ins Badezimmer. – Elsa verlässt das Badezimmer und geht in ihr Zimmer.	– Ablehnung der Mutter – Wunsch, der Mutter auszuweichen – ...
Z. 12–22	Elsas Zimmer/ Wohnung	– Elsa wartet, bis die Mutter im Badezimmer fertig ist. – Die Mutter öffnet die Tür und gibt Elsa Bescheid, dass sie wieder ins Bad könne. – Elsa verlässt die Wohnung.	– Wunsch allein zu sein und von der Mutter in Ruhe gelassen zu werden – Verzweiflung darüber, ...
Z. 23–32	Stadt/ Gegend der Post	– Elsa fährt mit der Straßenbahn in die Stadt. – Elsa sucht erfolglos nach der Wohnungsvermittlung	– ...
Z. 33–48	Stadt	– Elsa geht bis Mitternacht in der Stadt umher. – Sie lässt sich mit den Strom des Stadtlebens und der Menschen treiben.	
Z. 49–52	Elsas Zimmer/ Wohnung	– Elsa kehrt kurz vor Mitternacht in die Wohnung zurück. – Sie kauert sich in ihrem Zimmer in ihren Sessel.	

Ihr könnt folgende Textstellen ansehen und deuten:
- Textstellen für Jan: Z. 31 – 33/Z. 64/Z. 74 f./Z. 90 – 92/Z. 94 f./Z. 101 f.
- Textstellen für Jans Vater: Z. 34/Z. 48/Z. 82 f./Z. 84 f./Z. 87 f./Z. 105/Z. 106

Seite 37/38, Aufgaben 3 und 4

Beantwortet mithilfe des Textes folgende Fragen:
a) Welche zwei Formen der Kommunikation werden in dem Text unterschieden?
b) Welche Bedeutung haben die Körpersprache, Gestik und Mimik für die Kommunikation?
c) Was verrät die Körpersprache des Senders dem Empfänger?
d) Welche Probleme können entstehen, wenn die verbale und nonverbale Kommunikation nicht übereinstimmen?

Seite 63, Aufgabe 1

Die Handlung einer Novelle soll für den Leser immer glaubhaft sein. Das erzählte Geschehen soll trotz der ungewöhnlichen Ereignisse so dargestellt werden, als ob sie sich in der Realität wirklich ereignet hätten.
- Weist an einzelnen Textstellen nach, dass die Einleitung dazu dient, dem Leser der Falkennovelle die erzählten Ereignisse glaubwürdig erscheinen zu lassen.

Seite 111, Aufgabe 5

Weist folgende Merkmale der Novelle an der Falkennovelle nach:

Merkmale einer Novelle

- Erzählung mittleren Umfangs
- Konzentration auf ein ungewöhnliches Ereignis
- eine dramatisch aufgebaute Haupthandlung
- überschaubare Figurenanzahl, Schauplätze und Zeitraum
- Leitmotiv/Dingsymbol

Seite 118, Aufgabe 2

Übernehmt die folgende Übersicht. Ordnet zunächst die Überschriften in dem Kasten den einzelnen Textabschnitten zu. Ergänzt dann die einzelnen Informationen, die der Leser in den einzelnen Abschnitten erhält.

Verlauf des Krieges 1914 – 16
Folgen des Krieges
Kriegsbegeisterung in Deutschland 1914
Ende des Krieges 1917/18
Gründe für den Kriegsausbruch

Seite 128, Aufgabe 1

343

Patricia Drewes: Der Erste Weltkrieg (1914–1918)	
Textabschnitt/Überschrift	Informationen
Z. 1–6:	– Freude über den Kriegsausbruch in ganz Europa – …
Z. 7–18:	– Verfeindung der europäischen Großmächte – …
Z. 19–26:	– …
Z. 27–32:	– Kriegseintritt der USA 1917
Z. 33–38:	– …

Seite 132, Aufgabe 3

Deutet folgende sprachliche Bilder. Übernehmt dazu die Übersicht und ergänzt sie.

Zitat mit Zeilenangabe	Deutung
„Wären wir keine Automaten" (Z. 71)	
„Wir sind gefühllose Tote" (Z. 85)	
„Erst allmählich werden wir wieder so etwas wie Menschen" (Z. 110)	

Seite 136, Aufgabe 5

Vergleicht die Darstellung des Krieges in den beiden Romanauszügen, indem ihr die folgende Übersicht vervollständigt:

Darstellung des Krieges in den Kapiteln 6 und 9 in dem Roman „Im Westen nichts Neues"	
In beiden Kapiteln: Krieg als Ausnahmezustand und Zwang zum Töten	
Darstellung des Krieges in Kap. 6:	Darstellung des Krieges in Kap. 9:
• Soldaten als … • Feind als … • Gefühle der Soldaten während des Kampfes: … • keine Reue und Schuldgefühle, weil …	• Soldaten als … • Feind als … • Gefühle der Soldaten während des Kampfes: … • Reue und Schuldgefühle, weil …
Krieg als … ⬇	Krieg als … ⬇

Seite 153, Aufgabe 3

Der Dialog soll folgende menschlichen Schwächen bzw. gesellschaftlichen Missstände aufzeigen und kritisieren. Begründet am Text, warum dies jeweils kritisiert wird:
a) Einfalls-/Ideenlosigkeit
b) inkonsequentes Verhalten
c) Passivität durch Fernsehkonsum
d) Abhängigkeit von Medien

| Entscheidet mithilfe des Diagramms, ob folgende Aussagen über die Entwicklung der Mediennutzung von Jugendlichen richtig oder falsch sind. Korrigiert die falschen Aussagen, indem ihr euch auf das Diagramm bezieht:
a) Fernsehen und Radio spielen im Leben der Jugendlichen eine immer größere Rolle.
b) Jugendliche verbringen viel Zeit mit der Nutzung von digitalen Informations- und Unterhaltungsmedien.
c) Zeitschriften und Zeitungen spielen für die meisten Jugendlichen bei der Mediennutzung keine große Rolle.
d) Über die Hälfte aller Jugendlichen lesen regelmäßig Bücher.
e) Lesen besitzt gegenüber anderen Beschäftigungen bei der Mediennutzung keine geringere Rolle bei den Jugendlichen. | Seite 161, Aufgabe 5 |

| Folgende Formulierungen kannst du bei der Beschreibung und Deutung deines Diagramms benutzen:
Das Diagramm enthält Informationen über die • in verschiedenen • Auf der X-Achse sind • angegeben. Auf der senkrechten Achse, auch Y-Achse genannt, kann man die • ablesen. Die zwei verschiedenfarbigen Balken • Die Gemeinsamkeiten zwischen • Die deutlichsten Unterschiede zeigen sich • Abschließend kann man sagen, dass • | Seite 162, Aufgabe 9 |

| In diesem Infotext erfährst du, an welchen Merkmalen und Inhalten du die einzelnen Teile einer Rede erkennst. Eine Rede gliedert sich in der Regel in drei Abschnitte:
1. Einleitung: Mit der Einleitung wird
– das **Publikum begrüßt** und
– in das **Thema eingeführt**.
Außerdem soll das Thema für das Publikum interessant gemacht werden, z. B. durch eine Schilderung, ein Zitat, eine Anekdote oder etwas, das gerade alle Anwesenden interessiert.
2. Hauptteil: Im Hauptteil der Rede werden
– die **inhaltlichen Schwerpunkte** dargestellt.
in einer Abschlussrede können dies z. B. Rückblicke, Entwicklungen, Klassenfahrten, Anekdoten, Lob und Kritik, Wünsche und Hoffnungen oder Ausblicke sein.
3. Schluss: Im Schlussteil kann noch einmal
– das **Wichtigste zusammengefasst** werden.
Bei einer Abschlussrede ist hier auch Platz für die Überreichung und Kommentierung eines Geschenks oder für Wünsche für die Zukunft an die Zuhörer. | Seite 237, Aufgabe 3 |

Seite 243, Aufgabe 4

Bringt die folgenden Überschriften für die einzelnen Abschnitte der Rede in die richtige Reihenfolge und ordnet ihnen jeweils die passenden Zeilenangaben zu:
1. Rückblick auf den eigenen Unterricht der Schulleiterin in der zehnten Jahrgangsstufe
2. Stipendiat der Hertie-Stiftung für Svetlana Weiss
3. Spaßtag
4. Hausaufgabenbetreuung u. Aufsichten in der neunten Klasse
5. Abschlussfahrten
6. Wahl des Abschlussmottos
7. Betriebspraktikum
8. Qualifizierung von Lena Müller für die Eishockeybundesliga
9. Zusammenarbeit mit den Klassenlehrern
10. Ergebnisse der Umfrage „Schule als Zuhause"
11. Schulrekord von Stefan Keller beim Sponsorenlauf

Seite 272, Aufgabe 5e

Folgende Rechtschreibstrategien musst du den einzelnen Symbolen zuordnen:
(1) Merkwörter einprägen
(2) Wörter in Silben laut und genau sprechen
(3) Rechtschreibregeln anwenden
(4) Schreibweisen durch Ableiten erkennen
(5) Ersatzprobe bei „das" und „dass" durchführen
(6) Wörter verlängern
(7) Schreibweise von Wörter mithilfe ihrer Bedeutung erkennen („paar"/„Paar")
(8) Wörterbuch benutzen

Alles klar? Wiederholen und üben – Lösungen

Vom Festhalten und Loslassen – Kurzgeschichten erschließen

Das Schaubild sollte folgendermaßen vervollständigt werden:

Seite 45, Aufgabe 1

```
                    Erzähltechnik
          ┌──────────────┼──────────────┐
      Erzählform              Erzähl-
                              perspektiven
     ↓         ↓              ↓         ↓
  Er-/Sie-   Ich-          Außen-    Innen-
   Form      Form           sicht     sicht

              Erzählverhalten
          ↓         ↓         ↓
      auktorial  personal   neutral
```

a) = Metapher; b) = Parataxe; c) = Vergleich; d) = Ellipse; e) = Anapher

Seite 45, Aufgabe 2

Folgende Aussagen treffen nicht auf die Analyse einer Kurzgeschichte zu:
b (T), c (A), e (T), f (I), g (Z).
Das Lösungswort lautet: ZITAT.

Seite 46, Aufgabe 3

Familiengeschichte(n) – einen informierenden Text mithilfe von Materialien verfassen

Die Fragen können mit folgenden möglichen Stichworten beantwortet werden:
- Tennisturnier von Wimbledon (London, Großbritannien) 2008, Einzel- und Doppelwettbewerb der Frauen
- Beide Schwestern standen im Einzelfinale des Turniers, in welchem Venus Williams siegte. Den Doppelwettbewerb gewannen sie gemeinsam.
- Beide spielen sehr eindrucksvoll, überzeugend und zielstrebig. Serena schlug anfangs sehr genaue Bälle, Venus bewies aber mehr Durchhaltevermögen bei den schwierigen Wetterbedingungen (Wind).
- Venus sieht sich als große Schwester. Sie ergänzen sich gut, was ihr Erfolg im Doppel zeigt.
- Venus Williams hat gerade den fünften Wimbledontitel gewonnen.

Seite 54, Aufgabe 1

Untersuchungs-aspekt	Text 1	Text 2
Turnier, Wettbewerbe	Wimbledon (London)	Wimbledon (London)

Seite 55, Aufgabe 2 (mögliche Lösung)

347

Untersuchungs-aspekt	Text 1	Text 2
Leistung der Schwestern	gemeinsamer Sieg im Doppel, Sieg von Venus Williams über ihre Schwester im Einzel	Aufgabe in der zweiten Runde des Doppelwettbewerbs
Auftreten	eindrucksvoll, überzeugend, zielstrebig, harmonisch	keine Energie bei Serena, kann einfache Handlungen nicht ausführen
Veränderungen	–	schwache Leistung von Serena Williams, gesundheitliche Probleme, erschreckende körperliche Verfassung

Seite 55, Aufgabe 3 (mögliche Lösung)

Ein möglicher auf der Grundlage der beiden Materialien verfasster informierender Text könnte folgendermaßen lauten:

Der folgende Text befasst sich mit den Erfolgen und der Entwicklung der beiden Schwestern und Tennisstars Venus und Serena Williams (USA). Beide stehen seit Jahren in der Weltspitze des Damentennis. Diesem Text liegen zwei Zeitungsartikel aus den Jahren 2008 bzw. 2014 zugrunde, die sich mit der Teilnahme der Williams-Schwestern am berühmten Tennisturnier in Wimbledon (London, Großbritannien) beschäftigen.

Die beiden Schwestern können zahlreiche Teilnahmen und Erfolge bei dem bekannten Tennisturnier von Wimbledon vorweisen, so auch bei dem Turnier des Jahres 2008, von dem der erste zugrunde liegende Text, ein Artikel der Journalistin Doris Henkel, berichtet. Bei diesem Turnier trafen die Schwestern im Finale des Einzelwettbewerbs aufeinander, in dem Venus Williams, die ältere der beiden Schwestern, sich durchsetzte. Im Doppelwettbewerb traten die Schwestern gemeinsam an und besiegten ihre Gegnerinnen. Dies war ihr dritter Doppeltitel, den Einzelwettbewerb gewann Venus 2008 zum fünften Mal. Im Gegensatz dazu mussten die Schwestern bei demselben Turnier im Jahr 2014 bereits frühzeitig aufgeben, da Serena Williams vermutlich an einer Viruserkrankung litt.

Dementsprechend wird das Auftreten von Serena Williams 2014 als kraftlos und ohne Energie beschrieben. Der Autor des zweiten Artikels, der im Internetauftritt der Zeitung Frankfurter Rundschau veröffentlicht wurde, beschreibt, dass die Tennisspielerin auch einfache Schläge nicht habe ausführen können.

Im Gegensatz dazu steht die Beschreibung der Williams-Schwestern aus dem Jahr 2008. Sie werden als energisch, eindrucksvoll und zielstrebig dargestellt. Ihr Verhältnis erscheint als harmonisch, auch wenn sie im Einzelwettbewerb Konkurrentinnen sind.

Die Veränderung in der Darstellung und der Entwicklung wird auch anhand der Überschriften deutlich. Der Autor des zweiten Textes überschreibt seinen Text mit der Formulierung „Der erschreckende Abschied von Serena Williams", was ein mögliches Ende ihrer Karriere andeutet. Hierfür sprechen ihre gesundheitlichen Probleme und die schlechte körperliche Verfassung, in der sie sich bei dem beschriebenen Turnier befindet.

Zusammenfassend kann man sagen, dass die beiden Texte ein gegensätzliches Bild vor allem der einen Williams-Schwester, Serena, zeichnen. Über die andere Schwester, Venus, erfährt man im zweiten Text wenig, sodass der sehr positive Eindruck des ersten Textes bestehen bleibt.

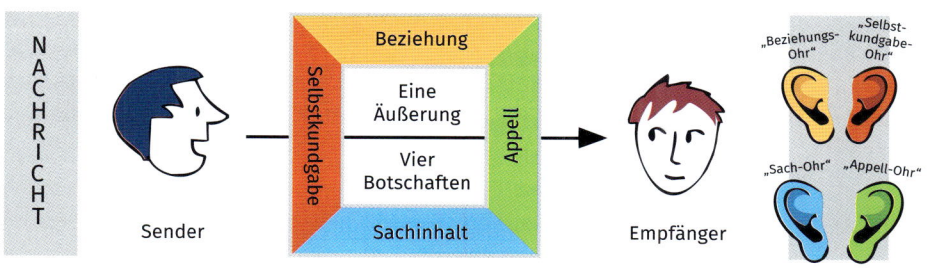

Seite 68, Aufgabe 1 (mögliche Lösung)

Das habe ich so doch gar nicht gemeint – Kommunikation verstehen

Mach das Fenster zu.	=	Appell
Du verschwendest Energie.	=	Beziehungshinweis
Ich friere.	=	Selbstkundgabe
Das Fenster ist offen.	=	Sachinhalt

Seite 68, Aufgabe 2

Die Bedeutung des Kommunikationsquadrats für das Misslingen und Gelingen besteht darin, dass Kommunikation nur dann störungsfrei läuft, wenn der Empfänger die Botschaften einer Nachricht versteht, die der Sender dem anderen auch mitteilen will.
Wenn z. B. ein Mann während einer Autofahrt seiner Frau mitteilt: „Da vorne ist die Ampel rot", möchte er ihr eine Information geben und sie auffordern, bei der Ampel zu halten. Wenn die Frau diese beiden Botschaften der Nachricht auch so versteht, gelingt die Kommunikation. Sollte die Frau aber die Nachricht vor allem als Botschaft des Empfängers über ihre Beziehung und sich selbst verstehen, könnte es zu einem Konflikt kommen. Die Frau kann die Äußerung des Mannes auch als Botschaft verstehen, dass er besser Auto fahren könne als sie und er auf sie aufpassen müsse, da sie so schlecht Auto fährt. Dies würde z. B. dazu führen, dass die Frau zur Überraschung des Mannes ihm antwortet: „Lass mich in Ruhe!" oder „Ich fahre jetzt!". Deshalb ist es für eine gelungene Kommunikation wichtig, dass sich Sender und Empfänger immer wieder darüber verständigen, welche Botschaften mit einer Äußerung des Senders verbunden sein sollen und wie die Botschaften der Äußerung vom Empfänger verstanden worden sind.

Seite 68, Aufgabe 3

Die verbale Kommunikation erfolgt über die Sprache bzw. Wörter und Sätze. Die nonverbale Kommunikation erfolgt über körpersprachliche Signale wie z. B. Haltung, Gestik und Mimik. Daneben sind aber auch noch die Art und Weise des Sprechens (z. B. Lautstärke, Stimmlage) bei der Kommunikation wichtig.

Seite 68, Aufgabe 4

<u>Bild 1:</u> Der Mann wirkt nachdenklich. Dies wird besonders durch den Blick, der ins Leere geht, sowie durch die Geste des „Auf den Stift Beißens" deutlich. Offensichtlich denkt der Mann darüber nach, was er schreiben könnte.
<u>Bild 2:</u> Die aufrechte und straffe Körperhaltung, der waagerechte Armhaltung mit dem ausgestreckten Zeigefinger sowie der strenge Gesichtsausdruck geben dem Mann etwas Befehlendes. Er verweist eventuell jemand des Raumes oder zeigt an, wo die anderen Platz nehmen sollen.

Seite 68, Aufgabe 5 (mögliche Lösungen)

Bild 3: Der Mann scheint sich zu langweilen. Dafür spricht, dass er mit offenen Augen noch oben blickt. Seine Körperhaltung in dem Sessel wirkt unentspannt, auch das Aufstützen des Kopfes verstärkt diesen Eindruck. Eventuell weiß der Mann im Moment nichts mit sich anzufangen.

Seite 69, Aufgabe 6

Das Problem in der Kommunikation besteht darin, dass der Mann unzufrieden mit der Härte seines Frühstückseis ist und dies seiner Frau mitteilen möchte. Die Frau versteht dies aber als persönlichen Angriff in Bezug auf ihre Arbeit als Köchin und Hausfrau.

Seite 69, Aufgabe 7 (mögliche Lösung)

	Sender:	**Empfänger:**
	ER „Das Ei ist hart!!!"	SIE „Ich habe es gehört."
Sachinhalt:	Das Ei ist hart gekocht.	Ich habe dich akustisch verstanden.
Selbstkundgabe:	Mir ist das Ei zu hart, ich mag es lieber weicher gekocht.	Es ist mir egal, ob dir das Ei zu hart ist.
Appell:	Koch mir ein neues Ei!	Koch dir dein Ei selber.
Beziehungshinweis:	Ich habe von dir schon oft Eier bekommen, die nicht so hart waren.	Sei froh, dass ich dir überhaupt ein Ei gekocht habe.

Seite 69, Aufgabe 8

Freie Aufgabe

Endspurt Berufswahl – Vorstellungsgespräche vorbereiten und simulieren

Seite 83, Aufgabe 1

Statt Aufgaben zur Lernkontrolle oder zur Wiederholung der gelernten Inhalte werden die Schüler auf dieser Abschlussseite genau angeleitet, Vorstellungsgespräche im Rollenspiel zu simulieren. Dazu bereiten sich die Schüler mithilfe der Lernbox auf S. 76 und den Seiten 75–82 auf ihre Rollen als Arbeitgeber und Bewerber vor. Anschließend führen einzelne Schüler ein Vorstellungsgespräch durch. Auf der Grundlage der bisherigen Beschäftigung mit dem Thema und mithilfe der Checkliste auf S. 83 geben die anderen Schüler Rückmeldungen dazu, was an den einzelnen Vorstellungsgesprächen gelungen ist und was noch verbessert werden müsste.

„Türkisch Gold" – ein Theaterstück erschließen

Seite 106, Aufgabe 1

Die Wörter müssen in der folgenden Reihenfolge ergänzt werden:
Teil – Anfangssituation – Ort – Zeit – Konflikte – Wendung

Seite 106, Aufgaben 2 und 3

Freie Aufgaben

Folgende Fehler sollten in der Inhaltsangabe von Alexander gefunden und verbessert werden:

Seite 106/107, Aufgaben 4 und 5

Fehler	Verbesserung
Z. 2/3: „… aus Brasilien …"	… aus Deutschland …
Z. 4: „… Aynur, die auch auf seine Schule …"	… Aynur, die in seinem Wohngebiet lebt und die Schule seiner Freundin Luiza besucht
Z. 10: „Luiza … Aynur auch kennt und sehr mag."	Luiza kennt Aynur, da diese in ihre Parallelklasse geht. Sie mag sie aber nicht, da sie sie für verschlossen hält, und meint, dass Aynur keinen Kontakt zu Nichttürken möchte. Luiza hält Aynur für ein typisches „Kopftuchmädchen", dessen Leben von ihrer Religion und Familie bestimmt wird.
Z. 15 f.: „… oder die beiden heiraten und leben in Deutschland."	Dies müsste gestrichen werden, da Luiza und Jonas dies nicht durchspielen.
Z. 21 ff.: „Vor allem wird Jonas … Luiza liebt."	Am Ende spielen Luiza und Jonas, dass Jonas mit Aynur in die Türkei flieht. Dort bekommt Aynur Heimweh und die beiden kehren wieder nach Deutschland zurück. Beim Abschied gesteht Jonas Aynur, die von Luiza gespielt wird, dass er sie schon immer mochte. Daraufhin küsst Luiza, die Jonas ebenfalls mag, in der Rolle von Aynur Jonas. Jonas merkt aber nicht, dass Luiza ihn mag und geküsst hat. Er nimmt den Kuss als Bestätigung, dass er sich mit Aynur verabreden sollte und sie zusammengehören. Fröhlich verabschiedet er sich von Luiza, um Aynur einzuladen. Luiza, die im tiefsten Inneren ihren Freund Jonas liebt, was dieser aber gar nicht merkt, bleibt traurig zurück.
Z. 26: „… Zeichen ihrer Verbundenheit …"	… geben sie sich noch ihr gemeinsames Freundschaftszeichen, das am Ende aber eher ein Zeichen des Abschieds als eines ihrer Verbundenheit ist.

Freie Aufgaben

Seite 107, Aufgaben 6 und 7

Von einem ungewöhnlichen Ereignis – Novellen kennenlernen und lesen

a) falsch: Federigo stammt aus einer wohlhabenden und angesehenen Florenzer Familie.
b) richtig
c) falsch: Federigo zieht sich auf ein kleines Landgut nach Campi zurück.

Seite 122, Aufgaben 1 und 2

351

d) falsch: Giovannas Sohn lernt Federigo kennen und hat dabei oft die Gelegenheit, ihn bei der Falkenjagd zu begleiten.

e) falsch: Giovanna hört davon, dass Federigo in der Nähe lebt, und will ihn auf seinem Anwesen besuchen, weil sie hofft, dass Federigo ihr den Falken überlässt, den sich ihr todkranker Sohn wünscht. Sie hofft, dass dieses Geschenk ihren Sohn von der Krankheit heilt.

f) richtig

g) falsch: Federigo will Giovanna ihre Bitte von ganzem Herzen erfüllen. Er kann dies aber nicht, weil er seinen Falken getötet hat, um Giovanna angemessen bewirten zu können.

h) falsch: Der Sohn Giovannas stirbt und hat den Falken nicht bekommen. Die Todesursache wird dem Leser nicht verraten. Es wird nur gesagt, dass es neben anderen Gründen auch sein könnte, der Sohn sei gestorben, weil er den Falken nicht bekommen habe.

i) falsch: Giovanna ist darüber sehr niedergeschlagen, dass Federigo ihr den Falken nicht mehr geben kann.

j) falsch: Giovanna heiratet Federigo gegen den Widerstand ihrer Brüder.

Seite 122, Aufgabe 3

Das Bild sollte verdeutlichen, dass Federigo seinen Falken letztlich umsonst getötet hat und damit das Gegenteil von dem bewirkt, was er eigentlich beabsichtigt: nämlich Giovanna nur das Beste zu geben und sie glücklich zu machen.

Seite 122, Aufgabe 4

Freie Aufgabe

Seite 123, Aufgabe 5

a) falsch: Eine Novelle ist eine Erzählung mittleren Umfangs.
b) richtig
c) richtig
d) falsch: Meistens treten in Novellen eine überschaubare Anzahl von Hauptfiguren und wenige für die Handlung nicht bedeutende Nebenfiguren auf.
e) richtig
f) richtig
g) falsch: Die Bezeichnung Novelle bedeutet so viel Neuigkeit.
h) richtig
i) richtig
j) falsch: Typisch für eine Novelle ist, dass sie oft eine Einleitung mit einer Rahmenhandlung besitzt.

Seite 123, Aufgabe 6

Die Begriffe müssen in folgender Reihenfolge ergänzt werden:
Erzählung – Novelle – mittleren Umfangs – ungewöhnlichen – geschlossene – kurze – geradlinig – Rahmenhandlung – Leitmotiv – Dingsymbol – gesamte Novelle – Dingsymbol – Falke – Falkennovelle

Dieses Buch soll über eine Generation berichten, die vom Krieg zerstört wurde. – Romane, Kurzgeschichten und Parabeln erschließen

Seite 146, Aufgabe 1

a) Falsch: Im Alter von 16 Jahren wurde Remarque eingezogen und kämpfte als Frontsoldat im Sommer 1916 an der Westfront im Schützengraben gegen Frankreich.
b) Richtig
c) Falsch: In dem Roman ist Paul Bäumer zwar die Hauptfigur, es wird aber das Schicksal einer ganzen Generation, der es so ging wie Paul Bäumer, dargestellt.
d) Falsch: Der Angriff erfolgt in am Morgen. Als die Truppe um Paul Bäumer sich auf den „Gegenstoß" vorbereiten, ist „wird [es] Mittag".
e) Richtig: s. z. B. „Aus uns sind gefährliche Tiere geworden. Wir kämpfen nicht, wir verteidigen uns vor der Vernichtung." oder „Erst allmählich werden wir wieder so etwas wie Menschen."
f) Falsch: Der französische Soldat heißt „Gerard Duval" und ist von Beruf „Buchdrucker".
g) Falsch: Paul Bäumer nimmt sich nur vor der Witwe einen Brief zu schreiben. Dies verspricht er aber dem toten Soldaten Duval.
h) Falsch: Der Kampf unterscheidet sich von den vorherigen Frontkämpfen. Zuvor hat Paul Bäumer noch keinen Gegner im Kampf Mann gegen Mann persönlich getötet. „Es ist der erste Mensch, den ich mit meinen Händen getötet habe, den ich genau sehen kann, dessen Sterben mein Werk ist."
i) Richtig

Freie Aufgaben

Seite 146, Aufgaben 2 und 3

Seite 147, Aufgabe 4 (mögliche Lösungen):

- Der Junge erwartet von dem Mann, dass dieser ihm hilft, sich gegen den anderen Jungen, der ihm das Geld gestohlen hat, zur Wehr zu setzen. Er hofft, dass der Mann den Jungen verfolgt, diesen zur Rede stellt und ihm sein Geld wieder zurückbringt.
- Zunächst verhält sich der Mann auch, wie der Junge und der Leser es erwarten. Er hört dem bestohlenen Jungen zu, fragt nach, tröstet ihn und zeigt scheinbar Verständnis und Mitleid für die Lage des Jungen. Deshalb schöpft der Junge auch wieder „neue[] Hoffnung" (Z. 10).
- Der Mann vergewissert sich mit seinen Fragen, dass niemand anderes dem Jungen helfen kann. Der Leser und auch der Junge denken, dass der Mann deshalb dem Jungen umso sicherer helfen wird. Das Gegenteil ist aber der Fall. Der Mann vergewissert sich, dass der Junge wirklich schutzlos ist, wenn er ihn auch noch bestiehlt.
- Als der Mann sich sicher ist, dass der Junge keine weitere Hilfe herbeirufen kann, nimmt er ihm unerwarteterweise auch noch das übrige Geld ab.
- Der Mann ist deshalb unbekümmert, da er weiß, dass ihm nichts passieren kann. Auch freut er sich anscheinend darüber, dass er so leichte Beute machen konnte. Dies lässt ihn besonders grausam und kaltblütig wirken.

Seite 147, Aufgabe 5	Der Satz gibt dem Leser die Richtung vor, in der er die Parabel bzw. das Verhalten der Figuren deuten soll. Vor dem Hintergrund des Satzes wird deutlich, dass der Junge etwas falsch macht. Anstatt selbst etwas gegen das geschehene Unrecht zu tun, bleibt er passiv und hofft auf die Hilfe anderer. Der Ausgang der Geschichte zeigt, vor dem Hintergrund der Einleitung des Herrn K., dass der Junge ein Beispiel für „die Unart [ist], erlittenes Unrecht stillschweigend in sich hineinzufressen" (Z. 1 f.) anstatt aktiv und mit allen Kräften dagegen anzugehen.
Seite 147, Aufgabe 6	Eine mögliche Lehre der Parabel wäre z. B., dass man sich aktiv gegen Unrecht wehren und nicht auf von außen kommende Hilfe hoffen sollte.
Seite 147, Aufgabe 7	Freie Aufgabe
Seite 147, Aufgabe 8	Der Text ist eine Parabel, weil das Verhalten des Jungen und das des Mannes für eine allgemeine Lebensweisheit stehen. Der Leser muss das auf der Bildebene erzählte Geschehen auf die Deutungs- bzw. Sachebene übertragen.

Aber der Fernseher ist doch kaputt! – Satire verstehen und erschließen

Seite 156, Aufgabe 1	– Karikaturisten zeigen ein Bild, das genau der Wirklichkeit entspricht. Richtig: ein Bild, das nicht der Wirklichkeit entspricht, sondern übertreibt und verfremdet. – Satiriker sind mit der Welt, wie sie ist, zufrieden. Richtig: unzufrieden – Karikaturen enthalten keinen Text. Richtig: bestehen meistens aus einer Kombination von Bild und Text, wobei es auch Karikaturen ohne Text gibt. – Satiren sind immer Texte. Richtig: können in verschiedenen Darstellungsformen vorkommen. – Ironie ist kein satirisches Darstellungsmittel. Richtig: ein wichtiges satirisches Darstellungsmittel. – Satiriker wollen menschliche Stärken deutlich machen. Richtig: Schwächen – In Satiren kommen keine Übertreibungen vor. Richtig: viele/häufig – Ein Satiriker arbeitet mit Verfremdung, wenn er eine Situation genau so darstellt, wie man es erwartet. Richtig: anders, als man es erwartet
Seite 157, Aufgabe 2	Ausgangspunkt des Textes ist das alltägliche Problem der Parkplatzmangels in den Großstädten aufgrund der Fülle der Autos und des Fehlens von entsprechenden Parkmöglichkeiten.
Seite 157, Aufgabe 3	Die Übertreibung besteht darin, dass der Ich-Erzähler die Aussage von Tante Trude, es gebe drei gute Zahnärzte „in nächster Nähe" (Z. 5), so kommentiert, dass dies in New York so viel „wie 25 Kilometer Luftlinie" (Z. 6) bedeute, womit er sich darüber lustig machen möchte, dass man in Großstädten wie New York große Entfernungen zurücklegen müsse, um Alltagsdinge zu erledigen. Dies erscheine den Stadtbewohnern aber als ganz normal. Sie empfänden es trotzdem als „in nächster Nähe liegend".

In den Erläuterungen Tante Trudes zu den drei Ärzten findet sich jeweils eine deutliche Übertreibung, die komisch wirkt.

Seite 157, Aufgabe 4

- Im ersten Fall weist sie darauf hin, dass jeder, der an der Wall Street einen Parkplatz findet, sofort interviewt werde. Dies wirkt übertrieben und komisch, da der Anlass – jemand findet einen Parkplatz – eigentlich alltäglich und unbedeutend ist.
- Im zweiten Fall gibt es ebenfalls keinen Parkplatz in der Nähe des Arztes, aber angeblich eine „direkte Autobusverbindung" (Z. 12) zu einem „bewachten Parkplatz" (Z. 13). Dies wirkt grotesk und dadurch komisch.
- Im dritten Fall schildert Tante Trude, dass der Arzt damit werbe, dass Patienten „manchmal in einer nicht zu weit entfernten Seitenstraße" (Z. 15 f.) einen Parkplatz finden könnten, was schon durch die Einschränkungen („manchmal", „Seitenstraße") komisch wirkt.

Der Ich-Erzähler will durch die Übertreibungen darauf aufmerksam machen, dass die Überfüllung großer Städte und die daraus resultierende Parkplatznot die Menschen dazu bringen, ungewöhnliche Lösungen zu suchen und z. T. auch fragwürdige Wege zu gehen, um an einen Parkplatz zu gelangen.

Seite 157, Aufgabe 5 (mögliche Lösung)

Der Text soll vor allem die Überfüllung der großen Städte und die große Verkehrsdichte kritisieren. Außerdem soll der Text darauf aufmerksam machen, dass die Menschen diese Zustände hinnehmen und sich mit ihnen arrangieren, ohne nach echten Lösungen für die Probleme zu suchen.

Seite 157, Aufgabe 6 (mögliche Lösung)

Die dritte Variante ist die Fortsetzung, die Kishon für seinen Text gewählt hat. Die beiden anderen Fortsetzungsideen passen ebenfalls zum Erzählanfang. Es lässt sich sinnvoll begründen, dass sie die satirische Absicht des Erzählanfangs aufnehmen und weiterführen.

Seite 157, Aufgabe 7

Freie Aufgabe

Seite 157, Aufgabe 8

Jugendzeit ist Medienzeit – mit Diagrammen und Sachtexten umgehen

Bei dem Diagramm handelt es sich um ein Säulendiagramm. Es informiert darüber, wie sich in dem Zeitraum von 2014 bis 2019 die Nutzung von Smartphones bei Jugendlichen entwickelt hat.

Seite 174, Aufgabe 1

- Das Diagramm informiert darüber, in welchem Umfang 6- bis 18-Jährige ein Smartphone nutzen. Dabei wird die Nutzung in Bezug auf einzelne Altersstufen für die Jahre 2014, 2017 und 2019 miteinander verglichen.
- Auf der X-Achse werden die einzelnen Altersstufen (6 – 7 Jahre, 8 – 9 Jahre … 16 – 18 Jahre) der befragten Jugendlichen angegeben. Die Y-Achse gibt an, wie viel Prozent der jeweils Befragten geantwortet haben, dass sie zumindest ab und zu ein Smartphone nutzen.
- Die Farben kennzeichnen die Umfrageergebnisse für die einzelnen Jahre, in denen die Umfrage durchgeführt wurde.

Seite 174, Aufgabe 2

- Folgende Entwicklungen für den Zeitraum von 2014 bis 2019 kann man dem Diagramm entnehmen:
  - In allen Altersstufen hat die Nutzung von Smartphones zugenommen. Dabei zeigen sich Unterschiede zwischen Kindern, die 6 Jahre bis 12 Jahre alt sind, und den Jugendlichen im Alter von 12 bis 18 Jahren.
  - Bei den Jugendlichen ab 12 Jahren nutzen 2019 fast alle (97 – 98 %) ein Smartphone.
  - Dagegen nutzen bei den Sechs- bis Neunjährigen nur die Hälfte ein Smartphone. Bei den über 11-Jährigen ist der Zuwachs der Smartphonenutzung eher gering (= um die 10 %). In dieser Altersgruppe der Jugendlichen gehörte die Nutzung schon 2014 selbstverständlich zum Alltag.
  - Auffällig ist, dass sich im Befragungszeitraum die Zahl der Kinder im Alter von 6 bis 9 Jahren, die ein Smartphone nutzen, verdoppelt hat. Nutzte 2014 nur jedes fünfte Kind dieser Altersgruppe ein Smartphone, war es im Jahr 2019 jedes zweite Kind. Die Zahl der Smartphonenutzer der 6- bis 9-Jährigen hat sich innerhalb des Zeitraums von 2014 bis 2019 mehr als verdoppelt.
  - Die Altersklasse der 10- bis 11-Jährigen hat eine Mittelstellung. Die Zuwächse liegen bein einem Drittel. Allerdings nutzten hier 2014 schon über die Hälfte ein Smartphone. Im Jahre 2019 ist es nur noch jedes fünfte Kind im Alter von 10 bis 11 Jahren, das kein Smartphone nutzt.
- Folgende Schlussfolgerungen lassen sich z. B. daraus ziehen:
  - Die Eltern sind immer mehr bereit, ihren Kindern den Zugang zu Smartphones zu ermöglichen. Dies könnte sicher auch daran liegen, dass viele Eltern ihre Kinder mit Smartphones ausstatten, um sie immer erreichen zu können.
  - Die Entwicklung spiegelt die allgemeine Digitalisierung unserer Gesellschaft wider. Zukünftige Generationen werden ganz selbstverständlich von Beginn an mit den modernen Kommunikationstechniken aufwachsen.
  - Die sozialen Netzwerke besitzen für die Kommunikation im Alltag eine derart hohe Bedeutung, dass fast niemand mehr ohne ein Smartphone auskommen kann.
  - …

Seite 174, Aufgabe 3 Freie Aufgabe

Seite 174, Aufgabe 4 Mögliche Überschriften wären z. B.:
- Kinder nutzen Smartphones immer früher
- Ohne Smartphones geht bei Jugendlichen nichts mehr
- …

Ulrich Reinhardts Beurteilung des Internets und seiner Folgen	mögliche Einwände
Echte Kommunikation wird durch eine Vielzahl von oberflächlichen „Kurzkontakten" (Z. 12) abgelöst.	– neue Möglichkeiten, mit Menschen unabhängig von den Lebenswegen und Orten verbunden zu bleiben.
Entstehung von „Kontaktstress" (Z. 12)	– Chancen, sehr viel mehr und intensivere soziale Kontakte zu pflegen als früher
Entstehung von „Beziehungsarmut" (Z. 14) für den Einzelnen aufgrund der digitalen Kommunikation	– …
„Stress und Hektik" (Z. 16 f.) aufgrund der jederzeitigen „Angebotsflut im Konsum- und Medienbereich" (Z. 15)	– Unabhängigkeit der Teilhabe an Kultur, Konsum, Bildung oder Unterhaltung (z. B. auf dem Land) – …
Überforderung des Einzelnen, angemessen aus der Fülle der Angebote auszuwählen	– Möglichkeit, neue Kompetenzen des Zeit-, Medien- und Konsummanagements zu entwickeln, um zufrieden in einer digitalen Welt zu leben – …

Seite 175, Aufgabe 25

Freie Aufgaben

Seite 175, Aufgabe 6 und 7

Facebook und das Web 2.0: Fluch oder Segen? – Argumentieren

Folgende Argumente für und gegen das Musikhören im Unterricht können den Materialien M1 bis M4 entnommen werden:

Seite 198, Aufgabe 1

Pro-Argumente:	Kontra-Argumente:
– Motivation durch selbst gewählte Musik – Musik kann entspannen. – Musik kann die soziale Entwicklung von Kindern fördern. – Musik kann als therapeutisches Mittel fungieren. – …	– Musik kann uns hindern, Dinge im Kurzzeitgedächtnis zu behalten. – Die Störung durch Musik kann man nicht willentlich beeinflussen. – Menschen merken oft gar nicht, dass ihre Leistung bei bestimmten Geräuschen geschwächt wird. – Musik kann die Konzentration negativ beeinflussen, wenn man sich etwa nicht mehr nur auf die Arbeit konzentrieren kann. – …

Freie Aufgabe

Seite 199, Aufgabe 2

Mitleid unerwünscht – den Kinofilm „Ziemlich beste Freunde" erschließen

Seite 214, Aufgabe 1

Bild 1: Driss in seiner Vorstadt auf dem Weg zur Villa von Philippe, seinem zukünftigen Arbeitgeber. Er hat sich um die Stelle als Pfleger beworben, ohne ernsthaft zu glauben, dass er sie auch bekommt.
Bild 2: Mit anderen Bewerbern im Vorraum der Villa in Erwartung auf sein Vorstellungsgespräch. Dabei wartet er nicht, bis er aufgerufen wird, sondern drängt sich ziemlich dreist vor.
Bild 3: Philippe mit dem Nachfolger von Driss. An dem „Neuen" ärgert ihn fast alles. Man erkennt das an seinem Gesicht. Schon der weiße Kittel missfällt ihm, weil er ihn ans Krankenhaus erinnert.
Bild 4: Philippe und Driss am Meer. Die Szene spielt kurz vor dem Ende des Films. Was Philippe noch nicht weiß: Driss hat ein Treffen mit Eleonor arrangiert.

Seite 215, Aufgaben 2 und 3

Bild 1: Weit – Die triste Lebensumgebung von Driss soll sichtbar werden.
Bild 2: Totale – Driss und die anderen Bewerber im Vorzimmer, wartend auf das Vorstellungsgespräch mit Magalie und Philippe. Deutlich wird, dass sich sehr viele für den Job beworben haben, was eine Einstellung von Driss völlig unwahrscheinlich macht.
Bild 3: Nah – Philippe mit seinem neuen Pfleger, der sich in seinem weißen Kittel ungeschickt anstellt. In der Einstellung ist die Mimik von Philippe deutlich zu erkennen. So wird dem Zuschauer deutlich, wie sehr Philippe seinen neuen Pfleger ablehnt und er Driss vermisst.
Bild 4: Weit – Die Figuren von Driss und Philippe sind im Vordergrund. Dahinter sieht man das Meer. Die Szene wirkt so friedlich und passt zu dem Wiedersehen der beiden. Philippe und Driss genießen den weiten Blick auf das Meer. In diesem Moment weiß Philippe noch nichts von seinem unmittelbar bevorstehenden Treffen mit Eleonor, mit der er bisher nur Briefe gewechselt hat.

Seite 215, Aufgabe 4

Freie Aufgabe

Seite 215, Aufgabe 5

Freie Aufgabe: „Richtig" sind nur die Auffassungen von Beriwan und Zoë.

„Es schlug mein Herz ..." – Liebesgedichte beschreiben und deuten

Seite 232, Aufgabe 1

In der Abbildung enthalten sind die folgenden Elemente:
– Blick des Betrachters von oben
– Baum vor dem Haus/der Tur
– Sitzgelegenheit
Nicht enthalten sind:
– melancholische, traurige Stimmung des lyrischen Ichs
– Trauer, Weinen, Einsamkeit
– (frühere) Geliebte bereits verstorben

Seite 232, Aufgabe 2

Strophe 1: Erinnerungen des lyrischen Ichs an seine frühere, verstorbene Geliebte, das Haus, in dem sie lebte, und die gemeinsam verbrachte Zeit, Zeitformen: Prä-

teritum („wohnte", „blieb") und Perfekt („gesessen haben"), erste Strophe beschreibt Vergangenes
Strophe 2: gegenwärtige Gefühlslage des lyrischen Ichs, Zeitform in den Versen 5 und 6 Präsens („muss ich nach dem Hause sehn", „seh")

Seite 232, Aufgabe 3

Das lyrische Ich befindet sich an einem erhöht liegenden Ort, vermutlich auf einem Berg, was der Titel des Gedichts andeutet. Dem Titel „Vom Berge" entspricht der Beginn des ersten Verses, da die Formulierung „Da unten" (V. 1) die Situation beschreibt, dass das lyrische Ich von oben herabblickt. Es erinnert sich an eine frühere Geliebte, auf deren damaliges Wohnhaus es schaut. Die Frau ist bereits verstorben, und das lyrische Ich erinnert sich an die gemeinsam verbrachte Zeit, in der beide vor dem Haus gesessen haben. Nur der Baum vor dem Haus ist von früher geblieben.

Das Liebesmotiv wird in der ersten Strophe als schmerzhafte Erinnerung an frühere glücklichere Zeiten gestaltet. Das lyrische Ich lebt noch, die frühere Partnerin ist verstorben. So bleiben dem lyrischen Ich nur seine Erinnerungen.

Seite 233, Aufgabe 4

Mit der Zeitangabe „Stets" (V. 5) macht das lyrische Ich deutlich, dass es ununterbrochen an seine frühere Partnerin denkt. Es kann den Blick nicht von deren früherem Wohnhaus abwenden, was das Hilfsverb „müssen" (V. 5) ausdrückt. Das lyrische Ich lebt in der Vergangenheit und seinen Erinnerungen. Diese prägen seine Gedanken und Gefühle. Der Schmerz über den Verlust ist groß, sodass das lyrische Ich „nichts vor Weinen" (V. 6) sieht, was erneut seine große Trauer und den Liebesschmerz deutlich macht. Das lyrische Ich ist verzweifelt, denn selbst wenn es zu dem Haus, auf das es herabblickt und mit dem so viele Erinnerungen verbunden sind, hinunterginge, fände es doch die Geliebte nicht mehr, da sie tot ist. Der letzte Vers hebt das Gefühl der Einsamkeit, das das Erleben des lyrischen Ichs prägt, besonders hervor.

Seite 233, Aufgabe 5

Das Gedicht mit dem Titel „Vom Berge" von Joseph von Eichendorff aus dem Jahr 1834 besteht aus zwei Strophen zu je vier Versen. Das Reimschema ist der Kreuzreim.

Seite 233, Aufgabe 6

Die Stichwortliste könnte nach Strophen getrennt zusammengestellt werden und z. B. die folgenden Punkte enthalten:
Strophe 1
– Grundsituation: Erinnerungen des lyrischen Ichs an verstorbene Geliebte
– Stimmung: traurig, melancholisch
– Gestaltung von Liebesschmerz
– Zeitformen: Präteritum, Perfekt → Vergangenes
– Verknüpfung Titel – erste Strophe („Vom Berge", „Da unten")
Strophe 2
– Stimmung: Trauer, Einsamkeit
– Zeitformen: Präsens → Erinnerung prägt Gegenwart
– Adverb „Stets" (V. 5): keine Veränderung, durchgehend Trauer
– Gedanke an den Tod

Seite 233, Aufgabe 6

Freie Aufgabe

359

Seite 233, Aufgabe 8 (mögliche Lösung)

Das Gedicht „Vom Berge" des deutschen Schriftstellers Joseph von Eichendorff (1788–1857) handelt von der Traurigkeit eines lyrischen Ichs, das sich an seine verstorbene Geliebte erinnert. Der Autor und sein Gedicht sind der literarischen Epoche der Romantik zuzuordnen.

Der Text besteht aus zwei Strophen, die jeweils vier Verse umfassen. Die Verse innerhalb der beiden Strophen werden jeweils durch einen Kreuzreim verbunden. Das Versmaß ist im Wechsel ein vier- bzw. dreihebiger Jambus.

Der Titel des Gedichts lautet „Vom Berge" und beschreibt die Position des lyrischen Ichs, das von seinem erhöhten Standort aus auf das Haus seiner verstorbenen Geliebten herunterblickt. Der Titel lässt sich auch im übertragenen Sinne deuten. Auf dem Berg ist das lyrische Ich herausgehoben aus dem Alltag, es kann den darunter liegenden Ort und auch sein eigenes Leben überblicken.

Dem Titel „Vom Berge" entspricht der Beginn des ersten Verses, da die Formulierung „Da unten" (V. 1) die Situation beschreibt, dass das lyrische Ich von oben herabblickt. Es erinnert sich an eine frühere Geliebte, auf deren damaliges Wohnhaus es schaut. Die Frau ist bereits verstorben, und das lyrische Ich erinnert sich an die gemeinsam verbrachte Zeit, in der beide vor dem Haus gesessen haben. Nur der Baum vor dem Haus ist von früher geblieben. Dass es sich um Erinnerungen handelt, macht auch die Wahl der Zeitformen Präteritum und Perfekt deutlich. Das Liebesmotiv wird in der ersten Strophe als schmerzhafte Erinnerung an frühere glücklichere Zeiten gestaltet. Das lyrische Ich lebt noch, die frühere Partnerin ist verstorben und „begraben" (V. 2), womit der Abschied von ihr als endgültig zu betrachten ist. So bleiben dem lyrischen Ich nur seine Erinnerungen, z. B. der Baum, der immer noch vor der Tür des Hauses steht, wo die Geliebte und das lyrische Ich „gesessen haben" (V. 4), was vermutlich stellvertretend für die gemeinsam verbrachte Zeit steht. Der Baum hat die Zeit und die Veränderungen überdauert, er symbolisiert Beständigkeit, die es im menschlichen Leben nicht gibt.

Mit der Zeitangabe „Stets" (V. 5) macht das lyrische Ich deutlich, dass es ununterbrochen an seine frühere Partnerin denkt. Es kann den Blick nicht von deren früherem Wohnhaus abwenden, was das Hilfsverb „müssen" (V. 5) ausdrückt. Das lyrische Ich lebt in der Vergangenheit und seinen Erinnerungen. Diese prägen auch in der Gegenwart – daher der Wechsel ins Präsens in V. 5 – seine Gedanken und Gefühle. Der Schmerz über den Verlust ist groß, sodass das lyrische Ich „nichts vor Weinen" (V. 6) sieht, was erneut seine große Trauer und den Liebesschmerz deutlich macht. Das lyrische Ich ist verzweifelt, denn selbst wenn es zu dem Haus, auf das es herabblickt und mit dem so viele Erinnerungen verbunden sind, hinunterginge, fände es doch die Geliebte nicht mehr, da sie tot ist. Dass die Verse 6 und 7 durch eine Anapher verbunden werden, macht deutlich, dass das lyrische Ich keine Alternative zu seiner Trauer hat. Der letzte Vers hebt das Gefühl der Einsamkeit, das das Erleben des lyrischen Ichs prägt, besonders hervor.

Die Stimmung des lyrischen Ichs wird in dem gesamten Gedicht als sehr traurig, einsam und von Schmerz erfüllt dargestellt. Die Erinnerungen an die glückliche Vergangenheit, die nicht mehr wiederkehren wird, prägen auch die Gegenwart. Das lyrische Ich hat keine Hoffnung mehr auf eine positive Veränderung.

Eine mögliche Aussageabsicht des Gedichts könnte es sein, die Bedeutung und die Folgen des Verlustes eines geliebten Menschen zu zeigen.

Das Gedicht spricht mich an, weil es in einfacher Sprache und einfacher Form die Gefühle und die Not des lyrischen Ichs so darstellt, dass der Leser sie gut nachvollziehen kann.

„Unsere Schule steht für Vertrauen, Verantwortung und Veränderung" – Reden rund um die Schule analysieren und halten

Folgende W-Fragen sind bezüglich der Analyse der Redesituation zu beantworten:
- Wer hält die Rede?
- An wen ist die Rede gerichtet?
- Wann wird die Rede gehalten?
- Wo wird sie gehalten?
- Aus welchem Anlass?
- Welches Thema hat die Rede?

Seite 248, Aufgabe 1

– Einleitung: Mit der Einleitung wird das Publikum begrüßt und in das Thema eingeführt.
– Hauptteil: Im Hauptteil der Rede werden die inhaltlichen Schwerpunkte dargestellt.
– Schluss: Im Schlussteil kann noch einmal das Wichtigste zusammengefasst werden.

Seite 248, Aufgabe 2

Vergleicht eure Lösungen mit der Übersicht auf S. 240.

Seite 248, Aufgabe 3

Um eine eigene Rede vorzubereiten und zu halten, bietet sich folgende Reihenfolge an:
1. Ideensammlung
2. Redeaufbau
3. Redemanuskript
4. Redevortrag

Seite 249, Aufgabe 7

Mögliche Lösung:

Seite 249, Aufgabe 4

Sprachliches Mittel	Deutung
Klimax Z. 8 – 11: „Endlich habt ihr [...] geschwitzt und gestöhnt"	durch die Steigerung wird Spannung erzeugt
Metapher Z. 54: „Kapital, mit dem ihr wuchern könnt"	Umschreibung, die die eigentliche Aussage verstärken soll
Alliteration Z. 70: „tagaus, tagein"	besondere Betonung

Lucas beantwortet folgende W-Fragen nicht oder nur teilweise:
- An wen (genau) ist die Rede gerichtet?
- Wann (genau) wird die Rede gehalten?
- Wo wird die Rede gehalten?
- Aus welchem (konkreten) Anlass wird die Rede gehalten?
- Welche Thema hat die Rede?

Seite 249, Aufgabe 5

Mögliche Lösung:
Die vorliegende Rede der Schulleiterin Sonia Cohen wurde von ihr bei der Abschlussfeier der zehnten Klassen an der Realschule Heiligenhaus am Ende des Schuljahres 2011 gehalten. Sie spricht zu diesem Anlass zu den Schülerinnen und

Seite 249, Aufgabe 6

Schülern, deren Eltern und Angehörigen, den Lehrkräften sowie weiteren Gästen wie Pressevertreter.
Der erste Textabschnitt (Z. 1 – 17) stellt die Einleitung der Rede dar. Zu Beginn der Rede begrüßt die Schulleiterin zunächst die anwesenden Lehrkräfte, Schülerinnen und Schüler, Eltern und den Bürgermeister. Sie stellt dann heraus, dass die Schülerinnen und Schüler für den Abschluss, der ihnen heute mit der Übergabe der Zeugnisse bescheinigt werde, hart „gearbeitet" (Z. 10) hätten. Die Einleitung endet damit, dass die Schulleiterin die „tolle[n] Ergebnisse" (Z. 13) dieses Abschlussjahrgangs darstellt. Dabei stellt sie besonders heraus, das „60 %"(Z. 17) der Schülerinnen und Schüler „die Fachoberschulreife mit Qualifikationsvermerk" (Z. 15 f.) erreicht hätten.

Auch Sprachen haben eine Herkunft und Verwandte – sich mit Geschichte, Wandel und Dialekten des Deutschen auseinandersetzen

Seite 262, Aufgaben 1 und 2

affaire	Affäre (Fremdwort)
angelus	Engel (Lehnwort)
recipe	Rezept (Fremwort)
crux	Kreuz (Lehnwort)
fructum	Frucht (Lehnwort)
mercatus	Markt (Lehnwort)
medicina	Medizin (Fremdwort)

Seite 263, Aufgaben 3 und 4

Ein Engländer in Sachsen
Zwei sächsischen Polizisten halten einen englischen Autofahrer an. Da sagt der eine Polizist zu dem anderen: „Paul, schreib mal auf: Der Mann hat sein Lenkrad auf der falschen Seite." Darauf der Engländer: „What do you want from me?" Der Polizist zu dem anderen: „Paul, schreib auf: Der Mann redet wirres Zeug." Der Polizist geht ums Auto des Engländers herum und sieht den Aufkleber mit „GB". Daraufhin sagt der Polizist ganz aufgeregt zum anderen: „Paul, streich alles, der Mann ist von der Griminal Bolizei."

Interregio
Von heute an fährt auf der Strecke Hamburg – Berlin ein eigener Interregio. Die Bahn reagiert damit auf die großen Verluste, die sie durch die Fernbusse auf der Tour eingefahren hat. Der Zug braucht für eine Fahrt drei Stunden und zweiundzwanzig Minuten. Dafür sind die Kosten deutlich günstiger als beim ICE.

Seite 263, Aufgabe 5

Freie Aufgabe

Seite 263, Aufgabe 6

a) Sir William Jones; 1786; persischen; indischen
b) verwandt sind
c) indoeuropäischen
d) Sprachfamilie; Ursprache
e) Ursprache; Urvolk
f) Urvolk

Die Sprachforscher wollten anhand einer gemeinsamen Ursprache das Urvolk finden, welches diese Sprache gesprochen hat, und somit herausfinden, wo und wie das Urvolk gelebt hat.

Seite 263, Aufgabe 7

Tipps für die Rechtschreibung – Richtig zu schreiben kann man lernen!

Müllnotstand

Die ~~Wohlstantsgesellschaft~~/**Wohlstandsgesellschaft** ist das Ziel aller Staaten. Die Folgen dieser **Entwicklung**/~~Entwiklung~~ bestehen darin, **dass**/~~das~~ hochwertige Rohstoffe in **Produkte**/~~Produckte~~ verwandelt werden, um **anschließend**/~~anschliessend~~ auf dem **Müll**/~~Mül~~ zu landen. Die damit verbundenen Probleme werden **verdrängt**/~~verdränkt~~. Den technischen Hochstleistungen bei der **Herstellung**/~~Herstellunk~~ steht eine erschreckende ~~Radlosigkeit~~/**Ratlosigkeit** in Bezug auf die Vermeidung, Verwertung und Beseitigung von Resten und **Abfall**/~~Abfahl~~ gegenuber. Elektronikschrott und **Plastik**/~~Plastick~~ sind Giftmüll und ~~unverrotbar~~/**unverrottbar**. Sie werden oft in **Entwicklungsländern**/~~Entwicklungslendern~~ entsorgt. Dort bildet der Müll der Industriestaaten die Existenzgrundlage ganzer Bevölkerungsgruppen. Naturlich ist der Müll dort nicht weniger **schädlich**/~~schedlich~~ als in den Industrieländern.

Seite 288, Aufgabe 1

Rechtschreibbereich	Wörter aus dem Text „Müllnotstand"
Schärfung (Wörter mit kurzem betonten Vokal)	– **Entwicklung** (= Den k-Laut schreibt man nach einem kurzen betonten Vokal mit ck.) – **Müll** = (Nach einem kurzen betonten Vokal wird der folgende Konsonant verdoppelt, wenn man nur einen Konsonanten hört.) – **Herstellung** (s. oben Kommentar zu *Müll*) **Abfall** (s. oben Kommentar zu *Müll*) – **unverrottbar** (s. oben Kommentar zu *Müll*) – **versinken** (Deutlich sprechen und genau hinhören. + Wenn man nach einem kurzen betonten Vokal zwei Konsonanten hört, wird keiner von ihnen verdoppelt.)
s-Laute	– **anschließend** (= Nach einem Doppellaut wird der stimmlose s-Laut mit ß geschrieben.)

Seite 288, Aufgaben 2 und 3

gleich- und ähnlich klingende Laute	– **Wohlstandsgesellschaft** (= Wort verlängern: *Wohlstän<u>d</u>e*) – **verdrängt** (= Wort verlängern: *verdrängen*) – **Ratlosigkeit** (Wort verlängern: *ra<u>t</u>en*) – **Entwicklungsländern** (Wortverwandte suchen und die Rechtschreibung ableiten *L<u>ä</u>nder – L<u>a</u>nd*) – **schädlich** (Wortverwandte suchen und die Rechtschreibung ableiten *schädlich – Scha-den*) – Bei gleich und ähnlich klingenden Lauten (*au/eu, p/b, d/t, g/k*) kann man anhand von Verlängerungen (*Korb – Körbe*) oder Wortverwandten (*Räuber – rauben*) die Schreibweise ableiten.
„das" oder „dass"	– **dass** (Ersatzprobe nicht möglich + Konjunktion schreibt man *dass*)
Fremd-/Merkwörter	– **Produkte** (Schreibweise einprägen) – **Plastik** (k am Wortende/Schreibweise einprägen)

Seite 288, Aufgabe 4
– Im **F**olgenden/eine **Z**usammenfassung
– ein einziges **M**al/**e**twas
– ein **b**isschen Zeit/von **N**euem
– **g**estern **A**bend/im **F**ernsehen/**B**erliner Künstler/**p**aar Minuten
– Zwei **J**ugendliche/am **F**reitagabend
– Im **A**llgemeinen/seit **L**ängerem (auch möglich: seit **l**ängerem)
– das **M**eiste/im **F**olgenden/mit dem **e**rsten
– vor **a**llem/besonders **h**ohe/ohne **W**eiteres (auch möglich: ohne **w**eiteres)

Seite 289, Aufgabe 5
– **Das (A)** Interessante an den Themenfeldern der Philosophie ist, **dass (K)** sie beinahe alle Bereiche des Lebens erfassen.
– Das Buch „Sofies Welt", **das (R)** der norwegische Autor Jostein Gaarder verfasst hat, trägt dazu bei, **dass (K)** Jugendliche sich mit der Geschichte der Philosophie von den Anfängen bis zur Gegenwart beschäftigen können.
– Der Roman ist derart verständlich und gleichzeitig spannend geschrieben, **dass (K)** man nicht aufhören mag, darin zu lesen.
– **Das (D)** ist deshalb so ungewöhnlich, weil die Philosophie bisher als äußerst schwer zu verstehende Wissenschaft galt.
– „Sofies Welt", ein Buch, **das (R)** zunächst nur für Jugendliche gedacht war, wurde auch von vielen Erwachsenen gelesen.
– 1994 erhielt **das (A)** Buch den Deutschen Jugendliteraturpreis.

Seite 289, Aufgaben 6 und 7

Unnötige Streitereien
Viele Menschen machen immer ***wieder/~~wider~~*** aufgrund ihrer Sturheit aus einer Kleinigkeit einen Rechtsstreit. Ein bisschen laute Musik, ein paar ***Widerworte/~~Wiederworte~~*** in einem Streit oder ein überhängender Ast macht aus Nachbarn

zwei sich bekämpfende **Widersacher**/~~Wiedersacher~~. Von außen betrachtet ist es **widersinnig**/~~wiedersinnig~~, damit die Gerichte zu bemühen.
Oft entsteht beiden Parteien dadurch nur ein finanzieller Schaden, den niemand ~~wider-~~/**wiedererstattet** bekommt. Deshalb empfehlen die Richter den **widerwilligen**/~~wiederwilligen~~ Kontrahenten meistens, ihre Anklagen ~~wider~~/**wieder** zurückzunehmen und zu **widerrufen**/~~wiederrufen~~.

Teste dich selbst! – Lösungen

Teste dich selbst! – Groß- und Kleinschreibung	zu erreichende Punkte: 23 Punkte
Seite 296, Aufgabe 1	
– wichtigsten, das Wichtigste – beim Betreten, betreten – nichts Genaues, genauere – Im Folgenden, folgenden – neue, nichts Neues	
1 Punkt für jede richtige Groß- bzw. Kleinschreibung	**10 Punkte**
Seite 296, Aufgabe 2	
– Am Dienstagmorgen – Im letzten Jahr – donnerstags, Nachmittag – heute Nachmittag, mittags – Nachmittag	
1 Punkt für jede richtige Zeitangabe	**7 Punkte**
Seite 296, Aufgabe 3	
– norwegische – europäischen – Nordamerika – kanadischen – Atlantischen Ozean – Grönländer	
1 Punkt für jede richtig geschriebene Herkunfts- oder Ortsbezeichnung	**6 Punkte**

23 – 20 Punkte	19 – 12 Punkte	weniger als 12 Punkte
Prima, das hast du gut gemacht.	Schon nicht schlecht! Lies dir noch einmal die Lernboxen auf den S. 292 – 295 durch.	Du musst noch etwas üben. Wiederhole noch einmal die Übungen auf den S. 292 – 295.

Teste dich selbst! – Getrennt- und Zusammenschreibung	zu erreichende Punkte: 56 Punkte
Seite 300, Aufgabe 1	
– Wortgruppen aus mehreren Wörtern, bei denen die einzelnen Wörter ihre Bedeutung behalten, werden getrennt geschrieben. – Beispiele: *Vor Freude strahlend* betritt er den Raum./Er ist *schwer gefallen*. – Zusammensetzungen aus mehreren Wörtern, die eine neue Gesamtbedeutung erhalten, werden zusammengeschrieben. – Beispiele: *Freudestrahlend* gibt er den Test ab./Der Test ist ihm *schwergefallen*.	
2 Punkte für jede zutreffende Regel *2 Punkte für jedes zutreffende Beispiel*	**4 Punkte** **8 Punkte**

Seite 300, Aufgabe 2

- Die Mannschaft möchte den Sieg nicht einfach **geschenkt bekommen**.
- Der Abwehrspieler hat sich leicht **täuschen lassen**.
- Dies ist auf seinen Trainingsrückstand **zurückzuführen**.
- **Dazu kommt** aber auch die starke Technik des Angreifers.
- Er ist in der Lage, den Ball **blitzschnell weiterzuleiten**.
- Die Niederlage hat den Klub **zurückgeworfen**.
- Das wird unter den Fans viel **Aufsehen erregen**.
- Aber das **Fußballspielen** wird am nächsten Wochenende trotzdem **weitergehen**.
- **Vor Freude strahlend** gab der Trainer nach dem letzten Sieg Interviews.
- **Freudestrahlend** nahm er die Glückwünsche der Fans entgegen.
- **Allerdings** sagte er deutlich, dass er mit der Spielweise seiner Mannschaft **überhaupt nicht** einverstanden gewesen ist.

2 Punkte für jede richtige Schreibweise   **28 Punkte**

Seite 300, Aufgabe 3

Henning Mankell und Afrika
Mankells Verbindung zu Afrika ist seit 1972 in seinem Leben **ausgeprägt**, als er zum **ersten Mal** nach Sambia reiste und dort für zwei Jahre blieb. 1986 **übernahm** Mankell dann die Leitung des Teatro Avenida in Maputo (Macambique), die er bis heute innehat. Spätestens **seitdem** wurde Afrika zu einer zweiten Heimat für den schwedischen Starautor. Mit dem Teatro Avenida kann der Krimischriftsteller auch seinem Anspruch **gerecht werden**, Solidarität in der Gesellschaft zu leben. Die Suche nach einer gerechten Gesellschaft verbindet **darüber hinaus** die **vielfältigen** Aktivitäten Mankells als Krimiautor, Drehbuchschreiber, Theaterregisseur und Schriftsteller, der sich mit Afrika **auseinandersetzt**.

2 Punkte für jede richtige Schreibweise   **16 Punkte**

54 – 42 Punkte	41 – 24 Punkte	weniger als 24 Punkte
Prima! Das hast du gut gemacht.	Schon nicht schlecht! Lies dir die Lernboxen auf den S. 297 – 299 noch einmal durch.	Du musst noch etwas üben. Wiederhole noch einmal die Übungen auf den S. 297 – 299.

Teste dich selbst! – s-Laute   zu erreichende Punkte: 65 Punkte

Seite 306, Aufgabe 1

- Die**s**es (**1**) intere**ss**ante (**4**) Spiel ist ein Strategiespiel.
- Die Spieler repräsentieren (**1**) die Bauherren, die die größte (**5**) Kathedrale des Mittelalters erbauen wollen.
- Sie mü**ss**en (**4**) ihre Arbeiter geschickt ein**s**etzen (**1**).
- Die mei**s**ten (**3**) **S**iegpunkte (**1**) ka**ss**iert (**4**) derjenige, der am Ende das größte (**5**) Bauwerk errichtet hat.

1 Punkt für jede richtige Ergänzung   **10 Punkte**
1 Punkt für jede richtige Regelnummer   **10 Punkte**

Seite 306, Aufgabe 2

Pfeiler der Macht
Die Hände immer noch um die Restbestände seiner Kleidung gekrampft und die Schmerzen missachtend, die der raue Boden seinen nackten Sohlen bereitete, hastete Hugh Pilaster durch den Wald. Dort, wo sich der schmale Pfad mit einem zweiten kreuzte, schlug er einen Haken nach links und rannte noch ein Stück weiter, bevor er sich in die Büsche schlug und im Unterholz verschwand.
Er wartete ab, bis sich sein rasselnder Atem wieder beruhigt hatte. Dann lauschte er angestrengt. Sein Vetter Edward und dessen Busenfreund Micky Miranda waren die miesesten Schweine der ganzen Schule: Drückeberger, Spielverderber und Kinderschinder, denen man tunlichst aus dem Weg ging. Doch jetzt war ihm Edward bestimmt auf den Fersen, denn schließlich hasste er ihn, Hugh, seit eh und je.

1 Punkt für jede richtige Ergänzung **18 Punkte**

Seite 306, Aufgabe 3

Die Anfänge
Der Roman „Die Nadel" sorgte dafür, dass Ken Follett als Schriftsteller berühmt wurde. Der Erfolg des Buches ermöglichte ihm, sich ganz seinem nächsten Roman namens „Dreifach" zu widmen.
„Ich machte mir große Sorgen, dass ich es nicht schaffen würde. Das passiert vielen Schriftstellern. Sie schreiben ein hervorragendes Buch, aber das nächste ist schon schwächer. Deswegen arbeitete ich sehr hart an ‚Dreifach', um ihn ebenso spannend wie ‚Die Nadel' zu machen."

1 Punkt für jede richtig ergänzte Schreibweise der s-Laute **15 Punkte**
3 Punkte für jede richtige Ergänzung mit den Wörtern „das" oder „dass" **12 Punkte**

65 – 48 Punkte	47 – 27 Punkte	weniger als 27 Punkte
Prima! Das hast du gut gemacht.	Schon nicht schlecht! Lies dir die Lernboxen auf den S. 301 – 305 noch einmal durch.	Du musst noch etwas üben. Wiederhole noch einmal die Übungen auf den S. 301 – 305.

Teste dich selbst! – Kommas richtig setzen	zu erreichende Punkte: 26 Punkte

Seite 313, Aufgabe 1

- Weil die Entdeckung von Ötzi die Menschen faszinierte, wurde in vielen Ländern darüber berichtet.
- Auch in japanischen Nachrichtensendungen wurde Ötzi erwähnt, obwohl das Land Tausende von Kilometern entfernt liegt.
- Es soll mehr als 500 Namensvorschläge für ihn gegeben haben, sodass die Auswahl schwerfiel.
- Nachdem ein österreichischer Journalist die Gletschermumie als Erster Ötzi genannt hatte, setzte sich dieser Name durch.

1 Punkt für jedes richtig gesetzte Komma **4 Punkte**

Seite 313, Aufgabe 2

weil, obwohl, sodass, nachdem

1 Punkt für jede richtig herausgesuchte Konjunktion **4 Punkte**

Seite 313, Aufgabe 3

- Ötzis Gewicht, das zu Lebzeiten ca. 53 kg betrug, liegt heute nur noch bei unter 14 kg.
- Durch die klimatischen Bedingungen, die im Gebirge herrschten, trocknete Ötzis Körper nach seinem Tod schnell aus.
- Die Temperatur, die Ötzi ungefähr 5 000 Jahre lang umgab, betrug durchschnittlich – 10 Grad Celsius.
- Nur selten gab es in dieser Zeit Temperaturen deutlich über null Grad Celsius, die Ötzis Körper freilegten.

1 Punkt für jedes richtig gesetzte Komma   **7 Punkte**

Seite 313, Aufgabe 4

- Damit er im Gebirge keine kalten Füße bekam, hatte Ötzi seine Schuhe, die aus Hirschleder bestanden, mit Heu ausgestopft.
- Ötzis Mantel aus Ziegenfell muss lange in Gebrauch gewesen sein, da er deutliche Verschmutzungen und kleinere Beschädigungen, die zum Teil repariert worden waren, zeigt.
- Obwohl Ötzi keine Hosen, die heutigen Vorstellungen entsprechen, trug, war er keineswegs unbekleidet.
- Er trug Beinröhren aus Ziegenfell, die Ober- und Unterschenkel bedeckten, sodass seine Beine auch im Gebirge nicht auskühlten.

1 Punkt für jedes richtig gesetzte Komma   **11 Punkte**

26 – 20 Punkte	19 – 12 Punkte	weniger als 12 Punkte
Prima! Das hast du gut gemacht.	Schon nicht schlecht! Lies dir die Lernboxen auf den S. 307 – 312 noch einmal durch.	Du musst noch etwas üben. Wiederhole noch einmal die Übungen auf den S. 307 – 312.

Teste dich selbst! – Zitieren   zu erreichende Punkte: 43 Punkte

Seite 316, Aufgabe 1

- Wörtliche Zitate musst du immer in **Anführungszeichen** setzen. **Auslassungen** in einem Zitat werden durch drei Punkte in eckigen Klammern gekennzeichnet.
- Zwischen einem Einleitungssatz zu einem Zitat und dem Zitat selbst steht ein **Doppelpunkt**.
- Änderungen des zitierten Textes setzt du **in eckige Klammern**.
- Auf eine Textstelle, du nicht wörtlich zitierst, verweist du mit der Abkürzung **vgl.**

2 Punkte für jede richtige Ergänzung   **10 Punkte**

Seite 316, Aufgabe 2

Elsa ist „zwanzig Jahre alt" (Z. 37 f.), verdient ihr eigenes Geld (vgl. Z. 38) und wohnt mit ihrer Mutter in einem „Haus" (Z. 22). Sie fühlt sich oft von ihrer Mutter bedrängt (vgl. Z. 8 f.) und versucht deshalb, sich ihrer Mutter zu entziehen, z. B. indem sie „Arbeit" (Z. 43) vortäuscht. Allerdings weiß Elsa auch, dass ihre Mutter „alt und oft krank" (Z. 50 f.) ist und häufig „Langeweile" (Z. 41) hat. Deshalb ist sie hin- und hergerissen zwischen ihrem Wunsch, ein eigenständiges Leben zu führen, und ihrer Verantwortung für die Mutter.

2 Punkte für jedes zutreffend gekennzeichnete Zitat   **14 Punkte**

Seite 316, Aufgabe 3

- Die Äußerung der Mutter, „sie wolle sich nur die Hände waschen" (Z. 2 f.), hält Elsa nur für einen „Vorwand" (Z. 2). Dieser Gedanke Elsas zeigt, wie sehr sie das Verhalten ihrer Mutter stört. — 2 P. / 2 P.
- Die Körpersprache Elsas zeigt, was sie gegenüber ihrer Mutter fühlt: „Elsas Mund krampfte sich zusammen. [...] Ihre Augen wurden schmal." (Z. 4 f.) — 4 P.
- „Ich bin schon fertig" (Z. 15), sagt Elsa schnell, um ihrer Mutter zu entkommen. — 2 P.
- Über die Mutter sagt der Erzähler: „Die Mutter nahm die Verzweiflung ihrer Tochter nicht einmal als Ungeduld wahr." (Z. 21). — 2 P.
- Elsa verlässt nach dem Zusammentreffen mit ihrer Mutter fluchtartig das Haus (vgl. Z. 22). — 2 P.
- Der Leser erfährt aber auch die Gründe für das Verhalten der Mutter. „[S]eit dem Tod ihres Mannes" (Z. 41) fühlt sich die Mutter oft einsam. — 3 P.
- Nach ihrer Rückkehr aus der Stadt geht Elsa auf ihr Zimmer und denkt über ihre Situation nach (vgl. Z. 49 – 52). — 2 P.

1 Punkt für jede beachtete Zitierregel — **19 Punkte**

43 – 37 Punkte	36 – 23 Punkte	weniger als 23 Punkte
Prima! Das hast du gut gemacht.	Schon nicht schlecht! Lies dir die Lernbox auf der S. 314 noch einmal durch.	Du musst noch etwas üben. Wiederhole noch einmal die Übungen auf den S. 314 f.

Teste dich selbst! – Wortarten   zu erreichende Punkte: 43 Punkte

Seite 326, Aufgabe 1

Nomen/Substantive:	Freundin, Programm, Zeugnis
Artikel:	die, den, ein
Verben:	ist, setzt, kann
Adjektive:	langen, schnell, abwechslungsreiches
Personalpronomen:	er, sie, Es
Possessivpronomen:	sein, seine, ihre
Demonstrativpronomen:	diesen, solchen, jene
Präpositionen:	mit, auf, in
Adverbien:	Heute, dort, bestimmt
Konjunktionen:	Als, dass, und

1 Punkt für jedes richtig zugeordnete Wort — **30 Punkte**

Seite 326, Aufgabe 2

ist = Hilfsverb; setzt = Vollverb; kann = Modalverb

1 Punkt für jede richtige Zuordnung — **3 Punkte**

Seite 326, Aufgabe 3

Partizip Präsens (Partizip I): anstrengenden, spannende, klopfendem, kommenden
Partizip Perfekt (Partizip II): geschmückte, hochgesteckt, gekriegt

1 Punkt für jedes richtig erkannte Partizip — **7 Punkte**

Seite 326, Aufgabe 4

- Johann freut sich besonders. (Präsens)
- Für die anstrengenden Prüfungen und Klassenarbeiten musste er viele Stunden lernen. (Präteritum)
- An jene Feier wird er bestimmt noch lange denken. (Futur)

1 Punkt für jede richtig bestimmte Zeitform **3 Punkte**

43 – 34 Punkte	33 – 19 Punkte	weniger als 19 Punkte
Prima! Das hast du gut gemacht.	Schon nicht schlecht! Lies dir die Lernboxen auf den S. 317 – 325 noch einmal durch.	Du musst noch etwas üben. Wiederhole noch einmal die Übungen auf den S. 317 – 325.

Teste dich selbst! – Satzglieder   zu erreichende Punkte: 25 Punkte

Seite 335, Aufgabe 1

versuchte (Prädikat), Seit Tagen (adverbiale Bestimmung der Zeit), das Team (Subjekt), am Morgen des 23. April 1988 (adverbiale Bestimmung der Zeit), das Fluggerät (Subjekt), wird angetrieben (Prädikat), sitzt (Prädikat), Er (Subjekt), das Ungetüm (Akkusativobjekt), der Mensch (Subjekt), einem Piloten (Dativobjekt), intensiv (adverbiale Bestimmung der Art und Weise), Zuerst (adverbiale Bestimmung der Zeit), Am 23. April 1988 (adverbiale Bestimmung der Zeit), das Flugzeug (Akkusativobjekt), wegen des Windes (adverbiale Bestimmung des Grundes), aus den Wellen (adverbiale Bestimmung des Ortes), schwimmt (Prädikat)

1 Punkt für jedes richtig bestimmte Satzglied **18 Punkte**

Seite 335, Aufgabe 2

offene (Adjektivattribut), Kanéllos Kanellópoulos (Apposition), der mehrfacher griechischer Radrennmeister ist (Relativ-/Attributsatz), aus Vogelfedern und Wachs (präpositionales Attribut), vom Massachusetts Institute of Technology (präpositionales Attribut), spezieller (Adjektivattribut), knallharte (Adjektivattribut)

1 Punkt für jedes richtig bestimmte Attribut **7 Punkte**

25 – 21 Punkte	20 – 12 Punkte	weniger als 12 Punkte
Prima! Das hast du gut gemacht.	Schon nicht schlecht! Lies dir die Lernboxen auf den S. 327 – 334 noch einmal durch.	Du musst noch etwas üben. Wiederhole noch einmal die Übungen auf den S. 327 – 334.

Teste dich selbst! – Konjunktiv in der indirekten Rede   zu erreichende Punkte: 33 Punkte

Seite 341, Aufgabe 1

- Indikativ (Wirklichkeitsform): Er **läuft** sehr schnell.
- Konjunktiv I (Möglichkeitsform): Er sagt, er **laufe** sehr schnell.
- Konjunktiv II (Nichtwirklichkeitsform): Ich wünschte, er **liefe** schneller.
- Imperativ (Befehlsform): **Lauf** schneller!

1 Punkt für jeden richtig ergänzten Satz **4 Punkte**

Seite 341, Aufgabe 2

Infinitiv	Präsens Indikativ	Konjunktiv I	Präteritum Indikativ	einfache Konjunktiv-II-Form/Umschreibung mit *würde* + Infinitiv
fallen	er fällt	er falle	er fiel	er fiele/er würde fallen
lügen	sie lügt	sie lüge	sie log	sie löge/sie würde lügen
ziehen	er zieht	er ziehe	er zog	er zöge/er würde ziehen
singen	er singt	er singe	er sang	er sänge/er würde singen

1 Punkt für jede richtig ergänzte Form — **15 Punkte**

Seite 341, Aufgabe 3

Krokodil-Alarm auf Kreta
Auf der Urlaubsinsel Kreta **wird** nach einem Krokodil gesucht, das in einem Stausee südlich der kretischen Stadt Rethymnon leben soll. Das Reptil **sei** etwa 1,5 bis 2 Meter lang, berichteten griechische Medien.
Es wird **vermutet**, dass jemand das Krokodil als Haustier hielt. Als das Tier größer wurde, **könnte** der Besitzer es ausgesetzt haben, spekulierten örtliche Medien. Die Einwohner wurden dazu **aufgerufen**, nicht zum Stausee zu gehen und dort auf keinen Fall zu schwimmen.
Mehrere griechische Medien **veröffentlichten** auf ihren Websites ein Video des Krokodils, das vergangenen Donnerstag von Besuchern des Stausees **aufgenommen** worden sein soll. [...]
Auf Kreta **machten** die wildesten Gerüchte die Runde. Demnach **soll** es in dem Stausee noch ein zweites Krokodil geben. Die Boulevardpresse **spekulierte** darüber, dass sich die Tiere vermehren könnten. Hirten aus der Region **sagten** örtlichen Medien, mehrere Schafe **seien** verschwunden. Andere Einwohner sagten, die Enten des Stausees **seien** „alle weg". Eine offizielle Stellungnahme zu den Gerüchten **gab** es nicht.

1 Punkt für jede richtige Ergänzung — **14 Punkte**

33 – 25 Punkte	24 – 14 Punkte	weniger als 14 Punkte
Prima! Das hast du gut gemacht.	Schon nicht schlecht! Lies dir die Lernboxen auf den S. 336 – 340 noch einmal durch.	Du musst noch etwas üben. Wiederhole noch einmal die Übungen auf den S. 336 – 340.

Verzeichnis der Lernboxen

Das brauchst du immer wieder – So gehst du vor

Antithetische Argumentation verfassen	196
Argumente ausbauen	187
Diagramm beschreiben und auswerten	163
Dramenszene beschreiben und deuten	102
Einleitung einer Argumentation schreiben	185
Filmkritik verfassen	213
Fishbowl-Diskussion durchführen	180
Hauptteil einer linearen Argumentation verfassen	189
Informierenden Text mithilfe von Materialien verfassen	53
Kurzgeschichte beschreiben und deuten	44
Parabel beschreiben und deuten	145
Redeanalyse verfassen	245
Schülerrede vorbereiten und halten	247
Szenenbild beschreiben und deuten	203

Das brauchst du immer wieder – Das musst du wissen

Dialekte	261
Ende einer Dramenhandlung	105
„Ent-/ent-" und „End-/end-"	253
Epochenmerkmale des Barock	231
Erzähltechnik	30
Exposition	90
Gedicht beschreiben und deuten	229
Kameraeinstellungen	210
Karikatur und Übertreibung	151
Merkmale von Kurzgeschichten	39
Montage als filmsprachliches Mittel	206
Nominalisierungen/Substantivierungen	276
Novelle	123
Rechtschreibung von Fremdwörtern einprägen	287
Satirische Darstellungsmittel	154
Sprachliche Bilder untersuchen	224
Sprachliche Gestaltungsmittel	240
Sprachliche Gestaltungsmittel bestimmen	220
Vorstellungsgespräch	76
Wende- und Höhepunkte einer Dramenhandlung	98
„Wieder-/wieder-" und „Wider-/wider-"	282
Wörter „das" und „dass" richtig schreiben	280

Basiswissen

Adverbiale Bestimmungen unterscheiden	329
Attribut	331
„das/dass" richtig schreiben	304
Direkte Rede in der indirekten Rede wiedergeben	339
Getrennt- und Zusammenschreibung – Tipps	298
Getrennt- und Zusammenschreibung – wichtigste Regeln	297
Groß- und Kleinschreibung – Herkunfts- und Ortsnamen	295
Groß- und Kleinschreibung – Nominalisierungen/Substantivierungen	292
Groß- und Kleinschreibung – Zeitangaben	294
Kommasetzung bei Relativ-/Attibutsätzen	309
Kommasetzung bei Subjekt- und Objektsätzen	311
Kommasetzung in einfachen Satzgefügen	307
Kommasetzung in komplexen Satzgefügen	312
Konjunktivformen bilden	337
Modi des Verbs	336
Partizip Präsens (Partizip I) und Partizip Perfekt (Partizip II)	322
Sätze in Felder einteilen	333
Subjekt, Prädikat, Objekt	327
Vollverb, Hilfsverb, Modalverb	320
Vorgangs- und Zustandspassiv	324
Wortarten im Überblick	317
Wörter mit s-Lauten richtig schreiben	301
Zitieren – Grundregeln	314

Verzeichnis der Textarten

Bilder/Gemälde/Fotos
Botticelli, Sandro: Illustration zum Dekameron (1483) 108
Bry, Theodor de: Landung des Kolumbus auf Guanahani (1594) 294
Buchmalerei aus dem Dekameron (1370) 112
Faksimiles aus dem Dekameron 109
Fotos aus dem Ersten Weltkrieg 124, 126, 127, 129, 134
Fotos nach dem Ende des Zweiten Weltkriegs 124, 138
Fotos: Platten mit dem Text des Vaterunsers aus der Paternosterkirche 250f.
Friedrich, Caspar David: Auf dem Segler (1818) 216
Holzschnitt aus der italienischen Ausgabe des Dekameron (1492) 113
Klimsch, Eugen: Goethe und Friederike Brion (Holzstich, um 1890) 217, 226
Lichtenstein, Roy: Kiss II (1962) 217
Magritte, René: Die Liebenden (1928) 216
May, Georg Oswald: Jugendbildnis von Johann Wolfgang Goethe (1779) 218
Waterhouse, John William: Dekameron (1916) 109

Bilderfolge
Begrüßung beim Vorstellungsgespräch 73
Kommunikationssituationen 56, 57, 58, 60, 62

Buchcover
Beah, Ishmael: Das Leuchten von Morgen 137
Boccaccio, Giovanni: Das Dekameron 110
Boyne, John: Der Junge im gestreiften Pyjama 137
Droste-Hülshoff, Annette von: Die Judenbuche 119
Ebner-Eschenbach, Marie von: Krambambuli 119
Follett, Ken: Die Säulen der Erde 302
Ders.: Die Tore der Welt 305
Ders.: Kinder der Freiheit 305
Ders.: Winter der Welt 304
Hannah, Kristin: Die Nachtigall 137
Horeni, Michael: Die Brüder Boateng 48
Hosseini, Khaled: Drachenläufer 137
Keller, Gottfried: Kleider machen Leute 119
Ders.: Romeo und Julia auf dem Dorfe 119
Lenz, Siegfried: Schweigeminute 119
Levoy, Myron: Der gelbe Vogel 137
Lücher, Jonas: Frühling der Barbaren 119
Mankell, Henning: Der Chronist der Winde 299
Remarque, Erich Maria: Im Westen nichts Neues 129
Storm, Theodor: Der Schimmelreiter 119
Taller, Janne: Krieg. Stell dir vor, er wäre hier 137
Venzke, Andreas: Goethe und des Pudels Kern 225
Walters, Eric: Wounded 137
Zweig, Stefan: Schachnovelle 119

Diskontinuierliche Texte (Diagramm, Tabelle, Karte, Schaubild u. a.)
Checkliste: Verhalten des Bewerbers in einem Vorstellungsgespräch 83
Diagramm: Im Bekanntenkreis wurde schon mal jemand per Handy im Internet fertig gemacht 168
Diagramm: Medienbeschäftigung in der Freizeit 2018 160, 161
Diagramm: Themenstruktur in TV-Nachrichten 172
Grafik: Kommunikationstheorien 57
Karte: Die Dialekte Baden-Württembergs 258
Karte: Der Pazifische Müllstrudel 265
Karte: Die Regionen Ghanas 52
Karte: Verlauf der Lewis-und-Clark-Expedition 293
Karte: Vermuteter Ursprung und Verbreitungswege der indoeuropäischen Sprachen 256
Schaubild: Der Aufbau eines Arguments 186
Schaubild: Die indoeuropäische Ursprache 257
Schaubild: Eine Äußerung – viele Botschaften 59
Schaubild: Länder, in denen 2018 Kriege oder bewaffnete Konflikte herrschten 125
Schaubild: Wer zumindest ab und zu ein Smartphone nutzt 174
Wörterbuchauszug: Kamin ... 253
Wörterbuchauszug: Kommerz ... 285
Wörterbuchauszug: Plankosten – Plattdeutsch 273

Dramenszene/Dialog
Müller, Tina: Türkisch Gold 86, 91, 95, 99, 100, 103
Loriot: Das Ei 69
Loriot: Fernsehabend 152
Vorstellungsgespräch 75, 81, 82

Filmplakat/Theaterplakate
Im Westen nichts Neues (1979) 136
Ziemlich beste Freunde 200

Filmstandbild/Szenenbild
Die Säulen der Erde (2010) 303
Türkisch Gold 85, 88, 91, 95, 99, 103, 104
Ziemlich beste Freunde (2011) 201, 202, 203, 204, 209, 210, 214, 215

Gedichte
Eichendorff, Joseph von: Neue Liebe 228
Ders.: Vom Berge 232
Goethe, Johann Wolfgang: Balde seh ich Rickchen wieder 218
Ders.: Willkommen und Abschied 221
Opitz, Martin: Ach Liebste, lass uns eilen 230

Karikaturen
Gaymann, Peter: ohne Titel 150
Loriot: ohne Titel 148
Martin, Henry: ohne Titel 149

Kurzgeschichte
Borchert, Wolfgang: Die Küchenuhr 138
Franck, Julia: Streuselschnecke 22
Fritz, Walter Helmut: Augenblicke 26, 314
Reider, Katja: Wahnsinnstyp oder Während sie schläft 40
Ziegler, Reinhold: Die Brücke 34

Liedtext
Poisel, Philipp: Liebe meines Lebens 217

Novelle
Boccaccio, Giovanni: Falkennovelle 110, 112, 116

Parabel
Aloni, Jenny: Sie sitzt auf einer Mauer 143
Brecht, Bertolt: Der hilflose Knabe 147

Rede
Cohen, Sonia: Rede anlässlich der Schulentlassung der zehnten Klassen im Jahr 2011 241
Löhrmann, Sylvia: Rede am 23. April 2013 anlässlich des „Welttages des Buches" 236
Schülersprecher der Städtischen Realschule Übach-Palenberg: Rede anlässlich der Entlassung des zehnten Jahrgangs 246

Rezensionen
Bopp, Lena: „Helft einander, das ist lustig!" 211
Neue Westfälische: Liebe zwischen zwei Kulturen 85
Über das Stück „Türkisch Gold" von Tina Müller 85

Romanauszug/Jugendbuchauszug
Follett, Ken: Die Säulen der Erde 302
Ders.: Pfeiler der Macht 306
Goethe, Johann Wolfgang: Die Leiden des jungen Werthers 217
Remarque, Erich Maria: Im Westen nichts Neues 129, 133

Sachbuchauszug
Faßmann, Elke: Vorstellungsgespräche 79
Horeni, Michael: Die Brüder Boateng 48, 50
Reinhardt, Ulrich: Anmerkungen zur Generation @ 175
Venzke, Andreas: Goethe und des Pudels Kern 225

Sachtexte
Abschlussfeier 326
Amalia Earhart 331
Amalia Earhart: Vom Fliegen besessen 332
Das Dekameron 109
Der „Bionic-Man" 275
Die Erforschung des Wilden Westens – die Lewis-und-Clark-Expedition 293
Die Novelle 118
Die Sage von Dädalus und Ikarus 328
Die Suche nach der Ursprache der indoeuropäischen Sprachen 255
Drewes, Patricia: Der Erste Weltkrieg 128
Eine Äußerung – viele Botschaften 59
Eine erstaunliche Entdeckung 307
Ein ungewöhnliches Kleidungsstück 321

Herrmann, Dietrich: Hightechprothesen im Leistungssport 324
Heute Mahlzeit, morgen Müll 267
Hiroshi Ishiguro 280
Informationszentrum Mobilfunk.de: Wie beeinflusst die digitale Kommunikation unser Sozialverhalten? 65
Ken Follett 301
Krokodil-Alarm auf Kreta 341
Lego-Roboter löst Zauberwürfel in Rekordzeit 276
Lehnwörter und Fremdwörter 252
Märchentag, Rentnertag, erster Schultag ... 322
Mitgefühl für Roboter 278
Mobbing, Cybermobbing, Bullying 166
Moderne Sortieranlagen – wird der grüne Punkt in Zukunft überflüssig? 271
Müllnotstand 288
Otto Lilienthal – der erste fliegende Mensch? 330
Otto Lilienthal – ein deutscher Flugpionier 329
Ötzi – der Mann aus dem Eis 308
Perfekte Pflege 280
Planung muss sein 318
Tipps für eine saubere Welt 266
Unnötige Streitereien 289
Wie Musik auf den Menschen wirkt 198
Zur Bedeutung der Körpersprache 63

Satirische Texte/Witze
Buchwald, Art: Der Himmel gebe, was der Fernseher verspricht! 155
Ein Engländer in Sachsen 262
Kishon, Ephraim: Parkplatz gesucht 156

Zeitungsartikel/Rundfunkbeiträge
Besser feiern mit Facebook 164
Cyber-Mobbing 164
De Telegraf: „Der Traum ist aus ..." 340
Der erschreckende Abschied von Serena Williams 55
Forscher entwickeln interaktive Dialekt-Landkarte 259
Henkel, Doris: Im Feuer der schwesterlichen Ballwechsel 54
Hermes, Kerstin: Boateng vs. Boateng 47
Jeden Tag werden geschätzte 60000 Videos bei YouTube eingestellt ... 193
Jugendliche im Internet. 1,4 Millionen Schülerinnen und Schüler von Cybermobbing betroffen 165
Klatte, Maria: „Sprache, Musik mit Gesang ..." 198
Moorstedt, Michael: Wie uns die Technik entmenschlicht 64
Morawetz, Thomas: Daedalus 88 fliegt von Kreta nach Santorin 335
Raser überführt sich selbst mit Internetvideos 192
Scheib, Katrin: Gutes Facebook? Böses Facebook? 178
Schmiechen, Frank: Fürchtet euch nicht – Facebook macht Spaß! 181
Schwarz, Salka: Der erste Eindruck zählt 72
Sein Bruder Jérôme ... 46
Seit fast drei Jahren ... 47
Wen es zum Grillen in die Natur zieht ... 340

Stichwortverzeichnis

Aktiv/Aktivsätze 325
Argumentieren
- antithetische Argumentation verfassen 194ff., 198f.
- Argumente ausbauen 186f.
- Einleitung einer Argumentation verfassen 184f.
- Gliederung für eine Argumentation erstellen 188f., 195, 198f.
- Hauptteil einer linearen Argumentation verfassen 188f.
- lineare Argumentationen verfassen 191, 198f.
- Pro-/Kontraargumente sammeln 65, 67, 177f., 180ff., 192f., 198f.
- Schluss einer Argumentation ausgestalten 190f.
- Standpunkte zu Problemfragen/gesellschaftlichen Entwicklungen begründet darlegen 65, 67, 107, 151, 165, 175, 177, 179, 181, 183, 191, 198f.

Attribut 331f., 335

Barock 230f.
- Gedichte des Barocks erschließen 230
- Epoche des Barocks kennen 231
- Merkmale des Barocks kennen und nachweisen 231

Bilder beschreiben 21, 56f., 70f., 109, 126f., 216f., 227, 230, 234f.
Bilder mit Texten vergleichen 28, 37, 46f., 109, 127, 129, 222, 227, 230
Berufsvorbereitung
- Berufswünsche und -möglichkeiten reflektieren 70f.
- Vorstellungsgespräche vorbereiten und einüben 73ff.

Buchvorstellungen vorbereiten und durchführen 119ff., 137

Dialekt 258ff.
- Dialektausdrücke untersuchen/vergleichen 259f., 262f.
- Funktionen von Dialekten kennen 259f.
- Relevanz der Erhaltung/des Sprechens von Dialekten beurteilen 258, 260f., 263
- Verbreitung von Dialekten untersuchen 258ff.

Dialoge untersuchen 58, 60f., 68, 75ff., 81f., 152ff.
Digitalisierung und ihre Folgen verstehen und beurteilen 64ff., 158ff.
- Bedeutung des Begriffs Massenmedien kennen 160f.
- Bedeutung des Begriffs Virtualität kennen 165
- Folgen des Internets/der Digitalisierung beschreiben und bewerten 159, 165, 167f., 175
- Funktion und Aufgaben von Massenmedien 163
- Mediennutzung beschreiben und reflektieren 158f., 160f., 165, 174
- Nutzung von sozialen Netzwerken beschreiben/beurteilen 176f., 179, 180ff.
- sich mit den Auswirkungen digitaler Kommunikation auseinandersetzen 64ff., 164ff.

Diktattexte/Fünf-Minuten-Diktate 268, 279f., 299f., 305
direkte Rede 339ff.
diskontinuierliche/nicht lineare Texte
- Diagramm erstellen 159
- Diagramm beschreiben und deuten 160ff., 162f., 172f., 173
- Diagramme vergleichen 161
- Figurenkonstellation erstellen 208
- Fotostory zu einem Gedicht entwickeln 224
- Gliederung für eine lineare und antithetische Argumentation vergleichen 194f.
- Informationsbroschüre/Flyer erstellen 169f.
- Landkarten auswerten 52, 256, 265
- Kinoplakat beschreiben und deuten 200
- Schaubild erstellen 90
- Strukturskizze beschreiben/vervollständigen 257
- Tabelle erschließen 53
- Zeitleiste erstellen 227

Dramen/dramatische Texte analysieren 89f.
- Dramenauszüge untersuchen 89f., 92ff., 95ff., 99ff.
- Dramenschluss untersuchen 105
- Exposition eines Theaterstückes erschließen 86ff.
- Fachbegriffe zur Beschreibung und Deutung dramatischer Texte kennen 90, 98, 105f.

379

- Handlungsverlauf antizipieren 90, 96
- Handlungsverlauf und Inhalt erschließen 89, 94, 96, 104f.
- Merkmale einer Exposition kennen und nachweisen 89f.
- Regieanweisungen deuten 93, 104
- Voraus-/Andeutungen deuten 89f.

Erzähltechnik beschreiben und untersuchen 30, 31, 38, 45

Erzähltexte (s. auch Kurzgeschichten/Parabeln/Satiren) untersuchen 108ff., 124ff.
- Anfang eines Erzähltextes (Novelle/Roman) untersuchen 111
- äußere und innere Handlung unterscheiden 132
- biografischen Hintergrund zum Verständnis von Erzähltexten nutzen 126
- Fachbegriffe zur Beschreibung und Deutung von Erzähltexten kennen und verwenden 123
- Figuren und ihre Beziehungen charakterisieren 111, 115, 117, 136
- Erzähltechnik und ihre Wirkung untersuchen 133
- Erzähltextauszüge/Novellen- und Romanauszüge erschließen 110ff., 112ff., 129ff., 133ff.
- Handlungsverlauf und -aufbau untersuchen 132, 136
- historischen Hintergrund zum Verständnis von Erzähltexten nutzen 109, 111, 116, 126f.
- Höhe- und Wendepunkte untersuchen 115, 136
- Leitsymbole deuten 117, 122
- Merkmale einer Novelle kennen und nachweisen 118, 122
- Rahmenerzählung untersuchen 111
- sprachliche Gestaltung und ihre Wirkung beschreiben und deuten 132, 136
- Schluss eines Erzähltextes (Novelle/Roman) untersuchen
- Spannungsgestaltung untersuchen 115
- Textintentionen und Wirkungsabsichten eines Romans erfassen 127, 136, 137, 146

Figuren und Figurenbeziehungen beschreiben/charakterisieren 23f., 25, 28, 37, 89, 93f., 96, 101f., 104, 153
Film/Filmsprache 200ff.

- eine Filmhandlung aspektorientiert erschließen 207
- Exposition eines Films untersuchen 203
- Filme mit Erzähltexten vergleichen 44, 136
- Filmfiguren und ihre Beziehungen charakterisieren 201, 202f., 204ff., 208, 209f. 215
- filmsprachliche Mittel und ihre Wirkung untersuchen 205, 209f., 214f.
- Filmszenen untersuchen 201, 202f., 205f., 209
- Handlungsverlauf von Filmen antizipieren 201
- Kameraeinstellung und ihre Wirkung untersuchen 209f., 214f.
- Merkmale der Exposition eines Films kennen und nachweisen 203
- Methoden der Filmerschließung anwenden 207f.
- Montage und ihre Wirkung untersuchen 205f.
- Storyboard zu einem literarischen Text entwickeln 142
- Szenenbilder beschreiben und deuten 201, 202f., 203f., 204f., 209f.

Fremdwörter 252f., 284ff.
Fishbowl-Diskussion 179f.

Gedichte untersuchen
- biografischen/historischen/literaturgeschichtlichen Hintergrund zum Verständnis von Gedichten nutzen 225ff., 230f.
- Form eines Gedichts beschreiben 233
- Gedichte vorstellen 227, 231
- Gedicht vortragen 220, 227
- Liebesgedicht erschließen 218f., 221ff., 228f., 230f., 232f.
- sprachliche Bilder und ihre Wirkung erschließen 222f., 228f.
- sprachliche Gestaltung/Mittel und ihre Wirkung deuten 219, 223, 228f., 230
- Stimmung erschließen 218f., 223, 228, 232
- Titel deuten 218, 228

Gliederung anfertigen 53, 57, 188, 194f., 198f.

Indikativ 336ff.
indirekte Rede 339ff.
Internetrecherche durchführen 44, 47, 61, 105, 121, 137, 142, 163, 169, 173, 227, 231

Jugendbuchauszug erschließen 225f.
Jugendsprache 227

Karikaturen beschreiben und deuten 148ff.
Kommunikation untersuchen und verstehen 56ff.
- Anforderungen eines Bewerbungs-/Vorstellungsgespräches kennen und beachten 72ff.
- Aspekte (insb. Sach-/Beziehungsaspekt) einer Botschaft untersuchen 57, 59ff.
- Formen und Folgen der digitalen Kommunikation untersuchen und beurteilen 64ff.
- Kommunikation in literarischen Texten untersuchen 68f.
- Kommunikation im Internet reflektieren 166ff.
- Kommunikationsmissverständnisse/-störungen untersuchen 57, 58ff., 63, 68f., 73ff.
- Kommunikationsmodelle kennen und anwenden 59ff., 68
- nonverbale Kommunikation/Körpersprache untersuchen 62f., 68

Konjunktiv I und II/Konjunktivformen bilden 337ff.

Kurzgeschichten kennen und vorstellen 142
Kurzgeschichten/Erzählungen untersuchen 22ff.
- Erzählanfang untersuchen 23, 38
- Erzähltechnik und ihre Wirkung analysieren 30, 31
- Fragen zum Inhalt beantworten 37
- Figuren und ihre Beziehungen charakterisieren 23f., 25, 28, 37, 141
- Handlungsaufbau untersuchen 28
- den historischen/biografischen Kontext einer Kurzgeschichte zum Textverstehen nutzen 138f., 141
- Inhalte/Handlung wiedergeben 27, 28, 37, 42f.
- Merkmale einer Kurzgeschichte nachweisen 38f., 142
- sprachliche Gestaltung und ihre Wirkung untersuchen 29, 31
- Leitsymbole deuten 24f., 141
- Überschrift deuten 38

Kurzvorträge/Präsentationen durchführen 47, 61, 137, 142, 163, 227, 231

Lehnwörter 252ff., 262
Lernplakat gestalten 185, 187

Massenmedien untersuchen
- Angebot öffentlich-rechtlicher und privater Fernsehanstalten vergleichen 171f.
- Aufgaben und Funktion der öffentlich-rechtlichen Rundfunkanstalten kennen 173
- Bedeutung des Begriffs Massenmedien kennen 160f.
- Informationsangebot von Nachrichtensendungen vergleichen und beurteilen 173
- Nutzungsdauer von Massenmedien untersuchen 160f.

Merkmale von Textsorten/-gattungen kennen und nachweisen
- Merkmale dramatischer Texte 89f., 98
- Merkmale der Kurzgeschichte 38f.
- Merkmale von Novellen 118
- Merkmale von Parabeln

Modi (Indikativ, Konjunktiv, Imperativ) 336ff.

Neben-/Gliedsatz 307ff.
- Adverbialsätze 307f.
- Merkmale von Neben-/Gliedsätzen 307f., 312
- Relativ-/Attributsatz 309f.
- Subjekt-/Objektsatz 311f.

Novellen lesen/vorstellen 108ff., 119ff.

Parabel beschreiben und deuten 143ff., 147
- Bild- und Sachebene unterscheiden 144
- Inhalt und Handlung wiedergeben 143f., 147
- Merkmale von Parabeln kennen und nachweisen 144f., 147
- Wirkungs- und Aussageabsichten entwickeln 144, 147

Parabeln lesen/vorstellen 143ff.
Partizipien
- Partizip Präsens 322f., 326
- Partizip Perfekt 322f., 326

Passiv/Passivsätze 324f.
- Vorgangspassiv 324f.
- Zustandspassiv 324f.

Rechtschreibstrategien anwenden 264ff.
- digitale Rechtschreibprüfung benutzen
- Diktate/Fünf-Minuten-Diktate durchführen 268, 279f., 289, 299f., 305
- einfache Verfahren (silbisch sprechen, ableiten, verlängern) anwenden 269ff., 288
- Fehlerschwerpunkte ermitteln 266f.

- grammatisches Wissen zur Rechtschreibung nutzen 278ff., 275ff., 288f., 292f., 296, 304f.
- Rechtschreibregeln kennen und anwenden 275ff., 278ff., 288f., 292ff., 301ff.
- Rechtschreibbereiche kennen 266ff.
- Rechtschreibstrategien kennen 264f., 267f., 272, 288
- Schreibweise von Merk-/Fremdwörtern einprägen 284ff.
- Wissen über die Bedeutung von Wörtern/ Wortbestandteilen nutzen 281ff., 297ff.
- Wörterbücher nutzen 273f., 285f.

Rechtschreibung/Rechtschreibbereiche üben
- „Ent-/ent-" und „End-/end-" 282f.
- das/dass 278ff., 289, 304f.
- Fremdwörter 282ff.
- Getrennt- und Zusammenschreibung 297ff.
- Herkunfts- und Ortsnamen groß- und kleinschreiben 295f.
- Nominalisierungen/Substantivierungen 275ff., 288, 292f., 296
- s-Laute 301ff., 306
- „Wieder-/Wieder-" und „Wider-/wider-" 281f., 289
- Zeitangaben groß- und kleinschreiben 294, 296

Reden untersuchen/verfassen
- Abschlussrede untersuchen/verfassen 241ff., 245, 246f.
- Aufbau einer Rede erschließen 237, 243
- Erwartungen an eine Abschlussrede begründen 235, 246f.
- Merkmale und Inhalte einer Redeanalyse kennen und beachten 238f., 244f., 248f.
- Inhalt einer Rede erschließen 238, 243
- Redesituation bestimmen/beschreiben 235, 237, 243, 248
- rhetorische/sprachliche Gestaltung einer Rede beschreiben und deuten 237f., 243, 249

Rollenspiele durchführen 74, 76, 78, 83, 94, 98, 105
Romane lesen/vorstellen 137

Sachtexte erschließen und analysieren 48f., 50f. 64ff.
- Filmkritik erschließen 211f.
- Methoden der Sachtexterschließung wiederholen 50f.
- rhetorische Gestaltung und ihre Wirkung erschließen 49, 67
- Sachtexte erschließen/Informationen entnehmen 47, 48f., 59, 63, 64ff., 72f., 109, 128f., 175, 178f., 255f., 259f.
- Theaterkritiken erschließen 85
- Zeitungstexte erschließen und Informationen entnehmen 64f., 164f.

Satire untersuchen 148ff.
- Definition des Begriffs Satire 149
- Karikaturen beschreiben und deuten 148f., 150f.
- Merkmale der Satire kennen und nachweisen 149, 151, 153f., 155, 156
- satirische Texte analysieren 153, 155, 157

Satzfelder 33f.
Satzgefüge (einfache/komplexe) 307ff.
Satzglieder 327ff.
- adverbiale Bestimmung 329f., 335
- Objekt 327f., 335
- Prädikat 327f., 335
- Subjekt 327f., 335

Satzgliedteil/Attribut 331f., 335
Schreibgespräch 166, 208
Schreibplan erstellen 24, 53, 57, 67, 96f., 101, 106, 141, 162f., 188f.,195, 198f., 233
Songtexte 217, 220, 223, 231
Sprachen vergleichen 250f., 262
Sprachgeschichte/-wandel 117, 220
- Bedeutungswandel untersuchen 254
- Entlehnungen 252ff.
- indoeuropäische Sprachfamilie kennen 256f., 263
- Herkunft von Wörtern untersuchen 252ff.
- Lehnwörter/Fremdwörter 252ff., 262

sprachliche Mittel
- Fachbegriffe für sprachliche Mittel kennen und verwenden 29, 45, 220, 240, 220, 240, 248
- sprachliche Mittel und ihre Wirkung untersuchen 29, 31, 45, 67, 132f., 136, 222ff., 228f., 230, 237f., 243

Standbild bauen 140
Stellungnahmen entwickeln und begründen
- Film beurteilen 213, 215
- literarischen Text beurteilen 104, 107, 117, 129, 137, 151, 223, 227, 233
- Rede beurteilen 243, 246
- Theaterstück beurteilen 104, 107

- Textinterpretationen beurteilen 43
- Zitat/Standpunkt beurteilen 65, 67, 209, 215

Tempusformen 322f., 326
Textanalysen verfassen
- Einleitungssatz formulieren 24, 222
- Gedichtanalyse verfassen 219, 223f., 229, 231, 233
- Redeanalysen verfassen 239
- Kurzgeschichten/Erzähltextanalysen verfassen 24, 31, 39, 43, 133, 141, 144, 147
- Szenenanalyse verfassen 97, 101, 106
- Szenenbildanalyse verfassen 203, 210, 215

Texte überarbeiten
- Einleitungssatz einer Textanalyse überarbeiten 31f., 222, 249
- Einleitung zu einer Argumentation überarbeiten 185
- Hauptteil einer Argumentation überarbeiten 188f.
- Inhaltsangabe überarbeiten 106f.
- Rechtschreibung verbessern 271
- Szenenanalyse überarbeiten 98, 101

Texte verfassen
- Argumentationen (linear/antithetisch) verfassen 67, 191, 195, 198f.
- aus der Perspektive literarischer Figuren erzählen 31, 44
- Blogbeitrag schreiben 163
- Brief schreiben 31, 94, 102, 183, 220, 224
- Diagramm erstellen 159
- Dialog entwickeln 25, 31, 116, 137, 141, 206
- E-Mail schreiben 31, 94, 175
- Gedicht in moderne Sprache übertragen 220
- Filmkritik verfassen 213
- informierende Texte auf der Grundlage verschiedener Materialien verfassen 53, 57, 169f.
- Inhaltsangabe verfassen 90
- inneren Monolog verfassen 25, 39, 90, 98, 116, 142, 144, 206
- lineare Argumentation verfassen 191
- Monolog einer Dramenfigur schreiben 94, 98, 104
- Novellenschluss schreiben 116
- Rezension/Leseempfehlung verfassen 105, 117
- Paralleltext schreiben 144, 220
- satirische Texte schreiben/fortsetzen 154, 155, 157
- SMS schreiben 44
- Stellungnahmen verfassen 43, 65, 67, 107, 151, 165, 175, 177, 179, 181, 183, 191, 198f., 209
- Tagebucheintrag schreiben 25, 102, 206, 209, 224
- Zeitungstext/Onlinezeitungstext verfassen 163, 174

Texte vergleichen
- Erzähltexte vergleichen 136, 141
- Sachtexte vergleichen 54f., 67
- satirischen Text mit einer Karikatur vergleichen 153
- Songtexte mit Gedichten vergleichen 231
- Theaterkritiken vergleichen 84f.
- Theaterkritiken mit Dramenauszügen vergleichen 89

Wortarten 317ff.
- Artikel 317ff., 326
- Adverbien 317ff., 326
- Nomen/Substantiv 317ff., 326
- Konjunktion 307, 311ff., 317ff., 326
- Hilfsverb 320f., 326
- Modalverb 320f., 326
- Pronomen 317ff., 326
- Verb 317ff., 320ff., 326

Wortbedeutungen klären 111, 160f., 165, 168, 172
Wörterbücher benutzen 253, 273f., 285f.

Vorstellungsgespräche 74ff.

Zeichensetzung/Kommasetzung
- Kommasetzung bei einfachen Satzgefügen 307ff., 313
- Kommasetzung bei komplexen Satzgefügen 312f.
- Kommasetzung bei Relativ-/Attributsätzen 309f., 313
- Kommasetzung bei Subjekt- und Objektsätzen 311

Zitieren (wörtlich/sinngemäß)/Regeln des Zitierens 229, 244, 314ff.

383

Textquellenverzeichnis

Aloni, Jenny: Sie sitzt auf einer Mauer
Aus: Dies.: Gesammelte Werke. Kurze Prosa, Bd. 9, Ferdinand Schöningh Verlag, Paderborn 1996   1**43**

Amelia Earhart: Vom Fliegen besessen
Nach: WAS IST WAS online, aktualisiert am 23.07.2012, in: http://www.wasistwas.de/archivgeschichte-details/amelia-earhart-vom-fliegen-besessen.html, letzter Zugriff: 11.10.2019   **332**

Auf einer Schiffsreise von New York …
Aus: https://www.suhrkamp.de/buecher/schachnovelle-stefan_zweig_35901.html, letzter Zugriff: 10.10.2019   **121**

Besser feiern mit Facebook
Aus: DIE ZEIT vom 09.06.2011, verfasst von Khue Pham   **164**

Beuth, Patrick: „Das Internet ist wie ein Zombie …" Aus: Frankfurter Rundschau vom 22.06.2011   **159**

Boccaccio, Giovanni: Falkennovelle
Aus: Ders.: Das Decameron des Boccaccio, übersetzt von Ruth Macchi, Verlag Günther Edelbüttel-Marissal, Berlin/Hamburg 1958   **110, 112, 116**

Bopp, Lena: „Helft einander, das ist lustig!"
Aus: Frankfurter Allgemeine online vom 03.01.2012, in: http://www.faz.net/aktuell/feuilleton/kino/video-filmkritiken/video-filmkritik-helft-einander-das-ist-lustig-11590442-l1.html, letzter Zugriff: 11.10.2019 © Alle Rechte vorbehalten. Frankfurter Allgemeine Zeitung GmbH, Frankfurt. Zur Verfügung gestellt vom Frankfurter Allgemeine Archiv   **211**

Borchert, Wolfgang: Die Küchenuhr
Aus: Ders.: Draußen vor der Tür, 86. Aufl., Rowohlt, Reinbek bei Hamburg 2004, S. 103 ff.   **139**

Brecht, Bertolt: Der hilflose Knabe
Aus: Ders.: Gesammelte Werke, Suhrkamp, Frankfurt a. M. 1976   **147**

Broder, Henryk M.: „Das Internet macht doof."
Aus: Tagesspiegel online vom 09.01.2007, in: http://www.tagesspiegel.de/meinung/kommentare/das-internet-macht-doof/796288.html, letzter Zugriff: 11.10.2019   **159**

Buchwald, Art: Der Himmel gebe, was der Fernseher verspricht!
Aus: Schlafmützen aller Länder, vereinigt euch! Die Ungereimtheiten dieser Welt – mit spitzer Feder aufgespießt, übersetzt von Ursula Gaïl, Isabella Nadolny, Karl Heinz Siber, Hardo Wichmann, Fischer Verlag, Frankfurt a.M. 2018   **155**

Cohen, Sonia: Rede anlässlich der Schulentlassung der zehnten Klassen im Jahr 2011
Nach: http://www.realschule-heiligenhaus.de/Content/index.php/archiv/2011/abschlussrede-2011, letzter Zugriff: 30.07.2014   **241**

Cyber-Mobbing. „Es gibt im Netz keine Schutzräume mehr"
Aus: Deutsche Welle online vom 12.04.2019, verfasst von Carla Bleiker, in: https://www.dw.com/de/cyber-mobbing-es-gibt-keine-schutzr%C3%A4ume-mehr/a-48293614, letzter Zugriff: 11.10.2019   **164**

Das Fernsehteam hat sich im Wohnzimmer breitgemacht …
Aus: Osman Engin: Getürkter Türk; in: ders.: Don Osman, dtv Verlagsgesellschaft, München 2005   **149**

„De Telegraaf": …
Aus: Welt online vom 11.07.2014, in: https://www.welt.de/print/welt_kompakt/print_sport/article130028608/Pressestimmen.html, letzter Zugriff: 11.10.2019   **340**

Der erschreckende Abschied von Serena Williams
Aus einer dpa-Meldung vom 02.07.2014, wgr/© dpa   **55**

Der Schweizer Fabrikerbe Preising …
Aus: https://www.randomhouse.de/Taschenbuch/Fruehling-der-Barbaren/Jonas-

Luescher/btb-Taschenbuch/e446214.rhd, letzter Zugriff: 10.10.2019 **121**

Die Anfänge
Nach: http://ken-follett.com/downloads/biography/Ken_Follett_biography_de_1209.pdf, letzter Zugriff: 19.12.2014 **306**

Die Suche nach der Ursprache der indoeuropäischen Sprachen
Nach: Hans Reichardt: Die Germanen, Tessloff Verlag, Hamburg 1978, S. 4 ff. **255**

Drewes, Patricia: Der Erste Weltkrieg
Originalbeitrag **128**

Eichendorff, Joseph von: Neue Liebe
Aus: Ders.: Neue Gesamtausgabe der Werke und Schriften in vier Bänden. Bd. 1: Gedichte, Epen, Dramen, Stuttgart 1957, S. 224 **228**

Eichendorff, Joseph von: Vom Berge
Aus: Ders.: Neue Gesamtausgabe der Werke und Schriften in vier Bänden. Bd. 1: Gedichte, Epen, Dramen, Stuttgart 1957, S. 220 **232**

Ein Engländer in Sachsen
Aus: http://www.sachsenwelt.de/sachsen/mundart/witziges.html, Frank Fritzsche (Hrsg.), letzter Zugriff: 11.10.2019 **262**

Ein Jäger kauft einem Betrunkenen …
Aus: https://www.dieterwunderlich.de/Schwarzenberger_krambambuli.htm, letzter Zugriff: 10.10.2019 **120**

Ein paar Gesten, Blicke, eine unabsichtliche Berührung …
Aus: http://www.siegfried-lenz.de/werke/schweigeminute-25320, letzter Zugriff: 10.10.2019 **120**

Faßmann, Elke: Vorstellungsgespräche
Aus: Dies.: Vorstellungsgespräche für Auszubildende, Falken Verlag, Niedernhausen/Ts. 1998, S. 62 **79**

Follett, Ken: Die Säulen der Erde (Auszug)
Aus dem Engl. von Gabriele Conrad, 64. Aufl., Bastei Lübbe Taschenbuch Verlag, Bergisch Gladbach 2008 **302**

Follett, Ken: Pfeiler der Macht (Auszug)
Aus dem Engl. von Till R. Lohmeyer und Christel Rost, Bastei Lübbe, Bergisch Gladbach 2013 **306**

Forscher entwickeln interaktive Dialekt-Landkarte
Aus einer dpa-Meldung vom 08.03.2018, wgr/© dpa **259**

Franck, Julia: Streuselschnecke
Aus: Dies.: Bauchlandung. Geschichten zum Anfassen, DuMont, Köln 2000, S. 51 f. **22**

Fritz, Walter Helmut: Augenblicke
Aus: Ders.: Umwege. Prosa, Deutsche Verlagsanstalt, Stuttgart 1964, S. 47 ff. **26**, **314**

Gates, Bill: „Das Internet ist wie eine Welle …"
Zit. nach: Kathrin Passig/ Sascha Lobo: Internet. Segen oder Fluch, Bonn 2012, S. 49 (Sonderausgabe der bpb, zuerst erschienen bei Rowohlt Berlin 2012) **159**

Gauck, Joachim: „Das Internet ist eine Kulturleistung …"
Aus: DIVSI Milieu-Studie zu Vertrauen und Sicherheit im Internet, 2012, S. 7 **159**

Goethe, Johann Wolfgang: Balde seh ich Rickchen wieder
Aus: Ders.: Werke. Erster Band: Gedichte. Versepen, Insel Verlag, Frankfurt/M. 1965, S. 14 **218**

Goethe, Johann Wolfgang: Die Leiden des jungen Werthers. (Auszug)
EinFach Deutsch, Textausgabe, bearb. von Hendrik Madsen und Rainer Madsen, hg. von Johannes Diekhans, Schöningh Verlag, Paderborn 2001 **217**

Goethe, Johann Wolfgang: Willkommen und Abschied
Aus: Ders.: Werke. Erster Band: Gedichte. Versepen, Insel Verlag, Frankfurt/M. 1965, S. 19 f. **221**

Hauke Haien ist ein Mann des Fortschritts …
Aus: https://www.suhrkamp.de/buecher/der_schimmelreiter-theodor_storm_36216.html, letzter Zugriff: 10.10.2019 **120**

Henkel, Doris: Im Feuer der schwesterlichen Ballwechsel
Aus: Berliner Zeitung online 2008, in: http://www.berliner-zeitung.de/archiv/venus-gewinnt-in-wimbledon-gegen-serena-wil-

liams-im-feuer-der-schwesterlichen-ball-wechsel,10810590,10571014.html, letzter Zugriff: 08.01.2015   **54**

Henning Mankell und Afrika
Aus: http://www.mankell.de/buecher/afrika/c-1620, letzter Zugriff: 11.10.2019   **300**

Herrmann, Dietrich: Hightechprothesen im Leistungssport
Originalbeitrag aus: P.A.U.L. D. 9, Ausgabe für Gymnasium, herausgegeben von Johannes Diekhans und Michael Fuchs, Bildungshaus Schulbuchverlage, Braunschweig 2015, S. 304   **324**

Heute Mahlzeit, morgen Müll
Nach: Florian Irgmaier: Konsum. Einblicke in deutsche Einkaufswagen – und Mülleimer; aus: http://www.bundesregierung.de/Content/DE/Magazine/01MagazinSozialesFamilie/2011/10/10.html?context=WeitereThemen,1, letzter Zugriff: 30.07.2014   **267**

Horeni, Michael: Der Vater der Brüder Boateng
Aus: Ders.: Die Brüder Boateng. Drei deutsche Karrieren, Tropen-Verlag Label von Klett-Cotta, Stuttgart 2012, S. 103 ff.   **50**

Horeni, Michael: Die Brüder Boateng
Aus: Ders.: Die Brüder Boateng. Drei deutsche Karrieren, Tropen-Verlag Label von Klett-Cotta, Stuttgart 2012, S. 118 ff.   **48**

Hormes, Kerstin: Boateng vs. Boateng
Aus: Rundfunk Berlin Brandenburg online, in: http://www.rbb-online.de/extra/2014/FIFA-Fussball-WM-2014/beitraege/Bruder-Duell-Boateng-Deutschland-Ghana.html, letzter Zugriff: 16.01.2015   **47**

Informationszentrum Mobilfunk.de: Wie beeinflusst die digitale Kommunikation unser Sozialverhalten?
Aus: http://informationszentrum-mobilfunk.de/wirtschaft-gesellschaft/mobile-gesellschaft/sozialverhalten, letzter Zugriff: 10.10.2019   **65**

Interregio
Aus: https://www.ndr.de/kultur/norddeutsche_sprache/plattdeutsch/index.html, © Norddeutscher Rundfunk, letzter Zugriff: 30.07.2014   **263**

Jeden Tag werden geschätzte 60000 Videos bei YouTube eingestellt ...
Aus: Rheinische Post online vom 31.08.2010, verfasst von Rosa Moya, in: https://rp-online.de/digitales/internet/viele-klicks-machen-youtube-stars-reich_aid-12621051, letzter Zugriff: 11.10.2019   **193**

Jugendliche im Internet
Aus: Süddeutsche Zeitung online vom 16.05.2017, verfasst von Felicitas Kock, in: https://www.sueddeutsche.de/panorama/jugendliche-im-internet-13-prozent-der-schueler-sehen-sich-als-opfer-von-cyber-mobbing-1.3507917, letzter Zugriff: 11.10.2019   **165**

Kellers Novelle erzählt die Geschichte ...
Aus: https://www.dtv.de/buch/gottfried-keller-joseph-kiermeier-debre-kleider-machen-leute-2617/, letzter Zugriff: 10.10.2019   120

Kishon, Ephraim: Parkplatz gesucht
Aus: Kishons beste Geschichten, übers. von Friedrich Torberg, 14. Aufl., Herbig, Berlin/München 1976, S. 245 – 249   **156**

Klatte, Maria: „Sprache, Musik mit Gesang ..."
Aus: ZEIT online vom 14.11.2012, in: https://www.zeit.de/studium/uni-leben/2012-11/Geraeusche-schaden-Konzentration-2, Interview von Lydia Klöckner, letzter Zugriff: 11.10.2019   **198**

Krokodil-Alarm auf Kreta
Nach: Welt online vom 07.07.2014, in: http://www.welt.de/vermischtes/kurioses/article129882358/Kreta-fahndet-nach-Stausee-Krokodil.html, letzter Zugriff: 11.10.2019   **341**

Küppersbusch, Friedrich: „Wenn Sie heute ..."
Zitiert nach: http://www.bdzv.de/zeitungen-online/information-multimed/artikel/detail/zitate/ dort aus: Klaus Maier, Internet-Journalismus, Konstanz 1998   **159**

Lehnwörter und Fremdwörter
Originalbeitrag   **252**

Liebe zwischen zwei Kulturen
Aus: Neue Westfälische vom 03.03.2013   **85**

Löhrmann, Sylvia: Rede am 23. April 2013 anlässlich des „Welttages des Buches"

Aus: http://www.schulministerium.nrw.de/docs/bp/Ministerium/Ministerin/Reden/Archiv-2011-bis-2014/Reden-2013/2013_04_23_Statement_Welttag_des_Buches.pdf, letzter Zugriff: 22.04.2015   **236**

Loriot: Das Ei
Aus: Loriot: *Dramatische Werke*, Copyright © 1981, 2016 Diogenes Verlag AG Zürich   **68**

Loriot: Fernsehabend
Aus: Loriot: *Dramatische Werke*, Copyright © 1981, 2016 Diogenes Verlag AG Zürich   **152**

Meinungen zu Henning Mankell: „Der Chronist der Winde"
Nach: www.literaturschock.de/buecher/3423129646.htm, letzter Zugriff: 01.08.2008   **299**

Mobbing, Cybermobbing und Bullying
Abschnitte „Mobbing" und „Cybermobbing" aus: http://mobbing-schluss-damit.de
Abschnitt „Bullying" aus: Was tun bei Cyber-Mobbing? Zusatzmodul zu Knowhow für junge User. Materialien für den Unterricht. hg. von klicksafe.de, 4. aktualisierte Auflage Juni 2012, Modul I   **166**

Moorstedt, Michael: Wie uns die Technik entmenschlicht
Aus: Süddeutsche Zeitung online vom 23.11.2015, in: https://www.sueddeutsche.de/digital/digitale-kommunikation-wie-uns-die-technik-entmenschlicht-1.2748685, letzter Zugriff: 10.10.2019   **64**

Morawetz, Thomas: Daedalus 88 fliegt von Kreta nach Santorin
Nach: BR online vom 23.04.2014, in: http://www.br.de/radio/bayern2/sendungen/kalenderblatt/2304-flugzeugdaedalus-88-kanellopoulos-rekord-100.html, letzter Zugriff: 11.10.2019   **335**

Müller, Tina: Türkisch Gold. (Auszüge)
Rowohlt Theater Verlag, Hamburger Straße 17, 21465 Reinbek   **86, 91, 95, 99, 100, 103**

Opitz, Martin: Ach Liebste, lass uns eilen
Aus: Deutsche Gedichte von den Anfängen bis zur Gegenwart, Auswahl für Schulen/Echtermeyer, Benno von Wiese (Hrsg.): Das 20. Jh. durchges. und bearb. von Elisabeth Katharina Paefgen, Cornelsen Verlag, Düsseldorf 1991, S. 85   **230**

Raser überführt sich selbst mit Internetvideos
Aus: Spiegel online vom 24.02.2012, in: https://www.spiegel.de/panorama/kurz-krass-ein-alkoholverbot-moege-die-muenze-entscheiden-a-817318-2.html, letzter Zugriff: 11.10.2019   **192**

Rede des Schülersprechers anlässlich der Entlassung des zehnten Jahrgangs der Städtischen Realschule Übach-Palenberg
Aus: www.realschule-übach-palenberg.de, letzter Zugriff: 30.07.2014   **246**

Reider, Katja: Wahnsinnstyp oder Während sie schläft
Aus: Leena Flegler/Susanne Stark (Hg.): „Verliebt wie nie", C. Bertelsmann Taschenbuch Verlag, München, 2007, S. 7; zitiert nach: Otto Mayr: Moderne Kurzgeschichten, 1. Aufl., Auer-Verlag Donauwörth 2010   **40**

Reinhardt, Ulrich: Anmerkungen zur Generation @
In: Horst W. Opaschowski (Hrsg.): Generation @: Die Medienrevolution entlässt ihre Kinder: Leben im Informationszeitalter, Mairs Geographischer Verlag, Ostfildern 1999   **175**

Remarque, Erich Maria: Im Westen nichts Neues (Auszüge)
32. Auflage, Kiepenheuer und Witsch, Köln 2011, S. 82 – 86, 148 – 156   **129, 134**

Sali und Vrenchen, die Kinder zerstrittener Bauern ...
Aus: https://www.dtv.de/buch/gottfried-keller-joseph-kiermeier-debre-romeo-und-julia-auf-dem-dorfe-2637/, letzter Zugriff: 10.10.2019   **119**

Scheib, Katrin: Gutes Facebook? Böses Facebook?
Aus: Der Westen online vom 27.06.2011, in: http://www.derwesten.de/wirtschaft/digital/warum-facebook-gut-und-nuetzlich-ist-id4810082.html (pro)
http://www.derwesten.de/wirtschaft/digital/warum-facebook-boese-und-gemein-ist-id4810086.html (kontra), letzter Zugriff: 11.10.2019   **178**

Schmidt, Eric: „Das Internet ist wie Wasser ..."
Zitiert nach: Kathrin Passig/Sascha Lobo: Internet. Segen oder Fluch, Bonn 2012, S. 50 (Sonderausgabe der bpb, zuerst erschienen bei Rowohlt Berlin 2012)   **159**

Schmiechen, Frank: Fürchtet euch nicht – Facebook macht Spaß!
Aus: Welt online vom 03.05.2010, in: http://www.welt.de/wirtschaft/webwelt/article7453214/Fuerchtet-euch-nicht-Facebook-macht-Spass.html, letzter Zugriff: 11.10.2019   **181**

Schwarz, Salka: Der erste Eindruck zählt
Aus: Spiegel online vom 12.06.2008, in: http://www.spiegel.de/wirtschaft/business-etikette-der-erste-eindruck-zaehlt-a-559270.html, letzter Zugriff: 10.10.2019   **72**

Sein Bruder Jérôme ...
Aus: Spiegel online vom 12.05.2018, Interview von Marc Hujer, in: https://www.spiegel.de/spiegel/kevin-prince-boateng-im-interview-ueber-seinen-bruder-jerome-a-1207319-druck.htm, letzter Zugriff: 10.10.2019   **46**

Seit fast drei Jahren haben die Brüder ...
Aus einer dpa-Meldung vom 08.12.2017, wgr/© dpa   **47**

Tipps für eine saubere Welt
Nach: Peter Mucke: Zum Beispiel Müll, Lamuv Verlag, Göttingen 1993   **266**

Über das Stück „Türkisch Gold"
Aus: Begleitmaterial zu „Türkisch Gold", Theater Paderborn, Spielzeit 2012/2013; Tina Müller/© Rowohlt Verlag   **85**

Unter einer Buche im Wald ...
Aus: https://www.suhrkamp.de/buecher/die_judenbuche-annette_von_droste-huelshoff_36241.html, letzter Zugriff: 10.10.2019   **120**

Venzke, Andreas: Student in Straßburg
Aus: Ders.: Goethe und des Pudels Kern, Arena Verlag, Würzburg 2007, S. 22 – 26   **225**

„Wen es zum Grillen in die Natur zieht ..."
Aus: all-in.de, das allgäu online vom 27.05.2014, in: https://www.all-in.de/kempten/c-lokales/richtig-grillen-einfach-gemacht_a1640978, letzter Zugriff: 11.10.2019 © ots-Pressedienst   **340**

Wie Musik auf den Menschen wirkt
Aus: https://www.planet-wissen.de/kultur/musik/macht_der_musik/index.html, verfasst von Salim Butt, letzter Zugriff: 11.10.2019   **198**

Wörterbuchauszug „Kamin ..."
Aus: Schüler-Duden Wortgeschichte. Herkunft und Entwicklung des deutschen Wortschatzes, Bibliographisches Institut & F. A. Brockhaus AG, Mannheim 2006, S. 260 (angepasst an die RSR)   **253**

Wörterbuchauszug „Plankosten"
Aus: Duden. Die deutsche Rechtschreibung, Dudenverlag, Bibliographisches Institut, 25. Aufl., Mannheim 2010, S. 838   **273**

Wörterbuchauszüge „Kommerz – Kommerzienrätin", „Konzentrat" – Konzentrierung"
Aus: Duden, Die deutsche Rechtschreibung, 25. Aufl., Bibliographisches Institut, Mannheim 2012, S. 633, 643 f.   **285**

YouTube-Hetzjagd
Aus: Süddeutsche Zeitung online vom 14.12.2013, in: https://www.sueddeutsche.de/medien/youtube-hetzjagd-ein-ort-fuer-anonymen-hass-1.1843557-3, letzter Zugriff: 11.10.2019   **193**

Ziegler, Reinhold: Die Brücke
Aus: Ders.: „Der Straßengeher", © 2001, Beltz & Gelberg in der Verlagsgruppe Beltz, Weinheim und Basel; zitiert nach: Otto Mayr: Moderne Kurzgeschichten, 1. Aufl., Auer-Verlag, Donauwörth 2010   **34**

Bildquellenverzeichnis

|action press, Hamburg: Collection Christophel 303. |akg-images GmbH, Berlin: 109, 112, 122, 127, 228, 263, 327, 328; Bildarchiv Pisarek 124; Blanc Kunstverlag 218; De Agostini/Orti, G. Dagli 292; Lessing, Erich 108; Sammlung Berliner Verlag/Archiv 138. |alamy images, Abingdon/Oxfordshire: Bevis Nickel Photo 193; Bobroff, Dimitry 250; Charles Walker Collection 109; imageBROKER 309; jozef sedmak 250; Nadeau, Jean-Bernard 34; Pictorial Press Ltd 331; The History Collection 109. |Anaconda Verlag GmbH, Köln: 119, 119. |Arena Verlag GmbH, Würzburg: Andreas Venzke: Goethes und des Pudels Kern © 2007 Arena Verlag GmbH, Würzburg; Coverillustration: Joachim Knappe 225. |Artothek, Spardorf: © Estate of Roy Lichtenstein/VG Bild-Kunst, Bonn 2020 217. |Aufbau Verlag GmbH & Co. KG, Berlin: Gestaltung © www.buerosued.de, München unter Verwendung von Motiven von © getty images/www. andreakama.de © Aufbau Verlag GmbH & Co. KG, Berlin 2016 137. |Bastei Lübbe AG, Köln: Ken Follett: Die Säulen der Erde, 2012 302; Ken Follett: Die Tore der Welt, 2010 305; Ken Follett: Kinder der Freiheit, 2014 305; Ken Follett: Winter der Welt, 2010 304. |Bedey Media GmbH, Hamburg: Stefan Zweig: Die Schachnovelle, fabula Verlag 119. |Berghahn, Matthias, Bielefeld: 26. |Bitkom, Berlin: 174. |bpk-Bildagentur, Berlin: 294. |Bridgeman Images, Berlin: 230; VG Bild-Kunst, Bonn 2020 216. |Carl Hanser Verlag GmbH & Co. KG, München: Jostein Gaarder, Sofies Welt. Aus dem Norwegischen von Gabriele Haefs © 1993 Carl Hanser Verlag GmbH & Co. KG, München 289. |Cohen, Sonia, Velbert: 241. |Concorde Home Entertainment GmbH, Grünwald: Film „IM WESTEN NICHTS NEUES" (DVD) 136. |Das Bundesarchiv, Koblenz: Bild 104-00387 134; Bild 183-R05148 124. |ddp images GmbH, Hamburg: 250; INTERTOPICS 308; Newscom/Kyodo 280; Senator Film / INTOUCHABLES © 2011 / STUDIOCANAL - GAUMONT - CHAOCORP - TF1 Films Productions 200. |Diogenes Verlag AG, Zürich: Illustration von Loriot aus: Loriot: Dramatische Werke Copyright © 1981, 2016 Diogenes Verlag AG Zürich 148; Loriot: Das Frühstücksei aus: Loriot: Dramatische Werke Copyright © 1981, 2016 Diogenes Verlag AG Zürich 68; Loriot: Fernsehabend aus: Loriot: Dramatische Werke Copyright © 1981, 2016 Diogenes Verlag AG Zürich 152. |Domke, Franz-Josef, Hannover: 52, 186, 197, 197, 256, 257, 265, 293. |Ehrhart-Schott-Schule, Schwetzingen: 2013/Foto: Hendrik Utler 235. |fotolia.com, New York: ilkafranz 266. |Fotostudio Henke, Paderborn: 56, 56, 56, 58, 58, 60, 60, 61, 62, 62, 62, 62, 69, 69, 69, 73, 73, 73, 74, 81, 82, 166, 169, 176, 180, 184, 189, 199, 208, 239, 244, 264, 264, 290, 291, 291, 291, 318. |Franckh-Kosmos Verlags-GmbH & Co. KG, Stuttgart: 137. |Gaymann, Peter, Schäftlarn/Neufahrn: 150. |Getty Images, München: AFP/Saget, Joel 177; Bodegom, Ellen van 34; General Photographic Agency 126; Sullivan, Justin 181; Treblin, Nigel 276. |Giesen, Ulla Anna, Köln: © Neanderthal Museum, Mettmann 312. |Hamburger Theatersammlung / Archiv Rosemarie Clausen, Potsdam: 139. |Hoffmann und Campe Verlag GmbH, Hamburg: Siegfried Lenz, Schweigeminute 119. |IFEM - Institut für empirische Medienforschung, Köln: 172. |Interfoto, München: Neon 2 129; Sammlung Rauch 113. |iStockphoto.com, Calgary: bobbieo 159. |Kassing, Reinhild, Kassel: 22, 40, 57, 57, 59, 60, 68, 68, 123, 221, 221, 221, 221, 221, 232, 262, 272, 281, 281, 281, 320, 349, 373, 374. |Klett-Cotta Verlag, Stuttgart: Michael Horeni. Die Brüder Boateng. Drei deutsche Karrieren. Tropen, Stuttgart 2012 48. |Ludwig-Uhland-Institut für Empirische Kulturwissenschaft der Universität Tübingen, Tübingen: Arbeitsstelle „Sprache in Südwestdeutschland" 258. |Medienpädagogischer Forschungsverbund Südwest (mpfs), Stuttgart: JIM-Studie 2017 168; JIM-Studie 2018 160, 161. |MORSCHwerbung, Paderborn: Harald Morsch 85, 85, 88, 91, 95, 99, 103, 104. |Omnium Verlag, Berlin: Marie von Ebner-Eschenbach: Krambambuli, Berlin 2013 119. |Picture-Alliance GmbH, Frankfurt/M.: akg-images 217, 226, 329, 330; AP Photo 129; AP Photo/Hadebe, Themba 47; Bianchetti/Leemage 295; Bildagentur-online/TET 159; chromorange/Eder, Hans 296; Costa/Leemage 255; dpa 126, 138; dpa-infografik 125; dpa/AFP 335; dpa/Brandt, Marcus 125; dpa/Donhauser, Cordula 301; dpa/epa/Trueba, Felipe 54; dpa/Hermitage Amsterdam 216; dpa/Kneffel, Peter 258; dpa/Kumm, Wolfgang 234; dpa/Schutt, Martin 271; dpa/Seidel, Caroline 236; dpa/Strobel, Jan-Philipp 46; dpa/Südtiroler Archäologiemuseum/Foto Ochsenreiter 310; dpa/Vennenbernd, Rolf/Franckh-Kosmos Verlags GmbH & Co.KG 306; empics/Rousseau, Stefan 275; GES-Sportfoto/Guengoer, Marvin 338; Gladys Chai von der Laage 325; Isachar, Hanan 251; ZB/Berliner Verlag/Archiv 127; ZB/Kalaene, Jens 71; ZB/Wolf, Jens 322. |prisma-Ver-

lag GmbH & Co. KG, Düsseldorf: 171. |S. Fischer Verlag GmbH, Frankfurt/Main: 110, 137, 137. |Schönberger, Sonya, Berlin: 86. |Selander, Toby, Wynberg Cape Town: 300. |Shutterstock.com, New York: Atelier211 70; fizkes 75; industryviews 70; Monkey Business Images 70, 70; Nicescene 278; Ozerova, Alena 159; Radek, Procyk 125. |stock.adobe.com, Dublin: Antonioguillem 21; contrastwerkstatt 72; Daisy Daisy 166; Dietl, Jeanette 77; DWP 326; ehrenberg-bilder 21; Fevziie 267; georgerudy 64; Kruwt 34, 34; motortion 63; Pixel-Shot 159; pixelrain 340; Syda Productions 65; TeaB 21; yanlev 21. |STUDIOCANAL, Issy les Moulineaux: INTOUCHABLES © 2011 / STUDIOCANAL - GAUMONT - CHAOCORP - TF1 Films Productions 201, 201, 201, 201, 202, 202, 202, 202, 202, 202, 204, 204, 204, 204, 205, 209, 209, 210, 210, 214, 214, 214, 215. |Süddeutsche Zeitung - Photo, München: SZ Photo/Scherl 127. |Suhrkamp Verlag AG, Berlin: Gottfried Keller, Romeo und Julia auf dem Dorfe, BasisBibliothek 2009 119; Theodor Storm, Der Schimmelreiter. Novelle (insel taschenbuch), 2011 119. |ullstein bild, Berlin: 328; AP 293; imageBROKER/allesfoto 307; Punch Cartoon Library/TopFoto 149; ullstein bild 126. |Universität Paderborn, Paderborn: Jenny-Aloni-Archiv 143. |Verlag Das Wunderhorn GmbH, Heidelberg: 137. |Verlagsgruppe Random House GmbH, München: Jonas Blücher, Frühling der Barbaren, © 2014, btb 119. |Zeimentz, Josef, Hahnheim: 235. |© dtv Verlagsgesellschaft mbH & Co. KG, München: 137, 137, 299.